国家出版基金项目
NATIONAL PUBLICATION FOUNDATION

抗日战争专题研究

张宪文
朱庆葆｜主编

第八辑
战时人物
研究

战时国民政府
军政人才培养

张瑞德　冯启宏　著

江苏人民出版社

图书在版编目(CIP)数据

战时国民政府军政人才培养 / 张瑞德,冯启宏著
. — 南京:江苏人民出版社,2024.12
(抗日战争专题研究 / 张宪文,朱庆葆主编)
ISBN 978 - 7 - 214 - 28781 - 6

Ⅰ.①战… Ⅱ.①张… ②冯… Ⅲ.①军事教育-人
才培养-教育史-研究-中国-民国 Ⅳ.①E296.3

中国国家版本馆 CIP 数据核字(2023)第 242875 号

书　　　名	战时国民政府军政人才培养	
著　　　者	张瑞德　冯启宏	
责 任 编 辑	陆诗濛	
装 帧 设 计	刘葶葶	
责 任 监 制	王　娟	
出 版 发 行	江苏人民出版社	
地　　　址	南京市湖南路 1 号 A 楼,邮编:210009	
照　　　排	江苏凤凰制版有限公司	
印　　　刷	苏州市越洋印刷有限公司	
开　　　本	652 毫米×960 毫米　1/16	
印　　　张	33.5　插页 4	
字　　　数	390 千字	
版　　　次	2024 年 12 月第 1 版	
印　　　次	2024 年 12 月第 1 次印刷	
标 准 书 号	ISBN 978 - 7 - 214 - 28781 - 6	
定　　　价	148.00 元	

(江苏人民出版社图书凡印装错误可向承印厂调换)

总　序

张宪文　朱庆葆

　　日本侵华与中国抗日战争是近代中国最重大的历史事件。中国人民经过 14 年艰苦卓绝的英勇奋战，付出惨重的生命和财产的代价，终于取得伟大的胜利。

　　自 1945 年抗日战争结束至 2015 年，度过了漫长的 70 年。对这一影响中国和世界历史进程的重大事件，国内外历史学界已经做过大量的学术研究，出版了许多论著。2015 年 7 月 30 日，在抗日战争胜利 70 周年前夕，中共中央政治局就中国人民抗日战争的回顾和思考进行集体学习，习近平总书记发表重要讲话，指示学术界应该广为搜集整理历史资料，大力加强对抗日战争历史的研究。半个月后，中共中央宣传部迅速制定抗日战争研究的专项规划。8 月下旬，时任中共中央宣传部部长刘奇葆召开中央各有关部委、国家科研机构和部分高校代表出席的专题会议，动员全面贯彻习总书记的讲话精神，武汉大学和南京大学的代表出席该会。

　　在这一形势下，教育部部领导和社会科学司决定推动全国高校积极投入抗战历史研究，积极支持南京大学联合有关高校建立抗战研究协同创新中心，并于南京中央饭店召开了由数十所高校的百余位教授、学者参加的抗战历史研讨会。台湾也有吕芳上、陈立文等十多位教授出席会议,共同协商在新时代深入开展抗战历史研究的具体方案。台湾著名资深教授蒋永敬在会议上发表了热情洋溢的讲话。经过几个月的酝酿和准备,南京大学决定牵头联合我国在抗战历史研究方面有深厚学术基础的北京大学、南开大学、武汉大学、复旦大学、浙江大学、山东大学及台湾学者共同组建编纂委员会,深入开展抗日战争专题研究。中央档案馆和中国第二历史档案馆也积极支持。在南京中央饭店学术会议基础上,编纂委员会初步筛选出130个备选课题。

南京大学多次举行党政联席会议和校学术委员会会议,专门研究支持这一重大学术工程。学校两届领导班子均提出具体措施支持本项工作,还派出时任校党委副书记朱庆葆教授直接领导,校社科处也做了大量工作。南京大学将本项目纳入学校"双一流"建设卓越计划,并陆续提供大量经费支持。

江苏省委、省政府以及江苏省委宣传部,均曾批示支持抗战历史研究项目。国家教育部社科司将本项研究列为哲学社会科学研究重大委托项目,并要求项目完成和出版后,努力成为高等学校代表性、标志性的优秀成果。

本项目编纂委员会考察了抗战历史研究的学术史和已有的成果状况,坚持把学术创新放在第一位,坚持填补以往学术研究的空白,不做重复性、整体性的发展史研究,以此推动抗战历史研究在已有基础上不断向前发展。

本项目坚持学术创新,扩大研究方向和范围。从以往十分关注的九一八事变向前延伸至日本国内,研究日本为什么发动侵华战争,日本在早期做了哪些战争准备,其中包括思想、政治、物质、军事、人力等方面的准备。而在战争进入中国南方之后,日本开始逐步将战争引出中国国境,即引向广大亚太地区,对东南亚各国及东南亚地区的西方盟国势力发动残酷战争。研究亚太地区的抗日战争，有利于进一步揭露日本妄图占领中国、侵占亚洲、独霸世界的阴谋。

本项目以民族战争、全民抗战、敌后和正面战场相互支持相互依靠的抗战整体，来分析和认识中国抗日战争全局。课题以国共两党合作为基础，运用大量史实，明确两党在抗日战争中的地位和作用，正确认识各民族、各阶级对抗日战争的贡献。本项目内容涉及中日双方战争准备、战时军事斗争、战时政治外交、战时经济文化、战时社会变迁、中共抗战、敌后根据地建设以及日本在华统治和暴行等方面，从不同视角和不同层面，深入阐明抗日战争的曲折艰难历程，以深刻说明中国抗日战争的重大意义，进一步促进中华民族的伟大复兴。

对于学界已经研究得甚为完善的课题，本项目进一步开拓新的研究角度和深化研究内容。如对山西抗战的研究更加侧重于国共合作抗战；对武汉会战的研究将进一步厘清武汉会战前后中国政治、经济、社会的变迁及国共之间新的友好关系。抗战前期国民党军队丢失大片国土，而中国共产党在十分艰难的状况下，在敌后逐步收复失地，建立抗日根据地。本项目要求对各根据地相关研究课题，应在以往学界成果基础上，着力考察根据地在社会改造、经济、政治、人才培养等方面，如何探索和积累经验，为1949年后的新中国建设提供有益的借鉴。抗战时期文学艺术界以其特有的文化功能，在揭露日军罪行、动员广大民众投入抗战方面，发挥了重要作用。我们尝试与艺术界合作，动员南京艺术学院的教授撰写了与抗日战争相关的电影、美术、音乐等方面的著作。

本项目编纂委员会坚持鼓励各位作者努力挖掘、搜集第一手历史资料，为建立创新性的学术观点打下坚实基础。编纂委员会要求全体作者坚决贯彻严谨的治学作风,坚持严肃的学术道德,恪守学术规范,不得出现任何抄袭行为。对此,编纂委员会对全部书稿进行了两次"查重",以争取各个研究课题达到较高的学术水平,减少学术差错。同时,还聘请了数十位资深专家,对每部书稿从不同角度进行了五轮审稿。

本项目自2015年酝酿、启动,至2021年开始编辑出版,是一项巨大的学术工程,它是教育部重点研究基地南京大学中华民国史研究中心一直坚持的重大学术方向。百余位学者、教授,六年时间里付出了艰辛的劳动,对抗战历史研究做出了重要贡献!编纂委员会向全体作者,向教育部、江苏省委省政府以及各学术合作院校,向江苏凤凰出版传媒集团暨江苏人民出版社,向全体编辑人员,表示最崇高的敬意和诚挚的感谢!

目　录

第一章　导论

一

1931 年 12 月 15 日,蒋介石因九一八事变东北战事的失利,在粤系的逼迫下,在国民党临时中常会提出请辞本兼各职的辞呈,并通电下野。[①] 22 日,蒋介石参加国民党四届一中全会开幕式,面对过去被他打倒的政敌,他虽然感叹腐恶败类皆齐集一堂,但是也不能不忍痛参加。[②] 会后,蒋介石和宋美龄谒别总理陵墓,召集中央军校、中央政治学校、国民革命军遗族学校全体学生训话,下午离开南京返回奉化溪口家乡。[③] 24 日,蒋介石在日记中对此次失败做了以下的反省:

> 今次革命失败,是由于余不能自主,始误于老者,对俄对左皆不能贯彻本人主张,一意迁就,以误大局。再误于本党之历史,允纳胡汉民、孙科,一意迁就,乃至不可收拾。而本

---

① 《蒋中正"总统"档案——事略稿本》(以下简称《事略稿本》),第 12 册,页 462。
② 蒋介石:《日记》,美国斯坦福大学胡佛档案馆藏(以下同),1931 年 12 月 21—22 日。
③ 《事略稿本》,第 12 册,页 479。

人无干部，无组织，无情报，以致外交派唐绍仪、陈友仁、伍朝枢、孙科勾结倭寇以卖国而未之预知。陈济棠勾结左、桂各派，古应芬利用陈逆皆未能信，乃致陷于内外挟攻之境，此皆无人之所致也。而对于反动智识阶级之不注意教育，仍操于反动者之手，此亦本人无干部、无组织之过也。军事之干部后进者，有熊、陈、胡等，而党务之干部实一无其人，外交更无其人矣。①

同样的措辞在 1945 年 8 月 7 日蒋的日记中又再次出现。当时蒋翻阅往日日记，感叹十余年来基本组织与核心干部依旧空虚如故，又在日记中自记：

二十二年三、四月之间日记，犹注重于整理基本组织，选定基本干部为急务，及基本部队、基本地区、基本组织与核心干部为革命之基石，而今时逾十二年犹依然故我，空虚如故，安得其不败亡耶。②

蒋不仅在日记中一再抱怨国民党无干部无组织，在公开场合亦一再表达对干部们的不满。特别是在国共内战爆发后，前方战事吃紧，国民党内干部却只顾着争权夺利，这让蒋终于按捺不住，在《自省录》中痛斥干部"不学无术，致军事与经济情势日趋险恶"之余，③开始在公开演讲中严厉批评党内干部"无志气，无血性，自私自利"，"只图得过且过，粉饰太平"，导致党团的"力量完全流于

---

① 蒋介石：《日记》，1931 年 12 月 24 日。
② 蒋介石：《日记》，1945 年 8 月 7 日。
③ 见《事略稿本》，1947 年 2 月自省录，蒋中正档案，"国史馆"藏。该自省录内容为："干部不学无术，致军事与经济情势日趋险恶，至以为虑，迩来愤忿之意，难以自制，即缘于此"等语。

表面形式"，让整个党"虚空到了极点"①，1947 年 3 月 1 日更在出席"中央训练团党政班留京同学春季联谊会暨中训团成立十周年记念大会"时痛斥这些"蒋介石学校"的毕业学员极度腐败，革命精神荡然无存，让整个南京城宛如一座死城，弥漫一股腐败的气息。并且他指责这些党政班毕业学员，只会空谈理论从不实践力行，打从心里对国民党及三民主义完全叛逆，蒋指称："这种心理的叛逆比行动的叛逆更是罪大恶极。"蒋声称此时国家的情势，已经到了生死关头，如果国民党人再不知耻醒悟，他相信未来"则离俘虏、战犯之日不远，明年此时恐怕不知置身于何地"。②

　　事实上，自黄埔训练时期起，此种"主义不行，干部之耻"干部应该为党的困境负责的论调即一再出现。③ 党内干部如此不堪用，不禁令人对蒋介石这个国民党内最重要的领导人物的用人之道感到好奇。关于这个问题，过去学者都指出这跟蒋个人的性格有很大关

---

① 蒋介石：《对党团合并的指示》，《言论总集》，卷 22，页 207。蒋在上述讲话中，很不客气地把党、团干部的缺点、过失严厉地数落了一顿，因而引发被批评干部的牢骚及些许怨怼。吴铁城甚至当面向蒋反映，部分党团干部以为其相关谈话过于严切。了解到相关干部的心理感受后，蒋甚为心灰意冷。他不禁写下："党、团败坏至此，而若辈尚不自知耻，故余不得不坦白告诫，冀其自悟。而彼辈犹存此种心理，是诚哀莫大于心死矣！"见《事略稿本》，1947 年 7 月 11 日条，蒋中正档案，"国史馆"藏。

② 黄杰：《中央军官训练团工作纪要》（台北："国防部史政编译局"，1984 年），页 231—237，"1948 年 3 月 1 日"条。蒋的口气极为严厉苛刻，让现场聆训的党政班毕业学员"议论纷纷，不似往年敬服"。见《陈果夫致蒋函》，蒋中正"总统"文物·特交档案，"一般数据·书翰"，档号 080200 第 621 卷，目次 37，1948 年 3 月 5 日，毛笔原件。

③ 易劳逸指这是蒋介石"习惯性的苛刻用语"（similarly scathing language）。见 Lloyd E. Eastman, *Seeds of Destruction: Nationalist China in War and Revolution, 1937-1949* (Stanford, Calif.: Stanford University Press, 1984), p. 203. 事实上，对于蒋的此种习惯，当时党内就有人把"万方有罪，罪在朕躬"一语，戏改为"朕躬有罪，罪在万方"。见张治中：《对当前国事之检讨与建议》，转引自张治中：《张治中回忆录》（北京：文史资料出版社，1985 年），页 410。这是张治中在 1949 年写给蒋的建议信。

系。因为在他们眼中，蒋介石这人心胸狭隘，不能容忍异己，用人首重忠诚而非能力，身边当然没人才。例如钱端升在1950年出版的《中国的政府与政治》一书中对蒋介石即曾有以下的记载：

> 蒋介石是一个意志坚强的人，具有异于常人的精明和韧性。但是他完全缺乏使孙文得以免除权力饥渴的进步主义（progressivism）特质。蒋介石是一个天生的保守主义者，对时代精神无感，他未能和开明之士有密切的接触，遑论一般民众，更使他减少了成长的机会。……他由于急欲掌握权力，越来越不信任批评他的人，或甚至是胆敢和他持不一样意见的人。和他共事的人必须对他忠诚，到最后他成为一个由奴才而非人才所组成之党的领袖。[①]

田弘茂在1972年出版的书籍《国民党中国的政府与政治（1927—1937）》（*Government and Politics in Kuomintong China，1927-1937*）中也有类似的观点，还特别强调派系政治对蒋介石取得权力的贡献与局限之处。他说：

> 他（蒋介石）促使别人对其效忠，但同时又鼓励忠诚者彼此互斗，以维持无一派系可独大的局面。在此游戏规则下，蒋可在政坛中维持其领袖地位，但是讽刺的是，也因此有碍他取得真正的权力，因为追求真正的权力需要有效率和能力，而蒋过分重视忠诚，以致容不下能力强的人。他的各种政治机器（political machines）虽可确保他在政权中的领袖地位，但是无法支持一个真正的极权式独裁

---

① Ch'ien Tuan-sheng, *The Government and Politics of China*（Cambridge, Mass.: Harvard University Press, 1961）, pp. 122-123.

（totalitarian dictatorship）。①

易劳逸（Lloyd E. Eastman）则在 1974 年所出版的《流产的革命：国民党统治下的中国（1927—1937）》（*The Abortive Revolution：China under Nationalist Rule，1927‑1937*）一书中，批评国民政府未能用人才。国民政府贪污腐败、派系化，而且过分军事化。国民党无法建立起一个运作良好的政府，一个主要问题在于政府未能引进新血。北伐时期国民党扩张过速，对国民党员成分无法控制，政府中的党员均为北洋旧时军人和官僚。国民政府的特征为无效率、贪污腐败、政治镇压及派系政治。无效率的原因为官员素质不佳、作风不佳、繁文缛节过多、贪腐严重。蒋介石心胸狭隘，不能容纳异己，因此他被部属包围，其中有许多均为奴才。下属报告他不喜欢听的话时，经常遭斥责，因此很少有能干的人能忍受他。结果是蒋无法听到最好的意见和民间的实况。②

不过，虽说蒋个人性格导致身边并无可用之才，可是另有一派学者却指出国民政府的组织和运作，尤其是人员的专业化均相当成功。此派学者每多以领导阶层教育程度的日渐提高作为证据，支持其论点。1980 年代"中央研究院"近代史研究所所进行的民国时期区域现代化集体研究计划，即发现国民政府时期地方官的教育程度，有日渐升高的趋势。③ 同一时期，中外学者也开始研究国

---

① Hung-mao Tien, *Government and Politics in Kuomintang China*，1927‑1937（Stanford：Stanford University Press，1972），pp. 3‑4.

② Lloyd E. Eastmna, *The Abortive Revolution：China under Nationalist Rule*，1927‑1937（Cambridge, Mass. ：Harvard University Press，1974），pp. 3‑5，9‑20，279.

③ 相关的专著曾论及国民政府时期者，包括谢国兴：《中国现代化的区域研究：安徽省（1860—1937）》（台北："中央研究院"近代史研究所，1991 年）；朱浤源：《中国现代化的区域研究：广西省（1860—1937）》（台北："中央研究院"近代史研究所，1995 年）。

民政府时期的中央机构,例如谢国兴对中国农政机构的研究①、张瑞德对中央路政机构的研究②、郑友揆、程麟荪、张传洪对资源委员会的研究③、王正华对中央政制的全面性研究④。类似的论点与研究,在英语学界,则以柯伟林(William C. Kirby)的研究影响最大。柯氏基于其有关资源委员会的研究,指出国民政府统治下的中国为一发展型国家(developmental state),不仅拥有大批技术官僚,而且制定并实施由政府主导的工业化计划(state-led industrialization),此种经济发展模式对日后海峡两岸均产生深远的影响。⑤ 接着又有朱莉(Julia C. Strauss)对考试院、财政部、外交部等机构的研究⑥,皮戴维(David A. Pietz)对导淮委员会的研究,均指出国民政府内部分技术官僚在国家的现代化上做出了重大的贡献。⑦

---

① 谢国兴:《一九四〇年代中国农政机构之专技人员》,收于"中央研究院"近代史研究所编:《抗战建国史研讨会论文集》(台北:"中央研究院"近代史研究所,1985 年),页619—663。

② 张瑞德:《近代中国铁路事业管理的研究——政治层面的分析(1876—1937)》(台北:"中央研究院"近代史研究所,1991 年),第 4—5 章。

③ 郑友揆、程麟荪、张传洪:《旧中国的资源委员会——史实与评价》(上海:上海社会科学院出版社,1991 年)。

④ 王正华:《南京国民政府的中央政制(1927—1937)》,未刊博士论文,台湾政治大学历史研究所,1997 年。

⑤ William C. Kirby, "Continuity and Change in Modern China: Economic Planning on the Mainland and on Taiwan, 1943 - 1958," *The China Journal* 24 (July 1990); Idem, "Engineering China: Birth of the Developmental State, 1928 - 1937," in Wen-hsin Yeh, ed., *Becoming Chinese: Passages to Modernity and Beyond* (Berkeley: University of California Press, 2000), pp. 137 - 160.

⑥ Julia C. Strauss, *Strong Institution in Weak Polities: State Building in Republican China, 1927 - 1940* (Oxford: Claredon Press, 1998).

⑦ David Allen Pietz, *Engineering the State: the Huai River and Reconstruction in Nationalist China, 1927 - 1937* (New York: Routledge, 2002).

蒋每每为自己无干部而感叹,但许多论著指出国民政府内有许多优秀的人员从事国家现代化的工作,不禁让人对这两者的矛盾产生了研究的兴趣。在这方面,晚近有学者尝试从边缘、地缘、学缘等方面,探讨国民政府以及蒋介石的用人,例如李国祁的《孙中山与蒋介石先生用人风格的比较探讨》一文。此文认为蒋介石在用人的风格上,过分信任少数人,不仅使他用人的气度不如孙中山恢宏,而且逐渐形成派阀。此种派阀政治中更夹杂有部分姻亲成分,于是逐渐使蒋介石的用人难以突破派阀的局限,甚至于外界,特别是民间的真实情况,也不能透彻了解,再加以政风的败坏,终使抗战末期至行宪后的政治溃烂不堪收拾。[①] 曹维忠的硕士论文从"关系"的角度探讨了国民政府的中央官僚系统组成。[②] 鲁卫东的《民国中央官僚的群体结构与社会关系(1912—1949)》一书,则全面探讨了民国以来中央机构官员的群体结构,尤其重视各机构之间的比较,甚具特色。[③]

只是综观近 60 年来中外学界对于此一课题的研究,可以发现1960—1970 年的研究,背后的问题意识大致上均为"国民党何以失去大陆?",因此学者研究的重点,均在探讨国民政府及蒋介石施政的缺点及其原因。1980—1990 年的研究,背后的问题意识则转变为"战后台湾地区经济何以能够高度成长? 与 1949 年以前的国民政府和蒋介石有何关系?",因此学者研究的重点,自然倾向于去寻

---

① 李国祁:《孙中山与蒋中正先生用人风格的比较探讨》,收于《国父建党革命一百周年学术讨论集》(台北:"近代中国出版社",1995 年),页 90—114。

② 曹维忠:《南京国民政府中央官僚构成之研究(1927—1937)》,未刊硕士论文,上海师范大学,2016 年。

③ 鲁卫东:《民国中央官僚的群体结构与社会关系(1912—1949)》(北京:中国社会科学出版社,2017 年)。

找国民政府及蒋介石施政的优点及其原因。两派学者对国民政府及蒋介石的评价虽然截然不同，但是所采取的研究途径却完全相同——均为回溯性的研究途径（retro-spective approach），也均倾向于将国民政府与蒋个人视为一个整体，而忽略了其中的歧异性。

事实上，军事教育出身的蒋介石虽具备了主动积极、反应果断、不妥协、不避责等成功军人的特质，但是有时蒋却表现得过于谨慎细微，"很容易沮丧气馁得不知道如何去采取一个适中的方向"，甚至"在军事行动中，他怯于做明确的决定"。① 这种人格特质，加上蒋介石自幼接受传统的儒家教育，并未受过正式的现代化高等教育，更没有到西方国家留学的经历，使得蒋希望能寻得好的人才协助的心态更是明显。② 我们甚至可以说蒋根本是个"人定胜天论"者，相信政治之成败，系于用人得法与否。故蒋一生中，对于"求才、储才、试才、用才"四者，甚为重视。③ 一个最明显的例子，是蒋自1927年1月开始，每日在日记中都会写上借以自我考课的"六语"，即有"求才任能"一项。④ 如此重视人的因素，相对的，蒋每次面临挫败而进行检讨时，也都先指向"人"的问题。例如1928年蒋第一次下野在溪口闭门过后，即指"组织不完，系统不明，用人不

---

① USMIR, China：1911-1941, Reel 6, No. 8867, July 6 1934, p. 227.

② 郑会欣：《蒋介石与民国学人关系的嬗变》，《二十一世纪双月刊》，2020年2月号，页45。

③ "国史馆"印行，《事略稿本（一）》（台北："国史馆"，2003年），"1927年5月21日"条，页483。

④ "国史馆"印行，《事略稿本（一）》，"1927年1月4日"条，页11。另外，在《事略稿本》里常见蒋引经据典强调培养人才的重要。例如"1928年3月17日"条，蒋即称："昔者荀子有言：'法者治之端也，君子者法之原也'，是人才实为法治之基本。吾今如何能作育人才，激励士风，而使其热心勇敢，廉洁奉公，以实现法治之精神也。"上述内容见"国史馆"印行，《事略稿本（二）》（台北："国史馆"，2003年），页543。

慎，份子复杂"为"此次失败的第一原因"。[①] 1931 年 12 月蒋第二次下野，又把"不能用人，而无干部、无组织、无情报"视为自己此次所犯的两大过错之一，均是此背景下的产物。[②] 因此，蒋在 1932 年历经第二次下野又再度重掌大权后，即亟思寻求好的干部人才来辅佐他以巩固政权。蒋的方向有二：

第一，向党外求才。特别是延揽学界的知识分子，成立个人的智库与幕僚团。在这方面包括 1932 年 11 月成立的国防设计委员会、1933 年 11 月在南昌行营内设置的调查设计委员会、1935 年有小型智囊团之称的侍从室第五组及 1938 年 3 月成立的参事室。这些智囊团或从事政策研究供蒋参考，或针对特定事件及人事安排提供因应对策与建议，或代蒋联系知识分子增进感情，或负责蒋交办的案件及人事进行审查与调查工作，对襄赞蒋的国家治理起了一定程度的作用。与此同时，蒋也出资赞助部分文胆作为个人喉舌，出版刊物争取更多人民支持。本书根据蒋"个人特别费"的档案资料，锁定研究清史的知名人物萧一山及刘百川创办的《汗血》杂志作为研究对象，探讨蒋如何通过养士手法进行文化战争。

第二，从党内培训人才，特别是蒋在 1938 年被推选为国民党总裁后，更在训练干部的工作上加大力度，甚至建立起庞大的人事数据库。蒋在训练干部上颇有心得，黄埔训练的成功就是明证。但他直至 1927 年国民党实施"清党"后，才开始涉足党政干部的训练。当时蒋以广州时期的干部训练工作"不普遍、不统一、不正确"三大弊端为理由，变革了党内的干部训练体系与做法。其主轴有

[①] "国史馆"印行，《事略稿本（一）》，"1927 年 8 月 28 日"条，页 706。

[②] "国史馆"印行，《事略稿本（十二）》（台北："国史馆"，2004 年），"1931 年 12 月 24 日"条，页 482。

二：一是设置专责的干部训练机构"中央训练部"，以改善广州时期"各部有各部的干部训练"，互不统属的弊病；二是进行干部训练体系的重整，中执会下设立"中央党务学校"招收青年学生，从中央到地方则分设"中央高级党政训练所""省党务训练所""县（市）党务训练班"召训各级干部。这次整顿党内的干部组织是如此大张旗鼓，可惜最终宣告失败。不过与此同时，蒋介石为因应江西"剿共"在庐山成立的"军官训练团"，却获得了相当不错的成效。"剿共"结束后，蒋不仅进一步扩大办理庐山训练，甚至还尝试援引"军官训练团"模式到党政干部的训练上，此后大型的、集中的、短期性质的干部训练团，逐渐取代规模较小的"干部讲习所"，成为蒋训练干部的主要模式，抗战时期重庆复兴关开办的中央训练团正是其中代表，其中"党政干部训练班"更堪称是"蒋介石学校"。蒋一方面在中央训练团训练他的干部，另一方面也开始进行"储才"的工作，主要负责的部门是蒋介石的侍从室第三处。侍三处成立于 1939年 7 月 8 日，由陈果夫担任主任一职，主任之下则有副主任 2 人。主任、副主任之下设有 4 个组，依照侍从室第一、二处之组序排列，分别为七、八、九、十组。其工作业务分别为：第七组主管人事"调查"，第八组"登记"，第九组"考核"，第十组"分配"。这 4 组之外，另设有一个专责与中训团毕业学员通讯的联络处。① 此一通讯联络处在 1941 年 3 月正式扩编成为一个组，名为第十组，原第十组则改为第十一组。每组各设组长、副组长，并配备职员 20 多人，其人员编制在侍从室 3 个处中堪称第一。事实上，侍三处的工作也最为繁琐，几乎把当时政府机构内的人事业务都包括了进来，主要原

① 李海生、张敏：《民国两兄弟陈果夫与陈立夫》（上海：上海人民出版社，2000 年），页334—336。

因是蒋同意在侍从室成立第三处,就是要侍三处"致力于建国人才之储备"。换句话说,侍三处并非单纯地只收集一些人事档案而已,它真正的目的是要帮"党国"建立一个完整的"人事数据库"①。而侍三处自成立到奉令撤销的 7 年时间内,确实以非常积极的态度收集各个机关学校的人事数据,并用科学方法制成档案储存起来,建立了一个档案数量极为庞大的人才数据库。

　　蒋介石自 1932 年开始,即积极向外求才,延揽学界的知识分子加入他的智库,成为他的智囊团及喉舌。另一方面又大张旗鼓地在国民党内训练大量干部,并建立了庞大的人才数据库,加之"党政军最高权力均在他一手里",②可是他仍一再感叹"无干部""无人才"可供他驱使。到底蒋的用人出了什么问题,军人治国是否有局限性,正是本书研究目的所在。

二

　　本书共有六章节:

---

① 姜超岳:《花溪述往》,转引自黄翰章编:《花溪结缘三十年》(台北:作者印行,1969年),页 17。

② 陈克文:《陈克文日记》(台北:"中央研究院"近代史研究所,2012 年),页 757。

三

在国民党退踞台湾后,蒋介石痛定思痛,决意改造国民党的组织。而国民党的干部,正是改造工作的重心所在。故国民党宣称,干部制度的建树,正是改造工作积极努力要达成的目标,并在《干部政策纲要》中开宗明义称,"干部为本党权力机关"。干部既然是国民党退踞台湾后的中坚,过去民国史学界对于国民党干部的养成方式、训练方法以及蒋如何用人等问题却缺乏一个整体性的论述。本书之出版目的,即在解决此一学术研究上的缺憾。由于本书研究的范畴过去并未有相关论著做系统性探讨,书中立论若有不足之处,尚祈先辈前贤不吝指导与教正。

第二章　智囊团:蒋介石直接掌握的幕僚机构

蒋介石属于"刚毅型"的领袖,具有"英雄造时势"的气概。意志坚强,遇有强敌,可以退让,但绝不投降。[①]　其缺点即为盛气凌人,宽厚不足,以至于虽想选贤任能,但每多无法如意。早在1919年,蒋介石对他自己性格上的缺点,即曾有过以下的反省:

> 人才难得,盖由于自身精明不足,易为人欺,而不易为我用者半。又由于自身学业不足,易为人所轻视,而不愿为我乐助者亦半也。总之,蛮横轻浮者,易为人所弃。恕和宽厚者,必为人所亲,吾自常有骄矜暴戾之色,盛气凌人之势,而又不能藏垢纳污,虚心包容,此其人所以不乐为我所用也,以后应事接物之间,以浑厚宽恕四字,三注意也。[②]

蒋介石早期权位不稳时,多方尊崇革命元老及前辈。吴稚晖、张静江、李石曾、蔡元培等人,在1920年到1930年均与蒋过往甚密,而对自己同辈的革命党人和政治人物,如汪精卫、胡汉民、廖仲

---

① 张玉法:《民国历任元首的性格特质(1912—1988)》,收于吕芳上编:《论民国时期领导精英》(香港:商务印书馆,2009年),页4—7。

② 蒋介石:《日记》,1919年8月26日。

恺、叶楚伧、戴季陶、阎锡山、冯玉祥,蒋都以谦卑态度处之。廖早死,叶、戴渐形"老朽",与汪、胡、阎、冯、李、白诸人,有分有合,有些人虽可共事一时,后来多半分道扬镳。蒋早期掌握者,多为军事机关,所用的人主要凭借保定系、士官系,又培养出庞大的黄埔系。文人的亲信中,邵元冲、陈果夫、陈立夫后来在政治、党务方面有重大影响力。全面抗战前他重用黄郛和杨永泰,战时张群、宋子文、孔祥熙承担多方面任务。① 蒋常自叹人才不足,例如 1932 年 6 月 22 日的日记:

> 为政在人,余一人未得,何能为政? 尝欲将左右之人试量之,多非政治上人。戴季陶[传贤]、陈景翰[韩]、余日章三友可为敬友,而不能为我畏友;其他如朱骝先[家骅]、蒋雨岩[作宾]、张岳军[群]、俞樵峰[飞鹏]皆较有经验,而不能自动者也;其次朱益之[培德]、朱逸民[绍良]皆消极守成而已,无勇气,不能革命矣。其他如贺贵严[耀祖]、陈立夫、葛湛侯[敬恩]皆器小量狭,不足当事也。兹再将新进者分析之,党务:陈立夫、张厉生、张道藩、刘健群、罗志希[家伦]、段锡朋、方觉慧、齐世英、方治、鲁涤平、罗贡华选之。其他如内政、外交、经济、法律、教育诸部,从长考选,不易多得也。②

两天之后,他又思考同一问题:

> 近思旧识干部人才,几无一得,而本党原有之干部,更难多得。季陶、益之较有干才,而其消极、懒慢,不能为用,是为最大之不幸。其次则张岳军、蒋雨岩、朱骝先,亦只能尽一部

---

① 吕芳上:《蒋介石的领导风格》,收于吕芳上编:《论民国时期领导精英》,页 80—81。
② 蒋介石:《日记》,1932 年 6 月 22 日。

之责而已。①

党内干部既然不能为用,蒋于是开始尝试向学界求才。

中国自古受到科举制度的影响,一直即有"学而优则仕"的传统。近代科举制度废除后,年轻人的心态开始产生了变化。知识分子有鉴于政局的动荡,加上受到"实业救国"宣传的影响,总以为救国的根本不在政治而在科学与教育、实业与学问。"政治乃是一件极无聊赖的事,他们是不屑去做的。"②

不过到了1920年代,知识分子又发现政治的不上轨道使得实业不能发达,教育日益腐败,学者也因为生活的不安定而无法安心地研究学问,逐渐觉得过去观念是错误的,以为政治的改进,原来也是建设事业的一个基本条件。于是过去立誓不入政界的人,也开始谈起政治了。

此时正值蒋介石开始向党外求才,自然吸引了不少知识分子的注意力,如北大教授陈衡哲即观察到:"这个当局对于一班人才的意向,以前的不去说他。自从国难以来,却不能不说是渐渐的改为友谊的,虚心的,甚至于诚意的了。虽然他们对于党外人才的征求与引用,仍不过是一个微之又微的开始。"③这位中国第一位女教授和她的丈夫任鸿隽,均为胡适多年的好友,因此她的观察,颇能代表当时许多知识分子的看法。

国民政府时期,蒋介石所直接掌控的智囊机构,主要包括国防设计委员会、南昌行营调查设计委员会、侍从室与参事室。本章拟依序讨论以上各机构,并对其得失与影响进行评估。

---

① 蒋介石:《日记》,1932年6月24日。

② 衡哲:《人才与政治》,《独立评论》,第29期(1932年12月),页6。

③ 衡哲:《人才与政治》,页6。

第一节　国防设计委员会

国防设计委员会,系蒋介石在钱昌照(1899—1988)的建议下所成立的智囊机构。钱昌照,字乙藜,江苏常熟人,1919年赴英国留学,1922年获伦敦政治经济学院硕士学位后,入牛津大学从事经济学研究。1924年返国,历任国民政府外交部部长秘书、国民政府文官处秘书,1931年6月任教育部次长(部长为蒋介石自兼,政务次长为陈布雷)。九一八事变后,钱昌照以外侮日亟,应在蒋介石的直接领导下筹建一个国防设计机构。广义的国防应包括军事、国际关系、教育文化、财政经济、原料及制造、交通运输、土地及粮食、人才的调查等方面。钱昌照向蒋介石提议创办此一机构的目的除了富国强兵和抵御外侮,更是巩固统治——利用此一机构延揽各界知名人士、社会贤达和专家学者加入政府,即可扩大统治基础,巩固统治秩序。蒋介石十分赞同钱昌照的建议,促其草拟人选。两周之后,钱氏草拟了一份40余人的名单,大致如下:

军事方面:黄慕松、杨杰、陈仪、周亚卫、俞大维、钱昌祚等。

国际关系方面:王世杰、周鲠生、谢冠生、徐淑希、钱端升等。

教育文化方面:胡适、蒋梦麟、杨振声、傅斯年、周炳琳等。

财政经济方面:吴鼎昌、张嘉璈、徐新六、陶孟和、杨端六、王崇植等。

原料及制造方面:丁文江、翁文灏、顾振、范旭东、吴蕴初、刘鸿生、颜任光等。

交通运输方面:黄伯樵、沈怡、陈伯庄等。

　　　　土地及粮食方面：万国鼎、沈宗瀚、赵连芳等。

名单的特色有二：一是均为各领域的专家学者，或是知名的企业家，二是没有孔祥熙、宋子文系统或是CC（陈果夫、陈立夫）系统的人。蒋介石对名单完全接受，仅在军事方面增加林蔚一人。① 并指派钱昌照先和名单上的人选联系交换意见，再约其中部分见面或讲学。

　　晚近学界对于国防设计委员会的研究虽多，②不过由于均出版于十余年前，所利用的档案史料有限，且均未从蒋、汪人才争夺战的角度观察。

　　其实汪兆铭（即汪精卫）在1929年12月自巴黎返抵香港，策划讨蒋全局。当时各反蒋军事行动均告失败，一时无从着手。汪的首席智囊顾孟余即加强结纳有声望的学人，争取舆论同情。他首先调查各派系（包括国民党右派、西山会议派、蒋系、桂系、阎系、冯系、东北系等）在各省工作的西洋留学生③，凡北京大学、武汉大学，乃至中央大学的名教授，能保持接触者即降心相处，重要者包括蔡元培、胡适、周鲠生、王世杰、杨端六、张慰慈、高一涵等，令唐有壬、彭学沛司联络之责。胡适和顾若即若离，顾也不介意。对于南京方面，顾孟余仍和丁惟汾、朱家骅、段锡朋等，及昔日的北大学生一一联络，造成南京的CC系中隐然有一北大系存在，以分散蒋介石的势力，且与宋子文、黄郛信使往还。此时宋正图掌握金融力量自成一系，与蒋、汪鼎足而三，于蒋、汪纷争中，对汪仍表诚敬；黄郛则

① 钱昌照：《钱昌照回忆录》（北京：中国文史出版社，1998年），页37。钱昌照的记忆有些疏漏错误之处，均经笔者补正。
② 代表性的专著包括：郑友揆、程麟荪、张传洪：《旧中国的资源委员会——史实与评价》（上海：上海社会科学院出版社，1991年）；薛毅：《国民政府资源委员会研究》（北京：中国社会科学文献出版社，2005年）。
③ 望尘生：《顾孟余之锦囊》，《社会日报》，1931年5月27日。

于顾任北大教务长时，获聘为军事教官，与顾两人关系良好。[①]

　　1932 年元月汪兆铭就任行政院院长后，联系知识分子更是名正言顺。[②] 他接连邀集学者召开了两次会议。第一次是 1932 年 4 月的国难会议，第二次是同年 7 月的专家会议。国难会议为南京国民政府成立后，首次由政府召集党政要员与民间人士共商国是的会议，因此社会大众期望甚高，各主要报刊纷纷提出各种救国主张，盼能废除国民党一党专政，结束训政，实施宪政。但是汪兆铭将议事范围仅限于御侮、“剿共”和救灾三项，并声明不谈政治，导致许多主张取消党治的人士拒绝出席。原定出席 520 余人，实际到会者仅 144 人，闭幕式时也仅有 167 人。学者出席者包括皮宗石、陶孟和、周炳琳、陶希圣、何思源、蒋廷黻、钱端升、高一涵、蒋梦麟、马寅初、朱经农、童冠贤等，请假者则有胡适、张伯苓、丁文江、陶行知、梁漱溟、周诒春等。议程原规划不谈政治，不料与会人士不仅提出大量有关政治改革的议案，而且讨论十分激烈。最后仅通过政府应切实办理地方自治，如期结束训政，成立民意机关，保障人民各种政治自由等决议，较出席代表最初的提案尚有一定差距。[③] 蒋廷黻在会议结束后对此次会议曾有以下的评论：

① 周德伟：《落笔惊风雨：我的一生与国民党的点滴》(台北：远流出版公司，2011 年)，页 284—285。

② 根据陈翰笙的回忆，1932 年汪兆铭即将就任行政院长前，曾和陈公博、顾孟余、唐有壬约陈翰笙谈话，先后邀其担任江苏省教育厅厅长和外交部部长等职位，陈均以仍喜好在中央研究院社会科学研究所做研究为由，予以婉拒。参阅陈翰笙：《四个时代的我》(北京：中国文史出版社，1988 年)，页 580。

③ 许育铭：《汪兆铭与国民政府——1931 至 1936 年对日问题下的政治变动》(台北："国史馆"，1999 年)，页 280—282；张北根：《国难会议综述》，《历史档案》，1999 年第 4 期；刘永生：《宪政与训政的博弈：国难会议研究》，《贵阳学院学报》(社会科学版)，2009 年第 4 期；刘超：《民国知识界的转向：从国难会议到庐山谈话会——兼论平津学人群的议政、参政与从政》，《兰州学刊》，2018 年第 1 期。

　　政府对国难会议的态度，全不一致，连行政院本身就不一致，外交部、军政部、财政部，倘以他们对会议的报告为标准，显然是无诚意的。汪精卫先生则又当别论。①

蒋廷黻的文章显示，此次会议虽然未必可算是成功，但是对汪兆铭加强与学者之间的联系来说，毫无疑问是很有帮助的。

　　1932 年 7 月，汪兆铭与蔡元培（时任中央研究院院长）再度邀请蒋梦麟、王世杰、丁文江、周鲠生、张奚若、杨端六、徐淑希、蒋廷黻、王星拱、李书华、高一涵、陶孟和、胡适等 30 余位学者专家至京研讨国难期间各项问题，讨论范围包括外交、内政、建设、教育 4 项。②

　　另外，虽然汪系大将陈公博和顾孟余关系不佳，③但是他所掌握的实业部，也是一个和学者联系较多的机构。陈公博和顾孟余相同，均为经济学者出身，重视统计资料，上位后任用研究统制经济的学者罗敦伟为简任秘书④，一方面协助陈公博起草《四年实业计划》（同时参加起草者尚包括许仕廉、章元善等）；一方面主持编纂《中国经济年鉴》。罗敦伟广聘学者专家担任编纂委员和编纂，包括翁文灏、柯象峯、马寅初、乔启明、杨端六、陈长蘅、卫挺生、杨汝梅、许仕廉、章元善、陈翰笙等百余人均在罗致之列。当时国内尚无类似书籍，因此 1934 年 5 月出版后颇受各界好评，一个月即再

---

① 蒋廷黻：《参加国难会议的回顾》，《独立评论》，1932 年第 1 期，页 9—12。

② 《汪精卫招待学术专家》，《申报》，1932 年 7 月 10 日，第 3 版；鸢如：《从学者外交研究到将领策动会议》，《民治评论》，第 1 卷第 7 期（1932 年），页 108。

③ So Wai-chor, *The Kuomintang Left in the National Revolution*, *1924 - 1931* (Hong Kong: Oxford University Press, 1991), p. 151.

④ 张朋园、沈怀玉编：《国民政府职官年表》，第 1 册（台北："中央研究院"近代史研究所，1987 年），页 227。

版。① 承印此著作(共 600 余万字)的商务印书馆本来以为会亏本,不料反而大赚了一笔。② 参加编纂的学者专家,原本以为是纯属义务劳动,不料竟分得许多版税,于是第一回年鉴出版后,第二、三回连续出版,第四回虽编妥,但由于全面抗战突发,未及出版。③

汪兆铭为著名的宣传家,胡汉民曾称赞汪兆铭在演讲时,"听者任其擒纵,于二十年未见有人演说过于精卫者。"④其文字的鼓动能力也极强。⑤ 左舜生品评国民党当代人物,认为主持党务工作最适当的人选,"前为汪精卫,后则陈立夫",因为两人均深具江湖气质,群众乐于接近。⑥

汪兆铭一连串联系学者的动作,自然引起蒋介石左右的疑惧,被视为在"收买知识阶级的人心"。⑦ 蒋介石也发现汪兆铭的声望

---

① 民国中央研究院社会科学研究所的千家驹曾撰书评。参阅千家驹:《年来国内出版之经济学重要书籍述评》,《大公报》(天津),1935 年 1 月 17 日,第 11 版。

② 罗敦伟:《五十年回忆录》(台北:"中央文物供应社",1952 年),页 73。实业部编纂此书共享专任编纂 4 人,及北平、上海两通讯处干事、录事各 1 人,所增加的人事费用共10 100 元,由实业部支付。参阅《国民政府训令第 338 号(1933 年 7 月 14 日)》,《国民政府公报》,第 1184 号(1933 年),训令,页 8。

③ 罗敦伟:《五十年回忆录》,页 73。

④ 胡汉民:《胡汉民自传》(台北:传记文学社,1969 年),页 33。

⑤ 由汪兆铭 1933 年 3 月 31 日劝胡适出任教育部部长的信,即可见一斑:"适之先生:我有一件事情,专诚求你。翁文灏先生已决计不就教育部部长职了,我想之至再至三,专诚求你答应我担任教育部部长。明知此是不情之请,但你如果体念国难的严重,教育前途的关系重大,度亦不能不恻然有动于中。你如果慨然允诺,我愿竭我的能力,与你共事,替国家及教育,做出一点事来。我专诚企候你的回答,并祝你的健康。汪兆铭"参阅《汪精卫致胡适函(1933 年 3 月 31 日)》,收于中国社会科学院近代史研究所中华民国史研究室编:《胡适来往书信选》,中册,页 204。

⑥ 马五:《政海人物面面观》(香港:风屋书店,1986 年),页 28。

⑦ 陈公博:《苦笑录:陈公博回忆录(1925—1936)》(香港:香港大学亚洲研究中心,1979年),页 331—332。

日增，一部分 CC 分子被其吸收，且顾孟余、陈公博等，及《现代评论》社主干周鲠生、王世杰及若干北大教授均拥汪，蔡元培清望尤高，也支持汪、顾。蒋考虑到党内嫡系如陈果夫、陈立夫、邵力子、叶楚伧等，绝非汪、顾的对手，亟需吸引人才。故于就任行政院院长后，有计划地争取人才，以与汪兆铭相抗。① 蒋介石此时目光投向了留学生、大学教授、职业团体、北洋旧官僚和外交界。他曾在日记中记载其求才的心路历程：

> 时以不得襄助之人为念！世道日非，人欲横流，欲得一贤能之士为助，如何求之？旧党员多皆腐败无能，新党员多恶劣浮嚣，而非党员则接近不易，考察更难。古之山林之贤，今不可复见，而租界反动之流，多流氓之亚者。其在留学生中、大学教授中、职业团体中、旧日官僚而未在本党任仕有风格者中、外交界中，其在此中求之乎？②

在北洋旧官僚方面，既有的杨永泰无清望，缺乏号召力，于是想到久被排斥的"甲寅派"领袖章士钊。③ 1931 年 10 月，蒋邀章赴京，初欲用为司法行政部部长，章不就，继乃向章提议改行政院秘书长为特任，以章充任，蒋外出指挥军事时，由章全权处理院务，章仍不就，并发表声明不就政府任何职务，仍仅执行律师业务。④ 至于留学出身的大学教授，蒋介石则觉得素无渊源，考察更为不易。

蒋笼络知识分子不成，此时钱昌照提议筹设国防设计委员会，蒋介石自然是十分赞同，积极约见学者专家，展开筹备工作。1932

---

① 《章士钊赴京》，《大公报》（天津），1931 年 10 月 19 日，第 3 版。
② 蒋介石：《日记》，1932 年 9 月 1 日。
③ 周德伟：《落笔惊风雨：我的一生与国民党的点滴》，页 388。
④ 周德伟：《落笔惊风雨：我的一生与国民党的点滴》，页 388—389。

年春、夏、秋三季，在南京、牯岭、武汉，由钱昌照陪同和蒋介石见面或为其讲学者，计有王世杰、周鲠生、徐淑希、胡适、张其昀、吴鼎昌、徐新六、杨端六、丁文江、翁文灏、顾振、范旭东、吴蕴初、陈伯庄、万国鼎等二三十人。① 33岁的钱昌照虽然是教育部常务次长，但是认识的文教界人士毕竟有限。他有两个连襟，一个是带他进入政坛的黄郛，另一个则是陶孟和（1887—1960）。陶孟和为天津人，英国伦敦政治经济学院博士，返国后历任北京大学教授、文学院院长、教务长，中华教育文化基金董事会社会调查所所长，南开大学董事等职，认识的学者极多，被视为地位仅次于张伯苓的华北文教界人士。② 上述钱昌照介绍给蒋介石认识或讲学的学者专家，有许多即通过陶孟和的关系。蒋介石礼贤下士，邀请学者为其讲学，目的在了解内政、外交上的各项问题及解决之道，作为其决策的参考。当时曾有媒体以《蒋介石经筵讲官》为题撰文报道，③蒋本人对此一机构的筹备也极为重视，曾多次致电钱昌照有所指示，如1932年6月24日电钱指示演讲题目：

> 设计会开会时间不必过速，当先物色人才，宜多备约谈时间，然后再定期召集会议，则更能见效，请与咏霓（翁文灏）兄先确定人选，再约定次序，请其各个来谈。兄与咏霓兄能于暑假时来汉、浔常住一处，以便接洽。前约王雪艇（世杰）、周鲠生诸兄所讲题目为何，请电告。兹再列举项目如下：一、教育则讲制度与方针，二、经济则分土地、币制、财政、金融、交通、

---

① 钱昌照：《钱昌照回忆录》，页38。
② 郑友揆：《高尚的品德，开阔的胸襟——忆陶孟和先生的业绩》，《工商经济史料丛刊》，第3辑（1984年4月），页29。
③ 道听：《蒋介石经筵讲官》，《晶报》，1932年10月18日。

工业、农产七项，三、外交则分对租界抵制之方略、外债整理之方针、对治外法权与外军驻防之抵制法等四项，四、内政则分人口、粮食、土地等之调查与整理，以及各省警察、民团之制度等项，五、法治则分审计制度、铨叙制度、合作制度、劳动保险制、养老抚恤制、民法、刑法、工厂法，营业、所得、遗产、累进等税项之改正与确定等，而节制资本与平均地权二原则之实现步骤与方略当为以后研究中心理论之焦点，如有友人愿任此作者，当不厌其详悉也。请将以上各项，择各人之所长分配讲题，陆续请来讲解。①

同日又电钱指示设计会人事安排原则，并推荐人选：

调查处长与各组主任，不妨假定多名以备慎选，凡假定之人选，均需先约其来行营详谈数次，方得决定，故不必预告其任何职也。杭州徐青甫先生与前国府参事刘冕先生为研究币制与经济之人，亦请代我与之讨论，观其实在有能力否，并请徐君来汉一叙。②

经过一年左右的筹备，国防设计委员会于1932年11月1日正式成立于南京。依《国防设计委员会组织条例》规定，国防设计委员会直隶国民政府参谋本部，职权包括：

（1）拟制全国国防之具体方案；

（2）计划以国防为中心之建设事业；

（3）筹拟关于国防之临时处置。③

---

① 《事略稿本》，第15册，页195—197。

② 《事略稿本》，第15册，页197—198。

③ 程玉凤、程玉凰编：《资源委员会档案史料初编》，上册（台北："国史馆"，1984年），页18—19。

由蒋介石兼任委员长,翁文灏任秘书长,钱昌照任副秘书长。国防设计委员会设委员 36—48 人,蒋介石所聘委员大多为钱昌照所建议者,蒋仅增列林蔚(时任侍从室主任)1 人。在委员之外,又先后聘请了 200 名左右的专门委员,均为各方面的技术专家,并按专业予以区分,其中国际贸易专门委员会委员有孙拯、孙景莘、吴申伯等;电气专门委员会委员有王崇植、朱其清、恽震等;国防军备专门委员会委员有王守竞、洪中、吴光杰等;国防化学专门委员会委员有吴承洛、范旭东、林继庸等;矿冶专门委员会委员有李四光、金开英、孙越崎、刘厚生等;边疆研究专门委员会委员有向达、竺可桢、张其昀等。①

值得注意的是,在以上的名单中,包括有一些著名的企业家,如范旭东、吴蕴初、刘鸿生等。设计会经由这些企业家,得以了解企业界的需求,吸取其经验与建议;这些企业家也得以增加接近国民政府高层人事的机会,有利于日后反映企业的意见并争取政策性的优惠措施。②

国防设计委员会所聘委员,大多为钱昌照所推荐,蒋介石仅增加一位贴身军事参谋林蔚(目的应为俾使就近随时掌握该会状况),自然是表示对钱昌照的尊重。其实蒋介石在此时求贤若渴,心中也有若干人选,如 1932 年 6 月 20 日他即曾在日记中盘点各领域的人才:

　　　　经济:马寅初、刘振东、翁文灏、俞大维。

---

① 王卫星:《国防设计委员会活动评述》,《学海》,1944 年第 5 期。
② 国防设计委员会与企业界的关系,学界目前研究较少,有关范旭东永利化工企业的个案研究,可参阅 Kwan Man Bun, *Patriot's Game: Yongli Chemical Industries, 1917 - 1953* (Leiden: Brill, 2017), pp. 103 - 145。

内政：张群、杨永泰、谷正伦、蒋伯诚、朱世明、何浩若。

外交：余日章、斐复恒、程沧波、周鲠生、徐谟。

法律：王世杰。

教育：戴季陶、朱家骅、蒋梦麟、钱昌照、罗家伦。①

本章在一开始所引蒋介石 6 月 22、24 两日的日记更直接列举了一些拟与派职的名单。历史的"后见之明"显示，钱昌照所推荐的委员名单虽然均为一时之选，但是如果将其与蒋心目中的人才名单加以比对，即使扣除钱昌照所有意避免的孔宋系统和 CC 系统，仍有一些遗珠之憾，马寅初即一个例子。

马寅初（1882—1982），美国哥伦比亚大学经济学博士，1915 年返国后即先后任教北大、中大，在经济学界的辈分极高。1930 年代初期马寅初倡导统制经济，蒋介石曾多次邀请其讲国际经济大势，听完甚至还有"乐甚"的记载，②1932 年并不止一次将他列入拟用的人才名单，钱昌照推荐的名单中也有他，但是蒋认为他态度傲慢，将他从名单上去除，于是财经方面的委员最后出线的是钱昌照心目中的"中国三大银行家"——张嘉璈、吴鼎昌、徐新六③和他的连襟陶孟和等人。

国防设计委员会会址设于南京三元巷二号，对外保密，不悬招牌，信封只印"三元巷二号"。经费方面，每月的经常费 10 万元（当时拥有 10 个研究所的中央研究院，每月的经常费也不过 10 万

---

① 蒋介石：《日记》，1932 年 6 月 20 日。

② 黄自进、潘光哲编：《蒋中正"总统"五记·学记》，页 31；《事略稿本》，第 14 册，页 437、483。

③ 钱昌照：《钱昌照回忆录》，页 40、151。

元)①,蒋介石由其军事委员会委员长特别费内开支,无需向审计机关报销。该会发给委员每月 200 元、专门委员 100 元作为研究费用,十分礼遇(根据 1933 年一位学者陈东原所做比较,当时一个部长,每天能有 30—40 元收入,政府机关的书记,每月只有 30—40 元,乡村小学教师,则每年仅有 30—40 元)。② 另资助 14 所著名大专院校和北平地质调查所、北平社会调查所,按期给予补助。③ 蒋介石对于设计委员会和学术界的合作和联系,特别重视,常亲予指示。如 1933 年 8 月在接见蒋廷黻及何廉后,即致电钱昌照,请其介绍蒋、何二人与中央大学校长罗家伦,要求他们对于县政及社会地方组织的调查,切实合作共同研究,各种调查助手的训练也可互相调剂。并要求设计会日后应与中央大学、中央政治学校,以及上海的交通大学、同济大学切实合作联络。同济大学拟开办兽医班,经费不足,也准由设计会酌量补助,以促其成。④ 在人员进用方面,设计会在专门委员之下设助理研究员和练习员,均由接受该会补助的 14 所院校毕业生择优录用,月薪 80 元,较一般行政机构高 20 元,颇有助于人才的引进。⑤

　　国防设计委员会和学术机构的密切合作,也是和汪兆铭进行人才争夺战的一部分。改组派对国民党员的任用与协调,由汪兆

---

① "中央研究院"八十年院史编纂委员会编:《追求卓越:"中央研究院"八十年》(台北:"中央研究院",2008 年),第 1 册,页 23。

② 陈东原:《中国之养士制度的教育》,《安徽教育》,第 3 卷第 3 期(1933 年),页 12。

③ 宋广波编:《丁文江年谱》(哈尔滨:黑龙江教育出版社,2009 年),页 386;钱昌照:《钱昌照回忆录》,页 38—39。

④ 《蒋介石电钱昌照林蔚关于现在交通与铁道各部及各市之警察人数经费调查与沿海各县政治团队与教育等事请与翁文灏负责整理(1933 年 8 月 24 日)》,《蒋中正"总统"文物》,典藏号 002 - 090102 - 0004 - 151。

⑤ 钱昌照:《钱昌照回忆录》,页 38—39。

铭自己主持,对知识界的联络,则由顾孟余主持。汪任行政院院长时,顾任铁道部部长,手中拥有资源可资利用。例如 1932 年朱家骅于教育部部长任内拟设国立编译馆,但经费不足,经顾孟余同意,每月补助 5 000 元,始获准成立。[①] 又如中央研究院社会科学研究所经费有限,除从事社会调查外,甚至无法负担订阅大量报刊及剪报所需人事费用,副所长陈翰笙(所长为院长蔡元培自兼)乃向在北大任教时的旧识顾孟余求助。顾乃聘陈为铁道部顾问,每月致酬 400 元。陈乃将此笔钱雇了 4 人剪报,每人月薪 30 元,剩余的钱均用于订购报刊。[②] 陈翰笙又欲介绍数个研究生至铁道部工作,顾则表示铁道部正值裁员,无法安插,但可委托陈调查京沪铁路沿线及江苏全省经济情况,作为铁道部改良旧路及筹建新路的参考,每月补助 5 000 元,如社科所的人力充足,调查范围能扩及浙赣路,补助尚可增加。陈翰笙大喜而去。此举并非仅为汪兆铭联络学界的手段,顾孟余也确有发展铁路的抱负。新上任的中央大学校长罗家伦闻讯,也来请助。[③] 罗家伦由于党政关系良好,经费并不虞匮乏,在各国立大学中,仅次于中山大学。[④] 不过顾孟余以罗家伦原为北大学生,仍按月助以 10 000 元。对于新成立不久的武汉大学,知名教授为王星拱、周鲠生、石瑛、皮宗石、杨端六、刘秉麟等,早已亲汪、顾,顾则主动请武大调查平汉铁路沿线及北方各省的物产及生产潜力,并请其工学院(院长石瑛)特别研究铁路建筑工程,

① 胡颂平编:《朱家骅年谱》,页 26;黄克武:《顾孟余的政治生涯:从挺汪、拥蒋到支持第三势力》,《“国史馆”馆刊》,第 46 期(2015 年 12 月),页 148。

② 陈翰笙:《四个时代的我》,页 44—45。

③ 周德伟:《落笔惊风雨:我的一生与国民党的点滴》,页 336—337。

④ 如从学生的人均经费来看,中央大学的排名则落后许多名校。参阅蒋宝麟:《民国时期中央大学的学术与政治(1927—1949)》(南京:南京大学出版社,2016 年),页 153—157。

按月补助经费 5 万元。①

1932 年 11 月 1 日国防设计委员会成立后,依照条例规定和工作计划展开工作。但是制定国防计划既非仓率可期,也非既有财力、人力所能胜任,仅能先从调查研究开始入手。翁文灏系著名的地质学者,自清末起即在各地进行地质调查工作,自然极力强调调查研究在制定计划时的重要性。1932 年 6 月,翁曾在《建设与计划》一文中对当时各种距离事实甚远的计划大加抨击:

> 计划的必要中国现在大约已普遍承认的了,所以近几年来虽然没有多大建设,却天天可听见许多计划。但是计划的内容往往离事实甚远,所以一经实行便即失败……至今常常听见许多离开事实的大计划,例如山西尺许厚的褐铁矿,四川几寸厚的菱铁矿,以及蒙古沙漠边上,都可以树立中国钢铁业的大中心。而听者似乎并不觉得奇怪。②

因此,国防设计委员会自筹备阶段起,即特别重视调查研究。该会为了了解既有及现在进行中的研究,以避免重复,并发掘人才,特别设计了"国防设计问卷"③发给各专门委员,国防设计委员会再根据问卷调查的结果,将亟待研究的计划,分为军事、国际关

---

① 周德伟:《落笔惊风雨:我的一生与国民党的点滴》,页 337。
② 咏霓:《建设与计划》,《独立评论》,1932 年 6 月第 5 期,页 10—11。
③ 问卷的设计包括:(1) 就国防建设而言,何几种问题即应研究? 何几种事业即应举办? 何几种制度即应推行? (2) 前项所列各问题中,何者国内已有相当研究? 何者国内已着手举办? 何者国内已有基础? 现在负责之政府机关,或其他团体,或个人是否胜任? 成效如何? 有无充实或改进之必要? 何者国内尚无研究? 何者国内尚未举办? 何者国内尚无基础? 应如何设法推动? 由政府机关,抑由其他团体,抑由个人负责为适宜? (3) 第一项所列各问题或事业中阁下如有自愿研究或举办者,请提出具体方案计划。参阅《国防设计问卷》,中国第二历史档案馆藏,原文未见,转引自申晓云:《留学归国人才与国防设计委员会的创设》,页 250—251。

系、经济与财政、原料与制造运输与交通、文化、土地与粮食等组，分组进行调查和规划，后由设计会汇整制订总的国防计划。各组调查及研究情形分述如下：

（一）军事组：为应付日本的侵略，在军事上、兵工生产上应做何种准备，甚至各地要塞兵营的建筑，江防、海防、空防的设备，军、民用航空建设，均在调查范围之内。但是实际上，军事委员会和参谋本部另有专门机构从事军事方面的计划工作，设计会难以插手。因此军事组的工作远未如计划所要求的广泛。该组研究了有关国防统计的分类和资料收集方法，设计了 64 种调查表格，分别函请主管机关填送，以求了解当时国内军事情况，但并无结果。此外，军事组曾和其他机关合作，拟定《国防军事建设计划》《国防军备十年计划》《国防航空五年计划》《兵工整理计划》等。原由陈仪主持，但他未参加实际工作，而由洪中、庄权、杨继曾等负责。[①]　其中，特别值得一提的是洪中（1882—1961）。洪中为著名的兵工专家，曾任河南巩县兵工厂厂长、汉阳钢铁厂厂长、沈阳兵工厂之化学兵器厂及火药厂厂长，九一八事变后离开东北，任军政部兵工署副署长。翌年其升任署长，[②]并兼任国防设计委员会委员。1932 年，蒋介石接受陈仪建议，欲任俞大维为兵工署署长[③]，钱昌照乃将洪中改聘为国防设计委员会驻会专任委员（也是唯一的驻会委员），主持军事组，

---

① 钱昌照：《钱昌照回忆录》，页 39—41、143；郑友揆、程麟荪、张传洪：《旧中国的资源委员会——史实与评价》，页 10—12。

② 陈哲三：《洪中（1882—1961）》，收于刘绍唐主编：《民国人物小传》，第 5 册，页 185。

③ 1928 年蒋介石派陈仪组团赴欧洲考察军事，在柏林结识俞大维。俞大维在德期间曾向德国参谋本部官员学习军事，与德军方关系良好，故极得陈仪赏识，并获其推荐担任国民政府驻德使馆商务调查部主任，返国后历任军政部参事、驻德使馆商务专员等职，1932 年 6 月时已成为蒋介石心目中的重要人才之一。参阅"国防部（转下页）

负责钢铁工业的规划,并主持"低温蒸馏"的试验,从含挥发成分较高的煤炭提取轻油,以解决一旦海岸遭受封锁后的燃料问题。[1]

（二）国际关系组:重点集中于日本、苏联和美国,特别是有关日本的资源状况、国内政治局势及其对华政策。研究了日本、英国、美国、德国、法国等在华利益,尤其是在经济与文化领域的利益,同时聘请一些旅欧华裔学者撰写《欧洲国际关系报告》。该组的另一项重要工作为派员至关外秘密调查伪满洲国成立后的动态,收集整理有关新疆、西藏、蒙古及西南边疆地区的地理环境、历史沿革、人文经济状况等资料,并进行研究,由王世杰主持,周鲠生、徐淑希、钱端升等人负责。[2] 值得注意的是,周、徐、钱3位固然均为知名学者,该组其余成员日后有些成为国民政府外交方面的骨干（如徐道邻、李惟果、徐公肃、袁道丰）,有些则当了汪伪政府的汉奸（如吴颂皋、高宗武和周隆庠）。[3]

（三）经济与财政组:该组的任务包括两项:一是研究平时财政收入如何能尽量满足国防需要,以及战时关税、盐税、统税等主要税收如丧失后,如何弥补而不致造成通货膨胀的办法;二是估计全国人口总数,确定粮食供需平衡的办法,研究各种必需物资的替代、补充、购买,以及限制国防必需物资的输出、奖励输入的办法,并配合其他各组制定粮食管理计划、工业动员计划及战时金融统

（接上页）史政编译局"编:《俞大维先生年谱资料初编》,第1册,（台北:编者印行,1996年）,页31—38;蒋介石:《日记》,1932年6月21日。

[1] 钱昌照:《钱昌照回忆录》,页40;陈哲三:《洪中（1882—1961）》;关德懋:《翁文灏其人其事》,《传记文学》,第36卷第4期,页76。

[2] 钱昌照:《钱昌照回忆录》,页41;郑友揆、程麟荪、张传洪:《旧中国的资源委员会——史实与评价》,页12。

[3] 吴兆洪:《我所知道的资源委员会》,收于《回忆国民党政府资源委员会》（北京:中国文史出版社,1988年）,页71—72。

制办法等。主要工作包括以下几项:

1. 参与币制改革

1932 年,中国受到世界经济危机恐慌的影响,经济开始陷入萧条。1934 年 6 月,美国政府颁布《购银法案》(*Sliver Purchase Act of 1934*),高价收购白银,致使国际市场银价高涨,在华外商银行纷纷将白银装运出国,投机牟利。中国当时以白银为货币本位,白银大量外流,造成国内银根紧缩,出现白银挤兑现象,部分银行、钱庄倒闭,因此币制改革的工作成为当务之急。1935—1936 年的法币改革为民国史上的一件大事,因此相关的研究成果十分丰硕①,晚近有学者开始留意蒋介石货币改革的决策过程②,不过每多忽略了国防设计委员会在其中所扮演的角色,此处拟稍做补充。

国防设计委员会在成立之初,即着手研究币制改革,由孙拯主持,多方收集资料。③ 1934 年 3 月 3 日,蒋介石决定以设计会对币制统一制定实施计划。④ 钱昌照与宋子文商议,请徐新六和顾翊群两位金融专家协助,获宋同意。⑤ 自此,徐、顾二人成为设计会经济与财政组主要成员,参与策划币制改革。徐新六为著名的银行家,

① 代表性的著作包括王业键:《中国近代货币与银行的演进(1644—1937)》(台北:"中央研究院"经济研究所,1981 年),页 50—63;卓遵宏:《中国近代货币改革史(1887—1937)》(台北:"国史馆",1986 年),第 5—6 章;朱荫贵:《近代中国:金融与证券研究》(上海:上海人民出版社,2012 年),页 124—138;Tomoko Shiroyama, *China During the Great Depression: Market, State, and the World Economy, 1929–1937* (Cambridge, Mass.: Harvard University Press, 2008), chapter 7.

② 吴景平:《蒋介石与 1935 年法币政策的决策与实施》,《江海学刊》,2011 年第 2 期;贾钦涵:《"纸币兑现"与 1935 年法币改革决策》,《中国社会经济史研究》,2016 年第 2 期。

③ 钱昌照:《钱昌照回忆录》,页 90。

④ 蒋介石:《日记》,1934 年 3 月 3 日。

⑤ 钱昌照:《钱昌照回忆录》,页 90。

1908 年曾与翁文灏同船赴欧留学,长期担任浙江兴业银行(民初与浙江实业银行、上海商业储蓄银行并称"南三行")总经理。①

顾翊群,江苏淮安人,北京大学预科毕业,美国俄亥俄州立大学文学硕士及纽约大学商业行政管理硕士,返国后历任中华教育基金管理委员会财务秘书、财政部币制委员会委员、上海中孚银行副经理。② 1933 年 8 月,顾翊群向蒋介石上陈《中国货币金融政策草案》,南昌行营秘书长杨永泰签注意见为:"顾君为国内研究经济之有名学者,所拟货币金融政策确有商榷之价值,非普同条陈可此。请阅全文,如认为诚有可采之处,可抄交庸之[孔祥熙]、总裁、子文部长,并另行指定数人切实讨论,再行具签呈核。"获蒋介石批交宋、孔采阅。③ 国防设计委员会成立后,顾氏获钱昌照之邀,聘为专门委员。1934 年春,顾翊群由全国经济委员会派赴欧洲研究关税币制,行前钱昌照安排其赴南昌进谒蒋介石。④

顾翊群出国期间曾历访国际联盟财经处,英、法、德、美各国中

① 李丽:《职业经济人与社会关系网——以浙江兴业银行为中心》,《史林》,2013 年 5 月;张克令:《徐新六的人际网络》,未刊硕士论文,上海师范大学,2014 年;马运娟:《徐新六与浙江兴业银行》,未刊硕士论文,浙江大学,2015 年;高红霞:《民国银行家的生活样态与人际网络——以浙江兴业银行徐新六为例》,《学术月刊》,2016 年 2 月;Linsun Cheng, *Banking in Modern China*: *Entrepreneurs*, *Professional Managers*, *and the Development of Chinese Banks*, *1897 - 1937* (New York: Cambridge University Press, 2003), chapter 7。

② 刘国铭主编:《中国国民党百年人物全书》(北京:团结出版社,2005 年),页 1 928。

③ 中国第二历史档案馆编:《中华民国史档案数据汇编》第 5 辑第 1 编,"财经"(四)(南京:江苏古籍出版社,1994 年),页 39—46。

④ 《钱昌照电蒋中正全国经济委员会派顾季高赴欧考察税币制如有暇当嘱其赴赣晋谒(1934 年 4 月 9 日)》,《蒋中正"总统"文物》,典藏号 002 - 080200 - 00159 - 073;《钱昌照电蒋中正明日顾翊群乘船西上将于十八日抵南昌谒见(1934 年 4 月 15 日)》,《蒋中正"总统"文物》,典藏号 002 - 080200 - 00160 - 081。

央银行，考察其制度与业务，为期一年，其间与钱昌照来往函电不断。[①] 顾返国后，奉派任行政院参事，并参加与英派遣李滋罗斯代表团（Leith-Ross Mission）来华的联系工作。[②]

另一方面，蒋介石也责成法币改革的权责机关财政部着手研拟改革的具体办法。1935 年 1 月 17 日，蒋介石上午接见财政部钱币司司长徐堪、中央银行副总裁陈行，随即又接见上海银行业代表，听取业者对改革看法，下午商议统制金融与币制办法。[③]

1935 年 9 月，由英国政府所派遣的首席经济顾问李滋罗斯（Frederick Leith-Ross）来华，协助中国解决币制与财政问题。同行者还包括英国财政部的霍尔帕奇（Edmund Hall-Patch）和英格兰银行（the Bank of England）的罗杰斯（Cyril Rogers）。3 人 9 月 21 日抵华后，顾翊群（时任行政院参事）已将财政部所拟，且经蒋介石审阅的法币改革实施办法 6 条备妥。[④] 每周一至周六，由徐新六、顾逸群、罗杰斯和霍尔帕奇 4 人整理资料，周日则由宋子文、钱昌照、李滋罗斯和徐新六 4 位助手一起商量，如此一共花了 3 个多月的时间，方将币制改革方案确定。双方商定新货币与英镑折算方式。由于国民政府的力量尚无法及于全国，东北、云南、西藏、新

① 顾翊群在欧美期间与钱昌照通讯，详见廖利明、刘楠楠、吴威选辑：《顾翊群关于经济问题与钱昌照来往函一组（上）》，《民国档案》，2017 年第 1 期。

② 顾翊群：《纪三十年代美国提高白银运动与中国货币史中之一篇文献》，收于台湾政治大学出版委员会编：《台湾政治大学四十周年校庆纪念学术论文集》（台北：编者印行，1967 年），页 363。

③ 蒋介石：《日记》，1935 年 1 月 16—17 日。

④ 徐堪：《自述》，收于徐可亭先生文存编印委员会编：《徐可亭先生文存》（台北：编者印行，1970 年），页 5—6；卓遵宏、姜良芹、刘文宾、刘慧宇：《南京国民政府十年经济建设》（南京：南京大学出版社，2015 年），页 402—405。

疆仅能暂不实施。①

11 月 3 日，财政部公布《紧急安定货币金融办法》，即通称的"法币政策"，主要内容如下：

（1）自 1935 年 11 月 4 日起，以中央、中国、交通三银行所发行之钞票定为法币。所有完粮纳税及一切公司款项之收复，以法币为限，不得行使现金，违者全数没收，以防白银之偷漏。如有故存隐匿意图偷漏者，应准照危害民国紧急罪处治。

（2）中央、中国、交通三银行以外，曾经财政部核准发行之银行钞票，仍准其照常行使，其发行数额即以截至 11 月 3 日止流通之总额为限，不得增发。由财政部酌定限期，逐渐以中央钞票换回，并将流通总额之法定准备金，连同已印未发之新钞及已收回之旧钞，悉数交由发行准备管理委员会保管，其核准印制中之新钞，并俟印就时一并照交保管。

（3）法币准备金之保管及其发行收换事宜，设发行准备管理委员会办理，以昭确实而固信用。其委员会章程另案公布。

（4）凡银钱行号商店及其他公司机关或个人持有银本位币或其他银币生银等类者，应自 11 月 4 日起，亦由发行准备管理委员会或其指定之银行兑换法币，除银本位币按照面额兑换法币外，其余银类各依实含纯银数量兑换。

（5）旧有以银币单位订立之契约，应各照原定数额于到期日概

---

① 钱昌照：《钱昌照回忆录》，页 91。不过根据李滋罗斯事后的回忆，参与密集商谈的人员并未包括钱昌照等人："在接下来的几个星期，我和宋、孔有一连串的会务，有时是分别见面，有时是一起，实际上几乎是天天见面，讨论财政部和中央银行为他们所准备的报告，加上霍尔帕奇和罗杰斯所先为我们所签注的意见（comments）。"参阅 Frederick Leith-Ross, *Money Talks: Fifty Years of International Finance* (London: Hutchinson & Co., 1968), p. 205。

以法币结算收付之。

（6）为使法币对外汇价按照目前价格稳定起见，应由中央、中国、交通三银行无限制买卖外汇。

同时，财政部部长孔祥熙发表由顾翊群草拟的宣言，指出国际银价提高后对中国经济所造成的损害，并声明政府于实施新货币政策后，谋求维护币信、整理财政与恢复经济繁荣的决心。①

财政部所公布的法币政策六条办法，为钱币司司长徐堪所拟，根据徐事后的回忆，李滋罗斯抵华后，孔祥熙"即以所拟法币办法六条征询意见，完全赞同，并无一字修改，旋即于 11 月 4 日公布实施"。② 但是事实上，国内财经学者在 1934 年至 1935 年间对于法币政策的理论及执行，均有极多的讨论，可说朝野上下均已具共识，绝非徐堪一人所能独揽其功。③

此外，国防设计委员会自成立之初即已着手研究币制改革，由于英国对孔祥熙不信任，蒋介石乃将此事交由宋子文主持，并以钱昌照为副手。钱又邀顾翊群、徐新六两人协助。④ 因此设计会在币制改革过程中，实扮演了重要的角色。自此，宋子文和钱昌照的关系日益密切，对资委会的事业也产生了长期的影响。⑤

2. 编制国内外贸易统计

设计会有鉴于中国国际贸易逆差不断增大，国际收支状况日趋恶劣，为研究挽救之道，首先需查明历年来国内外贸易情形。该组根据海关铁路运输的详细统计，逐国逐货编制了各铁路及各口

---

① 顾翊群：《纪三十年代美国提高白银运动与中国货币史中之一篇文献》，页 363—364。
② 徐堪：《自述》，页 6。
③ 孙大权：《中国经济学的成长：中国经济学社研究（1923—1953）》（上海：三联书店，2006 年），页 373—374。
④ ⑤ 吴兆洪：《我所知道的资源委员会》，页 77。

岸间重要物资流通状况统计,作为有关部门改定税则、修改商约的参考。① 巫宝三所著《中国粮食对外贸易——其地位趋势及变迁之原因(1912—1931)》②一书,即为社会调查所接受设计会委托调查案下的部分成果。

3. 调查各省财政制度与现状

设计会为明了全国财政收支状况,曾派员赴长江流域的湘鄂赣皖江浙 6 省、华北的豫晋秦绥察冀鲁 7 省,实地调查各地财政制度与现状。当时国民政府财政收入来源大部分集中于沿海地区,设计会考虑到战争爆发后沿海地区可能被占,需以地方税收加以补充。因此除调查外,还研究了改进田赋和营业税(地方税收大宗)的方法,以备不时之需。③

(四)原料及制造组:该组与地质调查所、中国经济统计研究所合作,对中国的矿业和工业进行了广泛的调查。

1. 矿业调查

矿业资源调查的范围,包括煤矿、金属矿和石油矿。煤矿调查分为两路,一路调查沿铁路和长江现有煤矿生产运销状况,作为战时实施燃料统制的准备;另一路调查在内地发展工矿事业需加开采或扩充的煤矿,如江西的萍乡、天河、高坑等矿,湖南的谭家山煤矿。

金属矿调查包括青海、四川的金矿;长江流域及山东、福建等省的银矿;湖北、河南、山西、四川、云南的铜矿;广西的铅、锌矿;湖南、江西的锡、钨、锰矿;云南的锡、钨、锑矿;浙江的矾土矿等。其

---

① 郑友揆、程麟荪、张传洪:《旧中国的资源委员会——史实与评价》,页 13。

② 巫宝三:《中国粮食对外贸易——其地位趋势及变迁之原因(1912—1931)》(南京:参谋本部国防设计委员会,1934 年)。

③ 郑友揆、程麟荪、张传洪:《旧中国的资源委员会——史实与评价》,页 13。

中大部分拟定了开采计划。

　　石油矿调查包括四川、陕西的油田调查。设计会于成立之初,鉴于石油资源在国防上的重要,曾委托中央地质调查所派王竹泉、潘钟祥至陕北一带做地质调查,并于 1933 年组织陕西油矿探勘处,由孙越崎率领,赴陕西延长地区实地钻探。探勘处利用原美孚石油公司于民国初年在此探勘时留下的部分机械,觅地钻井。所钻各井均曾出油,但产量甚少,难以大量开采。后来该地区为红军占领,石油矿成为陕甘宁地区的一项重要经济事业。①

　　2. 工业调查

　　由设计委托中国经济统计研究所进行全国性的工业调查。中国经济学社 1931 年获得太平洋国际学会捐款,成立研究委员会,由刘大钧主持,曾对上海 1 600 余家工厂进行调查。1932 年又接受国防设计委员会委托调查全国工业,乃与中国统计学社合作,成立中国经济统计研究所,对全国2 400 余家工厂进行调查,②调查结果由刘大钧编为《中国工业调查报告》③一书出版。由于受到现实环境的限制,调查人员未能对外资企业进行调查,边境各省及日本占领下的东北工厂也未列为调查对象,兵工厂由设计会另派员调查,造币厂被列为非工业性质,均不在此次调查之列。除此之外,刘大钧几乎对所有符合工厂法的华资工厂均进行了调查,调查范围之广,结果之准确,为当时其他工业普查所无法企及,日后关于民国时期工业总产值的两项研究——巫宝三等人的《中国国民所得》(1947)和刘大中、叶孔嘉的 *The Economy of the Chinese*

① 董蔚翘:《陕西石油探采之沿革及经过》,《陕西文献》,第 49 期(1982 年 4 月);郑友揆、程麟荪、张传洪:《旧中国的资源委员会——史实与评价》,页 13—14。
② 孙大权:《中国经济学的成长:中国经济学社研究(1923—1953)》,页 186—187。
③ 刘大钧:《中国工业调查报告》(南京:中国经济统计研究所,1937 年)。

Mainland：*National Income and Economic Development*，*1933 - 1959*（1965）也均系依据《中国工业调查报告》的数字为基础进行估算。①

（五）交通及运输组：该组工作分为铁路、公路、航运、电讯 4 部分。铁路方面，由顾振负责，重点在掌握各路设备、军运能力及应予改进之处，并编制《全国铁路军事运输能力审查报告》。公路方面，由陈伯庄负责，注重调查华中七省并推及华南、华北各省公路通车情形、汽车辆数、汽车修理厂及其能力。航运方面，由王洸负责，调查水道、船舶、港口设备、引水人员等状况。电讯方面，由朱其清、陈绍霖负责，调查全国无线电台、有线电报、电话、电讯材料、人才等状况，并草拟有器材储备制造，以及紧急时期国内重要电工器材厂迁移计划。②

该组成员和其他各组不同，较少学者，而以交通界人士为主。例如负责航运的王洸，即出身交通世家，其父王倬为留日学生，长期任职于北洋政府交通部航政司，曾主编《交通部月刊》和《交通史航政篇》。王洸，1906 年生，就读北平交大管理科时即曾与同学创办《苏光》（季刊），后改名《交通经济汇刊》，毕业后入交通部，曾自费创办《交通杂志》（月刊），发行数陆续增至 5 000 份，渐有文名。1933 年获钱昌照之邀，入设计会主持航政工作，专门规划航政、航业和造船工作。钱表示该会各组主持人均以委员名义兼领组务，但王无国外大学学位，故仅能以助理研究员名义任用，不过得支领此职等最高薪 180 元。王洸日后两度奉派出国，成为著名的航运

---

① 久保亨：《关于民国时期工业生产总值的几个问题》，《历史研究》，2001 年第 5 期。
② 钱昌照：《钱昌照回忆录》，页 42；郑友揆、程麟荪、张传洪：《旧中国的资源委员会——史实与评价》，页 14。

专家，曾历任交通部航政司司长、路政司司长等职。①

（六）文化组：研究的内容包括学生体检制度、学校教授法、平民军训、体育教育、民歌及流行歌曲、查禁鸦片及其他用品、医药供给等。该组并负责研究如何为国防建设奠定智能、体能和精神的基础，包括对民族精神和国家观念的培育及对科技知识的推广，也重视研究世界各国训练青年的方式。② 影响较大的工作，则为邀请学者专家撰写中小学教科书，如杨振声、朱自清编国语教科书，张其昀编地理教科书，张荫麟编历史教科书。③ 蒋介石对此事十分重视，尤其是对修身课本，甚至曾亲电翁文灏和钱昌照指示编写原则，④不过最后是否编成，不得而知。此处拟就各科教科书编纂经过，略做介绍。

1. 国语科

国文科负责人原为国立青岛大学校长杨振声，杨于 1933 年夏邀沈从文合作，1934 年 12 月沈又拉朱自清加入。1936 年，由杨振声主编，沈从文、朱自清协助的《高小实验国语教科书》，以国立编译馆的名义由商务印书馆、中华书局等书店联合出版。随后他们继续合作撰写《中学国文教科书》，于 1940 年交稿，不过国立编译馆以此书稿质量虽佳，但不合学校使用，尤其不合抗战期间使用之

---

① 王洸：《我与航运》（台北：商务印书馆，1968 年），页 23—24；王洸：《我的公教写作生活》（台北：商务印书馆，1977 年），页 12—13。

② 薛毅：《国民政府资源委员会研究》，页 81。

③ 《钱昌照电蒋中正教厅人选正与翁文灏推敲中及教科书编制由杨振声担任国文历史张其昀担任地理（1932 年 11 月 28 日）》，《蒋中正"总统"文物》，典藏号 002 - 080200 - 00064 - 001；钱昌照：《钱昌照回忆录》，页 41。

④ "教科书编制，需特加注重，并望连编《修身课本》，其内容凡《十三经》中切于现代实际生活与足发扬我民族精神之语，需尽量摘录编入，闻北平香山慈幼院中有《礼记》摘本，可觅取参考。"参阅《事略稿本》，第 17 册，页 482—483。

故,弃置未用。不过值得一提的是,朱自清在编教科书的过程中,于文章注释外,又旁参博考,做了若干国学要籍的提要和说明,最后成为名著《经典常谈》的底本。①

2. 历史科

历史科负责人,钱昌照原想请傅斯年担任,傅分不开身,乃推荐张荫麟自代。张在美留学期间,即已有撰写通史之志,遂答应此事。为了专心写作,张甚至向清华请了长假,花了两年时间于 1937 年完成高小教科书。② 此书虽然预备作为课本使用,但是张荫麟希望它能成为一般儿童的读物,故原名《儿童中国史》。根据张荫麟所写的《自序》,《儿童中国史》一书的书名系仿英国文豪狄更斯(Charles Dickens,1812—1870)1853—1854 年所出版《儿童英国史》(*A Child's History of England*),文体也有意模仿,但是取材的标准则大为不同,张荫麟选择中国自古至今具有代表性的 30 个历史人物为中心进行书写,只有最后一章以叙述淞沪之战收尾。此章由负责近现代史部分的助手杨联陞撰写长编,杨查考一切可得的史料,反复考虑后,决以蒋介石为中心书写,未获张同意,仍仅叙事而不叙人,为全书中唯一的变例。张的理由为:"若夫表扬当路者之德言功业,以起信于童蒙,则就课程之编配言,宜入党义之科;就著作之分工言,宜别选和声鸣盛之能手。"③抗战期间,张荫麟出版《中国史纲》一书,在自序中他将起草此书的时间上溯至接受

---

① 宋雪:《〈经典常谈〉的战时写作与学人知识的互动》,《扬州大学学报》(人文社会科学版),2018 年第 6 期。

② 陈润成:《张荫麟先生传略》,收于陈润成、李欣荣编:《张荫麟全集》(北京:清华大学出版社,2013 年),页 15。

③ 张荫麟:《高小历史教科书初稿征评》,收于陈润成、李欣荣编:《张荫麟全集》上卷,页 201—205。

国防设计委员会之聘的 1935 年，在感谢的名单中他首先感谢的，即邀请他写此书的傅斯年和钱昌照。①

文化组所策划编写的教科书，虽然最后未获采用，但是毕竟催生出一些经典的作品，因此长期来看，并不能算是失效，其原因在于设计会能够聘请到一批新锐学者，在待遇上和时间上能够给予优渥的支持。②

（七）土地及粮食组：主要任务为调查全国粮食的生产、运输、市场供应状况，拟制粮食储备计划和战时粮食统制的办法。至于人口和土地，由于范围极广，且另有专门机构负责，设计会仅就最重要而其他机构未曾兴办的项目试行创办，其中最重要者包括江苏句容县人口状况、土地调查，江苏武进、南通及浙江 22 县田赋调查，以及华中六省粮食运销状况等，并在各大城市建立定期报告制度，由设计会提供经费，委托金陵大学进行农村调查工作，金大教授谢家声、钱天鹤等人参与。③ 部分调查报告并曾正式出版，至今仍经常为学者所引用。④

粮食方面自为该组重心所在，系由曲直生负责。曲原为中央

---

① 张荫麟：《自序一》《自序二》，收于陈润成、李欣荣编：《张荫麟全集》上卷，页 8、15。关于抗战时期张荫麟的政治运动，可参阅李欣荣：《温和的左翼：抗战时期史家张荫麟的论政与参政》，《暨南学报》（哲学社会科学版），2016 年第 4 期。

② 国防设计委员会支付给中小学教科书作者的待遇，由于数据有限，不得而知，不过由朱自清协助编辑中学语文课本，每周工作半天即可得每月 100 元，以及张荫麟愿意请两年长假专门写教科书来看，设计会对学者极为礼遇。参阅乔森编：《朱自清全集》（南京：江苏教育出版社，1998 年），页 334。

③ 钱昌照：《钱昌照回忆录》，页 41—42；郑友揆、程麟荪、张传洪：《旧中国的资源委员会——史实与评价》，页 14—15。

④ 国防设计委员会调查处：《句容县地形图》（南京：编者印行，1933 年）；张心一等：《试办句容县人口农业总调查报告》（南京：参谋本部国防设计委员会，1934 年）；万国鼎等：《江苏省武进南通田赋调查报告》（南京：参谋本部国防设计委员会，1934 年）。

政治学校教授，1942年应陶孟和之邀，任设计会专员，研究全国粮食，在北平社会调查所工作。为了了解各地民众的主要食料，曾以通讯方式向全国各县政府征求答案。由于华北各县回复情况较佳，即先整理成《华北民众食料的一个初步研究》一书出版。[①] 此书打破过去一般人所认为"南人食米，北人食麦"的粗浅概念，指出"南人食米"一句大致正确，因为除了华南山地间有吃杂粮的地方，90％的南方人均吃米。但是"北人食麦"一句话则跟事实相去甚远。据曲直生的调查，华北各省的食料，因地域及出产的差异而有所不同。如东北各省、热河与河北省天津以东的县，大致均以高粱为主要食粮；绥远、察哈尔两省，以糜子及燕麦为主；河北全省及山东、山西、河南一部分，以粟为主；山东则间有高粱；河南以吃麦为主；山西南部、陕西及甘肃，以小麦为主食；宁夏吃米者也占相当的比例；青海则吃青稞。由于此书系根据调查数据写成，学术价值甚高，至今仍经常为学界所引用。[②]

（八）专门人才调查：设计会成立未久，即将专门人才调查列为国防资源调查的一个重要方面，特别设立了专门人才委员会，杨公兆负责，其任务为调查并组织全国专门人才，以取得有效联络。1934年起，专门人才委员会制定了各种调查表格，向全国文教、经济等机关团体和公私厂矿广为分发，调查范围除技术人才外，旁及一般专门人才，先后动员10余人，花费3年多时间，共征得调查表约8万份，其中约有2.5万份为工程技术人员所填，当时先将矿冶及机械两门予以整理并参附统计，编印《全国专门人才调查报告》二巨册，不幸印刷甫竣，即匆促迁移，仅有一份随同

---

① 《华北民众食料的一个初步研究》（南京：参谋本部国防设计委员会，1934年）。
② 曲直生：《平庸集》（台北：商务印书馆，1968年），页175—176。

卷宗迁渝。[1] 所幸其调查原卷关于工程部分,尚获保全,后由资委会技术室整编为《中国工程人名录(第一回)》(1941)一种,共收录2万余人,以供各方网罗人才参考。[2] 虽然此书迟至1941年才出版,但是设计会早期征集约8万份的调查表,在规划全国专门人才总动员时,即曾发挥极大功能。[3] 该会早期从事工矿建设所需要的技术、管理人员,许多即系据此招募而来。[4]

　　除以上各类调查外,设计会尚有对特殊区域的全面调查。西北、西南两区,战前朝野即已公认为抗战最后根据地,设计会成立未久,即组织西北调查团,分为5组,分任水利测量、地质矿产、垦牧及民族、农作物及移垦、人文地理5项。西北调查团主其事者,均为当时的新锐学者,如主持农业考察者为金陵大学教授沈宗瀚,他邀请中央政治学校地政学院教授汤惠荪、中央大学农学院教授雷力田,分任土地、农业调查之责。参与的学者尚包括北平地质调查所的土壤专家梭朴(James Thorp)和金陵大学农业经济学教授卜凯(John Lossing Buck)。考察结束后沈宗瀚向设计会提交名为《西北农村急宜救济的几件大事》的调查报告,建议:"全国经济委员会对西北之交通、水利、兽医、卫生等正在建设之中,自属要举,惟尚有四事为救济西北当前急务:(1) 连年兵灾匪祸,苛税繁重,甘

① 翁文灏:《中国工程人名录序》,收于资源委员会编:《中国工程人名录(第一回)》(长沙:商务印书馆,1941年),页1;郑友揆、程麟荪,张传洪:《旧中国的资源委员会——史实与评价》,页15。关于《全国专门人才调查报告》,可参阅李学通:《抗战前中国矿冶人才的统计与计量分析——以〈全国专门人才调查报告·矿冶〉为核心》,《自然科学史研究》,2017年第2期。

② 翁文灏:《中国工程人名录序》,页1;李学通:《近代中国工程专业人才统计与计量分析——以〈中国工程人名录〉为核心的考察》,《中国科技史杂志》,2018年第2期。

③ 翁文灏:《中国工程人名录序》,页1。

④ 郑友揆、程麟荪、张传洪:《旧中国的委员会——史实与评价》,页15。

肃农民相率弃田西逃，以致耕地荒芜。中央应加派良好军队驻凉州、甘州、肃州及宁夏，以安定社会，厉行招徕，奖民复业。（2）禁止种吸鸦片，在甘肃可增产美国烟叶与小麦（蓝麦最好），陕西可增植棉花。（3）栽草种树掩护童山。（4）团结汉、回、蒙、藏四民族，防免俄、日、英、土的离间。"①

另一个例子是主持人文地理调查的张其昀（1901—1985）。中央大学地理系教授张其昀1932年应翁文灏之邀，入国防设计委员会任专门委员，当时虽然只有31岁，但是他于1928年所编高中《本国地理》教科书，至1932年底已发行共17版，②此书和林语堂所编《开明英文第一读本》、戴运轨所编《开明物理学教本》当时被誉为中国三大中学教科书。③ 1934年9月，张其昀率领中央大学毕业生林文英、李玉林、任美锷3人，赴西北调查人文地理，北登阴山，南越秦岭，西至敦煌、阳关，先后几达一年之久。其间曾以国防设计委员会委员名义在陕西南郑发表《在南郑讲复兴汉中》公开演讲并见诸报端，经军政部部长何应钦检举向蒋介石举报。蒋介石见到报告后，立即致电翁文灏和钱昌照，除了重申设计会的机密性质，并指示类似错误不得再犯："近如《华北日报》南郑通讯记载国防设计专门委员张其昀于1月24日以本会委员资格，公开演讲，迹近招摇，殊失检点，应予申戒，希即知照各委员嗣后不得以会内情形或委员资格，擅自

---

① 沈宗瀚：《中年自述》（台北：正中书局，1957年），页52。黄俊杰编：《沈宗瀚先生年谱》（台北：台湾大学出版中心，2016年），页98—99。

② 张其昀：《本国地理》（上海：商务印书馆，1932年），版权页。

③ 王永太：《凤鸣华冈：张其昀传》（杭州：浙江大学出版社，2006年），页9—13。

对外宣传夸张为要。"①

事实上,国防设计委员会虽然号称为机密机关,但是保密工作做得甚差,消息经常见诸媒体,②其中不少新闻报道还是由国民党党营的中央通讯社发布。1933 年 8 月甚至有读者投稿《国防设计委员会存废》一文至《西京日报》(国民党中宣部所办报纸)专门讨论西北开发问题的"建设"版,③显示保密工作已形同具文。不过值得注意的是,媒体上有关设计会的报道,大多为有关该会派员赴各地调查的消息,以该会人员身份做公开演讲者,确不多见,尤其张其昀当时身份仅为"专门委员",但经媒体报道为"委员",④自然难免"招摇"之嫌。张其昀受此打击,暂时脱离政坛,将事业重心置于学界,是为西北考察团的一段插曲。⑤

虽然如此,西北考察团由于考察地点路途遥远,交通迟滞,调查时间几达两年之久,整理数据又花了一年多的时间,最后完成了13 项调查报告,其中对于羊毛改进、森林利用与农垦设施,均有具体的计划。不过由于经费不足等原因,这些计划直至全面抗战爆

---

① 《蒋介石分电何应钦钱昌照国防委员会名称已改及各委员不得如张其昀在外演讲夸张招摇(1935 年 3 月 22 日)》,《蒋中正"总统"文物》,典藏号 002 - 080200 - 00216 - 013。

② 笔者以"国防设计委员会"一词查《全国报刊索引》数据库,共检索到 49 笔资料;查《近代报刊数据库》,共检索到 109 笔资料。

③ 《西京日报》该版编辑最后以此文与该版性质不合而未刊登,并且表示:"国防设计,关系綦要,存废政府自有主意,我们只愿关心西北及陕省建设事业的同志,在这小小的宝贵的园地里,研究些实际问题。"不过仍将此退稿函加标题《国防设计委员会存废问题》刊出。参阅《国防设计委员会存废问题》,《西京日报》,1933 年 8 月 22 日。

④ 笔者查询《近代报刊数据库》,有关张其昀赴西北考察的新闻,共有 37 条,其中介绍张其昀时所用头衔,大多为"地理学家"或"国防设计委员会专门委员",仅有 2 条称其为"国防设计委员",2 条称其为"国防设计委员会委员"。

⑤ 详见何方昱:《知识、人脉与时局:张其昀学术生涯的政治转型》,《近代史研究》,2016 年第 4 期。

发前,都还停留在纸上作业。① 不过考察团在培育人才上所产生的效果,仍值得注意。当代中国著名的地理学者、中国科学院院士任美锷(1913—2008)1934 年自中央大学的地理系毕业后,在翁文灏介绍下,入国防设计委员会任练习员,协助张其昀工作,曾随张至西北考察人文地理,晚年在回忆此段 60 多年前的历史时,仍有以下生动的描述:

> 我在前资源委员会工作两年,其中有一年随晓师[张其昀]到西北进行人文地理考察,这是我一生野外工作永远难忘的一年。我们西至敦煌和阳关,欣赏敦煌的艺术瑰宝,凭吊"西出阳关无故人"的遗迹,西南至甘肃拉卜楞等,领略藏族生活和青藏高原的草原风光,穿越陕甘黄土高原,南望陇山,并乘羊皮筏子在黄河上漂流而下,从兰州经宁夏,直至包头。在兰州与宁夏(今银川市)间亲历黄河峡谷的惊涛骇浪。这一切大大丰富了我的地理知识和人生经历,成为我终生受用不尽的知识来源。例如我最近写的《黄河——我们的母亲河》一书中,还引用一九三五年夏我乘皮筏过兰州与宁夏间黄河峡谷的情景,来说明黄河上游的河势。②

设计会所做的各项调查,大多系根据自身的需求而执行,不过也有少数系采纳外界的建议而做,1932 年对三峡水利的勘测即为一例。

---

① 孙拯:《资源委员会经过述略》,《资源委员会月刊》,第 1 卷第 1 期(1939 年),页 6;郑友揆、程麟荪、张传洪:《旧中国的资源委员会——史实与评价》,页 15,20—21。

② 任美锷:《学贯史地、博学勤奋,谆谆教导、万世师表——追念张晓峯师》,收于"中国文化大学"张其昀先生百年诞辰纪念文集委员会编:《张其昀先生百年诞辰纪念文集》(台北:"文化大学",2000 年),页 190。

电气专家恽震与钱昌照为熟识的朋友,1932年时任建设委员会全国电气事业指导委员会主任委员,在一次谈话中向钱昌照表示有志实地调查勘测长江三峡水利开发的可能性,并研究可建立水电站、水坝的地点,但是建设委员会无意于此项工作,也没有勘测水利的预算。钱昌照则表示国防设计委员会已有人在进行浙、闽一带河流的水利勘测,因此可以协助恽震进行此一最大河流的勘测,所需经费可由设计会支应,所需专家可由设计会以公函借调。恽震于是邀集曹瑞芝、宋希尚、史笃培(C. G. Stoebe)、陈晋模4人组成勘测队,于该年11月5日至23日对长江三峡进行勘测和调查,返京后完成《扬子江上游水力发电勘测报告》和初步开发计划,正本呈送国防设计委员会,副本送请建设委员会和交通部分别备案,宋希尚也以另一副本送呈其服务单位交通部长江水道整治委员会备案,后经钱昌照批准,该报告并刊布于该年中国工程师学会主办的《工程》杂志。

恽震等人在报告中指出,最适合建水电站的地点为葛洲坝和黄陵庙至三斗坪一带。任一处计划如能完成,每年可发电30万千瓦时,利用长江三峡丰富的水电资源,可以固定空气中的氮气,制造化学肥料,发展电气、化学工业,供应川汉铁路用电。如果尚有剩余,则可送电沙市和汉口供工、农业用电。扬子江上游发展至最后时期,自宜昌至宜宾,必有若干水坝、水闸及发电厂相互联属,水面降落各成阶级,届时不但航行的滩险问题可以完全解决,即两岸的农田也可因水位抬高而享灌溉之力,对于建坝后回水淹没地区的经济损失,报告中也做了估计。[①] 1933年5月3日,交通部对恽

---

① 恽震:《电力电工专家恽震自述(一)》,《中国科技史料》,第21卷第3期(2000年);薛毅:《民国时期首次科学勘测长江三峡略论》,《武汉大学学报》(人文科学版),2006年第4期。

震等人所提《长江上游水力发电计划》批复："所呈计划尚属详明，应予存案备查。"并附了一些修正意见供扬子江水道整理委员会参考。全案形同搁置。报告所建议的两个水坝，虽然坝址对日后三峡坝址的确定，产生了极大的影响，①不过规模较小，均为低坝，与日后所建的高坝不同。

　　根据资源委员会出身之水利专家徐怀云事后的推测，当时未考虑高坝的原因或有以下几种：（1）虽当时美国的著名大坝如胡佛大坝（Hoover Dam）已于 1931 年开工，但沙斯塔坝（Shasta Dam）和大苦力水坝（Grand Coulee Dam）均尚未兴建，国际间对大坝尚未熟悉，文献也不多。（2）当时国内电力市场有限，长途高压电线系统尚不存在。（3）当时建高坝所需要的精密地形、地质、水文、气象、农作物分布、土壤等资料，尚未健全。（4）当时国内建筑与设计高坝的人才和经费，均尚未具备。②

　　为了减少大型工程对于生态环境和社会的冲击，当代欧美主要国家大多反对兴建高坝，而主张以低坝替代，对于 20 世纪中国以及第三世界常见的大型水坝，也多持负面看法。③

　　从历史的"后见之明"看来，当时国民政府对于美国高坝大师萨凡奇（John L. Savage）深信不疑，媒体对于此项建国大计及萨氏伟大人格也都大幅报道，④恽震等本土派专家的规划，自然被国民政府视为"落伍"而不予以考虑。事隔半世纪，恽震晚年在回忆国

---

① 薛毅：《民国时期首次科学勘测长江三峡略论》，页 469。

② 徐怀云：《对三峡大坝起源史的回忆》，《中国三峡建设》，1995 年第 5 期。

③ 例如 Bryan Tilt, *Dams and Development in China*: *The Moral Economy of Water and Power*（N. Y.：Columbia University Press, 2015）。

④ 张维缜：《萨凡奇与中美合作开发三峡——以萨凡奇与资源委员会的交往为中心》，《贵州社会科学》，2006 年第 3 期。

民政府此段决策过程时，仍感愤愤不平，不过对于国防设计委员会的探勘工作则依然予以肯定：

> 鉴于当时国力和工业的薄弱，电力需要不多，明知三峡水利工程开发，其蕴藏的可能性容量，必在1000万千瓦以上，如计划建设高坝和巨型水电站，在当时徒然惊世骇俗，殊无实现之可能，故不如按其常年最低流量，设计造一低坝，长期出力30万千瓦，建设费用每千瓦300元左右。这一设想，实际上在当时的国民党政府，根本不会予以考虑。……该报告［按：系指1933年国防设计委员会的探勘报告］的价值，乃在于根据地质、地文资料，在1933年就选定了黄陵庙及三斗坪的建坝地点。美国萨凡奇专家在1944—1945年费了很多时间和力量，却忽视客观上早已存在的数据，故其所选的几个坝址地点，在地质、地形上都不及我们中国人自选的地点。[1]

设计会虽然会接受外界的建议而进行一些调查和研究，不过也会先进行评估，并非是来者不拒。如1934年李煜瀛（石曾）曾透过蒋介石介绍勤工俭学出身的比利时华侨沈宜甲，盼设计会能对其所发明的秘密无线电补助1万元，[2]钱昌照则以设计会前后已补助沈宜甲五六千元，现已嘱其早日返国，请蒋介石转告李煜瀛设计会似不需津贴无线电机发明费。[3] 沈宜甲早期赴法勤工俭学，1928年毕业于法国国立矿冶大学，后定居比利时，从事科学研究，抗战

---

[1] 恽震：《关于三峡水力第一次勘测报告的经过说明》，《中国水利》，1987年3月。

[2] 《李煜瀛电蒋介石可否由国防设计委员会补助发明秘密无线电话电报之沈宜甲（1934年5月8日）》，《蒋中正"总统"文物》，典藏号002-080200-00163-129。

[3] 钱昌照等电蒋介石已嘱沈宜甲早日回国服务另请转告李煜瀛国防设计委员会似不需津贴无线电机发明费等文电日报表等四则（1934年5月11日）》，《蒋中正"总统"文物》，典藏号002-080200-00435-078。

爆发后返回服务,其间曾发明用无烟煤气代替汽油,并于桂林创办无烟煤气机制造厂。

设计会各部门的调查与研究,范围虽然广泛,但是由于受到人力和财力的限制,重心仍在国防经济。其中致力较多者,为矿产、水利、工业、交通、运输、财政经济及区域调查等项,除矿产、水利两项技术成分较多外,余均为经济调查研究。①

国防设计委员会委托学术机构所做的各项调查,有些在当时虽未对国防产生立即的效益,但是日后却对学术发展产生一定的影响,中基会的北平社会调查所即为一例。北平社会调查所原名社会调查部,系中基会 1926 年 2 月接受纽约社会宗教研究院(Institute of Social and Religious Research)捐款所成立的调查研究机构,附设于中基会之下,每年另由该会酌量补助,曾出版有《社会调查方法》《中国妇女在法律上之地位》《北京生活状况》《塘沽工人调查》《直隶棉花之贩运》《北平郊外之乡村家庭》《中国劳动年鉴》《社会研究月刊》《北平生活费指数》②等书刊。由于成绩甚佳,中基会在 3 年期满后,觉得仍有赓续的必要,乃于 1929 年 6 月改组为北平社会调查所,其经费全由中基会负担,由陶孟和(原社会调查部秘书)任所长。③ 国防设计委员会成立后,陶孟和由于钱昌照的关系获得该会的资助,得以强化经济问题的研究,全所的研究方向也因此而转变。第一,开始清代经济史的研究。利用故宫档

---

① 资源委员会编:《资源委员会沿革(1947)》,收于陈真编:《中国近代工业史资料》,第 3 辑(北京:生活・读书・新知三联书店,1961 年),页 837。

② 原名为 *An Index of the Cost of Living in Peping*。

③ 杨翠华:《中基会对科学的赞助》(台北:"中央研究院"近代史研究所,1991 年),页 95;Yung-chen Chiang, *Social Engineering and the Social Sciences in China*, 1919 - 1949 (Cambridge: Cambridge University Press, 2001), pp. 43 - 44, 232。

案进行了大量的研究,刊登于 1932 年 11 月创刊的《中国近代经济史研究集刊》(后改名为《中国社会经济史集刊》)并出版《中国厘金史》等书。第二,重视税制、货币、国民所得等经济议题的研究。相对的,早期工人、劳动问题的社会调查工作,则不再重视。[①]

而经过近一年半的努力,国防设计委员会各处、组及专门委员会至 1934 年 4 月共完成调查报告 156 项。[②] 该会并利用此批数据立即加以研究设计,分别拟订方案,逐步实施,重要者包括:

(1) 拟定《重工业建设五年计划》,以为开始建设的准绳;

(2)《战时燃料及石油统制计划》,如战时成立的燃料管理处及液体燃料管理委员会,均系本此计划而付诸实施;

(3) 全国铁路军事运输能力报告及运输报告,与运输动员及统制初步计划,曾提供主管机关作为重要参考;

(4) 粮食存储及统制计划。[③]

其中,特别值得一提的是《重工业建设五年计划》,后来成为资源委员会"重工业三年计划"重要范本,影响至为深远。

1935 年 4 月 1 日,设计会与军政部兵工署资源司合并,改名为"资源委员会",并由参谋本部改隶军事委员会。工作范围不局限于调查、研究与设计等工作,更直接从事各项国防工矿事业。资委会成立之初,仍继续从事设计会未完成的调查工作。1935 年 12 月 7 日,国民政府改组,蒋介石继汪精卫为行政院院长;12 日,蒋主持国民党中央政治委员会第一次会议,通过行政院所属各部长官人

① 郑友揆:《高尚的品德、开阔的胸襟——忆陶孟和先生的业绩》,页 30。

② 申晓云:《留学归国人才与国防设计委员会的创设》,页 254。

③ 程玉凤、程玉凰:《资源委员会档案史料初编》,上册,页 104。

选：内政部部长蒋作宾、外交部部长张群、交通部部长顾孟余、铁道部部长张嘉璈、实业部部长吴鼎昌、财政部部长孔祥熙、教育部部长王世杰、军政部部长何应钦、海军部部长陈绍宽。[1] 蒋介石另任命翁文灏为行政院秘书长，蒋廷黻为行政院政务处处长。在此次新任首长名单中，张嘉璈、吴鼎昌、王世杰、翁文灏均为国防设计委员会委员，蒋廷黻虽和设计会无关，但也是钱昌照推荐的，至于 CC 系成员，则完全无人获选。故当时有人称此次的内阁为"三元巷内阁"，[2]由此显示国防设计委员会的养士功能，至此已充分发挥。1936 年 3 月，资源委员会调查研究告一段落，遂决定了 3 个方针：(1) 1936 年 7 月起创办重工业；(2) 尽量利用外资；(3) 尽量利用外国技术。又在兼顾国防和经济的要求下，根据先前拟订的《重工业建设五年计划》，衡量自有的能力，制定一项"三年计划"，内容如下：

（甲）统制钨锑，同时建设钨铁厂，年产钨铁二千吨；

（乙）建设湘潭及马鞍山炼钢厂，年产三十万吨，可供国内需要之半；

（丙）开发灵乡及茶陵铁矿，年产三十万吨；

（丁）开发大冶阳新及彭县铜矿，同时建设炼钢厂，年产三千六百吨，可供国内需要之半；

（戊）开发水口山及贵县铅锌矿，年产五千吨，可供国内需要；

（己）开发高坑、天河、谭家山及禹县煤矿，年产一百五十万吨，补充华中华南产煤之不足；

---

[1]《事略稿本》，第 34 册，页 634—636。

[2] 吴兆洪：《我所知道的资源委员会》，页 77。

（庚）建设煤炼油厂,同时开发延长及巴县、达县油矿,年产二千五百万加仑,可供国内需要之半;

（辛）建设氮气厂,年产硫酸铔五万吨,同时制造硫酸、硝酸以为兵工之用;

（壬）建设机器厂,包括飞机发动机厂,原动力机厂,及工具机厂;

（癸）建设电工器材厂,包括电线厂,电管厂,电话厂,及电机厂,每年产品可供国内需要。①

1930年代,计划经济的潮流风行全球,中国也不例外,于是"学者们又由宪法与约法的请求,转到计划经济与统制经济的献议"。②1932年8月,中国工程师学会于天津召开第二届年会,《大公报》特刊出社评祝贺,期勉:"工程界诚能与经济学界及军事科学家,自行合作,产出整个的伟大计划,并拟定其实施步骤,则此一有权威之计划,便将成为政治上最高的纲领。微论现政府决不至漠视,假若此政府不负责,国民当然建一能行此计划之政府。"③国民政府在此时代思潮冲击下,各财经部会均纷纷制定各种计划,如建设委员会的《十年实业计划》、实业部的《实业四年计划》、全国经济委员会的《三年发展规划》,但是这些计划最后均为纸上谈兵,无一能够付诸实施,唯一的例外即为资委会制定的三年计划,其原因在于该计划系经过长期的调查和研究后才制定,具有较大的可行性,且获得蒋介石的全力支持。另一方面也是由于德国工业界的参与,计划的

---

① 钱昌照:《两年半创办重工业之经过及感想》,《新经济半月刊》,第2卷第1期(1939年6月),页2。

② 有心:《计划经济与统制经济》,《东方杂志》,第29卷第5期(1932年11月),页2。

③ 《祝中国工程师学会年会》,《大公报》(天津),1932年8月22日,第2版。

实施获得了启动的资金和技术的保证。[①]

　　1936 年,资委会获得国民政府拨给事业费 1 000 万元,同时得到不少外国贷款,因此三年计划中的事业得以推动了一大部分。除湘潭炼钢厂稍微落后,飞机发动厂因有特殊情形陷于停顿,煤炼油厂、氮气厂未及动工,贵县铅锌厂未及开发外,余者悉照程序表进行。虽然期间遭遇到一些困难(如人才和数据不足),但是该会始终相信三年计划可以完成,因为所有计划范围内的建设,技术上较为困难者,均已与外国订有技术合作办法,限期完成。直至 1937 年 7 月全国抗战爆发,全部计划受到莫大影响,厂矿或内迁或停顿。不过损失虽大,整个基础尚未破坏。[②]

　　由于八年全面抗战和随之而来的国共内战,国民政府自此再无机会支持如此庞大的工业发展计划。但是,资委会的三年计划确实留下了一些珍贵的遗产——无论在战时及战后经济,甚至 1950 年代海峡两岸工业化发展的过程中,均可见到资委会的影子。对德国来说,中国无法完成三年计划虽非一场灾难,不过损失也不小。德国以军火武器和中国交换战略性的矿砂,虽然小规模地持续进行至 1940 年,但是参与中国工业的可能性,却由于战争的爆发而受挫。根据当时一位德国驻华官员的说法,若非战争的因素,资委会三年计划所提供的合同,将可使德国工业兴旺多年。[③]

---

① 戚如高、周媛:《资源委员会的〈三年计划〉及其实施》,《民国档案》,1996 年第 2 期。

② 钱昌照:《两年半创办重工业之经过及感想》,页 3—4。

③ William C. Kirby, *Germany and "Republican China"* (Stanford: Stanford University Press, 1984), p. 217.

第二节　南昌行营调查设计委员会

1933 年 11 月 14 日,行营设计会正式成立。蒋介石设立行营设计会的目的,乃是希望网罗一批年轻的学者、专家及国外的留学生,从事"进剿地区"的调查、设计、审议等工作,"改进各省的党务、政治、军事,以尽早完成'剿匪'及'匪区'收复以后一切应有的建设工作。"[1]行营设计会设立之初,采常务委员制,熊式辉、杨永泰、林蔚、程天放及梁颖文 5 人为常委,杨永泰兼秘书长主持日常会务,秘书由邓文仪(行营侍从秘书)兼任。1934 年 5 月,行营设计会改制为主任制,由陈布雷任主任。南昌行营于 1935 年 2 月 16 日结束,行营设计会也随之撤销,原有的业务及部分人员则并入军事委员会委员长侍从室。

行营设计会的工作范围十分宽广,凡是"剿共"各省一切党务、政治和军事,均在调查、设计之列,同时蒋介石或常务委员有任何问题,也可交由设计会研拟具体的政策或工作设计。因此,行营设计会为南昌行营的高级幕僚机构,第五次"围剿"期间行营的重要党政措施,许多都出自此一机构的建议;其智囊团性质,可以说是侍从室的前身。此外,该会所培育的人才,有不少也在后来的政治舞台上扮演过重要的角色。

行营设计会虽然在战前国民政府时期的历史上占有重要地位,但是在过去一直未受到学界应有的重视。有关南昌行营的研

---

[1] 蒋介石:《革命成败的机势和建设工作的方法(1933 年 11 月 14 日)》,收入秦孝仪编:《"总统"蒋公思想言论总集》(台北:中国国民党中央委员会党史委员会,1984 年),卷11,页 602。

究,甚少曾注意到此一机构;[1]有关第五次"围剿"的著作,对于此一机构也多是一笔带过。[2] 较值得注意的是邓元忠所写的《国民党核心组织真相:力行社、复兴社暨所谓蓝衣社的演变与成长》[3],对此一机构着墨较多。不过,邓著主要是根据力行社社员的资料(包括回忆录及口述访问),因此颇受到这些数据的影响,有夸大力行社贡献的倾向。本章拟根据"国史馆"近年公布的档案史料[4],以及此一时期各种不同派系人士的回忆录性质史料,对此一机构的成立经过、组织架构、实际运作与重要设计,做一全面的探讨,并对其组织效能做一评估。

对于南昌行营设计会的成立,学界传统的说法,多认为行营

---

① 重要者包括:Hung-mao Tien, *Government and Politics in Kuomintang China 1927 - 1937* (Stanford: Stanford University Press, 1972), pp. 97 - 113; Hans van de Ven, "New States of War: Communist and Nationalist Warfare and State Building (1928 - 1934)," in Hans van de Ven, ed., *Warfare in Chinese History* (Leiden: Brill, 2000), pp. 350 - 371. 少数的例外为史winter雷:《军事委员会委员长南昌行营政治"剿共"研究》,未刊硕士论文,2013 年;张智玮:《蒋中正国家建构的型范:战前江西之经验(1930—37)》,未刊博士论文,台湾政治大学,2014 年。

② 曹伯一:《江西苏维埃之建立及其崩溃(1931—1934)》(台北:台湾政治大学东亚研究所,1969 年),页 625;William Wei, *Counterrevolution in China: The Nationalists in Jiangxi during the Soviet Period* (Ann Arbor: University of Michigan Press, 1985), p. 76。

③ 邓元忠:《国民党核心组织真相:力行社、复兴社暨所谓蓝衣社的演变与成长》(台北:联经出版公司,2000 年)。

④ 主要是《蒋中正"总统"档案》(大溪档案)。南京中国第二历史档案馆虽然收藏有南昌行营的档案 200 余卷,但是迄今尚未开放。参阅施宣岑、赵铭忠主编:《中国第二历史档案馆简明指南》(北京:档案出版社,1987 年),页 356。

设计会是由邓文仪所建议创设，①或是在力行社的影响下而创设，②因为行营设计会委员中的重要分子不少系力行社社员，有些后来也加入力行社，目的在扩张力行社的势力和活动范围。不过晚近公布的一些史料，则显示行营设计会是由政学系所建议创设，目的在抵制 CC 系分子的活动。

根据王子壮的日记及一些 CC 系成员的回忆，蒋介石开始"剿共"后，杨永泰受到蒋的重用，引起 CC 系人物的反对。1932 年夏秋间，陈立夫、陈果夫等借口加强反共力量，派出其"忠实同志会"成员至各地主持省市党部工作，并选拔一些人分批轮流至蒋的左右任机要秘书。1933 年春，经蒋核准，指定吴开先（上海特别市党部）、许绍棣（浙江省党部）、王星舟（河南省党部）、邹汉元（天津特别市党部）、庞镜塘（北平特别市党部）5 人为南昌行营机要秘书，前往南昌行营工作。③ 南昌行营秘书室原仅有邓文仪、毛庆祥和梁颖文 3 位秘书，至此增加为 8 人。当时南昌行营为江西省政府主席熊式辉和杨永泰所掌握，一切政令均需通过他们二人才能下达，邓文仪、毛庆祥等人虽为蒋的多年亲信，也不时受到熊、杨的压制。吴开先等 5 人到达南昌行营后，仅和杨永泰见了一面，从此在工作上即未来往，引起了杨的疑忌，设法要将他们调离蒋的左右。杨遂建

---

① 萧作霖：《"复兴社"述略》，收入庞镜塘等编：《蒋家天下陈家党：CC 和复兴社》（香港：中原出版社，1989 年），页 197。魏裴德（Frederic Wakeman）受到这篇文章的影响，也主此说。参阅 Frederic Wakeman, *Spymaster*：*Dai Li and the Chinese Secret Service* (Berkeley：University of California Press, 2003), p. 40。

② 例如邓元忠：《国民党核心组织真相》（台北：联经出版公司，2000 年），页 310—312。

③ 王子壮：《王子壮日记》（台北："中央研究院"近代史研究所，2001 年），第 2 册，页 290—291；《蒋介石电陈立夫推荐各省市优秀党委来行营任秘书名单履历先电告（1933 年 6 月 1 日）》，《蒋中正"总统"文物》，"国史馆"藏（以下同），档号筹笔/统一时期/06405。

议蒋增设一种政治设计委员会的机构。借口吴等来自各省市党部，代表各地的意见，宜派为该会委员，分负会内各部门的主要责任。① 另一份近年公布的档案数据则显示蒋介石于 1933 年 6 月 21 日致电熊式辉，表示行营拟根据刘百川（按：刘为熊式辉重要幕僚）的建议，设立一种政治设计委员会，一方面调集各省党委中有能力者，轮流前来参加；一方面收容若干党外有政治能力者，延为幕宾，不必常驻，每年或召其来会数次。蒋在电文中并要求熊式辉与杨永泰依此原则草拟组织章程及各种规程，并预定委员名单，委员人选则以教育与经济人才为主。②

行营设计委员会于成立之初的组织架构，共分为党务、政治和军事 3 组，分别由程天放（CC 系）、梁颖文（力行社）和林蔚主持，设计委员共有 100 余人，主要者只有 20 余人，以力行社社员和 CC 系成员为主。③ 3 组中最重要者为政治组，工作重点有以下几项：

（1）外交：研究各国外交现况、演变趋势，以及因应之道。

（2）经济：研究"剿共"各省的经济设施。

（3）文化：研究如何从教育、学术和文化上，革新国民心理和社会风气，以至变化民族的气质和性能。④

党务组的工作重点，则为人事的调整和工作的改革。对于各级党部人事的实施，随时加以调查，并做适当的调整和改革，使其无派别上的冲突，尤其是"剿共"各省，须使国民党员均能在国民

---

① 庞镜塘：《CC 系反对杨永泰的一幕》，收入全国政协文史资料委员会编：《文史资料存稿选编（政府·政党）》（北京：中国文史出版社，2002 年），页 152。

② 《蒋介石电熊式辉行营拟设政治设计委员会研究办法延揽教育经济人（1933 年 6 月 21 日）》，《蒋中正"总统"文物》，档号筹笔/统一时期/06497。

③ 邓元忠：《国民党核心组织真相》，页 310—311。

④ 蒋介石：《革命成败的机势和建设工作的方法（1933 年 11 月 14 日）》，收入秦孝仪编：《"总统"蒋公思想言论总集》，卷 11，页 604—605。

党中央的领导之下,发挥力量,提高其工作效率,以协助"剿共"的进行。① 至于军事组,成立较晚,11 月 14 日行营设计会召开第一次全体委员会议时尚未成立,由于史料缺乏,实际工作情况不得而知。

翌(1934)年,蒋介石对行营设计会的组织架构略做调整,将原有的 3 个组改为股,各股职掌也予以明确限定——军事股主管国防、兵工、训练、编组与人事;政治股主管内政、财政、外交、教育、法律与经济;党务股主管人事、组织、调查与宣传。② 1934 年5 月,行营设计会又改制为主任制,由陈布雷主持。改制的原因,主要是蒋介石力邀陈布雷至南昌协助文字撰拟工作,不能无一名义,于是将行营改制为主任制,以主任一职属陈。陈的主要工作为代蒋撰稿,并留心于文化宣传与理论研究,且备咨询;每周到会3 日,约各委员会谈研究,至于会中日常各事,均由副主任徐庆誉办理。③

行营设计会的性质有二:

第一,注重实际问题,反对空谈理论。蒋介石对于当时一般研究与设计机构的表现,十分不满意,认为这些机构所设计出来的方案,每多陈意过高,不切实际:

> 普通设了一个什么研究和设计的机构,请了很多人来讨论,但是只能纸上谈兵,对于实际问题,并不能留心去彻底考

---

① 蒋介石:《革命成败的机势和建设工作的方法(1933 年 11 月 14 日)》,页 605—606。

② 《蒋介石指示行营设计委员会组织架构拟具政治计划及专门人才聘任》,《蒋中正"总统"文物》,档号筹笔/统一时期/08172。

③ 陈布雷:《陈布雷回忆录》(台北:传记文学出版社,1967 年),页 95—96;胡有瑞:《"陈布雷先生百年诞辰"口述历史座谈会纪实》,《近代中国》,第 74 期(1989 年 12 月),页167,萧赞育发言。

察，切实调查，只凭书本上的知识，与自己脑子所想象的东西，拟订出一些大而无当的方案，发表许多不切实际的议论。一讲到土地问题，就要说如何照"土匪"的办法一样分田，实现新的经济制度；一谈到经济设施，开口便说要如何统制，这些都是不切实际的理想，亦就是没有用的理论，都不是目前我们所需要的。[1]

为了避免上述流弊，蒋介石乃特别将此机构加上"调查"二字，以示特重实际。

第二，不重宣传，对外保守秘密。行营设计会为南昌行营内部的一个组织，属于委员长的一个幕僚机构，因此不得对外行文，又由于行营设计会需做调查工作，负有情报的责任，因此除非经许可向外宣布的事情外，一律均需严守秘密。[2]

至于行营设计会实际的运作，大致说来有咨询和建议两种方式。咨询是指由蒋介石或行营设计会的常务委员交下的问题，再由各委员研拟具体的计划。建议则是指由各委员将自己调查与研究的所得呈报蒋介石，再由蒋介石交下共同研究。

在咨询方面，蒋介石一般是以函电、手令等方式交下问题，由行营设计会搜集资料，甚至研拟方案；他有时也会利用对行营设计会训话的机会，将其施政理念或构想提出，让委员进行研究。现有史料显示，蒋对全体设计委员的谈话，除成立大会外，共有两次。第一次是在1934年3月7日，讲题为"党政军设计之基本原则"，他在谈话中指出了两项施政构想：

第一，在经济上研究如何改善厘金制度，实行商品流通，以直

---

[1] 蒋介石：《革命成败的机势和建设工作的方法》，页606。
[2] 蒋介石：《革命成败的机势和建设工作的方法》，页607。

接、间接阻止外国货物的流入。蒋指出，数年前列强以废除厘金制度为条件，承认中国关税的相对自主，中国人以为是一项胜利。但是经过他数年观察的结果，发现此举实为不智。在关税不能完全自主之前，即贸然将厘金废除，无疑是自撤藩篱。因此，不谈国民经济则已，否则应以废除不平等条约为对象，尤其应将打破当前实际上保护洋货的关税制度与外人侵略策源地的租界，作为中心目标，而高筑地方关税壁垒，则应为最有效的办法。但是此种措施涉及整个内政与外交，性质至为复杂，如何才可以行之有效，不致引起列强的干涉；如何才不致妨碍本国商品的运销，甚至助长地方的割据，诸如此类专门的技术性问题，均有待行营设计会研究。

第二，在政制上应研究如何在边疆实施"五族联邦"制，在内地实行地方分权。蒋指出，当日的中国，一方面由于自身的实力不足，一方面由于列强的侵略，在最近若干年内想要维持旧有的版图和单一国家的形式，恐不可能。东北和外蒙古固然业已丧失，即使是新疆、西藏、青海和内蒙古，也岌岌可危。又因地方经济"封建化"的情况严重，在目前反而可用以抵制外国的经济侵略。中国在目前不易绝对统一，不统一反可利用的两种现况下，根本救治的方法，最好是能实施"五族联邦"制，借以维系边疆，待将来国家实力充足，再做彻底的解决。至于内地各省，虽然绝不能实施联邦及所谓"联省自治"的制度，但是也不妨在中央统制之下扩充省的经济权力，以收抵制列强经济侵略之效。

最后，蒋并指示党政军事务设计的重点。他认为世界大战必将于最近爆发，中国面临时间迫促，人才、物力缺乏的问题，因此准备工作的重点应包括两项，一项是普遍的国民军事训练，另一项则是交通及基本工业的建设，因为交通为军事、政治、经济之母，基本工业则为一切工业，尤其是国防工作的基础。①

蒋介石对全体设计委员的第二次谈话，是在 1934 年 4 月 16 日，讲题则为收复区的施政原则。蒋指出，对于"剿共"区内的施政设计，应利用共区特殊的现况，与共区已有的一切设施，斟酌权变，因势利导，使共区转变为一个新的政治模范区。至于该区各项施政，最重要者应为以下几项：

第一，经济方面，应推动合作制度。共区实施统制贸易，国民党恢复统治后，也不可长期放任，应将合作社的组织随军推展，但是也不可操之过急。总要在军队到达后，予以暂时的放宽，以安人心；并进行各种调查，然后逐步推动；若是军队到达一地，立即要民众组织合作社，推行新的经济制度，必然会造成民众恐慌。

第二，教育方面，在精神上要效法共产党，但是在做法上应该比他们更平易近人。现在共区民众已有接受教育和训练的习惯，国军如能稍加宣传，一定很受欢迎；不过对于共产党让民众接受教育的措施，在稍做改良后，仍应继续推动，务使该区内没有文盲的存在。

第三，自卫方面，该区民众对于抽壮丁，担任运输、通讯的工作已十分熟悉，不必再施予训练，因此在该区推动调查户口、编组保甲，组织"铲共"义勇队、壮丁队、铁肩队等，一定要较非共区容易推行。

第四，交通方面，以道路为主，电信、邮政等通信网，也要特别设计一种方案，希望不到半年即可完成一个新的交通网，使该区成为全国各地的模范。

第五，卫生方面，在该区，卫生教育不可不特别注意。

---

① 蒋介石：《日记》，1934 年 3 月 7 日；《事略稿本》，1934 年 3 月 7 日。

第六,地图。国军每到一处,即应设法测量土地,绘测地图。现在有些县长和高级官吏不知道地图为何物、有何作用,实在不应该。

第七,调查和统计。新时代科学化的政治,即是要重视调查和统计,再根据这些资料施政,才不致有闭门造车的毛病,设计会并有派员赴国内外进行实地调查的条例。

第八,政治训练。该区内民众对于开会的方式、议事的规则等,一定均已熟悉,因此易于接受新的训练,但是注意不要因袭过去中共的名目,以免引起民众的疑虑。① 关于实地调查,1934 年 4 月设计会委员刘百川奉命研拟"民族文化建设方案",曾计划带领书记 1 人,于 1935 年 1 月出发,先往华南出长江经由西北到平、津往日本,旋由沪经长江下游返赣,重点在调查出版文化事业及文化设施,并与各地文化人交换意见,共同研究中国文化今后的前途,作为草拟方案的参考,共为期 4 个月。此案虽经蒋介石核可,但后因故未能实施。②

蒋介石与设计会委员之间的互动,除以函电、手令、集体谈话等方式传达其意旨外,尚有其他多种形式。在行营设计会成立之初,蒋介石曾规定各委员需定期拟具政治计划,以及对政策、政纲、时局的意见。③ 除周日外,每天上午 11 时至 12 时之间,各委员可

---

① 蒋介石:《日记》,1934 年 3 月 7 日;《事略稿本》,1934 年 3 月 7 日。

② 见《刘百川等电蒋介石拟于五月出发国内各地及日本调查文化事业时间约三月请准拨给必要旅费等文电》,《蒋中正"总统"文物》,典藏号 002 - 080200 - 00434 - 245;《刘百川函杨永泰转呈蒋中正请拨款派遣各地调查文化事业俾拟民族文化建设方案及蒋中正复电应统筹再办(1934 年 11 月 23 日)》,《蒋中正"总统"文物》,典藏号 002 - 080200 - 00194 - 023。

③ 《蒋介石指示行营设计委员会组织架构拟具政治计划及专门人才聘任》,《蒋中正"总统"文物》,档号筹笔/统一时期/08172。

以轮流推定一位或数位与蒋见面,报告调查所得或是个人的研究心得;另外每周举行一次全体会议,由各委员或各组发表意见,报告调查及研究的结果,或是讨论蒋介石交办的专题或项目,大家决定办法,呈候采择。① 由于蒋的督促十分严厉,委员的工作极为繁重,根据一项数据显示,政治组的委员每日工作常达 14 小时。② 不过随着蒋对于行营设计会的印象转坏,工作也变得较不繁重,如全体会议不久即改为每半月举行一次。③

行营设计会所做调查与研究,最后能够成为政策并且付诸实施者,主要包括新生活运动、中国文化学会、国民经济建设运动、保甲制度、碉堡政策、民族文化建设运动、币制统一实施方案、关税出入平衡(含以货易货)实施方案、南昌市容重整计划等。④ 由于受到史料的限制,以下仅能对前 3 项活动中行营设计会所扮演的角色加以讨论。

(一)新生活运动

1934 年 2 月 19 日,蒋介石于南昌行营宣布发起新生活运动,并讲述"新生活运动之要义"。此一运动,旨在使民族道德复兴,国民生活丕变,以礼义廉耻为基本精神,以军事化、生产化、艺术化为

---

① 蒋介石:《革命成败的机势和建设工作的方法》,页 605—607。演讲活动的例子见 1934 年 2 月 27 日蒋的条谕:"本星期上午十一时,请张彝鼎专门委员讲远东局面与外交人员训练及边疆问题,讲时请各委员同往。"《蒋中正"总统"文物》,档号筹笔/统一时期/07913。

② 邓元忠:《国民党核心组织真相》,页 315。

③ 邓文仪:《新生活运动纲要(初稿)》,收入新生活运动促进会编:《民国二十三年新生活运动总报告》,页 340。

④ 邓文仪:《新生活运动纲要(初稿)》,页 340;《蒋中正电杨永泰开设计委员会研究经济文化币制关税等问题》,1934 年月日不详,《蒋中正"总统"文物》,档号筹笔/训政时期/08171。

中心目标。① 事实上,新生活运动的许多元素,在此之前即早有迹可循。1931 年 10 月 10 日,蒋主持中央军校政训研究班第一期开学典礼。他在致辞时指出,政训班的班训为"礼义廉耻,国之四维,四维既张,国乃复兴",今天人心不古,世风日下,我们必须发扬中国旧道德,以挽救人心。② 此一研究班的班主任为三民主义力行社社员、军事委员会政训处处长兼中央军校政治部主任刘健群,干部则大多为力行社社员。③ 1932 年 7 月,力行社为训练干部,特通过军事委员会政训处处长刘健群,于南京设立军事委员会政训研究班,招考黄埔军校各期军校毕业生及大专院校毕业生 500 余人,作为期半年的训练,蒋亲题训练纲要曰:"明礼仪,知廉耻,负责任,守纪律",又亲题训练目标曰:"礼义廉耻,国之四维,四维既张,国乃复兴。"④凡此种种,加上自 1932 年春天起,蒋的演讲即不断强调复兴民族看来,提倡新生活运动乃是势在必行之事。当时注意听讲的人,也都有同样的联想,例如 1933 年 2 月《纽约时报》即曾刊登中国少壮军官与国民党员计划组织社团反对道德堕落的报道。⑤ 但根据邓元忠的说法,是福建事变时,蒋介石视察前方,看到一个 3 岁小孩吸烟大为感触,于是兴起发动新生活运动的念头。⑥ 1932

① 秦孝仪编:《"总统"蒋公大事长编初稿》(台北:未注出版者、出版时间),卷 3,页 16。

② 魏尚武:《中央军校政训研究班与复兴社》,收入全国政协文史数据委员会编:《文史资料存稿选编·军事机构(下)》,页 539。

③ 魏尚武:《中央军校政训研究班与复兴社》,页 539。

④ 干国勋:《三民主义力行社与民族复兴运动》(台北:干苓苓自印,1986 年),页 140;康泽:《康泽自述及其下场》(台北:传记文学出版社,1998 年),页 47、270;彭象贤:《回忆南京政训研究班》,收入全国政协文史资料委员会编:《文史资料存稿选编·军事机构(上)》(北京:中国文史出版社,2002 年),页 941—944。

⑤ 邓元忠:《国民党核心组织真相》,页 314。

⑥ 邓元忠:《国民党核心组织真相》,页 314—315。

年起,力行社陆续派高级干部出国考察。胡轨在 1933 年底的考察报告中指出,国人身体孱弱、精神萎靡,在体魄及精神方面均需要锻炼,反观欧洲人之所以身体健康、精神抖擞,主要的原因在于他们经常和大自然中的太阳、空气和水接触。国人为使身体和精神得到改造,也必须彻底改变原有的生活方式。胡的报告,对于蒋的倡导新生活运动,具有引发作用。①

至于新生活运动的发动,晚近学者的研究虽然极多,②但是甚少能注意到行营设计会在其中所扮演的角色。行营设计会政治组自成立后,蒋对此单位极为重视,因此督促十分严厉,大家工作十分勤奋。当蒋介石于福建事变期间赴福建视察之际,设计会政治组的几位委员鉴于蒋即将返回南昌,需有成绩表现,乃想到发起新生活运动。张彝鼎认为环境卫生太脏,应予改善;社会秩序太乱,应以规则纠正。吴寿彭为首先提出"新生活"的总名称者,其中包括各种改良的意见。邓文仪也提出了许多社会改良的

---

① 蒋京访问、纪录:《滕杰先生访问纪录》(台北:"近代中国出版社",1993 年),页 34。事实上,蒋介石在 1933 年 7 月 23 日的一篇演讲中即已强调日光、空气和水三者对于现代人(尤其是现代军人)的重要性。参阅蒋介石:《现代军人须知》,收入秦孝仪编:《"总统"蒋公思想言论总集》,卷 11,页 311—324。

② 代表性的著作包括关志钢:《新生活运动研究》(深圳:海天出版社,1999 年);温波:《重建合法性:南昌市新生活运动研究(1934—1935)》(北京:学苑出版社,2006 年);段瑞聪:《蒋介石と新生活运动》(东京:庆应义塾大学出版会,2006 年);深町英夫:《身体を躾ける政治:中国国民党の新生活运动》(东京:岩波书店,2013 年);以及 Wen Zha, *Individual Choice and State-Led Mobilization in China*: *Self-Patriots* (Berlin: Springer, 2015), pp. 41 - 67; Maggie Clinton, *Revolutionary Nativism*: *Fascism and Culture in China*, *1925 - 1937* (Durham, N. C.: Duke University Press, 2017), pp. 128 - 160.

意见。①

　　1934年2月9日，蒋介石由杭州飞返南昌，指挥第五次"围剿"军事。听取行营设计会的报告后，指示党政军民各级领导人员，必须转移风气，改变习俗，且要从军民生活方面革新起始，方可复兴民族，达成"安内攘外"与"剿匪"抗日的救国任务。他并责成行营设计会拟发起一项类似国民生活改造的社会运动。② 2月12日，蒋介石又于行营扩大总理纪念周的演讲中指出，建设国家、复兴民族的根本要务为"教""养""卫"。"教"的要义为"明礼义，知廉耻，负责任，守纪律"，"养"的要义为"衣、食、住、行"4项基本生活的整齐、清洁、简单、朴实，"卫"的要义为"严守纪律，服从命令"。③

　　南昌行营在接受此项任务后，由行营办公厅主任熊式辉及设计委员会秘书邓文仪约集设计委员吴寿彭、韩志诚、高传珠、张彝鼎、李焕之、邵华、刘伯川、范争波、徐庆誉等人，经过多次研议，于2月15日晚间拟定名称为新生活运动，草拟完成一份方案，并且通过熊式辉所拟定的四个基本标语——"礼是规规矩矩的态度，义是正正当当的行为，廉是清清楚楚的辨别，耻是切切实实的觉悟"，送呈蒋中正核阅。④ 2月17日，行营举行设计委员会议，由蒋任主

---

① 邓元忠：《国民党核心组织真相》，页315。萧作霖则宣称新生活运动的构想，为其最先所提出。萧认为当时的中国有必要全面开展一个新的文化运动，以转移风气，振作人心。此一运动应从革新生活做起，并由力行社社员示范做榜样。萧写了10余条意见和邓文仪商量后，由邓拿给蒋看，蒋大以为然，说此项运动不仅可行之于力行社内，同时应推行全国，于是遂有新生活运动的发生。参阅萧作霖：《"复兴社"述略》，页155。

② 邓文仪：《新生活运动纲要（初稿）》，页354。

③ 秦孝仪：《"总统"蒋公大事长编初稿》，卷3，页657。

④ 邓文仪：《新生活运动纲要（初稿）》，页354；熊式辉：《海桑集——熊式辉回忆录》（香港：明镜出版社，2008年），页155—156。

席,通过新生活运动方案,[1]蒋并演讲《新生活运动发凡》,指出革命之所以至今尚未成功,即在于全国国民的生活形态始终无所改进。今吾人既欲完成革命,非致力于此不为功,新生活运动即是先求国民于衣食住行四项实际基本生活能彻底改进的一种社会教育运动。[2]

19 日,蒋介石于南昌行营正式宣布发起新生活运动,并讲述《新生活运动之要义》。指出此一运动的目的,在使民族道德复兴,国民生活丕变,以礼义廉耻为基本精神,以军事化、生产化、艺术化为中心指标。[3] 他并指示成立筹备会,拟订详细纲要,规定程序。2月 21 日,南昌新生活运动促进委员会成立。干事会由邓文仪、萧纯锦、李焕之、蒋志澄、邵华、贺衷寒、程时煃、刘百川、黄斗光 9 人组成,邓文仪兼主任,萧纯锦兼副主任,李焕之兼书记,刘百川兼宣传股股长,蒋志澄兼指导股股长,张彝鼎为纠察股股长。[4] 其中大多数为设计委员会政治组成员。会中由邓文仪任召集人,与设计委员会政治组的张彝鼎、李焕之、萧纯锦、蒋志澄 4 人共同研拟办法。最初,由邓文仪拟订《新生活运动纲要(初稿)》,倡议从"规矩运动"及"清洁运动"两项运动开始推动,如施行有效,再进而推行礼、乐、射、御、书、数的"六艺运动",过"太阳、空气、水之生活",最后使国民循序渐进于"劳动创造武力之习练与准备"。[5] 经讨论后,

---

[1] 熊式辉:《海桑集》,页 156。

[2] 蒋介石:《新生活运动发凡(1934 年 2 月 17 日)》,收入秦孝仪编:《"总统"蒋公思想言论总集》,卷 12,页 69。

[3] 蒋介石:《新生活运动之要义(1934 年 2 月 19 日)》,收入秦孝仪编:《"总统"蒋公思想言论总集》,卷 12,页 70—80;卷 3,页 14—16。

[4] 新生活运动促进总会编:《民国二十三年新生活运动总报告》(南昌:编者印行,1935年),页 112。

[5] 邓文仪:《新生活运动纲要(初稿)》,页 106—110。

拟订了运动纲领 96 条，但是蒋认为所拟项目过多，无法一下同时推行，①最后以"社会改造中，要培养出抗战干部；礼义廉耻中，应表现在衣食住行"作为中心思想。② 邓文仪等人乃再依此目标，拟定细则。其后又由行营参谋长兼江西省政府主席熊式辉召集编撰《新生活运动纲要》。这本小册子系由行营设计委员会委员兼南昌《真实报》总编辑刘百川负责起草初稿，经设计委员会同仁讨论后，呈报蒋核阅。③ 蒋阅后指示要点甚多，发交熊式辉等研究。熊曾多次约集中国国民党组织部部长陈立夫等研商，逐句逐条讨论，每次讨论后，连日赶缮，报请蒋核阅，往返计达 5 次以上，全部条文均系蒋所手订。④ 5 月 15 日，《新生活运动纲要》（含《新生活须知》）于全国各大报纸同时发表。⑤

　　新生活运动的一个中心思想——"社会改造中，要培养出抗战干部；礼义廉耻，应表现在衣食住行"中，只有后者为世人所熟知，许多批评新生活运动的中外人士，也只以此点作为衡量标准，而不

---

① 张彝鼎：《鉴秋忆往录》，页 27。

② 邓元忠：《国民党核心组织真相》，页 316。

③ 张彝鼎：《鉴秋忆往录》，页 28；王又庸：《关于"新政学系"及其主要人物》，收入《中华文史资料文库》，卷 8（北京：中国文史出版社，1996 年），页 61。

④ 邓文仪：《新生活运动纲要（初稿）》，页 354—355。蒋介石在手订《新生活运动纲要》的过程中，曾致电熊式辉要求设计会或老儒代撰有关礼义廉耻的历史典故："天翼吾兄：对于礼义廉耻之解释，请采历史中如能礼之食、能礼之衣，不义之食、不义之住、不义之行，不廉之饮、不廉之食、不廉之衣，与无耻之食、之衣、之住、之行等史事证之，再将古人忠臣义士之尚廉知耻守礼尽义之史实，如不服夷狄、不朝异族之类，择其最有光荣历史二、三人以证之。先将上述各事令设计会或讲汉学之老儒代撰之，能于此星期四以前交阅更好。中正。廿八日。"参阅《蒋介石电熊式辉令设计会或汉儒代撰历史典故解释礼义廉耻》，1934 年 3 月 28 日，《蒋中正"总统"档案》，档号筹笔/统一时期/08139。

⑤ 新生活运动促进总会编：《民国二十三年新生活运动总报告》，页 121。

知新生活运动的首要中心思想在以社会活动掩护培养抗日干部。当时如何加强国民抗日的精神武装，已是刻不容缓的事，但是又不能公开表示，以免得罪日本。于是在新生活运动中所提出的生活"军事化"，对外需解释为训练国民生活迅速、敏捷的习惯；以文人，甚至外国教会人士出面主持新生活运动，也是出于此种苦衷。①

7月1日，南昌新生活运动促进委员会改组为新生活运动促进会，主持全国新运事宜。由蒋介石任会长，熊式辉、邓文仪分任正、副主任干事，阎宝航、李焕之分任书记、助理书记，李厚澄任调查股股长，范争波任设计股股长，邵华任推行股股长，②全为行营设计会委员。同时扩大干事会，由政学系和力行社分子组成。③ 此时，邓文仪涉及南昌机场遭焚事件，④自行呈请撤销副主任干事职，助理书记随即也辞职。总会重行改组，将调查、设计、推行3股，改组为第一、二、三股，第一股主持南昌市新运，第二股主持江西省新运，第三股主持全国各省市铁路及海外侨胞新运，由范争波、邵华及阎宝航分任一、二、三股股长。⑤ 至此，力行社势力可说是全遭清除。⑥

在一般工业化的国家，新生活运动之类的社会运动，大抵均由

---

① 邓元忠：《国民党核心组织真相》，页419。

② 新生活运动促进总会编：《民国二十三年新生活运动总报告》，页139。

③ 孙彩霞：《新旧政学系》（北京：华夏文化出版社，1997年），页219。

④ 1934年南昌机场发生火灾，造成航空署营房数十间焚毁，前航空署署长徐培根遭解职处分，蒋介石的侍从秘书兼南昌行营秘书处调查课课长邓文仪被疑为泄漏调查结果，自请本兼各职。参阅《国民政府公报》，第1510号（1934年8月10日），页1；第1529号（1934年9月3日），页1；蒋介石：《日记》，1934年7月17、21日；邓文仪：《冒险犯难记》（台北：学生书局，1923年），页203—207。

⑤ 新生活运动促进总会编：《民国二十三年新生活运动总报告》，页139。

⑥ 阎宝航虽为力行社社员，但他是以张学良之四维会会员关系加入力行社，并与青年会有关，故与力行社关系反而较浅。参阅邓元忠：《国民党核心组织真相》，页326。

民间团体所发起,近代中国由于市民社会尚在萌芽阶段,政府与民间团体如何合作也仍在摸索之中,新生活运动既选择由政府发动,虽有民间团体所缺乏的大量资源可以投入,但是官场文化也无可避免地随之而来。当时即有一位署名文渊的作者一针见血地指出:

> 本来社会运动应该由社会上许多先觉的领袖,就时势之需,加以计划与提倡,然后大家自然闻风响应,而成为普遍的要求。不幸中国社会上现在没有这样的适才,于是我们的军事领袖遂当其任,这也是无可如何的。普通政治或军事首领所倡导的社会运动往往陷于强迫式的,流弊原多;而在今日的中国,官场尤多"逢迎"与"敷衍"的"公事行为",居下位者无论自己对于某事有无真确认识并能否身体力行,只要它是长官所倡议或发动的,表面上无不奉行惟谨(或且矫枉过正,便是古所谓"上有好之,下必有甚焉者也"),结果便成了文章,成为官样文章。但是十万人的市民大会,和数百处的促进会,以至几千、几万的执、兼委员,对于运动的本身究竟能有多少实在的好处,那却是极大的疑问。①

(二) 中国文化学会

新生活运动展开之后,江西随即成为民族复兴运动的基地,行营设计委员会政治组的成员,看到当时全国思想文化界的动向,随即又设计出了一项文化复兴运动。② 此项构想获得邓文仪、贺衷

---

① 文渊:《复兴中华民族与新生活运动》,《黑白半月刊》,第 1 卷第 10 期(1934 年),页 3。转引自何卓恩、李周峰:《实处与窄处:民族复兴运动时论中的新生活运动》,《安徽史学》,2015 年第 2 期,页 20。

② 邓文仪:《新生活运动纲要(初稿)》,页 361。

寒、吴寿彭、萧作霖等力行社高级干部采用,由一些学者、专家发起中国文化学会。

中国文化学会于 1933 年 10 月开始筹备,初名宣传研究会,继称中国文化励进会,最后方定名为中国文化学会,于 12 月 24 日正式成立于南昌。① 成立时有委员 15 人,包括高传珠、刘健群、贺衷寒、邓文仪、孙伯骞、梁颖文、张彝鼎、吴寿彭、萧纯锦、唐泽、孙慕迦、刘咏尧、张佛千、陈友生、任觉五,均为力行社成员。②

成立会奉蒋中正为名誉会长,推邓文仪为理事长,萧作霖为书记长。理事会下设总务、组织二股及编译所,分别由柳漱风、李毓九及吴寿彭主持。③ 成立之初,即提出《我们的主张》,除了揭橥"以三民主义为中国文化运动之最高原则,发扬中国固有文化,吸收各国进步文化,创设新中国文化"的主旨外,另列举了 10 余条纲目。④

中国文化学会成立后,主要的活动在以下 3 项:第一,扩大学术、文化界人士的组织活动。根据一项数据显示,至 1934 年 5 月时,该会已成立江西、安徽、南京、上海、浙江、福建、湖北、湖南、北平、宁夏、河南 11 个分会及保定直属支会,会员计有 2 098 人。⑤ 在华北的平、津和华中的京、杭,成效较为显著。⑥ 第二,募集基金,出版各种书刊,建立若干流动图书馆及文化会堂。该学会成立不到半年,即募集到近百万元的基金。于南昌设立内外通讯社,由吴寿彭主持,编译有关国内外大事和政治、经济、文化、军事动态的专

---

① 《中国文化学会》,收于庄文亚编:《全国文化机关一览》(台北:中国出版社,重印本,1973 年),页 88。

② 邓元忠:《国民党核心组织真相》,页 312。

③ 《中国文化学会》,页 88—89。

④ 萧作霖:《"复兴社"述略》,页 155—156。

⑤ 《中国文化学会》,页 88—89。

⑥ 邓文仪:《新生活运动纲要(初稿)》,页 362。

论;又于上海设立中国文化书局,出版内外通讯社编译的《内外类编》小册子共 40 余种,及《青年丛书》《军事丛书》《名著丛书》等约 20 种。① 第三,发起各类文化学习活动,与各地党政军机构合作,组织在学及在职青年,利用休闲时间参加文艺活动,讨论时事。②

中国文化学会的成立,被 CC 系视为是力行社的一项攻势,于是在 1934 年 3 月成立中国文化建设协会以为抵制。该会以陈立夫为理事长,出版《文化建设》月刊,双方在教育、文化界展开争夺战。③ 中国文化学会由于拥有大批大专学生为会员,活动积极,声势超过中国文化建设协会。1934 年夏,邓文仪因调查南昌机场案获咎,陈立夫即乘机向蒋控诉,指邓以学会名义大肆招摇撞骗,在文化界引起不良影响。于是蒋一面批准邓的辞职,同时下令解散学会。④ 中国文化学会遂为中国文化建设协会所取代。

（三）国民经济建设运动

国民经济建设运动为国民政府继新生活运动后之又一重要运动。新生活运动的目的为奠立民族精神之基础,而国民经济建设运动则为充实民族物质之基础,两者实相辅相成。国民经济建设运动的目标为"尽人力,辟地利,均供求,畅流通,以谋国民经济之健全发展",其实施要项则为振兴农业、鼓励垦牧、开发矿产、提倡征工、促进工业、调节消费、流畅货运、调整金融。⑤

---

① 萧作霖:《"复兴社"述略》,页 61。
② 邓文仪:《新生活运动纲要(初稿)》,页 362。
③ 详见蔡渊絜:《抗战前国民党之中国本位的文化建设运动》,未刊博士论文(台北:台湾师范大学历史研究所,1991 年),页 179—213。
④ 萧作霖:《"复兴社"述略》,页 184—185;邓文仪:《新生活运动纲要(初稿)》,页 382—386。
⑤ 蒋介石:《国民经济建设运动之意义及其实施(1935 年 10 月 14 日)》,收入秦孝仪编:《先"总统"蒋公思想言论总集》,第 5 册,页 39—40。

此项运动虽系由蒋介石1935年4月1日于贵阳发表通电正式发起,①然其实际开始,则早在"剿共"时期的南昌行营。

1933年9月24日,南昌行营订颁《救济民众大纲》,11月14日,蒋电令河南、湖北、安徽、江西、江苏、浙江各省,切实整理田赋,并令核减田赋附加税,②目的均在抵抗共产党活动蔓延。1934年3月10日,蒋令对前受共产党分田的农民概不究问,并设"利用合作社",提倡合伙均耕,1934年3月18日,南昌行营召开省高级行政人员会议,会中通过《"剿匪"军救济民众办法大纲》③。9月12日,南昌行营再制订《收复匪区土地处理办法》,但均非具强制性。以瑞金地区为例,受共产党分田的农民不得不将土地交还原地主。

在农村金融救济方面,1933年4月1日,南昌行营出资65万银圆,加上黄埔同学会拨出历年会费剩余公积金35万银圆,合计100万银圆,成立豫、鄂、皖、赣四省农民银行,业务包括经营存放款项、发行兑换券、办理储藏运输,以及其他普通金融业务。其中对农民提供复耕、复业无息小额贷款,金额由四五元至十余元,至秋收期以收成作价偿还。当时耕具除牛只较贵,其余如犁、耙、锄、刀等,以一元或数角即可购得,对劫后灾民甚具实惠。银行业务也进展甚速。1935年,以四省农行的营业范围普及至十二省,与原有四省农民银行的名称已不相符,乃予扩充并改称为中国农民银行,并设合作金库,总行设于南京,任陈果夫为董事长兼总经理,各省设分行分库,旨在配合农行贷款业务,协助农产品的公私

---

① 蒋介石:《发起国民经济建设运动发表通电(1935年4月1日)》,收入秦孝仪编:《"总统"蒋公思想言论总集》,卷37,别录,页112。

② 秦孝仪:《"总统"蒋公大事长编初稿》,卷2,页376—377。

③ 秦孝仪:《"总统"蒋公大事长编初稿》,卷3,页23。

合作产销。①

综前所述,可以看出行营设计会在新生活运动、中国文化学会、国民经济建设运动 3 项活动中所扮演的角色均不相同。在 3 项活动中,行营设计会介入新生活运动的程度甚深,从构想的提出到全国性的推广,几乎均见其积极地参与;不过因为设计会中存在有各种政治势力的竞争,因此力行社并未能取得主导性的地位。至于中国文化学会,虽由设计会提出,实则可说是由力行社主导的产物,从成立学会到开书局卖书,均由其一手包办。在此二项活动中,表面上看行营设计会虽然绩效显著,实则已与其设计机构的性质有违。至于设计会在国民经济建设运动中所扮演的角色,则是微不足道,与其成员所宣称的重要性完全不同。

行营设计会所设计的活动或措施不可谓不多,有一些确实也曾付诸实行,对于协助进行“政治剿共”和“文化剿共”,②起到了一定的作用。不过如果以此一机构原订“改进各省的党务、政治、军事,以尽早完成‘剿匪’及‘匪区’恢复统治以后一切应有的建设工作”的目标加以衡量,则其表现似乎未尽理想,第五次“围剿”期间重要的党政措施,也未必全出自此一机构的建议或设计。以下试就其绩效不彰的原因,加以分析。

第一,未受充分重视。一如本文前面所述,行营设计会本身即为派系竞争下的产物,是政学系为了抵制 CC 系的活动而倡设。成立之后,派系纷争不但未减缓,反而日益严重。南昌行营成立不久,蒋介石即接受杨永泰“三分军事、七分政治”的“剿共”主张,将

---

① 干国勋:《三民主义力行社与民族复兴运动》,页 143—145;林和成:《民元来我国农业金融》,收入上海银行学会编:《民国经济史》(上海:编者印行,1947 年),页 108—109。

② 萧作霖:《“复兴社”述略》,页 197。

行营的组织,由原来 5 个厅简化为 3 个厅。第一厅主管军事,厅长由贺国光担任;第二厅主管政治,厅长由秘书长杨永泰兼任;办公厅主任,则仍由熊式辉担任。当时国民政府的统治势力,仅及于江西、福建、浙江、湖南、湖北、安徽、河南、江苏、山东和陕西 10 个省份及上海、南京、汉口 3 个特别市,而南昌行营拥有审核 10 个省份及 3 个特别市的人事和经费的权力,[①]因此行营的第二厅便俨然成为实际上的行政院。[②] 第二厅的部门主管,如负责地方保甲事宜的第一组正、副组长王又庸和李为纶,负责经济事宜的第二组正、副组长文群和罗经猷,均为政学系成员。[③] 政学系势力的急遽扩张,自然引发了其他派系的对抗及抵制。1933 年冬,CC 系以南京、上海、浙江、江苏、河南、北平等市党部负责人的名义发函全国各省市、铁路、学校特别党部,指责杨永泰过去拥岑(春煊)排孙(文),现又勾结官僚(指张群、熊式辉、陈仪等),树立小组织。此一要求,获得了热烈的回响。共有 24 个单位的 80 多名代表聚集南京,赴国民政府向蒋介石请愿,要求将杨永泰撤职,造成轰动一时的社会事件。[④] 相较于南昌行营的其他部门,行营设计会既然非政学系所能完全掌控,杨、熊对此机构自然不会十分重视。[⑤] 由新生活运动初始时,二人态度冷漠,至 1934 年三、四月间才开始热心,即为

---

① 孙彩霞:《新旧政学系》,页 210。

② 王又庸:《关于"新政学系"及其主要人物》,页 87。

③ 孙彩霞:《新旧政学系》,页 210。

④ 庞镜塘:《CC 系反对杨永泰的一幕》,页 153。此次反杨运动至最激烈时,蒋介石甚至致电江苏省主席陈果夫,要求注意叛变。参阅《蒋中正电陈果夫各省党部代表尚希留南京镇江间另谋扩大组织盼速解决》,1934 年 2 月 4 日,《蒋中正"总统"文物》,档号筹笔/统一时期/07778。

⑤ 萧作霖:《"复兴社"述略》,页 197。

一例。①

第二，职权含混不清。行营设计会所研究设计出来的活动或方案，每尚需负责去实际执行，致使此一机构的性质与业务范围日益扩大，变成既是幕僚机构，又是执行机构。② 例如行营设计会的秘书邓文仪，有一时期所兼各种职务竟多达 11 项之多。③ 重要主管外务过多无法兼顾的结果，自然会使此一机构的效能受到影响。蒋介石即曾在对行营设计会的一次谈话中指出此项缺点。④

第三，人员冗滥不精。1934 年 5 月，蒋介石任命陈布雷为行营设计会主任，陈进行了解后，发现此一机构不但职权规定含混不清，而且"委员人数达二十人，颇为冗滥，其真有学问、见解，又能明识分际者，寥寥四五人而已"。⑤ 因此坚请蒋收回成命，经蒋再三劝说，并又加任徐庆誉为副主任，处理日常性事务，陈始愿意就任。⑥

事实上，蒋介石早已对行营设计会人员的办事能力不满，并曾于 1934 年 4 月一次设计会的内部会议中，做过以下严厉批评：

> 各位委员差不多都是在外国留学回来的，对于政治、经济各种学问，都有相当的研究，对于科学的方法，也一定很知道的。可是设计会所设计的许多东西，比方这次关于新生活运动的许多规条，还好像是百年前的东西一样。我们拟订的

---

① 邓元忠：《国民党核心组织真相》，页 325。

② 陈布雷：《陈布雷回忆录》，页 95—96。

③ 邓文仪：《冒险犯难记》（台北：学生书局，1973 年），页 160。

④ 《事略稿本》，1934 年 4 月 16 日。

⑤ 陈布雷：《陈布雷回忆录》，页 95—96。

⑥ 陈布雷：《陈布雷回忆录》，页 96。

任何规条方案,都要分门别类、纲举目张。现在无论任何法律,不管他几十条或是几百条都是分了章节,但是这一次设计会所规定的新生活运动须知九十六条,都笼统地编列,弄得杂乱无章。试问这种条规,如何可以使人看了拳拳服膺、发生效力呢? 这样无条无理、办事没有经验,岂不贻人以笑柄吗?①

陈布雷也认为中国的专门人才有限,有学问而又能以公心奉职,不植党羽,不存个人夸耀观念者更不多。智囊团延揽人才,必须要有适当的人主持推荐,如果以见闻不广、审择不周者担任,则行营设计会即是前车之鉴。②

最后,拟将行营设计会与同一时期的另一所设计机构——国防设计委员会(以下简称国防设计会)做一比较。国防设计会成立于 1932 年 11 月,隶属于参谋本部,其职掌为拟制全国国防的具体方案,规划以国防为中心的建设事业,筹拟关于国防的临时处置。蒋介石自任委员长,翁文灏、钱昌照任正、副秘书长,设 3 处 8 组,3处是秘书、调查和统计处,8 组包括军事、国际、文化、经济与财政、原料与制造、运输、人口土地粮食、专门人才调查组。1933 年初建立陕北油矿采勘处,年底又设立矿室、冶金室和电气室 3 个实验室。1935 年,该会与兵工署资源司合并改组为资源委员会,直属于军事委员会。

国防设计会与行营设计会,均属于战略问题的调查和设计机

---

① 《事略稿本》,1934 年 4 月 16 日。

② 陈布雷:《陈布雷回忆录》,页 127。另一项数据显示,自陈布雷就任行营设计会主任后,设计会诸成员即纷纷向陈提出各种需索,或要座车,或要职位,陈不堪其扰,后来乃报请蒋介石裁撤设计会。参阅俞国华口述,王骏执笔:《财经巨擘——俞国华生涯行脚》(台北:商智文化,1999 年),页 89。

构,一为针对日本,一为针对中共。国防设计会系蒋介石采纳教育部次长钱昌照的建议而设立,首批 40 位委员绝大部分均为钱所指定,多为未曾于国民政府任职,但是在社会上具有崇高声望的学者、专家和实业家,有些甚至是对国民政府持批评态度者。国防设计会提升了蒋介石的社会形象,同时也扩大了其统治的基础。① 因此,第五次"围剿"开始后,行营设计会的构想,或许即是来自于国防设计委员会。在行营设计会的筹备阶段,蒋介石甚至曾致电钱昌照,试图请翁文灏及王世杰代为敦聘丁文江和杨端六主持行营设计会的统计与审核两部门,并强调行营设计会与国防设计会切实联系的重要性。② 不过行营设计会由于一开始即笼罩在派系竞争的氛围下,在用人时自然无法做到审择人选,所聘委员虽然也是以学者、专家为主,但是社会声望则远逊国防设计会。国防设计会由于位阶高,深受蒋介石的重视,经费充裕(每月 10 万元),得以经常派员赴国外搜集资料及考察,③并与各大学合作进行调查研究,④出版大量的调查研究报告,成果丰硕。全面抗战爆发后,国防设计会转型为资源委员会,直接介入经济活动,其影响所及,直至

① 钱昌照:《钱昌照回忆录》(北京:中国文史出版社,1998 年),页 36—41;王卫星:《国防设计委员会活动评述》,《学海》,1994 年第 5 期,页 78—83;申晓云:《留学归国人才与国防设计委员会的创设》,《近代史研究》,1996 年第 3 期,页 241—258;William C. Kirby, *Germany and "Republican China"* (Stanford: Stanford University Press, 1984), pp. 85 - 101.

② 《蒋介石电钱昌照请翁文灏等代聘丁文江杨端六主持行营设计审核两处》,1933 年 7 月 6 日,《蒋中正"总统"档案》,档号筹笔/统一时期/16610;《蒋介石电钱昌照聘丁文江杨端六任处长职并以特任职薪俸遇》,1933 年 7 月 7 日,《蒋中正"总统"文物》,档号筹笔/统一时期/16620。

③ 李学通:《书生从政——翁文灏》(兰州:兰州大学出版社,1996 年),页 109 - 113。

④ 《蒋介石电钱昌照国防设计委员会应与中央政校交通同济等大学切实合作》,1933 年 8 月 24 日,《蒋中正"总统"文物》,档号筹笔/统一时期/06861。

1950 年代的海峡两岸。① 相反地，行营设计会于设立之初，位阶不高、职权含混不清，在先天上即不利于发展，加以人员冗滥不精，绩效不彰，因此未能受到蒋的重视（甚至有人认为蒋在该会成立初期召见过行营设计会委员后，组织即无形解散），②至第五次"围剿"结束后，即随着行营的撤销而结束。

行营设计会设立的目的，是在改进各省的党务、政治、军事，以尽早完成一切应有的建设工作。在一年多之内，此一机构设计了一些重要的措施和活动，其中有一些（例如新生活运动和中国文化学会）确实曾付诸实行，不过以其成绩是否达到原设定的目标来衡量，此一机构的效能，似乎未尽理想，第五次"围剿"期间的重要党政措施，也未必全出自此一机构的建议或设计。检讨其功能未能充分发挥的原因，主要是由于此一机构为派系竞争下的产物，是政学系为了抵制 CC 系的活动而倡设，杨永泰、熊式辉等人对此机构自然不会十分重视。此外，行营设计会的职务含混不清，人员冗滥不精，均影响其效能。

虽然行营设计会未达到预期的目标，不过蒋介石也从此次失败的经验中吸取到了教训。在 1935 年 2 月 6 日，蒋介石召集行营设计会主任陈布雷和行营侍从室主任晏道刚，讨论侍从室组织。③ 14 日，侍从室重新编组，改名为军事委员会委员长侍从室。分设第

---

① William C. Kirby, "The Chinese War Economy," in James C. Hsiung and Steven I. Levine, eds., *China's Bitter Victory: The War with Japan, 1937 – 1945* (Armonk, New York: M. E. Sharpe, Inc., 1992), pp. 192 – 206; Idem, "Continuity and Change in Modern China: Economic Planning on the Mainland and on Taiwan, 1943 – 58,"*Australian Journal of Chinese "Affairs"* 24 (July 1990), pp. 121 – 141.

② 汪日章：《我在侍从室的点滴生活》，《浙江文史资料选辑》第 16 辑（1980 年 6 月），页 175。

③ 蒋介石：《日记》，1935 年 2 月 6 日。

一、第二两处，第一处设第一（总务）、第二（参谋）、第三（警卫）三组，第二处设第四（秘书）、第五（研究）两组，自3月1日起依照新组织大纲与编制实行。任命原侍从室主任晏道刚为第一处主任，行营设计会主任陈布雷为第二处主任。① 蒋在改组侍从室时，将侍从室的第五（研究）组定位为政策设计部门，不负责实际执行，并精简人事，其后更将此研究部门独立于侍从室之外，另设立参事室。在行营设计会之前，国民政府虽然已有类似机构（国防设计会）存在，不过行营设计会的继承者——侍从室后来成为国民政府最重要的幕僚机构，该会所培养的人才，有不少也在后来的历史舞台上扮演重要的角色，因此此一机构实居有承先启后的地位。

　　最后值得一提的是，行营设计会中存在有力行社的小组织，因此设计会的委员如具有力行社社员身份，除正常的行政体系外，尚需接受力行社的领导。根据张彝鼎（力行社社员）的回忆，1933年冬他每日需写国际关系报告，交由吴寿彭（邓文仪的秘书）转呈蒋介石，又写国内舆论报告交蒋廷黻，另替行营设计会写研究报告，② 蒋廷黻此时为清华大学历史系主任，张彝鼎何以需要交国内舆情报告给他？ 蒋、张二人关系为何，值得探讨。

　　1932年5月，由蒋廷黻发起，胡适任主编的《独立评论》创刊。蒋除任主要的编辑委员，还在3年内为该刊写了约60篇文章，张彝鼎觉得他对中国问题、国家前途和国际局势的剖析，见地卓越，经常引起众多读者的共鸣。当时蒋介石对社会舆论甚为关切，因此张彝鼎经常摘要蒋廷黻的文章呈蒋介石核阅。③ 1933年8月，蒋

① 《事略稿本》，1935年2月14日；陈布雷：《陈布雷回忆录》，页98。

② 张元忠：《国民党核心组织真相》，页311。

③ 张彝鼎：《鉴秋忆往录》，页42。

介石两度约见蒋廷黻、何廉(南开大学经济学院院长),称许蒋廷黻对外交确有研究与见地,何廉也是实践力行之人。① 蒋介石并致电国防设计委员会副秘书长钱昌照,要他介绍蒋廷黻、何廉二人给中央政校教育长罗家伦,在县政、社会、地方组织的调查上,切实合作。② 1934年夏,蒋廷黻原计划至欧洲搜集档案史料,研究近百年的中外关系。但在出国前接到蒋介石的电报,约其在牯岭见面,见面后蒋介石交付秘密任务,要他和苏俄政府商谈中俄合作的可能性。③ 蒋廷黻最后圆满达成任务,于1935年夏返国,12月获任行政院政务处处长。抗战胜利后,蒋廷黻出任行政院善后救济总署署长,邀请张彝鼎参加善后救济工作,并提出两项职务让张选择:一是在总署的分配部门,担任救济物资的分配工作;二是外放担任山西、绥远、察哈尔分署署长。张彝鼎选择了后者,获国民政府主席蒋介石批准后,出任晋绥察分署署长。④

　　胡适曾怀疑蒋廷黻是个"力能通天"的"蓝衣社大员",不过查无实据。⑤ 但是笔者上述蒋廷黻和张彝鼎交往的过程,可以提供若干蛛丝马迹,作为佐证。张彝鼎在他晚年出版的回忆录中,虽未提及他曾参加力行社,不过1982年8月,他在接受学者邓元忠的访问时,曾说他自学成归国任职南昌行营后,即加入力行社。1933年冬天时,蒋廷黻已获蒋介石两度接见,行情看涨,31岁的张彝鼎将其

① 蒋介石:《日记》,1933年8月23日。

② 《蒋中正致钱昌照并转林蔚电(1933年8月24日)》,《蒋中正"总统"文物》,典藏号002-010200-00091-033。

③ 蒋廷黻:《蒋廷黻回忆录》,页153—155;《蒋廷黻致蒋中正电(1934年9月25日)》《蒋中正复蒋廷黻电(1934年9月30日)》,《蒋中正"总统"文物》,典藏号002-080200-00183-007。

④ 张彝鼎:《鉴秋忆往录》,页46。

⑤ 唐德刚:《胡适杂忆》,页30。

平日工作上所搜集的国内舆情，交给蒋廷黻作为撰写政论文字的参考，并不为奇。因此，蒋廷黻是否力行社社员虽然仍无法确定（事实上也不重要），不过他此时已"力能通天"，则殆无疑问。值得注意的是行营设计会，和蒋介石其他的智囊机构一样，其成员虽然本身的权力有限，但是由于和蒋介石互动的机会较多，取得极大的影响力，和军政人士合作，相互援引，此种现象值得注意。

第三节　侍从室

侍从室的组织，始于1933年南昌行营的侍从高级参谋室，原编制为第一组警卫，第二组秘书，第三组调查及记录，第四组总务，另附设侍从参谋若干人。1935年南昌行营结束，蒋介石乃将侍从室改组，分设第一、二两处，第一处设第一（总务）、第二（参谋）、第三（警卫）三组，第二处设第四（秘书）、第五（研究）两组，1939年2月增加第六组，办理情报事宜。1939年7月侍从室又增加第三处，主管人事业务。[1]

侍从室的研究工作，主要是由侍五组负责。侍五组的前身为南昌行营的党政军调查设计委员会。蒋介石设立此一机构的目的，乃是希望网罗一批年轻的学者、专家及留学生，从事"进剿地区"的调查、设计、审议等工作。设立之初，采常务委员制，由杨永泰任秘书长主持日常会务。1937年4月，改为主任制，由陈布雷任主任。

1935年南昌行营结束，改设"剿匪"总部于武昌，陈布雷所担任的设计委员会职务，以该会撤销而解除。在牯岭时，蒋介石决定修

---

① 陈布雷：《陈布雷回忆录》（台北：传记文学出版社，1967年），页98。

改侍从室的组织,第一处设立第一(总务)、第二(参谋)、第三(警卫)三组,第二处设第四(秘书)、第五(研究)两组,命原侍从室主任晏道刚为第一处主任,陈布雷为第二处主任。研究组设秘书8—12人,以设计委员会原任设计委员徐庆誉、张彝鼎、李毓九、高传珠、徐道邻、罗贡华、傅锐、何方理8人出任。2月,陈布雷赴汉口,就侍从室第二处主任职,兼第五组组长。

侍五组的研究工作分为内政、法制、文化教育、国际时事、中日关系及经济等各类,各秘书每人任一类为主,并认一类为副。① 陈布雷并要求每个人于3个月内提出研究报告2件为限。又分配翻译工作如下:(1)英文:张彝鼎、徐庆誉;(2)法文:何方理、徐道邻;(3)德文:徐道邻、李毓九;(4)俄文:高传珠、李毓九;(5)日文:傅锐、罗贡华。各以一人为主,一人为辅。并规定凡翻译报纸、杂志材料,每周汇送一次,紧急者随时呈送。陈又撰《剪报要目》30项与《剪报须知》20条,油印后发交剪报员开始剪贴。②

1937年6月,蒋介石也曾指示陈布雷,将侍五组研究秘书依研究领域及研究区域分为党务、政治、外交、经济及各省、市、区各股,接洽公文及研究,并嘱陈物色人才以充实侍五组阵容。陈布雷则认为此事委员长期望已久,不过由于侍从室的性质与组织特殊,甚难实行,原因有三项:(1)文书与研究工作不易打通;(2)人才难得,甄用进退更易牵涉到不易解决的困难;(3)现有秘书中,急功自见,好出主张者多,而平情虚心肯研究者少。因此本案只能徐徐策划。③ 不久,抗战全面爆发,此事遂不了了之。

---

① 陈布雷:《回忆录》,页98。

② 陈布雷:《日记》,1935年3月11日。

③ 陈布雷:《日记》,1937年6月16日;蒋介石:《日记》,1937年6月16—19日。

　　参事室成立后,侍从室的规模缩小,主要业务变成为蒋介石整理文告和文稿,不过政策方面的研究仍持续进行。此一时期,侍从室最重要的秘书为李惟果。李毕业于清华大学,公费留美,获加州大学伯克利分校硕士,哥伦比亚大学国际关系博士,1937 年 9 月入侍从室任五组秘书,①周佛海追随汪兆铭出走后,李接任周侍五组组长的职务。初期陈布雷曾要其研究志愿兵问题。② 1938 年 4 月曾撰写《日本对苏俄开战之可能及我国对策》研究报告。③ 1939 年1 月,李撰写《中日抗战与国际形势》报告,文长约 1 万字,文字流畅而不沉闷,陈布雷读后觉得"此才可造,为之心喜"。④ 1940 年,蒋介石决定办一个《三民主义月刊》,以弘扬三民主义,领导青年思想为宗旨。此事本属中宣部业务,不过或许是由于中宣部部长王世杰是个自由派学者,蒋不愿碰钉子,于是想让陈布雷负责此事,不料陈不愿接,⑤于是找了何浩若、潘公展、李惟果、林桂圃等人来讨论编辑方针、取材标准及负责人选等问题。最后决定以李惟果为社长,李泰华、傅筑夫分任主编及常务编辑,林桂圃任经理。⑥ 不久,陈布雷又要李惟果兼经理职。⑦ 显示陈对他的器重。12 月,李惟果获派外交部总务司司长离职,⑧陈布雷对此十分不舍。此时陶

---

① 陈布雷:《回忆录》,页 122。

② 陈布雷:《日记》,1937 年 10 月 7 日。

③ 陈布雷:《日记》,1938 年 4 月 24 日。

④ 陈布雷:《日记》,1939 年 1 月 25 日。

⑤ 杨玉清:《我所知道的陈布雷》,《文史数据选辑》,第 81 辑,页 163。

⑥ 陈布雷:《日记》,1941 年 2 月 1 日。

⑦ 陈布雷:《日记》,1941 年 4 月 18 日。

⑧ 李惟果本不愿就此职,在蒋介石的坚持下,他才赴任。参阅陈布雷:《日记》,1941 年12 月 24 日、26 日。

希圣由香港至重庆，陈布雷多次找陶长谈，认为他"具识精卓，诚益友也"。[①] 1942 年 3 月 28 日，蒋介石下令侍从室应设理论研究宣传设计组。陈布雷则约见陶希圣，希望他能留在重庆担任宣传指导设计的工作。[②] 6 天之后，陶持理论研究宣传设计的计划来见，陈读后甚感快慰，认为陶能留渝相助，将为一得力的益友。[③] 4 月 4 日，陈布雷获蒋同意侍五组业务增加理论研究及宣传设计两项，不另成立新组。并核准第五组组长以陶希圣担任。陈当日曾于日记记载："余之工作固不因此减少，然第二处阵容加强矣。"[④]陈对陶寄望之深，由此可见。

　　陶希圣上任后，首先即感到研究所需资料的不足。[⑤] 侍五组平日经常收到国民政府驻外使节报告的副本，以及军事委员会驻延安联络参谋的报告，和各国驻华使馆也有来往，因此对于国际动态和延安动向尚能掌握，[⑥]不过一般研究所需数据仍然不足。于是他经常以该组所拥有的一些外汇委托在英国的叶公超和在美的

---

① 陈布雷：《日记》，1942 年 3 月 14 日。陈布雷与陶希圣结识于 1929 年。1931 年，陶任教于南京中央大学，因讲课时言论过于尖刻煽动，遭国民党上海市党部检举为反动分子，中大校长朱家骅不胜压力，乃向党政高层征询意见。陈布雷当时为教育部次长（部长由行政院院长蒋介石兼），为陶辩护："我见过此人，他没有别的，只是锋芒太露。"此事后来在中央组织部部长陈果夫的协调下，终得消弭。同年夏天，陶返回母校北大任教。此后 6 年，每到南京，必往拜访陈。抗战全面爆发后，陶积极参与"低调俱乐部"活动，并与陈接触频繁。陈对陶十分欣赏，认为他"主张明澈，观察精当，殊可佩服"。参阅陶希圣：《记陈布雷先生》；陈布雷：《日记》，1937 年 11 月 13 日。

② 陈布雷：《日记》，1942 年 3 月 28 日。

③ 陈布雷：《日记》，1942 年 4 月 3 日。

④ 陈布雷：《日记》，1942 年 4 月 4 日。

⑤ 侍从室本身收藏数据十分有限。1938 年 4 月，蒋介石命陈布雷收集黄帝所作兵制、兵法类书籍。陈乃分交张剑锋、徐道邻两位秘书搜访，自己也到坊间购买归震川评点的《阴符经》及《握奇经》呈阅。参阅陈布雷：《日记》，1938 年 4 月 20 日。

⑥ 陈存恭等访问：《陶希圣先生口述访问纪录》，页 159。

陈之迈购买外文书刊，以空运寄回，所以虽然战时日本实施海上封锁，但是侍五组还是自海外进口了一些书刊，仍能从事国际政治及军事方面的研究。例如陶希圣本人，即曾于侍五组任职期间将过去所著《中国政治思想史》修订出版，并翻译克劳塞维茨（Carl von Clausewitz, 1780—1831)的《战争原理》(*Principles of War*)及《拿破仑兵法语录》(*Military Maxims of Napoleon*)等。① 在政治方面，则以《中国之命运》和《中国经济学说》二书的拟撰，影响较大。

　　侍五组虽然是侍从室主要的研究部门，不过其他各处也经常会进行一些政策性的研究。例如侍三处即曾于 1939 年奉蒋介石之命，找专家研究三民主义经济制度及经济政策。侍三处主任陈果夫当时找了中央政治学校财经教授刘振东、赵兰坪、王世颖、寿勉成、胡善恒、萧铮、黄通等人负责研究，每星期开会一次，写成报告，由陈果夫自任主席，侍三处专员吴铸人为承办人，担任记录者。开会若干次后，始推赵兰坪起草报告，继推刘振东重拟，不料陈果夫均不满意，乃命吴铸人一试。吴为北京大学毕业，牛津大学农业经济学硕士，曾任教于中央政治学校蒙藏学校。他花了 3 个月的时间完成了一篇约 2 万字的《三民主义的经济制度及经济政策》，经陈果夫修改，再经开会讨论后，送呈蒋介石，奉批交财、经二部制定政策时作为主要参考资料，随后并由侍三处印成小册子形式发行，分送相关机构及首长参考。② 侍三处的此项政策性研究，在当

---

① 陈存恭等访问：《陶希圣先生口述访问纪录》，页 160；陶希圣：《中国政治思想史》（重庆：南方印书馆，1942—1944 年）；克劳塞维茨(Carl von Clausewitz)著，陶希圣、杜衡译：《克劳塞维茨战争原理》（重庆：南方印书馆，1945 年）；陶希圣辑译：《拿破仑兵法语录》（重庆：南方印书馆，1945 年）。不过上述两种译著刚出版，抗战即结束，故未能营销。参阅：陶泰来、陶晋生：《陶希圣年表》（台北：联经出版公司，2017 年），页 238。
② 吴铸人：《花溪六年》，收于《花溪结缘三十年》，页 13—14。

时的学界尚无类似的作品，①因此应具相当价值，不过完成后对于财经政策的制定到底产生多大的影响，由于受到史料的现制，不得而知。

侍三处又曾于1941年9月呈准蒋介石，针对战后收复沦陷区所可能立即面临的重要问题，进行研究。该处曾请内政部、社会部、司法行政部各指派代表1人，另聘请政治大学政治系主任萨孟武等对于此项工作素有研究的人员共10名，各自从治安、救济、经济、文化等方面，找出在沦陷区收复后可能立即发生而急需解决的问题，拟定"沦陷区收复后之重要问题"20则，分发中央训练团党政班各期毕业学员，进行研讨。一年后，陆续收到各学员及各地学员通讯小组的研究报告共300余件，经侍三处汇整后，完成《沦陷区收复后之重要问题暨其解决办法》一册。蒋介石对此份研究报告十分重视，曾仔细阅读并加批注。侍三处于奉蒋核阅后付印，②供政府相关部门参考。侍三处人员认为国民政府战后处理汉奸和伪军问题，如能依此小册子去做，或许中共不至于成功得如此迅速。③侍五组的重要工作，有下列几项：

（一）《中国经济学说》拟撰：该书原为陶希圣在侍五组所完成的一项《中国经济学》的研究报告，说明中国如何在不平等条约下，沦为半殖民地的问题。指出中国历代经济建设均有计划，如汉、唐

---

① 关于此一课题的研究，均出版于1940年之后。例如范苑声：《民生主义经济政策之理论体系》（重庆：正中书局，1940年）；方觉慧、祝世康：《民生主义经济制度之研究》（出版者、出版地点不详，1941年）；程孝刚：《三民主义计划经济》（出版者、出版地点不详，1941年）。

② 陈果夫：《序（一）》，收于国民政府军事委员会委员长侍从室第三处编：《沦陷区收复后之重要问题暨其解决办法》（重庆：编者印行，1945年），页1。

③ 吴铸人：《花溪六年》，页14。

时期,国家建设以长安、洛阳为中心,由首都向四方发展交通干道,同时有计划的发展水利、运河等。至近代以后,由于不平等条约,全国交通则由通商口岸、租借地向内地发展,如东三省是由旅顺、大连向内部发展,华北是由天津、北京向内部发展,华中是由上海、南京向内部发展,而华南则是由香港、广州向内部发展,无法做全国性整体的规划。

蒋介石读完此一报告后,甚为满意,遂要陶撰写《中国经济学说》一书,一方面批判共产主义的统治,一方面批判自由主义的经济。书稿完成后,分别寄请西南联大、西北联大的经济系教授提供意见,经过多次修改后,最后由蒋介石修订定稿,①于 1943 年出版。②

《中国经济学说》一书出版后,在学术界并未引起多大的讨论,在政界的影响较大。孙科认为此二书批评了共产主义和自由主义,却未批评法西斯主义;中共则直指此二书为法西斯思想。同盟国中印缅战区总参谋长史迪威的助手谢志伟(John Service)在致美国国务院的备忘录中称:"国民党目前的意识形态,一如蒋介石的两本著作——《中国之命运》和《中国经济学说》所显示的,不论在政治上或经济上,均为排外与反民主的。"③

由于《中国经济学说》的内容十分含混,战后各种不同立场的学者对此书的解读也就颇不相同。例如政治学者格雷戈尔(A.

---

① 陈存恭等访问:《陶希圣先生口述访问纪录》,页 160—161;《事略稿本》,第 49 册,页 595。1942 年 6 月 11 日;蒋介石:《日记》,1942 年 4 月 20 日—6 月 11 日。

② 蒋中正:《中国经济学说》(重庆:国民政府军事委员会委员长侍从室,1943 年)。

③ U. S. *Department of State*, *Foreign Relations of the United States*: *Diplomatic Papers*, *1944*, Vol. Ⅵ, *China* (Washington, D. C.: Government Printing Office, 167), p. 710.

James Gregor)认为此书继承了孙文《实业计划》,主张要解决土地问题,从而可以终止商人的炒作与兼并,最后可以有助于工业化;本土产业可经由进口关税予以保护,本土产业发展后可为经济与工业的发展奠定下基础。①

（二）国际问题研究:1935 年,侍从室首次进行改组。分设第一、第二两处,其中第二处设第四（秘书）、第五（研究）两组。② 研究组设秘书 8—12 人,以南昌行营党政军调查设计委员会原任设计委员徐庆誉、张彝鼎、李毓九、高传珠、徐道邻、罗贡华、傅锐、何方理 8 人出任。2 月,陈布雷赴汉口,就侍从室第二处主任职,兼第五组组长。

侍五组的研究工作分为内政、法制、文化教育、国际时事、中日关系及经济等各类,各秘书每人任一类为主,并认一类为副。③ 业务分工,并会视需要而做调整。数据显示,1936 年 2 月,分工即曾做过以下的调整,并决定每周四开组会一次。

（1）资料收集与研究:

政治:罗贡华

法制:徐道邻

对日问题:李毓九

苏俄问题:高传珠

英美问题:张彝鼎

文化:徐庆誉

① A. James Gregor, *Ideology and Development*: *Sun Yat-sen and the Economic History of* "*Taiwan*" (Berkeley: Institute of East Asian Studies, University of California, 1981), p. 27.

② 《事略稿本》,第 29 册,页 381—382。

③ 陈布雷:《陈布雷回忆录》(台北:传记文学出版社,1967 年),页 98。

（2）翻译：

德文：徐道邻

法文：何方理

日文：李毓九、傅锐，罗贡华协助

英文：张彝鼎、徐庆誉①

陈布雷除了指挥幕僚做研究，有时自己也收集资料，做一些研究。例如1936年底他即曾利用空闲的时间，收集有关国际形势变迁的资料进行研究。② 在研究的过程中，他甚至发现："近时之研究国际问题者，十有其九皆怀成见，以附和社会主义为取悦读者计，其真能就事论事者，不多觏也。"③他广泛阅读各杂志中讨论欧洲两大阵线的论文，以及有关巴尔干半岛各国形势的分析。④ 最后他起草了论文大纲，⑤不过由于西安事变的发生，他的论文也就没有写成。

侍五组成立初期所进行的研究课题，有些系蒋介石所指定，如罗贡华所作关于庚款研究；⑥有些系陈布雷所指定，如1936年6月，陈布雷要徐庆誉、张彝鼎研究苏俄宪法，张彝鼎、高传珠研究对意撤销制裁问题，并嘱李毓九留意英国政府首席经济顾问李滋罗斯爵士（Sir Frederick Leith-Ross, 1887—1968）赴日后日本舆论的反应。⑦ 不到两星期的时间，各秘书即缴交报告8件，由陈布雷核转蒋介石，其中高传珠的《苏俄新宪草研究》、张彝鼎的《蒙特娄会

① 陈布雷：《日记》，1936年2月28日。
② 陈布雷：《日记》，1936年12月9日。
③ 陈布雷：《日记》，1936年12月10日。
④ 陈布雷：《日记》，1936年12月11日。
⑤ 陈布雷：《日记》，1936年12月12日。
⑥ 陈布雷：《日记》，1935年3月3日。
⑦ 陈布雷：《日记》，1936年6月18日。

议与土耳其》、李毓九的《罗斯谈话与英日关系》、陈认为"均尚精确可诵"，徐庆誉的报告则内容较为空泛。①

　　侍五组的秘书均为留学各国的青年才俊，各具特长，他们所提供的专业建议，应对蒋介石外交决策的形成，产生一定的影响。一位侍从室幕僚人员对于侍五组的成员以及他们与蒋介石之间的互动，曾有以下生动的描述：

> 第五组有研究秘书8人，都是留学各国的专家和学者，有留日的罗贡华，他仪表堂堂，回国后当过民政厅长；留英的徐庆誉，研究法律有一定造诣，戴一幅金边眼镜，和颜悦色，一派学者风度；留苏的高传珠，山东人，研究苏联历史颇有见解；留法的何方理，浙江人，家庭生活简单朴素，夫人是法国人，常吃西菜；留日的傅锐，浙江人，口才尤佳，议论日本问题侃侃而谈，头头是道，后因泄露军事机密，成为令人唾弃的汉奸，终归逮捕法办；留德的徐道邻，江苏萧县人，民国初年皖系军阀段祺瑞的幕僚长徐树铮的次子，法学博士，是号称"八大秘书"的佼佼者，夫人德国人，大陆解放后，夫妇俩才离开中国定居德国；留美的张彝鼎，湖南人，有真才实学，智慧超群；留日的李毓九，个子虽然又高又胖，却也风度翩翩，喜欢谈天说地，知识广博。他们各具特长，没有奴颜婢膝的气味；他们专供蒋介石关于国际问题的咨询，类似外交智囊团。蒋介石召见他们，提出问题后，只是洗耳恭听，不插话，不表态，听他们讲述后，从中分析利弊。②

　　固然侍五组的秘书多为学历高、外语能力强的青年才俊，不过

---

① 陈布雷：《日记》，1936年6月30日。

② 居亦侨：《跟随蒋介石十二年》（长沙：湖南人民出版社，1988年），页20—21。

陈布雷逐渐发现这批人多不明了其职务的性质，常思越位言事，或请求调查各机关状况，或喜捕风捉影攻讦主管人员，或条陈意见而未能详参法令或事实，这令陈十分困扰，①有一次陈召集五组秘书开谈话会，讨论五组工作事项，会中公开告诫各秘书，说明第五组的主要目的，在收集资料，备委员长索阅或呈送参考，决不可自视为有若干经纶；要知秘书属于辅佐地位，故工作不在上陈意见，而在留心收集各种问题的相关材料，选择归纳，附具结论，以贡献于委员长。不料当天五组秘书又集体向陈对待遇有所请求，为陈所拒。② 陈布雷认为这批秘书行事超越本分，屡劝不听，③乃于1937年9月对侍五组进行改组，将原任秘书8人及书记、司书2人均予解职，改编至军委会秘书处内。④ 并引用李惟果、陈方、罗君强3人任侍五组秘书（陈方旋调侍四组组长），侍二处副主任周佛海兼任侍五组组长。⑤

随着抗战战事范围的日渐扩大，各种专门问题均有待收集材料，分类研究，以供统帅参考；各方面的条陈或请示裁决的案件，有时也非经签拟则统帅无从加以审择决定；加上各界有志之士愿自效者甚多，蒋介石既已不兼行政院院长，也宜有一直属的机关以资延揽，凡此种种，均已非侍从室原有的架构所能应付。陈布雷乃建议蒋于军事委员会内增设一智囊团性质的参事室，获蒋同意，命陈草拟组织以呈。1938年3月，参事室正式成立于武汉，由朱家骅任

① 陈布雷：《回忆录》，页108—109。
② 陈布雷：《日记》，1936年2月25日。
③ 陈布雷：《回忆录》，页108—109。
④ 陈布雷：《回忆录》，页122；蒋公侍从人员史编纂小组编：《蒋公侍从见闻录》，（台北："国防部史政编译局"，1997年），页130。
⑤ 陈布雷：《回忆录》，页122—127。

主任。①

　　自从参事室成立后，侍从室的规模缩小，主要业务变成为蒋介石整理文告和文稿，不过政策方面的研究仍持续进行。此一时期，侍从室最重要的秘书为李惟果。李毕业于清华大学，公费留美，获加州大学伯克利分校硕士、哥伦比亚大学国际关系博士，1937 年 9 月入侍从室任五组秘书。②③ 1938 年 4 月，曾撰写《日本对苏俄开战之可能性及我国对策》研究报告。④

　　1938 年 3 月，侍五组由汪日章兼任，开始主管一些党政高级官员（省府委员、厅局长、行政督察专员等简任官）之调查、考核和任用的业务。5 月 9 日，汪日章调任行政院简任秘书，由李惟果继任组长。李任组长期间，对于政策方面的研究仍未间断。1939 年 1 月，李所撰写的《中日抗战与国际形势》报告，文长约 1 万字，文字流畅而不沉闷，陈布雷读者觉得"此才可造，为之心喜。"⑤1941 年 12 月，李获派外交部总务司司长离职。李惟果本不愿就此职，在蒋介石的坚持下，他才赴任。⑥ 陈布雷对此十分不舍。

　　1942 年 3 月 28 日，蒋介石下令侍从室应设理论研究宣传设计组，4 月 4 日，陈布雷获蒋同意侍五组增加理论研究与宣传设计两

① 关于参事室，详见熊婧娟：《略论国民政府军事委员会参事室》，《中国矿业大学学报》（社会科学版），2008 年第 3 期（2008 年 9 月），页 93—97；刘传晹：《王世杰与中国外交——学人从政个案研究》，未刊博士论文，"中国文化大学"史学研究所，2006 年，页 33—38；薛毅：《王世杰传》（武汉：武汉大学出版社，2010 年），第 6 章。

② 陈布雷：《回忆录》，页 122。

③ 陈布雷：《日记》，1937 年 10 月 7 日。

④ 陈布雷：《日记》，1938 年 4 月 24 日。

⑤ 陈布雷：《日记》，1939 年 1 月 25 日。

⑥ 陈布雷：《日记》，1941 年 12 月 24—26 日。

项,不另成立新组,并核准第五组组长以陶希圣担任。① 陶希圣为学者出身,抗战爆发后,在侍从室资助下,与周佛海创办艺文研究会于武汉,自此开始撰文分析国际问题,以评论表明抗战建国的立场与政策。其文字受到陈布雷的赞赏。1940 年 11 月 11 日,陈布雷将陶的一份研究报告抄呈给蒋介石,并称此份报告:"综论世界大势,以经济观点推断国际变化与中国前途,目光四射,洵佳著也。"②1942 年 3 月,陶希圣由香港至重庆,陈多次找陶长谈,认为他"具识精卓,诚益友也"。③ 由他出任第五组组长,将使侍二处的阵容大为加强。④

陶希圣上任后,首先即感到研究所需数据的不足,于是经常以该组所拥有的一些外汇,委托在英国的叶公超和在美的陈之迈购买外文书刊,以空运寄回,所以虽然战时日本实施海上封锁,但是侍五组还是自海外进口了一些书刊,仍能从事国际政治及军事方面的研究。⑤

侍从室人员,除了从事本单位的政策研究,有时并且参与其他政府部门的研究计划,例如邵毓麟即曾于抗战后期参与国防最高委员会秘书长王宠惠所领导之战后国际和平组织及战后外交对策的研究。同时参与研究的专家、学者尚包括王化成、浦薛凤、吴景超、张忠绂、杨云竹,以及若干外交界人员。⑥

---

① 陈布雷:《日记》,1942 年 4 月 4 日。
② 陈布雷:《日记》,1940 年 11 月 11 日。
③ 陈布雷:《日记》,1942 年 3 月 14 日。
④ 陈布雷:《日记》,1942 年 4 月 4 日。
⑤ 陈存恭等访问:《陶希圣先生访问记录》(台北:"国防部史政编译局",1994 年),页160。
⑥ 邵毓麟:《胜利前后》(台北:传记文学出版社,1967 年),页 2、42。

（三）联系知识分子：侍从室于抗战时期借用民间力量进行宣传工作，除蒋介石个人文稿的撰拟外，尚包括设立文宣社团，艺文研究会即为其中最具有代表性的社团。

中共于 1937 年 7 月 15 日提出"共赴国难宣言"，国民政府于 9 月 22 日宣布准许中共加入抗战阵营后，中共即运用其擅长的文宣工作，在文化界建立统一战线，进行全面总动员，书局与书刊有如雨后春笋般设立。当时国民党中央宣传部部长邵力子自然是袖手旁观，其副部长周佛海，①徒呼无奈，因此引起蒋介石的不满与焦虑，亟欲成立一个团结学术及文化界人士的团体，与中共文宣工作对抗，名称拟定为"励学社"，与既有团结军人的团体"励志社"并称。经与侍二处主任陈布雷商议后，陈以为"励学社"和"励志社"并称，恐有两种疑虑：一是使社会人士误以为又要成立一个半官方的机构，而不是一个学术团体；二是学术文化界人士会误以为此团体是"御用工具"，因而不愿意参加。蒋认为所言有理，于是在书架上翻阅书籍作取名参考。忽然发现《汉书·艺文志》，便欲取名为"艺文社"，陈乃建议取名为"艺文研究会"，获蒋肯首。名称既定，陈布雷乃与周佛海及北大教授陶希圣晤谈，传达蒋意，由二人出面组织。蒋因忙于前方战事，且不宜曝光，以免中共反弹，故请汪兆铭就近指导，以加强国民党对中共的文宣反攻。②

艺文研究会会址设于汉口，以周佛海为总务总干事，陶希圣为

---

① 关于中宣部副部长时期的周佛海，可参阅 Brian G. Martin, "The Dilemma of A Civilian Politican in Time of War: Zhou Fohai and the First Stage of the Sino-Japanese War, July-December 1937," *Twentieth-Century China* 39:2（May 2014），pp. 144 - 165。

② 陶涤亚：《历史不容留白：谈谈艺文研究会——并谈汪精卫、周佛海、陶希圣之间的错综关系》，《传记文学》，第 73 卷第 1 期（1998 年 7 月），页 22。

研究总干事,并由陶负责日常会务。下分总务、研究、出版等组,由侍四组秘书罗君强兼办总务工作。另设有编辑委员会,网罗学术文化界人士及各党派领导人,如前中共总书记陈独秀,民社党主席张君劢,青年党领导人李璜、陈启天、余家菊等,均为编辑委员。对于各党各派领袖,艺文研究会均以其刊物(如民社党的《再生》、青年党的《醒狮》、陈独秀的《抗战向导》)名义致送一些生活费,其他的民间报刊,也做选择性的资助①。

　　艺文研究会活动,主要包括:(1)国际问题的研究:于香港和上海收集国际政治、经济、军事的资料,以及各国的主要报纸、杂志,集中之后加以整理与分析,做成有系统的报告,供社会参考;(2)于西北、西南进行社会、经济考察;(3)出版《艺文丛书》;(4)出版学术性的刊物。② 其中影响最大的学术活动,应为陶希圣、陈之迈和吴景超策划的《艺文丛书》。根据笔者调查所得,《艺文丛书》共出版有以下16种书籍:

作者	书名	出版地	出版者	出版年份
张含英	黄河水患之控制	长沙	艺文研究会	1938
章元善	合作与经济建设	长沙	艺文研究会	1938
高叔康	战时农村经济动员	长沙	艺文研究会	1938
张彝鼎	我国国际关系与抗战前途	长沙	艺文研究会	1938
陶希圣	欧洲均势与太平洋问题:第二期抗战之国际环境	长沙	艺文研究会	1938
阮毅成	战时法律常识	长沙	艺文研究会	1938
蒋廷黻	中国近代史	长沙	艺文研究会	1938

① 罗君强:《细说汪伪(上)》,《传记文学》,第62卷第1期(1993年1月),页88。
② 编者:《陶希圣先生会谈记》,《政论半月刊》,第1卷第6期(1938年),页6—7。

续表

作者	书名	出版地	出版者	出版年份
吴景超	中国工业化的途径	长沙	商务印书馆	1938
陈之迈	中国政制建设的理论	长沙	商务印书馆	1939
顾谦吉	中国的畜牧	长沙	商务印书馆	1939
陈雪屏	谣言的心理	长沙	商务印书馆	1939
沈惟泰	中英外交	长沙	商务印书馆	1939
高叔康	战时经济建设	长沙	商务印书馆	1939
陈之迈	政治教育引论	长沙	商务印书馆	1939
方显廷	中国工业资本问题	长沙	商务印书馆	1939
孙辅世	扬子江之水利	长沙	商务印书馆	1939

数据源：上海图书馆编：《中国近代现代丛书目录》（上海：编者印行，1979年），页 156—157；Online Computer Library Center, Inc. , *WorldCat*. http：www. worldcat. org.

上表显示，参与写作者，均为当时中国第一流的学者；《艺文丛书》中所收录的书籍，有一些至今甚至已成为经典著作，例如蒋廷黻所著《中国近代史》一书，即系其 1938 年春卸任驻苏大使职务返国后，应陈之迈之邀而撰写，不到二个月即写完交稿，[1]蒋时年 43岁。又如方显廷所著《中国工业资本问题》，则系其 34 岁所著

---

[1] 陈之迈：《蒋廷黻其人其事》，《传记文学》，第 7 卷第 6 期（1965 年 12 月），页 13。关于蒋廷黻《中国近代史》一书的流传及影响，可参阅林志宏：《蒋廷黻、罗家伦、郭廷以：建立"科学的中国近代史"及其诠释》，《思与言》，第 42 卷第 4 期（2004 年 12 月），页 41—81；马勇：《蒋廷黻：学术史上的失踪者》，《中国文化》，2016 年第 2 期；汤宴：《蒋廷黻与蒋介石》（台北：大块文化出版社，2017 年），第 11 章；Huaiyin Li, *Reinventing Modern China：Imagination and Authenticity in Chinese Historical Writing* (Honolulu：University of Hawai'i Press，2013)，pp. 44 - 52。

Industrial Capital in China 一书[1]的中文本，至今仍经常为中外学者所引用。[2]

此外，艺文研究会并资助几十种报纸和刊物，包括《政论》(何兹全主编)、《民意周刊》(叶溯中主编)、《半月文摘》(陶涤亚主编，后易名为《星期文摘》《文摘月报》)，以及未办出版登记的地下刊物《游击战》(陶希圣主编，后易名为《观察》《前卫》)等，并成立一青年出版社(后易名为独立出版社)，此一出版社曾出版数十种《抗战建国小丛书》，[3]除了宣传抗战，并且阐扬三民主义及政府政策，与中共宣传相抗。此外，并成立中国文化服务社，作为发行机构。艺文研究会一切活动、出版及发行的经费，均来自军需署。

1939 年周佛海、陶希圣自渝出走，蒋介石立即下令停止该会经费，由总务组长罗君强向陈布雷办清交待手续。[4] 但独立出版社仍继续营运，并加以扩充。扩充计划系由陈布雷负责审查修改，蒋介石批准后实施。[5]

(四) 赞助复性书院与中国哲学会：蒋介石曾经由侍从室赞助过一些学术机构和社团，其中以复性书院和中国哲学会最为重要，以下拟分别予以讨论。

---

① H. D. Fong, *Industrial Capital in China* (Tientsin: Nankai Institute of Economics, Nankai University, 1936).

② 关于方显廷在中国经济学史上的地位，可参阅 Paul B. Trescott, "H. D. Fong and the Study of Chinese Economic Development," *History of Political Economy* 34:4 (Winter 2002), pp. 789 – 809; Idem, *Jingji Xue: The History of the Introduction of Western Economic Ideas into China, 1850 – 1950* (Hong Kong: Chinese University Press, 2007), pp. 277 – 280。

③ 书单可参阅上海图书馆编：《中国近代现代丛书目录》(上海：编者印行，1979 年)，页 515。

④ 罗君强：《细说汪伪(上)》，《传记文学》，第 62 卷第 1 期(1993 年 1 月)，页 89。

⑤ 陈布雷：《日记》，1939 年 4 月 7 日、12 日。

一、复性书院

　　复性书院的创办人马浮为民国时期重要思想家。与熊十力、梁漱溟、张君劢合称为中国当代四大儒。1936年，蒋介石曾约见马浮，请示行己为政、修身治国之道。马提出一个"诚"字，强调"诚即为内圣外王之始基"，并推崇张载的《西铭》，赞其气象磅礴、包罗宏广。于是蒋指示，全国党政人员研读《西铭》，不久高中国文课本也选《西铭》作为教材。①

　　抗战军兴，马浮随浙江大学西迁，暂住于泰和宜山。他不愿在大学任教，乃接受弟子寿景伟（毅成）、刘百闵等人的建议，在一山水胜地创办一所书院，继续讲学。寿、刘等人又通过陈布雷，将复性书院的建院计划呈报蒋介石。② 马本人也于1939年3月1日在陈布雷的陪同下晋见蒋介石，③当面拜托。获蒋特准创办，并捐专款3万元作为建院基金，命中央赈济委员会副委员长、浙籍大佬屈映光主持事，④并指示教育部主动与马浮商洽创设。于是教育部随即成立书院筹备委员会，聘屈映光等15人为筹备委员，展开筹备工作。6月1日，教育部公布《私人讲学机关设立办法》，使书院的设立有了法令的依据。复性书院随即以"讲明经术，注重文理，欲

---

① 刘又铭：《马浮生平与成学历程考述》，《中华学苑》，第31期（1985年6月），页276。

② 熊复光：《马浮先生与复性书院》，《传记文学》，第24卷第3期（1974年3月），页24。学者朱维铮认为复性书院"乃是蒋介石独裁权力干预教育的直接产物"，不确。参阅朱维铮：《马一浮在一九三九：叶圣陶所见复性书院创业史》，《书城》，2009年4月，页33。

③ 蒋介石：《日记》，1939年3月1日；陈布雷：《日记》，1939年3月1日。

④ 熊复光，前引文，页24。《中央日报》3月2日即刊出蒋介石创设复性书院的新闻。参阅：《蒋委员长创设复性书院》，《中央日报》，1939年3月2日，第2版。

使学者知类通达,深造自得,养成刚大贞固之才"为宗旨开始招生。①

出次征选共有 700 余人报名,由于国学基础普遍不佳,仅录取 20 余人。入院研习以 3 年为期,其间享有公费。为了扩大入学范围,又设"参学人",凡好学之士愿来参问,或有职业而未能长期住院者,由主讲、知友介绍,得为参学人,在院问学不超过半年,且为自费。

9 月,书院正式于四川乐山开讲。书院课程分为"通治"与"别治"二门。前者为共同修习,以孝经、论语为一类,孟、荀、董、郑、周、程、张、朱、陆、王诸子附之。后者相当于选修,以尚书、三礼为一类,名、法、墨三家附之;易、春秋又一类,道家附之。② 师资除了主讲马浮及马所聘的开设特设讲座的熊十力,另设不定期来院短期讲学的"学友"(相当于大学的客座教授),曾邀请赵熙、谢无量等人担任。马浮每月的"主讲修金"为 500 元,熊十力等特设讲座者每月的"讲座修金"为 300 元。③ 同一年,顾颉刚和吴文藻这两位云南大学"中英庚款讲座教授"每月实领的薪资,也仅有 330 元,④而当时在乐山,虽有通货膨胀,一个家庭每月如有 60 元即可丰衣足食,⑤蒋介石对马浮、熊十力等大儒的礼遇,由此可见一斑。1940 年筹备委员会即组为董事会,邵力子、陈布雷、屈映光、刘百闵、寿

---

① 刘又铭:《马浮生平与成学历程考述》,《中华学苑》,第 31 期(1985 年 6 月),页 278—279。

② 熊十力:《十力语要》(台北:广文书局,1985 年),页 287—290。

③ 《复性书院二十八年下半年度经常费支出概算书》,《复性书院章程、经费、人事等(一)》,"教育部"档案,"国史馆"藏,典藏号 019‐030509‐0022。

④ 云南大学、云南省档案馆编:《云南大学史料丛编·校长信函卷》,页 155。

⑤ 朱维铮:《马一浮在一九三九:叶圣陶所见复性书院创业史》,收于吴光主编:《马一浮思想新探:纪念马一浮先生诞辰 125 周年国际学术研讨会论文集》(上海:上海古籍出版社,2010 年),页 465。

景伟、陈其采、周惺甫、谢无量、沈尹默、沈敬仲等先后担任董事,屈映光为董事长,陈其采为基金保管委员会主任委员、副董事长,董事会聘马浮为主讲,主持教事,刘百闵为董事兼总干事。① 刘百闵时任中央政治学校教授,兼国民党中宣部中国文化服务社社长,因此凡董事会一切业务及书院应办事项,均由中国文化服务社义务兼办。

书院员生膏火及一切开支,均依赖基金利息及政府补助。筹备阶段时,行政院院长孔祥熙曾拨款 10 万元作为基金;教育部每月拨给经常费,开始时为 4 000 元,②1940 年 9 月以后增为每月6 000 元,但是往往不能及时汇到。书院经费不济时,常有赖董事寿景伟从其主管的中国茶业公司借支垫款。经武汉大学教授张颐(真如)1941 年 1 月于四川省参议会上提议,获省政府同意每年补助书院经费 1 万元,由财政厅分 4 期支付。③

书院自 1939 年秋天开讲,肄业学生及参学人员尚不满 50人。有些人震于马浮及熊十力大名,前来瞻仰,并非有决心研习,日久难安枯淡,乃逐渐离去。熊十力由于在一次日机袭乐山时被炸受伤,且认为书院当众说并陈,由学生择善而从,多方吸收,并习用世之术,以谋出路,主张仿效一般大学改革书院制度,与马发生冲突,不多久即离院。④ 历史学者贺昌群,也因理念与马不同而

---

① 《复性书院募集刻书基金启(附捐册)》,铅印本,1934 年,收于《市政评论社及其他社团补助费》,重庆市政府档案.重庆市档案馆藏,全宗号 0053,目录号 19,卷号 3096。

② 熊复光:《马浮先生与复性书院》,《传记文学》,第 24 卷第 3 期(1974 年 3 月),页 25;商金林编:《叶圣陶年谱长编》(北京:人民教育出版社,2004 年),页 101。

③ 龚晓:《马一浮主持复性书院始末》,《乐山师范学院学报》,第 22 卷第 2 期(2007 年 2月),页 99。

④ 熊复光:《马浮先生与复性书院》,《传记文学》,第 24 卷第 3 期(1974 年 3 月),页 28—29。

离开。① 至于 1941 年以后,物价上涨,书院经费难以维持,马浮打算辍讲,为董事会所慰留,1941 年终,马又提出维持书院办法,以刻书为主,讲学为副。董事会经过讨论后,决定呈请蒋介石报告院务,为刻书事请求特别捐助。此件呈文经董事陈布雷代呈后,获蒋同意一次补助刻书费 10 万元。② 战后由于经费缺乏,曾一度成立基金劝募委员会,推举陈果夫为主任委员,对外募款,③不过最后仍于 1950 年停办。

二、中国哲学会

近代中国第一个以研究哲学为宗旨的学术团体,为南京高等师范学校的哲学研究会。此团体于 1917 年所创刊的《哲学会刊》(半年刊),为近代中国第一份哲学研究刊物,主要刊登哲学研究论文、译著,以及会务报道。④ 不过此一团体性质属于校内社团,故影响有限。至于第一个哲学研究的社会团体,应为傅铜、吴康等人于 1921 年在北京所创办的哲学社。此一社团的职员并不多,其机关刊物《哲学》杂志存在的时间不长,因此影响也不大。真正影响大的,为 1927 年于北平所创办的《哲学评论》,以及由《哲学评论》聚餐会酝酿而生的中国哲学会。

1927 年 4 月,由瞿世英、张东荪、黄子通、林宰平等人主办的《哲学评论》(月刊)创刊。在创刊之初,该社曾约请了金岳霖、冯友兰、张申府、许地山等 30 多位哲学学者撰稿,在当时发挥了相当大

---

① 参阅《贺昌群(藏云)生平及著述年表》,收于贺昌群:《贺昌群文集》(北京:商务印书馆,2003 年),第 3 卷,页 658—659。

② 熊复光:《马浮先生与复性书院》,《传记文学》,第 24 卷第 3 期(1974 年 3 月),页 28—30。

③ 《复性书院筹募基金》,《中央日报》,1947 年 3 月 25 日。

④ 伍杰编:《中国期刊大词典》(北京:北京大学出版社,2000 年),页 2087。

的影响。至 20 世纪 30 年代初,在《哲学评论》周围,逐渐以北大、清华、燕京三校的哲学系教师为主干,积聚了一批以介绍西方哲学和研究中西哲学为共同志趣的学者,每 1 月至 2 月,采用"沙龙"性质举行聚餐会,间亦宣读论文。1934 年 10 月,始有人提议举行哲学年会,推举贺麟、冯友兰、金岳霖、黄子通负责筹划。1935 年 4 月,中国哲学会第一届年会于北京大学召开,会中决议扩大组织全国性质的中国哲学会,并推举贺麟等 11 人组织筹委会,由首届年会原有筹备委员贺麟、金岳霖、黄子通 3 人负责召集。① 1936 年 4 月,中国哲学会第二届年会于北京大学召开,会中正式通过中国哲学会会章并选举理事 15 人组成理事会,其中冯友兰、金岳霖、祝百英、宗白华、汤用彤为常务理事,同时编辑出版会刊《哲学评论》。1937 年元月,第三届年会于南京中央大学召开,此时已有北京、南京和广州 3 个分会。会中决议:(1) 请教育部增加哲学课程,令教育部一律增设哲学系;(2) 编纂《哲学大辞典》;(3) 请中央研究院增设哲学研究所。② 会议并决定第四届年会于广州召开。不久,全面抗战爆发,学者四散,年会与《哲学评论》均无法维持而告中断。

蒋介石年轻时即对宗教、哲学问题感兴趣,1938 年起更对哲学着上了迷,甚至曾因研究黑格尔哲学而致失眠。③ 他对《哲学评论》十分怀念,于是接受陶希圣的建议,恢复中国哲学会与《哲学评

---

① 左玉河:《中国哲学会成立缘由及其首次年会》,《北京科技大学学报》(社会科学版),第 18 卷第 3 期(2002 年 9 月),页 45—50。

② 蔡仲德编:《冯友兰先生年谱初编》(郑州:河南人民出版社,2001 年),页 231;中国哲学会官方网页 http://www.cap.twmail.net/。

③ 王奇生:《蒋介石的阅读史》,《中国图书评论》,2001 年第 4 期,页 28。

论》,经陶与西南联大哲学系商议后,决定合作。① 由于中国哲学会
依会章并未设会长,当时的教育部长陈立夫被视为是国民党官方
哲学的代表人物,如果中国哲学会设会长,势必选陈担任,此为大
家所不乐见之事。② 而冯友兰当时为西南联大文学院院长、中国哲
学会常务理事兼《哲学评论》的主编,遂被指定负责此事。

　　1941 年 8 月 29 日,中国哲学会第四届年会在侍从室的资助
下,于昆明云南大学顺利召开,会期 3 天。③ 本届年会虽因抗战未
能按第三届年会决定的在广州中山大学召开,但与会会员除在滇
会员外,以广州占多数,而在滇者大多来自北平。在首日的会议
中,通过了向国民政府主席林森、军事委员会委员长蒋介石、云南
省政府主席龙云致敬电,以及向前方将士致敬电,随即展开 3 天的
论文宣读及讨论。大会结束前,曾召开中国哲学会的会务会议,由
冯友兰报告编辑委员会会务,要点为《哲学评论》复刊,在上海排
印,仍由开明书局发行。又听取各分会报告会务。会议中通过设
立西洋哲学名著编译委员会,由贺麟任主任委员,冯友兰、汤用彤、
宗白华、张颐为委员;设立中国哲学研究委员会,由冯友兰任主任

---

① 《陶希圣对蒋介石关于孔子正统思想问题之手谕的理解致陈布雷函及蒋介石在孔学
　　会上的演讲稿》,中国第二历史档案馆藏,侍从室档案,档号 762/1610;陈存恭等访
　　问:《陶希圣先生访问记录》(台北:"国防部史政编译局",1994 年),页 160。
② 参阅冯友兰:《三松堂自序》(北京:三联书店,1984 年),页 231。
③ 蔡仲德将中国哲学会第四届年会开会日期系于 1940 年 8 月 29 日。参阅蔡仲德
　　编:《冯友兰先生年谱初编》(郑州:河南人民出版社,2001 年),页 237。其后的学者,
　　大多遵循此说。最早提出质疑的学者是翟志成,他认为侍从室的资助应在 1940 年
　　之后。不过由于缺乏证据,他仍采用蔡。参阅翟志成:《冯友兰学思生命前传》(台
　　北:"中央研究院"近代史研究所,2007 年),页 158。笔者以为所有回忆性质史料均
　　指出蒋介石资助贺麟在前,资助冯友兰在后,而陈布雷日记确切记载蒋介石与贺麟
　　初次见面日期为 1941 年 1 月 15 日,因此中国哲学会第四届年会不可能在 1940 年
　　举行。

委员,汤用彤、贺麟、宗白华、黄建中为委员。

　　事实上,此二委员会均由侍从室提供经费援助,蒋介石还指定陶希圣为侍从室与两委员会之间的联络员,①不过二委员会的缘起并不相同。西洋哲学名著编译委员会的缘起,乃是 1941 年 1 月 15 日,蒋介石约见贺麟(是为二人首次见面),双方讨论黑格尔哲学。②在蒋、贺见面前,贺曾先于 1 月 7 日拜访陈布雷,谈其研究知难行易学说的心得及哲学研究的方法。③ 当蒋问贺有无需要协助之处,贺则表示需要一些钱办一个编译委员会,学严复介绍西方古典哲学,以贯通中西思想、发扬三民主义的精神,④获蒋同意。

　　西洋哲学名著编译委员会成立初期所出版的书,计有贺麟译斯宾诺莎(Baruch Spinoza)的《致知编》(*Treatise on the Correction of the Understanding*)、陈康译柏拉图(Plato)的《巴曼尼得斯篇》(*Parmenides*)、谢幼伟译鲁一士(Josiah Royce)的《忠之哲学》(*The Philosophy of Loyalty*),以及樊星南译鲁一士的《近代哲学的精神》(*The Spirit of Modern Philosophy*)等。以上各书原著均为著名思想家的经典作品,译者也均为著名学者,每种译本前还由译者撰写长序介绍该书内容,因此甚获学界好评。其中《忠之哲学》一书,对社会影响尤大,被视为是呼应蒋介石的效忠主义,与其抗战建国的想法直接相关。⑤

　　至于中国哲学研究委员会,则是蒋介石希望恢复中国哲学会

① 蔡仲德:《冯友兰先生年谱初编》(郑州:河南人民出版社,2001 年),页 253—254。

② 陈布雷:《日记》,1941 年 1 月 15 日。

③ 陈布雷:《日记》,1941 年 1 月 7 日。

④ 宋祖良、范进编:《会通集:贺麟生平与学术》(北京:三联书店,1993 年),页 12、70。

⑤ 黄克武:《蒋介石与贺麟》,《"中央研究院"近代史研究所集刊》,第 67 期(2010 年 3 月),页 26—29。

与《哲学评论》，要陶希圣去办此事，陶经由西南联大哲学系找上了冯友兰，要冯成立一个中国哲学研究委员会，并由冯担任主任委员。① 不过所提供的经费甚少，每月只有 1.8 万元。当时通货膨胀已十分严重，这个数目实际上也办不了什么事。② 冯友兰才想到将中国哲学研究委员会作为中国哲学会的一个附属组织，接收哲学方面的稿件，由委员会致赠稿费。短篇论文，刊登于《哲学评论》，长篇著作，则以专书形式出版。③

据现有的数据显示，由中国哲学研究会主编的《中国哲学丛书》共出版了以下各书。

甲集：

（1）熊十力著，《新唯识论》，1944 年 3 月重庆初版，1947 年 3 月上海初版。

（2）黄建中著，《比较伦理学》，1945 年 4 月重庆初版。

（3）熊十力著，《读经示要》，1945 年 12 月初版。

（4）冯友兰著，《新知言》，1946 年 12 月初版。

乙集：

（1）稽文甫著，《晚明思想史论》，1944 年重庆初版。

（2）冯友兰著，《新原道》，1945 年 4 月重庆初版，12 月上海初版，1946 年 5 月上海再版，10 月上海 3 版。④

---

① 冯友兰：《自序》，页 107。蔡仲德则持另一种看法："先是，贺麟已在侍从室支持下成立西洋哲学编译委员会，先生得知后，通过贺与蒋介石联系，希望在中国哲学史研究方面得到资助。不久，蒋即以快邮代电，要先生在中国哲学会中设立中国哲学研究委员会。"参阅蔡仲德：《冯友兰先生年谱初编》（郑州：河南人民出版社，2001 年），页 254。

② 蒋介石曾应冯友兰之请，自 1943 年起将经费每月追加 1.2 万元。参阅蔡仲德：《冯友兰先生年谱初编》（郑州：河南人民出版社，2001 年），页 267。

③ 冯友兰：《自序》，页 107。

④ 上海图书馆编：《中国近代丛书综录》（上海：编者印行，1979 年），页 244—245。

值得注意的是,随着通货膨胀的日益严重,蒋介石曾试图将补助中国哲学会的办法予以扩大,以便能够接济更多的大学教授。1942年6月,他致电侍二处主任陈布雷,指示拟定两种办法:(1)参考当前补助哲学会办法,组织政治、经济、社会以及自然科学等研究会,或资助杂志、刊物译书、举办征文等活动;(2)针对各大学教授生活最困难者,予以信用贷款,不收利息或收最低利息。并要求他与教育部长陈立夫妥筹办法,限当年暑假前发表施行。[①]

侍从室为蒋介石最重要的智囊机构。在党政政策研究方面,侍从室对后世影响最大的成果,即为1945年国民党六全大会政纲的研拟。侍从室汇整党内各派立场各异的政策意见,整合为大多数人均能接受的政纲,将国民党的经济政策,由倾向统制经济(计划经济)转型为计划自由经济,并且尝试建立社会安全体系,对于日后台湾地区的经济发展与社会福利建设,产生深远的影响。在外交方面,侍从室第五组和国防设计委员会在战前为蒋介石最重要的咨询机构。

1938年蒋介石在陈布雷的建议下设立参事室,1941年蒋又命陈布雷和王宠惠在国防最高委员会内设置国际问题讨论会,专门研究战后国际问题。此二机构出现后,侍从室在外交决策过程中所扮演的角色即大为缩减,无法与其在党政决策上的重要性相比,不过仍积极介入中日秘密外交、韩国独立运动等活动,并出席重要国际会议,协助蒋介石进行"元首外交"。国民政府的决策机构众多,包括行政院、国民党中常会、国防最高委员会等,各自均参与部分的决策制定,而侍从室在其中往往扮演最后"把关者"的角色。例如在战前

---

① 《蒋中正致陈布雷电(1942年6月20日)》,《蒋中正"总统"文物》,典藏号002-010300-00049-015。

"五五宪草"审查的过程中,贯彻蒋介石的意志,将内阁制的宪草法案转换为大权集中于总统的宪法草案;又如在年度政府预算案的审查过程中,协助蒋执行最后把关的工作。

侍从室和学界的联系,主要包括邀请学者为蒋介石草拟书告,参与法案、政策的研拟,或执行政策性的研究。侍从室并曾成立艺文研究会,赞助数十种报纸及刊物,并出版《艺文丛书》;协助著名学者马浮创办复性书院,萧一山从事清史研究,建立"民族革命史观";又协助哲学界恢复中国哲学会,不仅扩大知识分子的参与,也强化了国民政府政权的合法性。也有少数学者接受蒋介石个人的委托,协助办理元首外交,杭立武即为一例。杭立武,伦敦大学博士,曾任考试院编纂,中央大学政治系主任,国民参政会参政员,中英文化协会秘书长。[1] 1940 年 7 月,英国与日本在东京签定协议,封闭滇缅公路运输 3 个月,使得中国对外国际路线完全断绝,影响抗战甚大。[2] 蒋介石除致电丘吉尔,表示为中央双方利益计,从速恢复滇缅运输路线外,[3]另派杭立武以其私人特使的身份赴英,面见丘吉尔,谈判重开滇缅路。丘吉尔表示封闭滇缅路仅为拖延之计,3 个月之后一定重开滇缅路。杭立武得此承诺后返回重庆,10 月英国果然重开滇缅路。[4] 蒋、邱来往函电均由侍从室负责办理,避免了一般行政体系公文层转耗时的弊病。

---

[1] 徐友春编:《民国人物大辞典》(石家庄:河北人民出版社,1991 年),页 481。

[2] 蒋永敬:《抗战史论》(台北:东大图书公司,1995 年),页 69—70;Peter Lowe, *Great Britain and the Origins of the Pacific War*：*A Study of British Policy in East Asia*，*1937 - 1941*(Oxford：Clarendon Press，1977)，chapter V.

[3] 《蒋介石致丘吉尔电(1940 年 7 月 28 日)》,《蒋中正"总统"文物》,典藏号 002 - 020300 - 00039 - 036。

[4] 王萍访问,官曼莉纪录:《杭立武先生访问纪录》(台北:"中央研究院"近代史研究所,1990 年),页 19—20。

侍从室和新闻界的联系,除指导官方媒体外,主要为扶植《大公报》。

战前至抗战中期,侍从室和民间学界及新闻界的联系尚称顺利,五五宪草在审议过程中,侍从室运用学者和媒体的力量,成功的将原倾向于内阁制的宪草调整为倾向于集权制,充分贯彻蒋介石的意志,即为一例。至抗战后期,由于孔家弊案未能迅速处理,在媒体大肆宣传下,国民政府贪腐形象深植人心,侍从室及宣传官员要想扭转此一负面形象,已非易事,遑论掌握舆论,学界也无人愿意为国民政府辩护。战后此种情势依然持续,直至政权易帜。

侍从室身为蒋介石最重要的智囊机构之一,到了后来还扮演了为党国考察、选拔及考核人才的角色。这工作主要是由1939年成立的侍三处负责,关于这部分,我们会在后面章节做详细介绍,在此先不做赘述。

第四节　参事室

参事室为蒋介石接受陈布雷的建议而设立的智囊机构。1938年,有鉴于抗战战事范围的日渐扩大,各种专门问题均有待收集资料,分类研究,以供统帅参考;各方面的条陈或请示裁决的案件,有时也非经签拟则统帅无从加以审择决定;加上各界有志之士愿自效者甚多,蒋既已不兼行政院院长,也宜有一直属的机构以资延揽,凡此种种,均已非侍从室原有的架构所能应付,陈布雷乃建议蒋于军事委员会内增设一智囊团性质的参事室,获蒋同意,命陈草拟组织以呈。1938年3月,参事室正式成立于武汉,由浙江省主席朱家骅任主任。[1] 朱上

---

[1]　陈布雷:《陈布雷回忆录》(以下简称《回忆录》)(台北:传记文学出版社,1967年),页127—128。

任后,不定期邀请在汉口的名流如张君劢、曾琦、王芸生及党内重要人士谈话餐叙,先从政治报告演变为国际情势的分析,逐渐成为一个研究单位,从事政治、外交、经济等问题的设计,一方面又审议各部门的意见,并对蒋有所建议。① 同年 4 月,国民党召开五届四中全会,会后朱家骅调任中央党部秘书长。遗缺由教育部长王世杰接任,直至战后军委会遭裁撤止。

参事室设立的用意在勤求民隐,使下情上达。根据该室条例的规定,各参事得旅行国内各地,从事研究和考察,其经费由政府供给。每周由委员长召集座谈会至少一次,在委员长官邸举行。通常是先进晚餐(或午餐),餐后或在席上,或退至客厅,或移至花园会谈。其形式十分随便,其内容也无禁忌。在朱家骅担任主任时,颇能遵照参事室的宗旨办理,各参事研究的领域虽然不同(包括政治、经济、外交、教育等),但是发言时却不限个人的研究范围。王世杰当主任后,开始加强对各参事的管理。第一,通知各参事不得再经由侍从室直接上书委员长陈述意见,一切意见书须经由主任参事(即王世杰)转呈。第二,通知各参事于座谈会时,仅就个人研究问题提出报告,以避免各参事临时发言或发言涉及其他领域。第三,通知各参事将每次报告先交其核阅,然后进呈委员长。无异于限制各参事仅能代主任表达意见,而各参事本人的意见则无由上达。②

参事室的会谈,虽以该室人员为主体,但是政府要员经常出席

---

① 林美莉编辑:《王世杰日记》(台北:"中央研究院"近代史研究所,2002 年),1938 年 1
月 21 日、4 月 21 日;胡颂平:《朱家骅年谱》(台北:传记文学出版社,1969 年),页 44。
根据王世杰幕僚万亦吾的说法,由于朱家骅的"奏对经常不能称旨",担任参事室主
任的期间甚短即遭撤换。参阅万亦吾:《王世杰:蒋介石的智囊》,《湖北文史资料》,
第 29 辑(1987 年),页 3。

② 张忠绂:《迷惘集》(香港:吴兴记,1968 年),页 129—133。

者，在武汉时期即有张群、邵力子、陈布雷、周佛海、陶希圣、陈公博、蒋廷黻、张季鸾、张君劢、王芸生、王宠惠、朱家骅等。国防最高委员会成立后，曾指派参事浦薛凤和王化成二人轮流出席，[①]此外有时也邀请戴季陶、孔祥熙、陈立夫及其他军政官员出席。开会时大家畅所欲言，关于日本的情报，每多由王芸生（军委会国际问题研究所主任）提出报告；关于中苏关系及时局问题，以张季鸾（《大公报》总编辑）说话最多；关于国际外交，则以张忠绂（参事室参事）提出的意见最多，陶希圣（侍从室秘书）也经常提出意见。[②] 甚至会有激烈的辩论，极有助于蒋介石掌握全盘状况。如对于太平洋是否会爆发战事的问题，在参事室的会谈中最常发言者即有陈博生、王芸生和张忠绂 3 位。陈博生为留日出身的中央通讯社总编辑（曾任北平《晨报》社长兼总主笔），多次在会谈中表示日、美间不可能发生战争。王芸生则有时主张美、日战争即将爆发，有时又认为美、日间一时不会发生战争，张忠绂则认为美日之间必有一战，且将由日本发动。1941 年，陈博生和张忠绂二人且曾为此事在《中央日报》及《大公报》上公开辩论。[③]

参事室在成立初期，重要性尚不明显，张忠绂即认为实质上只等于一个谈话会，各人意见"多为空言，就实际情形而作周密之策划，自无法办到""无多事可作，进行之方式已不能达设置之目的"，[④]因此想要辞职，返回西南联大任教。不过参事室迁至重庆

---

① 浦薛凤：《太虚空里一游尘：八年抗战生涯随笔》，页 183。

② 陶泰来、陶晋生：《陶希圣年表》（台北：联经出版公司，2017 年），页 149。

③ 《张忠绂致胡适函（1938 年 8 月 24 日）》，收于中国社会科学院近代史研究所中华民国史研究室编：《胡适来往书信选》（北京：中华书局，1983 年），中册，页 378；张忠绂：《迷惘集》，页 148—149。

④ 《张忠绂致胡适函（1938 年 8 月 24 日）》，页 378。

后，地位日益重要，被政界人士视为蒋介石的"智囊团"，[1]雷震甚至认为参事室是主管战时幕后外交的机构，[2]张忠绂于是也不再提辞职的事了。当时被视为"智囊团团长"的王世杰，为学者性格，一生曾多次拒绝要职，也多次请辞，战时身兼多职，但是参事室主任一职却始终保留不辞，此一机构的重要性，由此可见一斑。

参事室的工作、主要包括以下几项：

第一，从事政策研究，供蒋介石参考。如 1939 年的《敌人对我法币之新进攻及我应有之对策的经济报告》《日苏停战后政府对此应采取之外交方策及步骤说帖》《关于中法军事合作问题节略》与《关于国际局势之外交报告》[3]、1941 年的《德苏开战原因与美国对苏俄实力的评估及此战争对英美日等国的影响》[4]、1942 年的《现时中国外交政策说帖》[5]和《稳定战时经济建议书》[6]、1943 年 10 月

---

① 万亦吾：《王世杰——蒋介石的智囊》，页 3。

② 雷震：《雷震回忆录——"我的母亲"续篇》（台北：七十年代杂志社，1978 年），页 13。

③ 《军委会参事室呈蒋中正敌人对我法币之新进攻及我应有之对策的经济报告》，《蒋中正"总统"文物》，典藏号 002 - 080103 - 00041 - 005；《张忠绂呈日苏停战后政府对此应采取之外交方策及步骤说帖》，《蒋中正"总统"文物》，典藏号 002 - 080106 - 0002 - 003；《王世杰呈蒋中正关于中法军事合作问题节略（1939 年 4 月 4 日）》，《蒋中正"总统"文物》，典藏号 002 - 080106 - 00074 - 005；《国民政府军事委员会参事室呈关于国际局势之外交报告》，《蒋中正"总统"文物》，典藏号 002 - 080103 - 00045 - 012。

④ 《周鲠生呈蒋介石德苏开战原因与美国对苏俄实力的评估及此战争对英美日等国的影响（1941 年 7 月 12 日）》，《蒋中正"总统"文物》，典藏号 002 - 080107 - 00003 - 007。

⑤ 《军委会参事室经办要案录存》，参事室档案，中国第二历史档案馆藏，全宗号 761/20，转引自张连红：《国民政府战时外交决策机制初探》，《近代史研究》，1997 年第 2 期，页 143。

⑥ 《军事委员会参事室主任王世杰呈委员长蒋中正为呈送稳定战时经济建议书（1942 年 11 月 5 日）》，《国民政府档案》，典藏号 001 - 110010 - 00015 - 008。

的《改进我国移民地位方案》。[①] 1944 年 7 月的《改进中苏关系意见》。[②]

从事政策研究，一如学术研究，需要有充足的图书数据。战前北平各图书馆的收藏为全国第一，不过学者做研究尚嫌分散，如研究国际关系的北大政治系教授张忠绂即认为在美国一年可以完成的研究，"在北平需要一年半到两年。倘在昆明，恐怕根本无法完成"。[③] 战争爆发后，各政府机构陆续搬迁至后方，图书设备的维持更为不易。蒋介石的各智囊机构，除侍从室的情况稍好，其余均面临数据不足的困境。1938 年 5 月，国民党中央党部有鉴于此，乃筹办战时书报流通合作社。由中央政治委员会外交委员会、中宣部、参事室、政治部和艺文研究会五机构合办，流通的书报杂志及研究资料，暂以外文者为限，经费每月 1 500 元，开办费 1 500 元，除中央政治委员会允出 500 元外，其余四董事机构各分担 300 元。[④] 如果和西南联大相较，同一年该校图书经费仅有 4 万元，文、法科系每系仅分到 3 000 元，[⑤]参事室的图书经费在当时国内应为名列前茅。

王世杰在进入参事室之前，即已担负一部分与英国沟通的工作，1938 年初接任参事室主任后，逐步参与外交事务，不过至少在全面抗战初期，王世杰的外交观点或政策并非完全与主流政策相合，故对外交政策所产生的影响也相对有限。例如对日和谈问题，

① 《参事室主任王世杰呈军事委员会委员长蒋介石为呈改进我国移民地位方案（1943 年 10 月 23 日）》，《国民政府档案》，典藏号 001 - 067010 - 00001 - 001。

② 《军事委员会参事室经办要案录存》，军事委员会档案，全宗号 761/20。转引自方勇：《蒋介石与战时经济研究》（杭州：浙江大学出版社，2013 年），页 130。

③ 张忠绂：《迷惘集》，页 129。

④ 阮毅成：《民国二十七年武汉半年日记》，《传记文学》，第 43 卷第 2 期，页 85。

⑤ 林丽生、杨立德编：《国立西南联合大学史料》，第 6 卷（昆明：云南教育出版社，1998 年），页 97。

王世杰较倾向于反对与日妥协,也不主张在缺乏第三国担保停战条件的情况下由列强调停,但当时中国的实际外交路线,则并未放弃与日和谈(无论是中、日间的秘密接触或是列强调停),直至经过多次接触,日方条件日益严苛,中方始渐放弃与日和谈的企图。在国联申诉案上,王世杰的意见也不为外交决策者和执行者所接受,其角色仍仅停留于献策,而其建议也仅能偶得青睐,全面抗战初期可谓王世杰在外交领域汲取经验的阶段,也由此阶段,王世杰才能逐渐增加其在外交决策中的影响力。①

王世杰所提各种政策建议对蒋介石的影响,大致有以下各项:

(一)外交方面。欧战尚未爆发时,国内一部分政论家对德、意动向尚未判明,苏联态度也在悬忖中,于是反应在言论上,有主英、美路线者,有主德、意路线者,另有走苏联路线者,众说纷纭,莫衷一是。王世杰主持的参事室,从各种情报的研讨中,提出英美路线,为蒋介石所采纳,建立了胜利的基础。当时他并非外交部长,但其外交政策已见诸事实。②

王世杰始终相信中国若无英、美协助,决不能复兴富强,全面抗战爆发后,在蒋介石面前力主亲美者甚多,如宋美龄、宋子文、孔祥熙、胡适等,并不仅限王世杰一人,但鼓吹英国可以援华抗日者,王实为首屈一指的人物。他身为中英庚款董事会董事、中英文化协会会长、中国留英同学会会长,以及 1943 年的访英团团长,与英国公私往来极多。整个抗战期间,蒋介石一直期盼美国的援助,但是也一直拉拢英国,曾获得几笔英镑贷款及军火物资的援助(如重庆号军舰即为英国所赠),并开放滇缅路和中印空运,均为中英友

① 刘传旸:《抗战初期学人从政:从王世杰与参事室谈起》,未刊会议论文,2017 年。
② 人山:《王世杰——稳健的外交家》,《天下》,第 1 期(1947 年),页 12。

好的标志。1941 年为了加强中英外交,蒋介石在王世杰的建议下,将驻英多年的大使郭泰祺调回担任外交部部长,不料郭表现不佳,不到半年即遭免职。①

王世杰的外交路线,重点为英、美两国,但他对苏俄也并无恶感。长期进行的国共和谈,在国民政府方面虽然先后有张治中、邵力子等人参与,但是主其事者,始终为王世杰,所有蒋介石给中共的函电、文告和声明,每多出于王世杰和陈布雷之手。对于外蒙古与东北问题,王世杰建议蒋介石承认外蒙古独立并许苏联以重占旅顺、大连及合办中东、南满铁路之权,以断苏联对中共的援助。当行政院院长兼外交部部长宋子文对对苏外交感到棘手时,王世杰曾在蒋介石面前表示他可以收拾中苏外交,打开僵局,此为1945 年 8 月王世杰出任外交部长并亲赴苏签订《中苏友好同盟条约》,承认外蒙古的自治权。日后王世杰自称是"代人受过",但是事实上蒋介石对中苏交涉能下一大决心,与王世杰的主张有极大的关系。②

(二)财经方面。参事室除了在外交问题对蒋介石不时提供建议,对于经济建设、财经政策、赋税货币制度,也常提出各种建言和计划。同时蒋介石在对一些财经问题做出决策前,往往会听取参事室的意见。1940 年,成都地区米价飞涨,财政部与经济部均无有

①　万亦吾:《王世杰——蒋介石的智囊》,页 3—4。1941 年 12 月 8 日,日军突袭珍珠港,国民政府对日、德、意宣战,蒋介石对外交部所拟的宣战文告极不满意,曾于其日记中记载:"外交不之不得力,郭泰祺之无常识,与其官僚成性,毫无活气,区区说帖拟稿至五小时尚杂乱不清,令人为之脑痛气闷,此为从来所未有也。"参阅蒋介石:《日记》,1941 年 12 月 8 日。

②　《周鲠生致胡适函(1945 年 9 月 2 日)》,收于中国社会科学院近代史研究所中华民国史研究室编:《胡适往来书信选》,下册,页 29。

效的因应措施，发生抢米风潮，王世杰和张群面促蒋介石采取办法。[1] 1942 年 3 月，王世杰曾当面向蒋介石建议美、英借款务宜设法利用其政府公债券，分派于国内各银行换取法币，不可仅存于英、美，作为新公债发行准备。此外，本年粮食征收数量，务较去年为多，以减少法币的增发而抑物价，均获蒋介石同意。[2] 参事室的财经建议，有时系通过对法案的审查表达。如 1944 年冬，孔祥熙向蒋介石提出征收国民义务劳动代金的草案，蒋将此案移送参事室审议，王世杰以此案恐引起民怨为由予以反对，获蒋同意，此税遂获缓征。[3]

　　1941 年 6 月，蒋介石手谕陈布雷，命他和国防最高委员会秘书长王宠惠在该会内成立国际问题讨论会，主任由王宠惠兼任。国际问题讨论会共设 4 组：第一组负责国际政治问题，正、副主任为张忠绂、王化成；第二组负责国际经济问题，正、副主任为陈伯庄、吴景超；第三组负责中日问题，正、副主任为王芃生、杨云竹；第四组负责研究如何取得国际自由、平等问题，正、副主任为傅秉常、浦薛凤。国际问题讨论会研究的重点为战后国际问题，[4]而参事室则

---

[1] 王世杰：《日记》，1940 年 3 月 15—16 日。关于 1940 年四川的粮食危机，可参阅昌文彬：《1940 年成都"抢米"由民变转化为政治事件的考察》，《西南民族大学学报》，2005 年第 10 期；叶宁：《四川省物价平准处与抗战时期四川的米价平准》，《西南民族大学学报》，2014 年第 4 期；黄雪垠：《政府史视野下抗战时期国统区粮食危机原因再探析——以四川省为中心的考察》，《江西社会科学》，2015 年第 5 期；叶宁：《"囤积居奇"与"日食之需"：抗战前期成都粮食投机治理中的制度缺失》，《民国研究》，2018 年春季号；陈默：《米荒、米潮二重奏：1940 年成都的粮食危机》，《抗日战争研究》，2019 年第 2 期。

[2] 王世杰：《日记》，1942 年 3 月 6 日。

[3] 万亦吾：《王世杰——蒋介石的智囊》，页 5。

[4] 陈雁：《抗日战争时期中国外交制度研究》（上海：复旦大学出版社，2002 年），页 55—56。

研究当前的一般外交问题。不过由于王世杰深受蒋介石宠信,参事室对于战后国际问题的参与,似并未减少。蒋介石对于重要问题,经常会要一个以上的机构分别进行研究,提出方案供其采择。例如对如战后国际组织问题,即同时有 5 个单位(国防最高委员会国际问题讨论会、参事室、外交部条约司、外交部礼宾司和国民外交协会)各自提出方案。在 5 个方案中,以国防最高委员会和参事室所提的方案较为成熟,不过参事室所提方案与蒋介石的外交理念未能一致,故未遭采用。[1]

　　国民政府的外交计划大多均由参事室拟定,然后交由外交部执行,外交部尚须将其工作向参事室报告,故有些政界人士认为参事室为外交部的"太上皇",外交部的领导阶层如王宠惠、吴国桢自然对蒋介石十分不满,认为蒋对他们不信任。[2] 如王宠惠即认为在其担任外长期间中国外交政策的重心不在外交部,而是在参事室。[3] 他工作上最主要的困难即来自王世杰,每次在蒋介石所主持有关外交的会议上,王宠惠每多遭到王世杰的批评,[4]顾维钧甚至不敢肯定外长王宠惠和参事室主任王世杰二人之间到底是谁在外交上对蒋介石的影响较大。[5] 至宋子文担任外交部长期间,由于宋长期在美,由蒋自兼外长,仍需王世杰的协助策划,使得王在外交决策上的重要性日益重要,直至 1945 年 7 月底接任外长,始正式全面负责外交事务。

① 李朝津:《联合国的创建》,收于吕芳上主编:《中国抗日战争史新编》(台北:"国史馆",2015 年),页 360—362;王建朗:《战时外交》(北京:社会科学文献出版社,2020年),第 10 章第 3 节。

② 雷震:《雷震回忆录之新党运动白皮书》(台北:远流出版公司,2003 年),页 424。

③ 歌丁:《王世杰与外交部》,《中国新闻》,第 1 卷第 9 期(1947 年),页 13。

④ 《顾维钧回忆录》,第 5 册,页 603。

⑤ 《顾维钧回忆录》,第 5 册,页 483。

第二，针对特殊事件及人事安排，提供因应对策与建议。前者如1938年12月的《德义未公然承认华北、南京或中央伪组织前，中国应力持忍耐态度等三点情形》①、1942年的《运用外债安定法币办法》和《关于中美、中英订约谈判之研究意见》②、1943年的《开罗会议上中国应提出问题草案》③、1944年的《关于希特勒德国及其同伙赔偿问题之意见》《与华莱士谈话以中苏关系、国际安全组织、中共问题为主》和《关于利用美国租借法案以应抗战及战后建设需要研究意见》④。

关于人事安排的建议，则如1940年5月的《关于驻美大使人选意见三点》⑤和1944年8月的《关于晏阳初在美讲演情形与中国新闻社工作状况及拟加派人员出国宣传应予注意各点》⑥，堪称具有代表性的个案，以下拟分别予以讨论。

---

① 《王世杰电陈布雷转蒋介石日方制造伪中央组织参事室条陈德义未公然承认华北、南京或中央伪组织前中国应力持忍耐态度等三点情形（1938年12月3日）》，《蒋中正"总统"文物》，典藏号002-090103-0011-218。

② 方勇：《蒋介石与战时经济研究》，页130。

③ 《参事室呈蒋介石开罗会议上中国应提出问题草案（1943年11月）》，《蒋中正"总统"文物》，典藏号002-020300-00023-017。

④ 《参事室主任王世杰呈军事委员会委员长蒋介石为呈关于希特勒德国及其同伙赔偿损害问题之意见（1944年2月14日）》，《国民政府档案》，典藏号001-067400-00001-006；《参事室呈蒋介石与华莱士谈话以中苏关系、国际安全组织、中共问题为主（1944年6月16日）》，《蒋中正"总统"文物》，典藏号002-020300-00038-007；方勇：《蒋介石与战时经济研究》，页130。

⑤ 《军事委员会参事室主任王世杰电军委会委员长侍从室第二处主任陈布雷关于驻美大使人选意见三点请察裁（1940年5月3日）》，《国民政府档案》，典藏号001-061120-00001-003。

⑥ 《参事室主任王世杰呈军事委员会委员长蒋介石关于晏阳初在美讲演情形与中国新闻社工作状况及拟加派人员出国宣传应予注意各点（1944年8月7日）》，《国民政府档案》，典藏号001-141231-00001-003。

　　首先,在驻美使节人选上,参事室涉入甚深。1938 年夏,蒋介石决定撤换驻美大使王正廷,而以胡适继任。此事由来,系因王正廷在美办理借款,耗费甚巨,但毫无成效,受到各方指责,傅斯年更曾当面向蒋指控;①参事室参事周鲠生所草拟,由参事室主任王世杰转呈蒋介石的外交方略中,也曾力言关于对美外交,应调整使节人选。② 同年 9 月胡适就任驻美大使后,王世杰草拟了一份规划对美外交工作的节略,送呈蒋介石。节略中注重与美政府磋商,盼能建立共识,即欧战如终于爆发,由美政府拉着英国,使其勿与日本妥协。因为欧战爆发后,日本或将以不参加欧战作为交换条件,要求英国停止援华。此外,节略中还涉及欧战发生后的上海租界问题,以及借款与禁售军火给日本等事。③ 蒋介石核定后即由外交部于 10 月 1 日致电胡适,指示对美方针如下:

　　1. 欧战发生时各问题:

　　(1) 英、美对于远东合作,素为我国所期待。欧战发生,英或倾向与日妥协,且必需求美国援助。我应与美成立谅解,请美严促英国勿与日本妥协,增我抗日之困难。

　　(2) 促请美总统实行其隔离(quarantine)侵略者之政策。对日实行远距离的封锁。

　　(3) 日本企图夺我主权,英、法在华利益,望美勿置身事外,尤以维持上海公安局之地位及现状为要。

---

① 王世杰:《日记》,1938 年 7 月 23 日。

② 中国第二历史档案馆:《抗战初期军委会参事室参事周鲠生拟〈外交方略〉》,《民国档案》,2010 年第 3 期;王世杰:《日记》,1938 年 7 月 23 日。

③ 王世杰:《日记》,1938 年 9 月 26 日。

2. 美国实行中立法问题:

(1) 促成美国修正中立法,区别侵略国与被侵略国。

(2) 日本未对华实行暂时封锁前,仍望美国避免施用中立法。

(3) 日本断绝中国交通时,应请美国将中立法中禁止军火及军用品之输出及财政援助等,对日切实尽量施用。

3. 财政援助问题,应继续重视,并努力促美政府于最短期间助成对华现金或信用之借款。

4. 军用品售日问题:美国现劝商民勿以飞机售给日本,应相机商请美国扩大其劝告范围,使美油、钢铁亦不售给日本。俾各国对于国联盟约第十六条之实施较易实现。

5. 情报问题:美国朝野之主张及活动应多方探采,随时报告。①

值得注意的是,北洋时期及国民政府初期的外交部,由于倚重资深的外交官,以致在新大使或公使上任时,并不一定会给予一系列的指示作为工作的指导方针。至王世杰主持参事室后,不仅负责起草外交计划,甚至对驻外使节的工作也每多介入指导,②自易引起外交部的不满。

1939 年,蒋介石对驻美大使胡适的表现颇不满意,该年年底派颜惠庆为特使赴美,即是架空胡适的开始,让胡极为不快。1940 年 4 月 30 日,蒋介石致电外交部长王宠惠,表示拟调胡适为中央研究院院长,要他就近和孔祥熙商议驻美大使的继任人选。5 月 2 日,陈布

---

① 中国社会科学院近代史研究所中华民国史组编:《胡适任驻美大使期间往来电稿》(北京:中华书局,1978 年),页 1。

② 顾维钧:《顾维钧回忆录》,第 5 册,页 4。

雷致电王世杰和王宠惠，表示驻美使节问题，"已入严重阶段"，①要他们即刻提供意见供蒋介石参考。次日，参事室主任王世杰即致电蒋介石，建议维持现状：

> 关于驻美使节问题，外间颇多拟议，谨呈意见三点：
>
> 1. 现值战时，外交人选，非有重大过失，似以避免更动为宜。至于美国国会在今年有无其他动作，以五、六两月为关键，故目前时机尤为紧要。
>
> 2. 胡使常对人言，彼此次出国，虽出于督迫，惟既就任，则必于使命完成之时，始作归计，其抱负可见。政府如此时调其返国，彼或以为失却政府信任，解职后或竟留海外，请辞新职。
>
> 3. 胡使虽有若干弱点，但对于白宫及国务部两方面，信望日增，远在顾、施诸人之上。
>
> 以上所陈，自信无一字之私，乞察裁。②

7月25日，王世杰与对胡适十分钦佩的金融巨子陈光甫会面，两人商定由陈致函蒋介石，申论驻美使节不可换人。③ 8月5日，王世杰接胡适来函，表示决不就中央研究院院长职，如美使职遭解，则将往昆明任北大教授，以保其独立发言的自由。王接信后即将此信送陈布雷，并请其呈蒋介石核阅。④ 7日，王世杰又为胡适

---

① 王世杰：《日记》，1940年5月3日。关于1939年至1940年蒋介石和胡适的关系，详见齐锡生：《从舞台边缘走向中央：美国在中国抗战初期外交视野中的转变（1937—1941）》（台北：联经出版公司，2017年），第4—5章；江勇振：《舍我其谁：胡适》，第4册（台北：联经出版公司，2018年），页331—365。

② 《王世杰致蒋介石函（1940年5月3日）》，《国民政府档案》，典藏号 001 - 061120 - 0001。

③ 王世杰：《日记》，1940年7月25日。

④ 王世杰：《日记》，1940年8月5日。

的事当面向蒋介石建言,表示在此时期,美使不宜更动,蒋也同意他的说法。调胡适回国之事,乃再度取消。[1]

再者,派员赴美演讲问题,参事室也扮演相当的重要角色。1943 年春,外交部在宋子文的推动下,派遣了李卓敏、吴景超、吴贻芳、陈源、桂质廷(保罗)、晏阳初共 6 位知识分子赴美。宋自留美学人中开列了 60 人的名单供国内圈选,派赴华府与学界领袖保持接触,促成中美之间的交流。此举颇受美国国务院的好评,[2]故驻美大使魏道明于 1944 年 7 月建议蒋介石,认为仍有继续派员轮流在美演讲的必要。蒋则于 7 月 29 日向王世杰探听,国际宣传处中国新闻社在美所设演讲员办事处,其成绩究竟如何? 至于如何加派适宜得力人员及应由何处派遣,蒋除了指示中宣部副部长董显光和王世杰商酌,也要王世杰研议。[3]

王世杰接获了蒋介石的指示,和董显光商议后,8 月 7 日给蒋介石上了一个签呈,表示:"窃查晏阳初君英语演讲颇具能力,惟据世杰在美所闻,其演讲多以本人素所从事之平民教育为范围,彼素日对于政府措施殊鲜研究,势亦不能多作其他演讲,故彼之讲演对于美国政治舆论,恐不能产生多大影响。至国际宣传处所属之纽约中国新闻处,与美国各方之联系渐称密切,其办事人员亦多笃实,此一机构确应充分运用,惟宣传资料不足,政策上殊乏有力之指导,故未能发挥预期之功效。"[4]对于派员出国宣扬,王世杰认为确有必要,至于办法,似应特别注意以下各点:

---

① 王世杰:《日记》,1940 年 8 月 8 日

② 陈立文:《宋子文与战时外交》(台北:"国史馆",1991 年),页 76。

③ 中国第二历史档案馆:《蒋介石为促进派员出国宣传事与王世杰来往函电》,《民国档案》,2009 年第 3 期,页 49。

④ 中国第二历史档案馆:《蒋介石为改进派员出国宣传事与王世杰往来函电》,页 49。

（1）各员在国外活动，可以个别访问为主，演讲为辅。因许多事实只宜于个别访问中说明，不能于演讲时公开表示。

（2）各员出国前，应先与国际宣传处拟定在美访问人名单，每一派遣员担任访问的人数，可酌定为60至100人。

（3）各员出国前，应先与国际宣传处共同拟定宣传的事项与内容。此文件可密示纽约中国新闻社主持人，为其宣传参考资料。

（4）每一派遣员应将每次访问或演讲的经过及反响，作成简要记录，寄国际宣传处，以为决定继续宣传办法的根据。

（5）各员出国期间不必过长，往返宜以半年为限。

（6）各员到美后最好避免使领馆的正式介绍，宜改由私人作非正式的介绍。例如教育界人士可由孟治［美华协进社会长］、胡适、周鲠生介绍，实业界人士可由李国钦［美国著名华商，被誉为"钨矿大王"］等介绍，其他新闻界、政界人士可由夏晋麟设法托美国私人介绍。

（7）各员返国时，可酌量令其取道英国返国，作相似的工作（或令其取道英国赴美）。如此则一人实际上可任两人的工作。

（8）此事在国内可责成国际宣传处主持，在国外可责成该处驻美、驻英机构暗中负责。纽约中国新闻社不必改由使馆节制，但该社宜派专人在华盛顿经常与使馆联系。

王世杰最后强调，派遣员的人选确需慎重遴拔。当前希望出国的人多，但是胜任者少。本年内如分期派送，共派出得力者五六人即可。可供考虑的人选，拟由董显光另行提报。隔了几天，蒋介石的批示为："所陈加派人员出国宣传各项原则极为扼要，已将原件摘要抄董副部长参考矣。"①档案数据显示，国际宣传处在接到指示后，确曾加强过派遣员的联系，如对于在美活动的张彭春、胡适等人，国宣处即要求他们"与外交部及国际宣传处随时通电报取得密切联络。"②

值得注意的是，王世杰在上蒋介石的签呈中对晏阳初的质疑，似有误导蒋介石之嫌，相当令人起疑。其实晏阳初虽毕生从事平民教育运动与乡村建设，但早年在美国留学时即与宋子文相识，1931 年曾应宋之邀，任全国经济委员会委员。③ 1931 年春，晏阳初应蒋介石之邀至南京会晤，和蒋氏夫妇长谈多次。蒋对定县实行四大教育极感兴趣，以为是实现三民主义的基本工作，决定选派教官赴定县受训。④ 1932 年 8 月，蒋介石在一次思考如何准备国防时，认为"俞大维、刘健群、陈诚、晏阳初数人，皆可令之负责也"⑤，显示蒋对晏的器重。10 月，蒋即电晏邀其带得力人员数位，至汉口商议农村合作社及改良农村办法。⑥ 1933 年 7 月，国民政府核定各省设立实验县办法，令各省积极筹办。是年秋，江苏省江宁县、浙江省兰溪县，及山东省邹平县、菏泽县，河北省定县已先后设立。

① 中国第二历史档案馆：《蒋介石改进派员出国宣传事与王世杰来往函电》，页 50。

② 《国际宣传处为促使美政府援蒋派员赴美宣传办法》，中国第二历史档案馆藏，全宗号 9，案卷号 69。转引自朱蓉蓉：《国际宣传处与战时民间外交》，《社会科学战线》，2012 年第 1 期，页 256。

③ 晏阳初与宋子文结识过程，详见 Charles W. Hayford, *To the People：James Yen and Village China* (N. Y.：Columbia University Press, 1990), p. 21, 149。

④ 吴相湘：《晏阳初传》，页 207。

⑤ 黄自进、潘光哲编：《蒋中正"总统"五记·爱记》(台北："国史馆"，2011 年)，页 104，1932 年 8 月 29 日。

⑥ 《蒋介石电邀晏阳初带得力者来和商议农村合作社及改良农村办法(1932 年 10 月 26 日)》，《蒋中正"总统"文物》，典藏号 002 - 010200 - 00072 - 069。

这5个实验县推行工作的经验,成为6年后全国实施新县制的基础。①

1943年元月11日,中、美、英、俄代表在华盛顿集会,商谈战后建设及救济问题。晏阳初应宋子文之邀,与其他5位专家一起赴美(如前述),组织战后问题中国研究小组(the Chinese Study Group on Postwar Problems),3月中抵达华盛顿,以中国国防物资采购处作为日常集会办公地点。

5月,晏阳初接受美国 Kosciuszko 基金会的邀请,出席哥白尼逝世400年纪念会,并与爱因斯坦(Albert Einstein)、杜威(John Dewey)、福特(Henry Ford)、迪斯尼(Walt Disney)、莱特(Orville Wright)等九位"现代革命家"("modern revolutionaries")共同接受表扬。②

晏阳初在美期间,主要时间系忙于3项工作:(1)研究战后建设问题,特别是教育、经济的改善与公共卫生、地方自治等;(2)公开演讲。至1943年9月止,晏阳初共收到邀约演讲信函约100余件,经考虑时间、精力及其所能产生的最大效果,尤其自重庆出发时悬抱与美国大学联系的目标,故决定尽赴12所大学之约,对美国人宣扬中国政府与人民抗战的精神,以及坚忍奋斗的成就。(3)与美国政府及民间领袖会晤,以增进他们对中国的了解,并愿意和中国合作,共同努力于战后建设。除此之外,晏阳初发现美国许多知名报刊对中国经常有负面的报道,如通货膨胀、法西斯主

---

① 吴相湘:《晏阳初传》,页312—314。

② Owen Gingerich, "The Copernican Quinquecentennial and Its Predecessors: Historical Insights and National Agendas," *Osiris* 14(1999), pp. 47 - 49. 此文作者提及1943年5月24日于纽约市卡内基堂(Carnegie Hall)所举行的纪念会,接受表扬的十位"现代革命家"中,仅有爱因斯坦一人出席,不确。

义、贪污腐败等，对中国于战后是否能走向民主普遍缺乏信心。晏有鉴于此，乃撰写《战后中国将会民主?》("Will Postwar China Be Democratic?")一文，刊登于 1944 年 7 月 10 日的《生活》(*Life*)杂志。①

1944 年至 1945 年间，晏阳初并获美国锡拉丘兹大学、缅因大学、天普大学、路易斯维尔大学颁发荣誉学位。② 根据学者毕乐思(Stacey Bieler)的研究，晏阳初 1943 年 5 月能够获得哥白尼逝世 400 周年纪念会的表扬，和一位热爱中国的美国教育家安吉尔(James Rowland Angell，1869—1949)有关。安吉尔的父亲安吉拉(James Barrill Angell，1829—1916)也是美国著名的教育家，1866—1871 年担任佛蒙特大学校长，1871—1909 年担任密歇根大学校长，密大校长任内曾于 1880—1881 年至中国担任美国驻华公使。安吉尔则为心理学家，1921 年起任耶鲁大学校长，直至 1937年退休。1928 年即曾颁发晏阳初荣誉文学硕士学位，1943 年担任哥白尼逝世 400 周年活动的表扬委员会(the Copernicus Quadricentennial Committee on Citations)主席，再度提名晏阳初接受表扬。③

晏阳初虽然有贵人相助，但是能与爱因斯坦等其他 9 位名人并列，接受表扬，仍非易事，代表其所推动的平民教育工作，已获国际肯定。晏在美期间，除了为其平民教育工作募款，更通过公开演讲及在重要媒体撰文等方式鼓吹抗日，为国民政府发声，理应为国民政府优先争取的对象，不料王世杰竟以"其演讲多以本人素所从

---

① 吴相湘：《晏阳初传》，页 434—435。

② Stacey Bieler, *"Patriots" or "Traitors"? A History of American-Educated Chinese Students* (Armork, N. Y.：M. E. Sharpe, 2004), p. 259.

③ Ibid., p. 259.

事之平民教育为范围，彼素日对政府措施殊鲜研究，势亦不能多作其他演讲”为由，予以抵制，进而有意误导蒋介石。笔者认为王世杰此举似为公报私仇，理由如下：

第一，学界人士对“平教派”的敌视。平教会和学界人士之间的对立已久，“平教派”视蛋头学者只知搬弄西方理论，不懂中国实况；学界人士彼此之间虽然也互不相让（如燕京与南开之间的对立），但是普遍瞧不起“平教派”，认为他们学术素养不足，晏阳初只因从事平民教育及乡村建设较早，获得美国基金会的青睐，不仅分到较多的经费补助，且在中国乡村建设领域取得领导地位，自然愤愤不平。①

第二，燕树棠事件的后遗症。平教会深入乡村推动农村改造，对各方面均极具挑战性，在社会上引起争议势所难免，其中最严苛的批评，为北大教授燕树棠 1933 年 10 月于《独立评论》所刊登的《平教会与定县》一文。燕树棠为河北定县人，自称代表当地“那被试验的‘文盲’的老百姓们，对于那试验者不文盲的平民教育会的活动”，提出以下几点批评：

1. 定县民众对于乡村建设活动未见其利，先受其害，因此根本不信任平教会的诚意。

2. 平教会将定县原有的建设，冒充为自己的成绩。

3. 平教会造成特权阶级。定县县长由平教会人员担任，所组织的各种民众团体，均以平教会员为基础。过去凭借官势欺压百姓的人，不过是数十名劣绅，但是现在呢？这一万名平教会员变成了县长的爪牙。结果：从前一般老百姓受数十人之欺压；

---

① Yung-chen Chiang, *Social Engineering and Social Sciences in China，1919 – 1949* (Cambridge：Cambridge University Press，2001)，pp. 127 – 128.

现在反受一万人之欺压了！平教会员可以直接面见县长；非平
教会员就没有这个机会。乡下人能见县官就可以欺诈乡愚。现
在平教会员实在是定县的统制阶级，晏阳初先生实在是定县的
"斯台林"［Stalin］了。①

　　4. 平教会在定县与"反动势力"相互呼应，故意制造阶级
对立及社会恐慌。

　　5. 平教会人员由于薪资高，消费能力强，将奢靡之风引入
农村。②

　　燕树棠，1891 年生，哈佛大学法学博士，1920 年返国后任教于
北京大学法科。次年王世杰也获得巴黎大学博士返国，加入北大
法科，与燕成为同事。两人关系良好，曾联名致函教育长马寅初，
呼吁改革原有发讲义照本宣科的教学方式，改采讨论方式教学。
燕又积极参与王所主编的《现代评论》，除撰稿近 30 篇外，并曾协
助编务，和彭学沛共为王世杰的左右手。北大任教期间，燕一度因
人事纷争，随周鲠生等"英美派"学者至王世杰新创办的武汉大学
任教，并兼任法律系主任，1931 年始返回北大法律系。③ 与王世杰
的关系，实非比寻常，自然容易被外界视为王的人马。

　　燕文刊出后，曾引发一场笔战，其后遗症则为平教会与学界的
对立加深，直至战后。④ 因此，王世杰对晏阳初出国演讲一事的打
压，其来有自。至于晏阳初对学界人士的攻击，则仍有待学者进一
步的挖掘。

---

① 燕树棠：《平教会与定县》，《独立评论》，第 74 期（1933 年 10 月），页 6。

② 燕树棠：《平教会与定县》，页 6—7。

③ 马光裕：《陈翰笙谈〈现代评论〉周刊》，《中国现代文学丛刊》，1990 年第 2 期，页 293；
　杨瑞：《北京大学法科的缘起与流变》，《近代史研究》，2015 年第 3 期。

④ Hayford, *To the People*, p. 217.

　　第三,蒋介石交办的审查案件。例如 1938 年 2 月对永利化学
公司总经理范锐(旭东)所提《恢复碱钍两厂计划书》的审查[1],1942
年 3 月对外交部使馆人员训练计划的审查[2],1943 年 4 月对改革军
事审判制度的审查,[3]1944 年 6 月对外交部所拟《增进中南美各国
邦交及交涉取消我移民歧视计划》的审查等。[4]

　　以上各审查案显示,蒋介石对于一些涉及专业领域或较为重
要的公文,常会在正常的行政流程外,另交付参事室审核,签注意
见,等于多一道把关的手续,也减轻了侍从室的负担。参事室所审
查案件的范围虽然十分宽广,从工业到外交到法律均有,不过参事
室也是人才济济,如恢复化工厂的计划书交由参事室审查,自然是
考虑到当时该室主任是曾创办两广地质调查所的地质专家朱家
骅;至于有关外交和法律的案子交由参事室审查,自然也是考虑到
王世杰是当过国民政府法制局长的外交专家。

　　参事室所承办的审查案件,大多为蒋介石所交办,也有少数系接
受国民党中央所交付,如 1942 年 7 月下旬,国民党中央常务委员会
讨论扶助朝鲜革命势力问题,决议推举考试院院长戴季陶、参谋总长
何应钦、国防最高委员会秘书长王宠惠、侍从室第三处主任陈果夫、

---

[1]　《范锐呈恢复碱钍两厂计划书(1938 年 2 月 10 日)》,《资源委员会档案》,典藏号 003 -
　　010301 - 1447。审查经过可参阅 Kwan Man Bun, *Patriots' Game*: *Yongli Chemical
　　Industries*, *1917 - 1953* (Leiden: Brill, 2017), p. 136.

[2]　《军事委员会参事室主任王世杰呈委员长蒋中正关于外交部使领人员训练大纲研究
　　意见(1942 年 3 月 26 日)》,《国民政府档案》,典藏号 001 - 060000 - 00004 - 002。

[3]　《军事委员会参事室主任王世杰呈军事委员会委员长蒋介石为呈复关于改革军事审
　　判制度审核意见请裁核及烟毒罪审判问题办理(1943 年 4 月 12 日)》,《国民政府档
　　案》,典藏号 001 - 058900 - 00017 - 006。

[4]　《军委会参事室办理要案录存》,参事室档案,中国第二历史档案馆藏,全宗号 761/
　　20,转引自张连红:《国民政府战时外交决策机制初探》,页 142。

国民党中央组织部部长朱家骅、国民党秘书长吴铁城、参事室主任王世杰7位委员研究，由王宠惠和吴铁城两位秘书长负责召集商议，8月至12月间，党中央7人小组就军事委员会所拟《对韩国在华革命力量扶助运用指导方案》进行研究。[1]

此外，参事是有时也会对军事委员会下属各机构所草拟的法规进行审查，必要时甚至会替蒋介石拟订一些军事法规。例如1939年蒋介石为了鼓舞官兵士气，特于各项抚恤法规订定程序之外，另订《委员长特订抚恤法规补充办法》，7月8日由军事委员会颁布施行，[2]此项法规即系由参事室所草拟。

在参事室历年所审查的案件中，《保障人民身体自由办法》可算是在历史上影响较大的一件。

国民参政会自1938年7月成立后，沈钧儒等人即曾多次提案切时保障人身自由，1943年起，王云五和张君劢也在宪政实施协进会提案实行《提审法》与保障人民基本权利的要求。蒋介石乃于1944年5月谕饬行政院副院长孔祥熙研议改善办法，并指示两点原则：一是各地、何种与何级军警机关或行政机关，有逮捕人犯之权，应预为严格规定；凡无逮捕权之下级机关，不得滥行拘捕、任意扣押。二是被逮捕之人民，除证据确凿，应依法定程序处断外，其因误会嫌疑而被捕者，各逮捕机关必须迅速处理，不得久延不决。孔祥熙接获指示后，参酌现行法令拟具《保障人民身体自由办法草案》，并说明该办法草案与《训政时期约法》及《提审法》并无抵触，但不及《提审法》详尽。

---

[1] 廖文硕：《迈向亚洲大国》，收于吕芳上主编：《中国抗战史新编：对外关系》（台北："国史馆"，2015年），页319。

[2] 军事委员会：《抚恤法规（附事例）》（重庆：军事委员会，1940年），页1—2。

侍从室接到行政院草拟的《保障人民身体自由办法草案》后，于 5 月 20 日致电军法执行总监部洽询意见，军法执行总监部经与军统局会商后，于 5 月 26 日回电表示两机构均以《训政时期约法》对于保障人民身体自由已有规定，似不宜另订单行法规。原草案订名《保障人民身体自由办法》，颇觉宽泛，且有侵越《训政时期约法》之嫌，故拟改为《取缔非法拘禁人民办法》。

5 月 30 日，侍二处主任陈布雷致函参事室主任王世杰，说明行政院与军法执行总监部分别草拟办法的经过，并请其对两案研核示复。王世杰乃参酌两件草案内容，合并为 8 条条文的修正案，名称则采用行政院原草案名称。①

陈布雷详细研究了 3 件草案，认为行政院所拟办法似嫌笼统，且对于"奸党"案件应留弹性也未顾到，而军法执行总监部与军统局商拟的办法，对于处置"奸党"的问题虽已预留余地，但其他条文内容又过于与尚未实施的《提审法》内容相近，也似与战时情形未能密切适合。而王世杰的修正草案较其他两案更平易且切实际，因此宜采此案。不过修正草案对于处置"奸党"问题，也未另留回旋余地，乃参酌军法执行总监部草案第十二条内容："依法律或因军事需要，认为有应暂守秘密者，得呈请军事最高长官核准，不受本办法第七条及第九条规定之限制。但普通刑事案犯之拘禁不适用之"，修改为"依法律逮捕者而涉及军事关系之案件，认为有应暂守秘密者，得呈请军事最高长官核准，不受本办法第四条规定之限制"，纳入修正法案第五条，共计 9 条。同时说增纳此条文系因为现在正值抗战时期，为全力侦捕敌伪汉奸间谍，不得不暂守秘密，

① 萧李居：《战时中国保障人身自由法令的制定》，收于吕芳上主编：《战时政治与外交》（台北："国史馆"，2015 年），页 236—251。

以免案情泄露、犯人逃遁,不过为了避免滥用,也规定必须经过呈请手续。①

蒋介石最后采用陈布雷的修正案,并将该案提交国防最高委员会讨论。6 月 19 日,国防最高委员会第 138 次常务会议讨论此案,决议"修正通过送国民政府通令施行"②。

不料此一办法于公布施行后,侍从室出身的宪兵司令张镇又以该部常奉蒋介石命令执行特殊任务,偶有逮捕人犯的需要,但对外不能诿称是其命令,只能由该机构自负责任,如未列入有权机关,执行命令时将殊多窒碍。国民政府在经过多次讨论后,同意增列宪兵司令部为有权机关,但在认定上仍尽量采取陈布雷所谓的"严格主义",期望仍可以维持该办法的精神,以奠定法治国家规范。③

宪兵司令部何以常奉蒋介石命令执行"特殊任务"? 笔者认为,应与侍从室 1944 年新成立的参事室(与军委会参事室并非同一机构)有关。

或许是由于中统和军统的贪腐和坐大令蒋介石忍无可忍,蒋自 1943 年 6 月起,即曾构想成立一"特务之特务"的组织与人选,甚至亲自订名为特务室。④ 1944 年元月 7 日,蒋介石手谕侍一处主任林蔚及侍二处第六组组长唐纵:"为加强对各机关监察计,现应设立一党政军各机关监察网,以及对特务与缉私机关之监察机构。所谓特务与缉私机关之监察机构,即指特设一机构(但需简单切

---

① 《保障人民身体自由办法》,《国民政府档案》,典藏号 001 - 100010 - 0007。
② 中国国民党中央委员会党史委员会编:《国防最高委员会常务会议记录》(台北:"近代中国出版社",1996 年),第 6 册,页 341。
③ 萧李居:《暂时中国保障人身自由法令的制定》,页 253—267。
④ 蒋介石:《日记》,1943 年 6 月 23 日—7 月 25 日。

实），以考核监察各特务与缉私机关，包括中央与军委会两调统局、宪兵司令部及缉私机关与部队时，使其成为监察之监察，希即照此研究具体办法与组织呈报为要。"①唐纵往见侍二处主任陈布雷报告此事。陈对于"监察之监察"工作表示困难，但蒋仍一再以手令催办。陈在不得已的状况下，想将此组织设于侍六组，唐纵陈明两点困难：（1）唐身兼军统局局长，恐引起其他机关的疑虑；（2）设在侍六组找人不易，如设在侍二处主任处，较易物色人选。不料陈布雷反对，最后幸好林蔚谅解此中情形，请侍一处副主任俞济时担任，②获蒋同意。

侍一处设立参事室后，俞济时以此一单位性质特殊，任命其亲信张晓崧任主任、项昌权任主任秘书，其余 30 余名视察，也均为其旧部。任务主要为派员至各战区视察中统、军统人员和国军部队主要将领的活动，掌握中共驻渝办事处的活动情况，随时汇整为情报，交由俞济时直接呈报蒋介石。③ 如遇重大贪污舞弊案件或特工人员行动踰矩遭地方投诉事件，蒋介石每多批交参事室签办，因此该室当时被视为"特工之特工"，④或是"监察之监察"，⑤战时侍从室参事室所经办的舞弊案，重要者有 1944 年程泽润的虐待新兵案和军需署舞弊案，均系由宪兵司令部派员负责执行工作。

侍一处参事室虽然发挥了一定的监察功能，不过也因此与中

① 唐纵：《日记》，1944 年 1 月 7 日。

② 唐纵：《日记》，1944 年 1 月 22 日。

③ 张令澳：《蒋介石侍从室见闻》（上海：中国人民政治协商会议上海市虹口区委员会文史资料委员会，1994 年），页 245；项德颐：《蒋介石在大陆的最后一个侍卫官往事漫忆》，《档案春秋》，2005 年第 1 期，页 38—39。

④ 裴畛：《轨迹寻痕录》（台北：嵊讯杂志社，1993 年），页 228。

⑤ 张令澳：《蒋介石侍从室见闻》，页 245；项德颐：《蒋介石在大陆的最后一个侍卫官往事漫忆》，页 39。

统、军统经常发生矛盾,尤其是引起前方将领的不满,认为俞济时的参事室有如明末的宦官监军制度,对上蒙骗最高统帅,对下涣散军心,于是纷纷向蒋告状,蒋基于全盘考虑,乃对参事室的活动加以限制。抗战胜利后,侍从室撤销,俞济时被任命为军务局局长,掌握原侍一处业务。1947 年,国防部所属机关、部队及各地兵站机构,贪污舞弊事件层出不穷,影响部队军心,俞济时乃重施故技,向蒋介石建议设置视察组,派赴各地监督检查各机关、部队的工作,规定他们直接向军务局密报,另秘密派遣一批视察官,派赴各地对军统在各地的分支机构进行调查。① 蒋介石的"特殊任务"既然不断,将宪兵司令不列为有权机关自然也就不足为奇了。

第四,调查特殊人才。1938 年 9 月,蒋介石要参事室调查特殊人才,并需按月推荐若干人。王世杰受命后,请张忠绂、杭立武主其事,并要求注意专门人才和领袖人才两类。② 由参事室档案中所藏的《人事调查会议录》显示,参事室曾专门为调查人才开过多次会议。会议通常由王世杰主持,经常出席人员包括:杭立武、周鲠生、陈豹隐、梁颖文、张忠绂、钱清,偶尔出席者则有潘公展和甘介侯。③ 会议记录也显示,此次人才调查和其他机构所做类似调查相较,具有以下几项特色:

其一,领袖人才方面,着重一些"小组织"领袖的调查。除了学术团体和兄弟会,尤其着重民间组织。所网罗的人才,不少是具有自由主义色彩或是与地方实力派关系密切者,如第七次会议所讨论一批名单:

---

① 张瑞德:《无声的要角:蒋介石的侍从室与战时中国》(台北:商务印书馆,2017 年),页120—123。

② 王世杰:《日记》,1938 年 9 月 5 日

③ 《人事调查会议录》,参事室档案,中国第二历史档案馆藏,全宗号 761/261。

姓名	说　明
李鸿一	有一北大组织
王深林	有一小组织,其成员约五六百人,散布北方各省,继王乐平之后
郭春涛	与汪[兆铭]先生及冯玉祥、阎锡山有关系,且与四川军人有联络,因前与刘湘有关系
马叙伦	人民阵线在北平之谋士,且与宋哲元有联络,前为北大之干部,且为北平教职员索薪团之领袖,曾任国民政府教育部次长及浙江民政厅长等职
张天爵	广东人,曾在粤办《民国日报》及在黄埔任教,并在张发奎部下任团指导及副师长等职,能在南洋各处筹款,在中国大学任董事及教育长等职,并组有□社,又在上海设五卅中学及广东建国中学,又在上海设立书局,现任侨委会委员

数据源:《第七次会议》,收于《人事调查会议录》,参事室档案,中国第二历史档案馆藏,全宗号 761/261。

又如第十五次会议讨论由陈豹隐所提名单:

姓名	说　明
陈管	通过(复议第 12 次会议决议)
傅子东	年四十一二,哥伦比亚大学读经济学,与萧纯锦、黄季陆熟识且同学 请张[忠绂]参事、凌专员分别向萧纯锦、黄季陆调查
李达	湖南人,年四十九,曾留学日本,大学未毕业,译书甚多(尤以关于马克思学说者为伙)。北伐时曾与共产党有关系,旋脱离。宜作研究工作。与邵力子等熟。 请杭[立武]先生调查,并请潘专员向邵力子调查

数据源:《第十五次会议》,收于《人事调查会议录》,参事室档案,中国第二历史档案馆藏,全宗号 761/261。

陈豹隐(1886—1960),又名启修,四川中江人,日本东京帝国大学法科毕业,1917 年任北京大学法科教授兼政治门研究所主任,在北大期间曾积极参与马克思学说研究会。1923 年底赴苏联和西欧进修，其间先后加入中国国民党和中国共产党，并当选中共第四期旅莫支部审查委员会委员。1926 年赴广州，历任黄埔军校政治教官、第六届广州农民运动讲习所教员、中山大学法科科务主席兼经济系主任等职。武汉国民政府时期，任武汉《中央日报》总编辑、武汉国民党中央政治会议秘书长。1929—1930 年，翻译河上肇的《经济学大纲》和马克思的《资本论》第 1 卷第 1 分册（为《资本论》的首部中译本）出版。1930 年重返北大任教，并参与第三党（农工党的前身）的筹建。[①] 1938 年在王世杰的介绍下入参事室。

看了陈豹隐以上"非典型"学者的简历后，对于他会推荐李达自然也就不会感到意外了。

其二，专门人才方面，多为科技类的专家。一如领袖人才，此类人才也需经过调查程序，送会讨论通过后，才列入推荐名单，例如以下为第 15 次会议讨论由杭立武所提名单：

姓名	说　　明
戚寿南	医科人才，中央大学医院内科主任通过
朱章赓	医学人才，对国内医学教育情形熟悉，与雪艇［王世杰］先生相识 请张［忠绂］参事调查
汪敬熙	黄海化学工业社社长，能苦干，善于研究，以实用事项为对象待调查
孙越崎	矿业人才 请张［忠绂］参事调查

数据源：《第十五次会议》，收于《人事调查会议录》，参事室档案，全宗号 761/261。

[①] 西南财经大学马克思主义经济学研究院、西南财经大学经济学院编：《陈豹隐全集》（成都：西南财经大学出版社，2013 年），第 1 册，页 1—5。

　　参事室所做的特殊人才调查,能够考虑纳入一些社会各界具有群众基础的活跃分子,而不考虑其政治立场,自然是与王世杰的开明作风有关。王世杰对于国民参政会,即认为应容纳各党各派人士,"对于反对本党之人,无论为共产党或他党,总以设法从政治方面导其入于正轨为是"。① 对于参事室,他也有意扩大网罗人才的范围。至于此次人才调查的结果及其运用情形,由于受到资料的限制,不得而知。不过由1942年7月王世杰力荐人民阵线的沈钧儒、王造时、史良等参政员担任(或续任)参政员被蒋介石拒绝,② 似可推测人才调查一事应已无疾而终。

　　参事室成员除了王世杰,另有参事周鲠生、陶希圣、陈豹隐、王征、甘介侯、张忠绂等人,流动性甚大。国民政府迁都重庆后,周鲠生即在王世杰推荐下赴美,协助胡适对美宣传并继续研究战后和平规划问题,1944年出版 *Winning the Peace in the Pacific* 一书,颇受好评,曾获《远东季刊》(*The Far Eastern Quarterly*)选为优良图书。③ 1945年,任武

---

① 王世杰:《日记》,1942年2月3日。

② 王世杰:《日记》,1942年7月24日。

③ 珍珠港事件后,美国对亚太事务感兴趣的民众大增,有关远东的出版品也日益增多,但是质量良莠不齐,一般读者常不知如何取舍。1945年,《远东季刊》(*The Far Eastern Quarterly*)主编有鉴于此,乃邀集了18位远东问题专家,对美加地区1942—1945间出版有关远东问题著作共319种,选出最佳著作21种及优良著作48种。在有关战后问题与政策类的著作中,拉铁摩尔(Owen Lattimore)所著 *Solution in Asia* (1945)获选为杰出著作,周鲠生的书则和裴斐(Nathaniel Peffer)所著《东亚和平的基础》(*Basis for Peace in the Far East*)(1942)、穆尔顿(Harold G. Moulton)和马里奥(Louis Marlio)合著《控制德国和日本》(*The Control of Germany and Japan*)(1944)、斯皮克曼(Nicklas John Spykman)所著《世界政治中的美国战略》(*American's Strategy in World Politics: the United States and the Balance of Power*)(1942)均被选为优良著作。参阅 Meribeth E. Cameron, "Outstanding Recent Books on the Far East," *The Far Eastern Quarterly* 4:4 (August 1945), pp. 376 – 377.

汉大学校长；陶希圣由宁返渝后，改在侍二处工作；王征、甘介侯二人在太平洋战争爆发前常居香港；在参事室经常工作，直至抗战胜利止者，仅陈豹隐、张忠绂二人。参事大多为学者出身，而非老于宦途者。参事之下另设有专员（如潘公展即曾一度任专员）、秘书及干事。王世杰上任时，计有专员2人、秘书1人、干事14人，年龄均为30岁左右，学历除大学毕业外，也不乏留学欧美获博士学位者。[1] 1940年1月，蒋介石要求参事室增加财政经济、交通外交、内政专家各一二人，需选国内有学问、经验者充任，其职务为研究调查，与各有关机关切实联系，俾明了各机关实情；每月对蒋个人做口头报告一次，在参事会报前一小时进行。蒋介石对此事极为重视，要求王世杰即与国防最高委员会秘书长张群协商，并可先在国防最高委员会各专门委员会中选择，尤其研究五权宪法与当前党政制度与运用，更为重要，可多请数人，但必需为确有学问与心得者。[2] 王世杰接到手令后，过了约两个半月才找到两位适任人选呈报。两人的履历如下：

　　郭斌佳：江苏人，美国哈佛大学博士，曾任光华大学、武汉大学教授，现任国际联盟同志会英文期刊编辑、国防最高委员会外交专门委员会专员等职。

　　朱炳南：广东人，美国伊利诺大学经济系毕业，曾任中央研究院社会科学研究所研究员，现任云南大学中英庚款讲座。[3]

---

① 浦薛凤：《太虚空里一游尘》，页183；刘传旸：《王世杰与中国外交——学人从政个案研究》，未刊博士论文，"中国文化大学"，2006年，页34—35。

② 《蒋介石1940年有关设计考核计划研究等之手令登记簿》，《蒋中正"总统"文物》，典藏号002－080200－00561－002；王世杰：《日记》，1940年1月31日。

③ 《蒋介石1940年有关设计考核计划研究等之手令登记簿》。

值得注意的是,此二位最后获蒋同意任用的新人,均具教授资格,但是在参事室职称均仅为专员,显示此时国民政府中央机构高学历文官的普及程度。

第五,执行"元首外交"活动。最具代表性的例子,即为中国访英团。1943 年底,国民政府为增进中英友谊,加强中英合作,特派遣中国访英团赴英,进行为期 40 余天的友好访问,此次访英系对 1942 年英国议会访华团访华的一次回访。

蒋介石在收到英方发出的初步邀请后,令参事室主任王世杰对访英团一事妥为研拟。3 月 9 日,蒋约王商议访英团组织。王提出吴贻芳、陈源、杭立武、钱端升、王云五诸参政员,请其考虑,王自己则表示不愿出国。① 6 月,蒋介石接到英方正式邀请,乃再度嘱王世杰研拟访英团人选。王世杰主张由国民党中央党部及参政会各推二人,并由立法院院长孙科率领,但蒋介石不赞成以孙担任此项任务,②也不想要党部参加。他并且指定由吴贻芳、王云五、钱端升、傅斯年、胡政之、杭立武 6 位参政员出席。③ 随后,蒋介石将此名单电告驻英大使顾维钧,征询其意见。顾维钧在与英国主管埃及、东方及远东事务部门的负责人彼得森(Maurice Peterson,1889—1952)协商后,致电蒋介石,表示中国参政会性质与英国议会稍异,如访问团成员能包括各界专家,成为范围较宽广的团体,则对英国各方面的联络更为容易,既可博得英国人民的情感,更可

---

① 王世杰:《日记》,1943 年 3 月 10 日。
② 王世杰:《日记》,1943 年 6 月 17 日。
③ 王世杰:《日记》,1943 年 6 月 25 日。

宏访问之效。① 因此团员人选，人数可定为 6 人，但不必限于参政员，除教育、新闻界外，党部与经济及工业、社会各方面也可酌派适当人选参加，如党方面的吴铁城、蒋梦麟或王世杰，经济方面如陈光甫或贝松荪，社会方面如晏阳初，工业方面如刘鸿生或钱昌照。② 至于访问团首席人选，顾维钧也有所建议："近数月来因中英间种种磨擦，此间政府议院及民众方面殊多流言，或谓我态度骄矜，或谓我国家主义过浓，而英方驻华经济军事代表，所陈政府关于我国现状之秘密报告，诸多悲观，益滋评议。钧意此次访问团首席，似宜遴派资望深、经验富者充之，庶借此极力转移视听，俾收一举两得之效。"③

　　7 月 12 日，蒋介石嘱王世杰任党部代表，参加访英团，王推荐孙科，蒋默然，说由吴铁城和王一起去如何。王说吴甚热心，但未必适合此行。蒋表示还是由王一人代表党部去为好，王说尚需考虑。④ 15 日，王世杰上蒋介石签呈表示：（1）此次访问团似以由参政会及党部派员参加为宜。建议蒋似可就中央党部中再指定二人参加访问。（2）参政员中经遵示接洽，表示愿参加者有王云五、钱端升、杭立武、胡政之四人，日昨陈启天参政员来言，如就其他党派

①　《顾维钧电蒋中正此次我派访英团似可不限于参政员，能包括他界专家则对英各方联络更易，此间政府议院殊多流言对我不利故访问团首席宜遴派资望深经验富者充之（1943 年 7 月 6 日）》，《蒋中正"总统"文物》，典藏号 002 - 090103 - 00013 - 137。

②　《蒋介石就访英团人选事致军事委员会参事王主任函（1943 年 7 月 10 日）》，参事室档案，中国第二历史档案馆藏，全宗号 761/121。原文未见，转引自丁兆东：《中国访英团述评》，《抗日战争研究》，2008 年第 1 期，页 33。

③　《顾维钧电蒋中正此次我派访英团似可不限于参政员，能包括他界专家则对英各方联络更易，此间政府议院殊多流言对我不利故访问团首席宜遴派资望深经验富者充之（1943 年 7 月 6 日）》，《蒋中正"总统"文物》，典藏号 002 - 090103 - 00013 - 137。

④　王世杰：《日记》，1943 年 7 月 12 日。

中指定一二人参加,对内对外似均有益。蒋介石采纳了王世杰的建议,致函行政院副院长孔祥熙,盼政院从张厉生和蒋廷黻二人中选择一人参加。7月28日,行政院决定派蒋廷黻前往。① 不料就在此时,出现了一件意外。

7月29日,正在英国访问的外交部长宋子文,自伦敦发了一封密电给蒋介石,引述英国工党出身的内阁成员克利浦斯(Sir Stafford Cripps,1889—1952)所提供给顾维钧的消息,指钱端升分函英相丘吉尔、重要阁员及克利浦斯本人,攻击国民党,破坏英方对中国观感,请蒋注意:

> 密呈
>
> 委座钧鉴:少川言克利浦斯告彼,钱端升分函邱相与重要阁员及本人论中国政局:(1)国民党专制;(2)党外优秀份子无法参加政府;(3)经济状况危急,弊端百出,政府要人亦通同舞弊。克利浦斯谓此类破坏英国对中国观感之事甚多,余虽百口称辩,不如中国人类此一函影响之深也云云。文叩艳。②

钱端升(1900—1990),上海市人,哈佛大学博士,著名的政治学者,自美学成归国后,除从事教学与研究外,并曾获聘为国防设计委员会委员、参事室参事、国民参政会参政员,为王世杰的连襟和爱将,③王曾多次推荐其出任要职均未成功。蒋介石对其印象颇

---

① 丁兆东:《中国访英团述评》,页34。

② 《宋子文电蒋中正据克利浦斯称钱端升分函丘吉尔与英重要阁员论中国政局其中多有谤词即以其为访英团似不适宜(1943年7月29日)》,《蒋中正"总统"文物》,典藏号002-080106-00057-019。

③ 钱端升原配为王世杰妻子的侄女,不过两人于1935年前仳离。参阅潘惠祥:《在政治与学术之间:钱端升思想研究(1900—1949)》(台北:花木兰出版社,2015年),页314。

佳,1938 年冬钱端升创办《今日评论》,蒋介石和朱家骅均曾予以津贴。[①] 1939 年 11 月,太平洋国际学会(Institute of Pacific Relations)于加拿大召开第七届会议,中国由颜惠庆率领了一个 10 余人的代表团参加,[②]蒋介石知道周鲠生和钱端升两人将参加,曾特嘱其留美半年,相机协助外交活动。[③] 钱端升的言论虽为自由主义,但是也主张一党专政,根据清华政治系同事浦薛凤的观察,钱"对于对内对外重要问题,却除掉打官话,或类于打官话外,模棱两可"。[④]

　　1943 年 7 月底,蒋介石接到驻美大使馆来电,报告 8 月份《读者文摘》(*Reader's Digest*)刊出军事评论家鲍尔温(Hanson W. Baldwin)所撰《对中国过奢之希冀》("Too Much Wishful Thinking about China")一文,有侮蔑中国之处。[⑤] 蒋介石认为此文"毁谤造

---

① 马光裕:《陈翰笙谈〈现代评论〉周刊》,《中国现代文学丛刊》,1990 年第 2 期,页 294;清华大学校史稿编写组编:《清华大学校史稿》(北京:中华书局,1981 年),页 395。

② 代表团中有 7 人系由中国太平洋学会邀请,包括前外交部次长甘介侯、中央银行经济调查处处长陈炳章、武汉大学教授周鲠生、北大教授钱端升、英文《天下月刊》总编辑温源宁、国际问题研究会总干事戴葆塕、太平洋学会总干事刘驭万,以及在美的学者、名流包括名作家林语堂、张彭春,实业家李国钦,美国《美亚杂志》助理编辑冀朝鼎等,以上名单中有若干名因故未能与会。参阅《出席太平洋学会我代表团聘定专家多人阵容整齐颜惠庆博士任团长》,《大公报》(香港),1939 年 10 月 5 日,第 3 版;《七届太平洋学会今日在美开幕讨论题目侧重中日问题》,《大公报》(重庆),1939 年 11 月 22 日。

③ 王世杰:《日记》,1939 年 10 月 1 日。在 1957 年反右斗争高潮期间,钱端升曾经承认 1937 年至 1949 年间共赴美 4 次,事实上如包括此次,应为 5 次。美国学者詹鹣(Chalmers Johnson)不察,相信了钱端升的自白材料,也沿袭了此一错误,参阅 Chalmers Johnson, "An Intellectual Weed in the Socialist Garden: The Case of Ch'ien Tuan-sheng," *The China Quarterly* 6(June 1961), p. 33。

④ 浦薛凤:《太虚空里一游尘——八年抗战生涯随笔》,页 163—164。

⑤ 鲍尔温为美国《纽约时报》著名的军事评论家,所撰《对中国过奢之希冀》一文主旨在说明美国不可希冀中国负担决定性的主要任务,担当争取太平洋战争胜利的重责,唯美国而已。参阅 Hanson W. Baldwin, "Too Much Wishful Thinking (转下页)

谣,使倭寇因之乘隙离间,此乃英国与'共匪'双方在美中伤之影响也"①,此时又接到宋子文举报钱端升的密电,自然有进行调查的必要,乃批示:"此应请钱端升君将其致英国友人书信交阅为要。"②8月1日,王世杰通知钱端升将信件检呈,③钱当夜即将相关信函送至陈布雷住处,嘱陈转呈。④ 次日,陈布雷将钱端升与英国友人来往函托其四弟陈训慈(时任侍二处秘书)中译后呈蒋。⑤ 蒋看了之后有何反应,由于史料的不足,不得而知。

将近二个月之后,外交部长宋子文又自美国发一密电给蒋,重提此事:

> 密呈
>
> 委座钧鉴:七月艳[29日]电陈顾少川言,克利浦斯告彼,钱端升分函本人、邱相及重要阁员,为本党专制、经济危机、弊端百出,克氏认为有碍英方对我观感。今闻钱端升派为访英团员,未知适宜否? 敬乞钧裁。文叩启(24日)⑥

（接上页)about China," *Reader's Digest* XLIII (August 1943)，pp. 63 - 73. 外交部所呈此文中译,可参阅:《陈布雷呈蒋中正驻美大使馆来电八月份读者文摘内鲍尔温发表对中国过奢之希冀一文(1943年7月26日)》,《蒋中正"总统"文物》,典藏号 002 - 080106 - 00036 - 007。

① 蒋介石:《日记》,1943年7月30日。

② 《宋子文电蒋中正据克利浦斯称钱端升分函丘吉尔与英重要阁员论中国政局其中多有谤词及其为访英团员似不适宜(1943年7月29日)》,《蒋中正"总统"文物》,典藏号 002 - 080106 - 00057 - 019。

③ 王世杰:《日记》,1943年8月1日。

④ 陈布雷:《日记》,1943年8月1日。

⑤ 陈布雷:《日记》,1943年8月2日。

⑥ 《宋子文电蒋中正据克利浦斯称钱端升分函丘吉尔与英重要阁员论中国政局其中多有谤词及以其访问团员似不适宜(1943年7月29日)》,《蒋中正"总统"文物》,典藏号 002 - 080106 - 00057 - 019。

宋子文此次的密电和上一封不同之处在于多了建议不宜任钱端升为访问团团员的内容。显然是见到蒋介石对上一封密电似未处理，才又发电催问。蒋介石至此时才指示陈布雷与王世杰协商：访英团人数可减为四人，如此和前次英国访团人数相同，似较相宜。①

9月27日，蒋介石于官邸召见陈布雷商议访英团事。② 29日，参事室召开参事会报，蒋介石表示访英团原定8人，以减为4人为宜，蒋廷黻、萧同兹、钱端升、杭立武4人均不必去，王世杰则说钱端升和杭立武两人中，至少应有一人前往，否则团中能讲演英语的人太少。最后决定王世杰、王云五、胡霖、温源宁、杭立武5人前往，李惟果任秘书。③ 蒋介石何以将访英团人数由8人大减为4人？根据王世杰的判断，应与蒋对英国的不满有关。王在日记中曾记载："英国近来对中国态度使我政府中人多不满。九龙问题既悬而不决，香港问题则暗示无交还中国之意；西藏问题则反对中国实行控制；五千万镑借款事则坚不让步，以致迄无结果。职是种种，蒋先生对访英一事颇不热心。"④

10月21日，王世杰会晤外交部次长吴国桢，告以访英团名义宜定为"中国访英团"，团员5人（王世杰、王云五、胡霖、杭立武、温源宁），应定为中国政府于征询国民参政会主席团暨立法院院长意见后选派之人，预定11月中旬前后启程，留英期间约一个

---

① 《宋子文电蒋中正据克利浦斯称钱端升分函丘吉尔与英重要阁员论中国政局其中多有谤词及其为访英团员似不适宜（1943年7月29日）》，《蒋中正"总统"文物》，典藏号002-080106-00057-019。

② 陈布雷：《日记》，1943年9月27日。

③ 王世杰：《日记》，1943年9月29日；蒋介石：《日记》，1943年9月29日。

④ 王世杰：《日记》，1943年9月28日。

月。吴国桢当日下午即以此一通知英使。① 25 日,国防最高委员会召开常务会议,委员长蒋介石报告中国访英案,强调团员人选系由政府与参政会及立法院商定选派。② 27 日,王世杰电驻英大使顾维钧,询问其对访英事有何特别意见,并请其约叶公超预为布置。③ 顾维钧接到王世杰的函电后,两度致电外交部,除建议将中国访英团的英文名称"The Chinese Mission to Great Britain"改为"The Chinese Mission on Visit to Great Britain",以表示访问团并未负有对英交涉的义务,并主张为表示专程访英起见,访问团似以沿途不接受正式参观的邀请,对新闻记者也不做正式谈话为宜。④ 不过顾维钧更改访英团英文名称的建议,经王世杰征询团员意见后,覆以不改为宜。⑤ 第二个意见事后证明也未被采纳。

　　11 月 1 日,王世杰拟就访英团工作计划并获得各团员的同意。计划中对于团员在英言论范围做了大致的规定,对于西藏问题、港九问题、印度问题、英国对华借款问题均拟有应采取的态度。⑥ 5 日,蒋介石约见王世杰。关于访英事,王世杰请示蒋介石,可否允许以其名义向丘吉尔转达中国对印度问题的态度:"中国民众同情于印度人民之希望,但政府甚了解英国之困

---

① 王世杰:《日记》,1943 年 10 月 21 日。

② 《国防最高委员会第 122 次常务会议纪录(1943 年 10 月 25 日)》,《国防最高委员会常务会议纪录》(台北:"近代中国出版社",1995 年),第 5 册,页 686;王世杰:《日记》,1943 年 10 月 25 日。

③ 王世杰:《日记》,1943 年 10 月 27 日。

④ 丁兆东:《中国访英团述评》,页 38。

⑤ 王世杰:《日记》,1943 年 11 月 4 日。

⑥ 王世杰:《日记》,1943 年 11 月 1 日,访英团工作计划详细内容,可参阅丁兆东:《中国访英团述评》,页 38—40。

难,中国绝不采取任何足以增加英国处理印事困难之政策。"蒋介石初未做答复,王则接着表示此一意旨可否请克利浦斯转达? 获蒋同意。①

访英团一行于 11 月 18 日离开中国,12 月 13 日抵达伦敦。在英国停留的 40 多天期间,足迹遍及 20 多个城市,所到之处受到热烈欢迎,堪称一次成功的访问。连一向不喜欢顾维钧的英国外相艾登(Anthony Eden)②,也在 1944 年 2 月致英国驻华大使薛穆(Sir Horace Seymour)的函电中肯定此次中国访问团的交流,认为是"非常值得"(well worth while)。③ 此次由蒋介石主导,参事室承办,完全越过外交部的所谓"民间"外交活动,遂告圆满落幕。

至于钱端升,经过"告洋状"的风波后,仍继续参与西南联大国民党区党部的工作(和周炳琳、姚从吾、田培林、冯友兰、查良钊、王信忠 6 位均为执行委员)。1944 年春天,左倾的李公朴等人组织云南学术界宪政问题研究会,西南联大区党部乃先发制人,由钱端升、周炳琳二人以联大法学院宪政讲演会名义,邀请 6 位党员教授、4 位非党员教授举办"宪政问题十讲"与之对抗。④ 1945 年元月,钱端升奉派赴美出席太平洋学会(the Institute of Pacific

---

① 王世杰:《日记》,1943 年 11 月 5 日。克利浦斯一向同情印度自治(self-rule),1942 年 3 月英国政府曾派其组团赴印度取得印度对二战的支持与合作,英国则承诺印度于战后举行选举并取得英联邦自治领(Dominion)的地位(如同加拿大)。不料印度两大政党均反对此议,丘吉尔也不支持。此次行动遂告失败。参阅 Nicholas Owen, "The Cripps Mission of 1942: A Reinterpretation," *The Journal of Imperial and Commonwealth History* 30:1(2002), pp. 61 - 98.

② Stephen G. Craft, *V. K. Welington Koo and the Emergence of Modern China*, (Lexington: University Press of Kentucky, 2004), p. 141.

③ Anthony Best, *Foreign Office Confidential Print*, Part III, Series E, Volume 7 (Bethesda, MD: University of America, 1997), p. 249.

④ 王奇生:《革命与反革命》,页 252—257。

Relations)第九次会议。此次会议代表人选,系由蒋梦麟(太平洋学会中国分会会长)蒋梦麟和王世杰共同草拟,蒋介石核定。[1] 1945 年 7 月,钱端升和周炳琳以国民参政会参政员身份在参政会大会发言,与国民党的决定不一致,蒋介石十分愤怒,王世杰谓只宜听之。[2] 11 月 25 日,钱端升、闻一多等应邀在云南大学与学生座谈反对内战,云南省政当局派员包围现场,鸣枪示威,其后数日军警与学生迭有冲突。12 月 1 日发生联大学生与军政部第二军官总队学员冲突事件,学生死亡 8 人、受伤 10 余人,是为"一二·一"运动。[3] 钱端升和伍启元、华罗庚等国民党籍教授对学生持同情立场,对地方政府的做法表示不满和失望。[4] 在联大 8 年期间,钱端升多次以国民党员身份批评国民党腐败,攻击一党专政,被称为校园一景。[5] 1947 年 5 月,钱端升更领衔发表为反内战运动告学生与政府书,劝学生避免牺牲不废学业,希望政府对纠纷合理处理,共有北京大学、清华大学 102 名教授签名。[6] 1948 年 3 月,钱端升当选中央研究院院士,当时他正在哈佛大学担任客座讲师(visiting lecturer)并完成《中国的政府与政治》(*The Government and Politics of China*)一书的初稿。[7] 北平易帜前夕,他与中共地下党联系密切,在中华人民共和国成立后曾参与起草《中华人民共

---

[1] 中国参与此次会议经过,详见张瑞德:《无声的要角》,页 283—289。

[2] 王世杰:《日记》,1945 年 7 月 15 日。

[3] 吕芳上编:《蒋中正先生年谱长编》,第 8 册,页 251。

[4] 王奇生:《革命与反革命》,页 262。

[5] 林英:《联大八年》,《大公报》(上海),1946 年 11 月 26 日,第 7 版。

[6] 《北平教授宣言劝学生避免牺牲不废学业希望政府对纠纷合理处理》,《大公报》(上海),1947 年 5 月 30 日,第 2 版。

[7] Fairbank, *Chinabound*, pp. 321—322;《中研院评议会开会院士选举结果揭晓姜立夫等八十一人当选》,《大公报》(上海),1948 年 3 月 28 日,第 8 版。

和国宪法》。

参事室除了是蒋介石的智囊机构，也是重要的养士之所。蒋介石常将一些可造之才置于参事室，给予磨炼的机会，如表现良好，即外放担任独当一面的工作。另一方面，有时也会将一些遭解职但犯错情节轻微的官员，暂时安置于参事室，观其后效，一如对于犯错情节轻微的将领（如长沙大火案遭撤职的张治中和兰封战役作战不利遭撤职的李良荣），会暂时安置于侍从室任职。[1]　1941年任遭撤职的农本局总经理何廉为参事室参事即为一例。

抗战中期以后，大后方通货膨胀日趋严重，由于农本局、平价购销处等平价机构并未发挥多大功能，民怨日增，蒋介石对平价机构逐渐失去信任。1940 年 12 月，行政院下令各主管机关严格执行蒋介石管制粮价、物价和工价的重要方针，放弃过去对粮价的放任态度，要求采取严格管制政策，并严厉打击囤积居奇。蒋介石在得知农本局和平价购销处有舞弊之嫌后，乃采查办账目方式展示政府平抑物价的决心。

国民政府此时平抑物价的办法，系由侍从室第四组组长陈方所草拟，获蒋介石采纳后交由行政院副院长孔祥熙主持。[2]　侍从室也是奉蒋之命查办此案的主要部门。陈布雷在经过初步调查后提出报告，认为何廉"显有违法溺职情事，但是否私人舞弊牟利，尚待查究，拟请先令戴［笠］副局长派员监视该员行动，俟查明确证，再行依法惩治。又何廉对钧座历次指示平价政策均表怀疑，不肯负责办理，不应再听尸位设事，实无疑义，应为钧座选定继任人员，迅

---

① 张瑞德：《无声的要角》，页 40。

② 唐纵：《日记》，页 182，1940 年 12 月 25 日。

将该员撤职，以期推动平价工作。"①12月28日上午，蒋介石受陈布雷建议，以手令方式要求饬查平价机关，②晚间，平价购销处前处长章元善、国货联营公司总经理寿墨卿等10人陆续被军统人员拘提审讯，是为轰动一时的"平价大案"。③

　　事发后，经济部长翁文灏、粮食管理局局长卢作孚均请辞，31日行政院院会，翁文灏、何廉、张嘉璈（交通部长）均未出席，以示共同进退。一时谣言四起，空气十分紧张，如陈克文即听说"委员长的手谕，有一、二人是应该立即枪决再行呈报的"，④王世杰则在日记中直指背后尚有政治阴谋："章［元善］与财次徐堪素不融洽，徐于翁部长咏霓［文灏］亦素乏好感，此次风潮，虽非以徐为主动，然告发后主持查办者为徐，故闻者愤愤。因翁、章均为洁身自爱之人，群信其不至有贪污情事也。"⑤不过蒋介石对此风暴，仍然不为所动，坚持彻查到底，以维政府威信，⑥1月15日，平价购销处、农本局清查委员会的调查报告出炉，内容对何廉、章元善等人最为不利。蒋介石接到报告后，乃决定对农本局进行改组。蒋要翁文灏转达何廉此项安排，并问何愿任改任何职。何自认为农本局的工作并未犯错，不愿离开，对其他任何职务也

---

① 《呈军事委员会委员长蒋介石为呈报经济部平价购销处吴闻天业务报告及审核报告（1940年12月20日）》，《国民政府档案》，典藏号001－110010－00014－001。

② 陈布雷：《日记》，1940年12月28日。

③ 傅亮：《抗战时期的"平价大案"始末：以农本局改组为中心》，《江苏社会科学》，2015年第1期。

④ 陈克文：《日记》，1940年12月31日。

⑤ 王世杰：《日记》，1941年1月2日。

⑥ 蒋介石1941年1月4日日记："阳历大除夕，为查办平价购销处与国货公司弊案，一般社会不察是非，反攻评政府处置不当，余必彻查到底，以维政府威信。"参阅蒋介石：《日记》，1941年1月4日，《自记本星期反省录》。

都不想干。2 月初，蒋拟派何廉为侍从室参事，陈布雷表示侍从室向无参事名额，似以派在参事室较为相宜，乃在征求参事室主任同意后，①于 2 月 16 日致函翁文灏通知拟委何廉为参事室参事。②

2 月 11 日与 18 日，《大公报》先后刊出何廉辞去农本局局长及总经理职务，遗缺由前上海实业界巨子穆藕初继任的消息。③改组后的农本局，仍保留理事会，孔祥熙得以藉理事长的身份掌控农本局，至此"平价大案"遂告结束。④ 此时，王世杰、张嘉璈和吴鼎昌均先后劝何廉接受参事室的职务，蒋介石最后甚至要陈布雷传话，何廉如愿接此工作，每周仅需至侍从室几次，看看有关经济方面的公文即可，不必天天至参事室上班，不过何仍婉拒。何此时的生活极不愉快，有军统人员在他住宅外站岗并跟监其行动，所配给的日用必需品也遭到削减。⑤ 3 月中旬，何廉出席中央研究院的评议会，会中通过召开全国学术会议一案，由中研院商请教育部合办，并推评议员翁文灏、傅斯年、何廉、王家楫（中研院动物学研究所所长）拟具办法。⑥ 会议期间也有多位评议员劝何廉接受蒋介石的派令。最后何廉终于接受了参事的职务，去参事

---

① 《陈布雷为何廉任参事室参事致王世杰函（1941 年 2 月 9 日）》，收于陈谦平编：《翁文灏与抗战档案史料汇编》，下册，页 632。

② 《陈布雷为农本局改组事复翁文灏函（1941 年 2 月 16 日）》，收于陈谦平编：《翁文灏与抗战档案史料汇编》，下册，页 633。

③ 《大公报》（香港版），1941 年 2 月 11 日，第 3 版；1941 年 2 月 18 日，第 3 版。

④ 傅亮：《抗战时期的"平价大案"始末：以农本局改组为中心》，页 230—232。

⑤ 何廉：《何廉回忆录》（北京：中国文史出版社，1966 年），页 193—195。

⑥ 中国第二历史档案馆编：《国立中央研究院评议会第二届历次年会记录》，《民国档案》，2018 年第 3 期，页 6—7；《中研院发行举行全国学术会议设纪念讲座纪念蔡孑民氏》，《大公报》（香港），1941 年 3 月 17 日，第 3 版。

室报了到并到侍从室拜访陈布雷。何廉发现，从此监控他的军统
人员不见了，军事委员会每月配给的米、煤、盐和食油也重新恢
复。① 何廉在参事室沉潜了一段时间，至 1943 年，才重新获蒋介石
任命为中央设计局副秘书长（秘书长熊式辉）。

　　参事室的成败，取决于长期主其事的王世杰。王世杰由于曾
任汪兆铭主政时的教育部长，在参事室主任任内，为了要力避汪
派的嫌疑，②不免凡事揣摩上意，对蒋介石的建议，"常在两可之
间，从来没有肯定的意见"，③但是在逐渐取得蒋的信任后，即颇敢
建言。

　　1943 年，《中国之命运》出版后，国防最高委员会秘书厅曾通
令全国党政军机关，切实研究与批评，并限期呈报中央。在缴交
报告截止的前二天，陈克文应邀到国防最高委员会副秘书甘乃光
住处餐叙，得以在甘寓看到许多各部会次长以上人员研读《中国
之命运》的报告，他翻阅之下发现："十之八九系敷衍了事的文章，
其中有厚至数十页等，亦有简单至六七句者。惟粮食部部长徐堪

---

① 何廉：《何廉回忆录》，页 194—195。

② 王世杰早期被政坛人士视为是和汪兆铭较为接近，后来才受蒋介石重用。参阅：陈
存恭、潘光哲访问，潘光哲纪录：《刘象山先生访问纪录》（台北："中央研究院"近代史
研究所，1998 年），页 119。不过根据钱昌照的回忆，汪兆铭原提褚民谊为教育部长，
蒋介石不赞成，钱想到王世杰和汪的关系不错，乃推荐王，获蒋同意。王世杰出任教
育部长，当时有媒体认为是顾孟余所推荐，目的是拉王组"新教育系"，以脱离汪系；
根据周德伟的回忆，汪兆铭原接受顾孟余的建议，拟请胡适担任教育部长，胡力辞不
就，乃改请周鲠生，周鲠生力荐王世杰，故任王为教育部长。参阅左君：《顾孟余创立
新教育系之动机》，《福尔摩斯》（上海），1933 年 6 月 16 日，第 1 版；周德伟：《落笔惊
风雨》，页 324；钱昌照：《钱昌照回忆录》，页 143。

③ 张忠绂：《迷惘集》，页 135。曾推荐王世杰任教育部长的钱昌照则在其回忆录中批评
王"极端势利，对蒋一味迎合，对宋美龄、孔祥熙等尽量敷衍"。参阅钱昌照：《钱昌照
回忆录》，页 144。

及次长庞松舟、刘航琛三人联名之一本颇有见解,敢采批评的态度。其余均是满纸肉麻的恭维语,获抄录原书句,或复述原书大意,绝无一看之价值。"① 徐堪曾力保陈克文担任广西田赋粮食管理处处长,② 因此陈对徐的赞美之词或许未必公允,不过他说这些报告"十之八九系敷衍了事的文章",则应无疑问。当时许多高官均将撰写心得报告的工作交给下属去做,王世杰即是如此。王世杰的幕僚替王草拟了几页的"读后感",以为他会采择抄呈,不料王竟然将全文换掉,自己写了"君子不念旧恶"6 个字作为他的读后感,实为以简驭繁的建言。③ 1953 年,王世杰因"两航案"被迫辞职,④当时即有人指出此案仅为导火线,真正原因为他过去谏言太多。⑤ 虽然如此,王世杰的谏言仍有其局限性。徐复观认为陈布雷、王世杰二人对蒋介石,"谁也不能作彻底而有系统的贡献",虽然要求较高,但确也是实情。

参事室和中央设计局均为中央层级的设计机构,两者可稍作比较。1940 年,蒋介石为推行行政三联制(设计、执行、考核),设立中央设计局及党政工作考核委员会,均隶属于国防最高委员会。中央设计局主持全国政制、经济建设计划的设计及审核,所设计的各项计划及预算,经审议会审议后呈国防最高委员会核定,分令各主管机关施行,并由各主管机关遵照规定按期呈报实施进度。凡

① 陈克文:《日记》,1943 年 4 月 13 日。关于《中国之命运》出版后各界之反应,可参阅:张瑞德:《无声的要角》,页 310—316。

② 陈克文:《日记》,1943 年 6 月 16 日。

③ 万亦吾:《王世杰——蒋介石的智囊》,《湖北文史资料》,第 29 辑(1987 年),页 7。

④ 陶英惠:《王世杰与两航案真相——王雪艇先生百年诞辰纪念》,《传记文学》,第 56 卷第 4 期,页 14—17。

⑤ 万丽鹃编注,潘光哲校阅:《万山不许一溪奔:胡适雷震来往书信选集》(台北:"中央研究院"近代史研究所,2001 年),页 53—56。

经国防最高委员会核定施行的计划及预算,应将全案送请党政工作考核委员会作为考核的依据。①

中央设计局的主要工作,可分为两大类:一类是经常性的工作,即是编订或审议每年度的国家施政计划及国家总预算;另一类是项目设计及专题研究工作。后一类工作大部分系根据蒋介石的指示而进行,先后完成的重要计划方案,包括:(1) 拟计《战时三年建设计划》;(2) 拟订《西北十年建设计划》;(3) 研究《国父十年国防计划》;(4) 拟订《战后五年国防及经济建设计划》;(5) 筹划东北及台湾接管方案。②

中央设计局在筹备之初,王世杰即曾向张群(国防最高委员会秘书长)表示不宜于此时成立此机构,以"事实上不能罗致众多人才,亦不能推动重大的建设工作也"。③ 中央设计局成立后,王是在蒋介石的要求下,才勉强出任秘书长一职。上任后,多数时间仍在宣传部办公,和同仁见面交换意见的机会甚少。由于局内同仁不和,且无力规划局内工作,王对秘书长一职颇以为苦,多次请求辞职,1943 年 8 月终于获准。④

根据中央设计局一位研究员晚年的回忆,该局在王世杰主持期间,唯一的功能"便是安置了一批清流学者,使得他们

① 中央设计局成立后实际上设置的单位和组织大纲上的规定略有出入,较重要者包括:(1) 审议会和预算委员会未成立,审议会的职权由国防最高委员会的常务委员会行使,预算委员会的职权由国防最高委员会的财政专门委员会和国民政府主计处代行。(2) 设计委员会未建立完整的体制,仅分设政治、经济和财政金融三组,分别担任有关的设计、研究和审议的工作。参阅张希哲:《记抗战时期中央设计局的人与事》,《传记文学》,第 27 卷第 4 期(1975 年 10 月),页 40。

② 张希哲:《记抗战时期中央设计局的人与事》,页 41—43。

③ 王世杰:《日记》,1940 年 8 月 15 日。

④ 徐保达:《王世杰与民国政治》,页 73—74。

在战时能够安心研究，事实上设计局真正发挥功能者，真是不多"。① 至熊式辉接任秘书长后，中央设计局才第一次有了专职的秘书长。熊不仅扩大了组织，调集了几十个教授和专家，并主动提出许多重要计划，呈报国防最高委员会决定后，便交付行政院执行。此外，熊并将东北三省重新设计为九省，故中央设计局在熊式辉任秘书长时代，对当时的国政决策，确曾发挥了一些作用。② 值得注意的是，熊式辉不久即奉调主持东北接收，而局内主持台湾调查委员会的陈仪，则于战后主持台湾省的接收事宜，显示出中央设计局所具有的储才养士功能。

参事室和中央设计局的工作性质，均为提供计划和建言供蒋介石采择。不同之处在于参事室类似外交智囊团，而中央设计局则较像内政智库；参事室较常研拟解决具体问题的对策，或为各部会草拟的政策、法律规章在推出前进行把关，较常成为蒋介石咨询的对象，因此在党政人士心目中的地位较重要；而中央设计局则较常研究大型或中、长期计划。参事室在王世杰主持期间较像"冷衙门"，熊式辉主持期间则发挥了一些作用，不过此二机构均为重要的养士之所，表现良好者往往可外调为方面大员。

抗战前后，国民政府中央政制因应战争的需要所做的一些调整，除了党政军统一指挥机构的建立，设计机构的增多，也是一种显著的现象。国民政府为了集思广益，在许多部会中均增设了设计或研究的机构，以便向政府贡献意见，或从事调查与研究的工作。这些机关大多系网罗政府以外的专家学者，使得他们能以其

---

① 张存武访问，李郁青纪录：《张希哲先生访问纪录》（台北："中央研究院"近代史研究所，2000 年），页 27。

② 王又庸：《杨永泰与熊式辉》，页 63；张存武访问，李郁青纪录：《张希哲先生访问纪录》，页 27。

所长,贡献国家。另一方面,这些机关也具有养士的功能。国民政府时期,教育经费并非充裕,知识分子的薪资也未能完全稳定,尤其抗战中期以后,通货膨胀日益严重,知识分子也逐渐贫穷化。国民政府最初不仅未能察觉到知识分子失养对于政局的影响,还要推动精简人事,后来发现许多失业的知识分子加入各地的伪组织或"特殊组织",才设法补救。于是党政部门纷纷成立机构或推出各种奖励与救济方案,资助知识分子,①甚至蒋介石本人也设立了国防设计委员会、南昌行营党政设计委员会、侍从室和参事室等幕僚机构,一方面作为自己的智囊团,另一方面也借此养士。

国民政府的养士措施也引起了一些媒体的讨论。如蒋廷黻1940年即曾以泉清的笔名发表一篇名为《中国文化对于政治的贡献》的文章,指出传统中国政治的目标在求治防乱,政治的良窳在于是否能够防患于未然,而防患于未然的奥妙,则全在于养士之道:

> 在我们这种社会里,几千年来的经验告诉我们,与其讲求行政效率而不养士,因而引起天下的大乱,不如大规模的养士,以求天下的苟安。至于机构的调整和行政的灵敏,惟有置之不顾。②

---

① 泉清:《中国文化对于政治的贡献》,《新经济半月刊》,第3卷第2期(1940年),页34。晚近学界对于此一问题的研究,可参阅:陈三井:《抗战前后国民政府的知识分子政策》,《中华军史学会会刊》,第6期(2001年8月),页241—264;胡国台:《抗战时期教育部沦陷区招致工作》,《中华军史学会会刊》,第6期(2001年8月),页443—471;桑兵:《抗战时期国民党策划的学人办报》,收于李金铨编:《文人论政:知识分子与报刊》(桂林:广西师范大学出版社,2008年);吴怡萍:《抗战时期中国国民党的文艺政策及其运作》(台北:台湾政治大学历史系,2012年),第3—4章。

② 泉清:《中国文化对于政治的贡献》,页34。

蒋廷黻认为国民政府以设计机构作为养士办法的缺点，在于办事和养士不分，造成有许多机关可说是"寓养于办"或是"寓办于养"，其结果为机关过多、冗员过多，所谓机构调整、行政效率，根本即谈不上。政府既出了养士的费用，牺牲了行政效率，而且又损害了政府的名誉。至于解决之道为何？蒋廷黻以为治本的方法在于发展产业，以人才办事业，以事业养人才。治标的方案则是将办事与养士完全分开。承认社会的既成事实，将士分为两类，一类是办事的士，一类是不办事而必须养的士；同时也将政府的机关和位置分为两种，一种是办事的机关和位置，一种是养士的机关和位置。两种受同等待遇，得同样保障。所不同者，办事人员均须经过文官考试，入政府后必须依办事成绩升级、升等；受养人员则来自私人保荐，入政府后必须"安分守己，不发一言，不做一事"。政府每年预算分为办事与养士两种，最初两种相等，10 年之后养士预算开始减少，每年减少 5％，30年之后养士的预算可以完全移作办事的预算，如此养士与办事完全划分为二，虽费预算，但行政效率和政府的名誉可以保存。①

云南大学教授王赣愚则认为国民政府增添机构以养士，耗费纳税人的血汗钱，实为不应出现的病态现象：

> 当年中央以及地方政府，以待养之士多，设法增加其需要，于是多添机关，多设官职，求救济之安插之，甚至凡百政务，几乎无不为此着想。殊不问增官添职以养士，在国家财力上，是浪费，是虚掷。国帑本出自民，此等民皆是国中有业者，倘使有业者出其血汗所得，以养无正业之士，结果全国人都以养人为苦，以待养为幸。这岂非社会上的变态、养士于仕途，

---

① 泉清：《中国文化对于政治的贡献》，页 35。

未尝不是一种"仁政",然其恶影响实是不可思议者。①

王赣愚接着指出,知识分子在合法范围内从事政治活动,乃基本民权,政府若妄加阻挠或禁止,即是自绝于士,即便养之以禄,授之以位,也无以弭变乱。如要使士能相安,不如实行民治,公开争权,不但不致为乱,而且尽得其职。在此迈向民治的过渡时代,国家养士仅为权宜之计,国事不能由此完全解决。当此过渡阶段,国事需以责任为基础,而不应以私情为基础。因此,养士当力避传统的"礼贤"方式。"礼贤"是养士而为私人所用,而非为国家所用。中国政治若要现代化,则"礼贤"根本不必要。②

王赣愚(1906—1997)江西南城人,清华大学政治系毕业,美国哈佛大学政治学博士,先后任教于中央政治学校、南开大学、云南大学、西南联大。1949 年后曾任南开大学财经学院院长、民盟天津市委员会副主委等职。③ 王赣愚和钱端升为清华、哈佛校友,1935年在钱的介绍下进入南开大学政治系任教,曾协助钱办《今日评论》,后来由国民党员转为民盟活跃分子,也和钱相同。④

笔者认为蒋廷黻和王赣愚的文章,已将国民政府养士制度的功能和弊病分析得十分透彻,不过有关养士制度和效率之间的关系,仍有值得商榷之处。

第一,养士制度未必即会牺牲效率。本章的研究显示,蒋介石所直接掌控的智囊机构,大致上均展现出相当高的效率,且能发挥

---

① 王赣愚:《再论养士与政治》,《今日评论》,第 3 卷第 15 期(1940 年),页 230。

② 王赣愚:《再论养士与政治》,页 231。

③ 关于王赣愚的事迹,可参阅:水羽信史:《抗战时期的自由主义:以王赣愚为中心》,《学术研究》,2010 年第 3 期。

④ John Israel, *Linda*: *A Chinese University in War and Revolution* (Stanford: Stanford University Press, 1998), p. 182.

一定的功能。这些机构研拟的中、长程计划，或许由于战乱的因素而未能完全实施，但是对于 1949 年以后的海峡两岸，均产生了相当大的影响。至于针对各种情势所研拟的中、短期方案或对策，由于多为蒋介石所交办，或目的是在解决具体问题，因此获得采用的机会也颇大。晚近学者研究开发中国家的官僚系统，发现各机构的效率常有极大的差异，以致无法用简单的形容词予以概括，[1]学者研究国民政府，也有类似的发现。[2] 更有进者，这些智囊在职期间，由于广泛接触各部会的业务，得以培养整体性的视野，人际关系也得以拓展，一有机会每多即外放为方面大员。因此，蒋介石的这些智囊机构，已成为党政要员的重要培育场所，其重要性甚至超过党务机器。

　　第二，蒋介石所直接掌控的智囊机构，之所以能够有相对突出的表现，原因有二：(1) 这些机构由于系由蒋介石直接督导，成员与蒋接触机会多，因此士气较高，工作上也不敢懈怠。(2) 这些机构拥有许多学者专家出身的成员，其中有些甚至是知名学者（有 10 余位成员 1947 年曾获中央研究院提名为院士候选人）。[3] 他们具有国际视野，使命感强烈（受到"士为知己者用"观念的影响），勇于任事，均非一般行政机构所能比拟。虽然如此，这些表现良好的机构，均为特殊条件下的产物，因此其成功经验也无法复制或是影响其他的机构，而只能像是沙漠中的少许绿洲。

---

[1] Erin Metz McDonnell, *Patchwork Leviathan*: *Pockets of Bureaucratic Effectiveness in Developing States* (Princeton: Princeton University Press, 2020).

[2] 代表性的著作为 Julia C. Strauss, *Strong Institutions in Weak Polities*: *State Building in Republican China* (Oxford: Clarendon Press, 1998).

[3] 第一届中央研究院院士候选人名单，可参阅《三组院士题名》，《大公报》（上海），1947 年 10 月 18 日，第 8 版。

　　第三,蒋廷黻将"养士"和"办事"对立起来,认为养士制度会牺牲效率,显示他深受当时流行之"科学管理"的影响。 自 1930 年代开始,科学管理思潮即席卷中国,蒋介石也受到影响,①设立中央设计局,推行"行政三联制",将欧美管理企业、工厂的科技手段用来管理政府,虽然产生了一点效果,例如简化了公文的形式和流程、建立起档案管理制度、重视数字图表,但是也增加了机构、人员、经费,是否真正提升了"效率",实在大有问题。② 值得注意的是,此种强调"工具理性"的"科学管理"思想对日后海峡两岸均产生了深远的影响,至今仍未歇息。

---

① 1934 年 3 月蒋介石召集各省高级行政人员会议,于闭幕式上发表《现代行政人员须知》演说,即曾提倡科学管理:"现代科学管理的方法,各国都拼命应用到行政上来,比方讲档案的管理,如果能用科学的方法,无论从怎么多的档案找出任何一个案卷,最多不过费几分钟。总之,在外国自大规模的交通事业、国营事业,以至最小、最小的一个机关,其一切对象,都普遍的讲究用科学的方法来管理,管理得法,就可增加效用,减少损失。"参阅蒋介石:《现代行政人员须知(1934 年 3 月 20 日)》,收于《"总统"蒋公思想言论总集》,第 12 卷,页 158。

② 汪正晟:《中央政治学校公共行政教育的困境与出路》,《"中央研究院"近代史研究所集刊》,第 102 期(2018 年 12 月);刘大禹:《论蒋介石与战时行政三联制》,《史学月刊》,2019 年第 5 期。

第三章 养士:蒋介石对学人与刊物的赞助

晚近学界对于国民政府时期知识分子群体与政治的研究,大致可分为以下几类:第一类为研究学者从政;[①]第二类为探讨知识分子群体如何在党国体制外,保持其自主性;[②]第三类则为研究国

[①] 代表性的专著,包括闻黎明:《第三种力量与抗战时期的中国政治》,(上海:上海书店,1997 年);金安平:《从批判的武器到武器的批判:二十世纪期半期中国知识分子与政党政治》,(哈尔滨:黑龙江人民出版社,2000 年);刘晔:《知识分子与中国革命:近代中国国家建设研究》,(天津:天津人民出版社,2004 年);平野正:《中国民主同盟の研究》(东京:研文出版,1983 年);Edmund S. K. Fung, *In Search of Chinese Democracy : Civil Opposition in Nationalist China*, *1929 – 1949*(Cambridge : Cambridge University Press,2000).

[②] 代表性的专书包括谢泳:《西南联大与中国现代知识分子》(长沙:湖南文艺出版社,1998 年);章清:《胡适派学人群与现代中国自由主义》(上海:上海古籍出版社,2004 年);沈卫威:《自由守望:胡适派文人引论》(南京:南京大学出版社,2009 年);闻黎明:《抗战风云中的国立西南联合大学》(台北:秀威出版社,2010 年);蒋宝麟:《民国时期中央大学的学术与政治(1927—1948)》(南京:南京大学出版社,2016 年);许纪霖:《大时代中的知识人(增行本)》(北京:中华书局,2012 年);Wen-hsin Yeh, *The Alienated Academy : Culture and Politics in Republican China*, *1919 – 1937*(Cambridge, Mass. : Council on East Asian Studies, Harvard University, 1990);Timothy B. Weston, *The Power of Position : Beijing University*, *Intellectuals*, *and Chinese Political Culture*, *1898 –1929*(Berkeley:University of （转下页）

民政府及国民党如何招致知识分子群体。① 近年蒋介石档案与日
记公开后,开始有学者研究蒋介石对知识分子群体的联系。② 笔者
多年前曾有幸收集到一批蒋介石个人特别费的档案资料,尚未见
有学界利用,十分珍贵。蒋介石任军事委员会委员长一职,除正常
薪资外,另有特别费(战前为每月 30 000 元)可供其自由运用。③ 支
用方式系由侍从室直接下令军政部军需署长开支,该部部长无权
过问。众所周知,蒋介石生性节俭,不喜浪费,其特别费主要系用
于对乡里故旧的接济,和民国要员年节、婚丧的馈赠,对于知识分
子个人和团体长期资助的情形,并不多见。晚近学者对于蒋介石
如何资助儒学学者和刊物如马浮、冯友兰、贺麟、《思想与时代》,已
有若干研究,④本文拟以萧一山和《汗血》杂志为例,探讨两者何以

（接上页）California Press，2004）；John Israel，*Lianda：a Chinese University in War and Revolution*（Stanford：Stanford University Press，1998）.

① 胡国台：《抗战时期教育部沦陷区招致工作》,《中华军史学会会刊》,第 6 期（2001 年 8 月）,页 443—471；陈三井：《抗战前后国民政府的知识分子政策》,《中华军史学会会刊》,第 6 期,（2001 年 8 月）,页 241—264；桑兵：《抗战时期国民党对北平文教界的组织活动》,《中国文化》,第 24 期,（2007 年春季）；桑兵：《抗战时期国民党策画的学人办报》,收于李金铨编：《文人论政：知识分子与报刊》,（桂林：广西师范大学出版社,2008 年）。

② 例如张瑞德：《无声的要角：蒋介石的侍从室与战时中国》,（台北：商务印书馆,2017 年）,页 178—183。

③ 洪葭管编：《中央银行史料（1928.11—1949.5）》（北京：中国金融出版社,2005 年）,页 733。蒋介石任行政院院长时,除主持院会或遇有必要,并不到院办公,例行公事均授权秘书长判行,特别费(战前为每月 5 000 元)也由其全权支配。根据一项数据显示,蒋介石任行政院院长时其特别费项下开支的款项,仅用于院长回赠蒙藏活佛、王公的礼品,即传统的丝织锦缎,除此之外全数缴库。参阅关德懋：《翁文灏其人与事》,《传记文学》,第 36 卷第 4 期,页 79。

④ 翟志成：《冯友兰学思生命前传（1895—1949）》(台北："中央研究院"近代史研究所,2007 年）,页 157—159；黄克武：《蒋介石与贺麟》,《"中央研究院"近代史研究所集刊》,第 67 期（2010 年 3 月）；张瑞德：《无声的要角：蒋介石的侍从室与战时 （转下页）

能雀屏中选成为蒋介石经费资助的对象,以及萧一山成为蒋介石的资助对象后,对其思想言论有无产生影响,是否因此而丧失其独立性。晚近学界对于萧一山的研究,几乎全集中于其学术思想与活动,[①]对于其参政活动的研究,尚不多见,[②]有关《汗血》杂志的研究,更是绝无仅有。本章拟根据档案史料及回忆性质史料对蒋介石两种不同类型的"养士"作为进行研究,借以略窥蒋与知识分子群体的关系。

第一节 萧一山:建构"民族革命史观"的国士

萧一山,江苏铜山人,1902 年生,出身书香世家,5 岁入塾读

（接上页）中国》》(台北:商务印书馆,2017 年),页 178—183;林志宏:《战时中国学界的"文化保守"思潮(1941—1948)——以〈思想与时代〉为中心》,未刊硕士论文,"中央大学"历史研究所,1997 年;何方昱:《"科学时代的人文主义":〈思想与时代〉月刊(1941—1948)研究》(上海:上海书店出版社,2008 年)。

① 田园:《萧一山研究的学术史回顾与展望》,《中国史研究动态》,2010 年第 5 期;张光华:《萧一山的历史观散论》,《阜阳师范学院学报》(社会科学版),2010 年第 5 期;田园:《萧一山评价清代人物》,《史学评论与史学史学刊》,2010 年第 10 期;张光华:《萧一山与〈清史大纲〉》,《许昌学院学报》,2011 年第 1 期;田园:《萧一山对清代民生与民俗的研究及意义》,《淮阴师范学院学报》(哲学社会科学版),2011 年第 4 期;张光华:《重义理不如废考据:萧一山的文献学成就与学术特色》,《唐山学院学报》,2014 年第 1 期;张光华:《孤独的学术彗星:民国学术史视野中的萧一山》,《邯郸学院学报》,2012 年第 1 期;张光华:《"因革原理"与"经纶大法":萧一山民族革命史观评析》,《新疆大学学报》(哲学人文社会科学版),2012 年第 5 期;张光华:《萧一山史学著作的文风》,《史学史研究》,2013 年第 2 期;陈其泰:《现代史学对史表的成功运用:以萧一山〈清代通史〉为例》,《人文杂志》,2013 年第 11 期;刘永祥:《萧一山与"新史学"》,《淮阴师范学院学报》(哲学社会科学版),2014 年第 5 期;张光华:《萧一山的学术渊源阐释》,《河北科技学院学报》(社会科学版),2015 年第 2 期。

② 唯一的例外为张光华:《学人问政——萧一山的政治学理论与实践》,《阜阳师范学院学报》(社会科学版),2009 年第 1 期。

书,1919 年中学毕业后,考入山西大学预科,在校期间曾研读十三经注疏及诸子书,尤爱四史。① 当时稻叶君山的《清朝全史》中译本正流行中国,萧一山以其观点纰缪,疏漏颇多,而能风行一时,实为中国士林之耻,于是发奋撰写《清代通史》。②

1921 年,萧一山自山西大学预科毕业,转入北京大学政治系,立志以科学方法为中国史学开拓新视界,1925 年,在清华学校研究院国学科导师梁启超的推荐下,获聘为该校高等部教员。③ 与梁启超共授大学部一年级的中国通史课程(梁主讲文化史,萧主讲政治史)。旋任教于北京大学、北平师范大学、北平女子师范学院。1928 年,萧一山以教育之成败为立国之根本,在教育家张荫梧的资助下,于北平创办文史政治学院,并自任院长。翌年又创办文治中学于北平,任董事长。1931 年,应中央大学校长朱家骅之聘,任教该校历史系。④

1923 年,萧一山所撰《清代通史》上卷二册出版,梁启超、今西龙等著名学者撰序赞扬。梁启超在序文中说:"萧子之于史,非直识力精越,乃其技术,亦罕见也! ……渔仲[郑樵]、实斋[章学诚]所怀抱而未就之通史,吾将于萧子焉有望也。"⑤,今西龙则在序言中称许萧一山能将浩瀚的旧史料融化成自己的东西,又加上许多新史料,并且记述也安排得宜,实在是"从来得未曾睹的佳著",并认为他"必有成为世界的大史家之一日"。⑥ 时萧一山仅有 21 岁,2

---

① 《萧一山先生生平大事记》,收于《萧一山先生生文集》,(台北:经世书局,1979 年),页 640—641。

② 萧一山:《清史大纲》,(重庆:经世学社,1944 年),后记。

③ 《萧一山先生生平大事记》,页 642。

④ 戴玄之:《萧一山》,收于《中华民国名人传》,页 685。

⑤ 梁启超:《序言》,收于萧一山《清代通史》。

⑥ 今西龙:《序》,收于萧一山:《清代通史》。

年之后，他又完成《清代通史》中卷，从此名闻天下。

蒋介石自幼入私塾读四书五经，接受传统儒家教育，16 岁始入学校接受新式教育。在日本留学和流亡期间，所读的书除军事相关的教材外，主要为王阳明、曾国藩和胡林翼 3 人的文集。蒋介石对曾国藩十分推崇，一生受其影响极大。1904 年，17 岁的蒋介石首次阅读曾国藩的文章，1913 年和 1915 年两次复读。此后，又曾多次阅读曾国藩的日记、家书、书牍、杂著以及治兵语录等。对其修己治人之道十分钦佩，立志效法。[1] 因此蒋介石和其他投身革命的国民党人一样，对于清史感到兴趣乃极其自然之事。

根据萧一山的自述，1923 年《清代通史》出版时，曾请孙文为题封面而寄赠一部。蒋介石适任大本营参谋长，曾阅读此书。北伐后，又曾亲往商务印书馆，购阅上海版的上、中两册。1928 年，中央研究院成立，院长蔡元培率同历史语言研究所所长傅斯年等晋谒蒋介石，蒋言及萧著，说是近数十年来少见的佳作，颇欲与作者一见，蔡、傅二人均将此话告萧，要他去见蒋。萧在北平执教未去。[2] 不过根据蒋介石的日记，仅有 1930 年 12 月 20 日读《清代通史》的记录。[3]

1931 年，萧一山应中央大学校长朱家骅之聘至该校任教。一日朱持蒋邀笺偕萧同去官邸餐叙，萧才首次得识蒋。不久蒋至庐山筹组"剿共"事宜，因萧一山《清代通史》写过清剿捻匪采用坚壁清野方法，电邀萧去长谈，萧因校课未去。1932 年，蒋在汉口组织豫鄂皖三省"剿匪"总司令部，又电邀萧前去，萧即乘轮前往。在汉

---

[1] 王奇生：《蒋介石的阅读史》，《中国图书评论》，2011 年第 4 期，页 22—24。

[2] 萧一山：《永怀哲人蒋公》，收于萧一山先生文集编辑委员会编：《萧一山先生文集》，（台北：经世书局，1979 年），页 482。

[3] 蒋介石：《日记》，1930 年 12 月 20 日。

口期间,蒋共和萧谈了 3 次,每次均在一小时以上,所谈均治平之道。[1] 蒋介石曾于日记中记载听萧一山讲中国治道后的心得:

> (中国治道)向以黄老与名刑并用,而折中于孔子中庸之道。然孔教带礼,又不能成为纯教。治国工具以宗教、社教、法律三者并用,今中国宗教完全失效,而法亦自曹魏来而败坏。赵宋以来,孔教又为佛教所败,宋儒且偏重于佛学,演至今日,礼教破产,所以思想复杂,法度不立,礼教失效,此天下之所以大乱。是其所见者为法度与思想之大处,可佩也。[2]

蒋介石邀约当时仅有 30 岁的萧一山从政,萧言对西洋社会尚不了解,必先赴欧美考察一次,方能决定。蒋立即送萧 2 万元,让他出国考察。[3] 同年 10 月,中央大学教授吴梅(北大校歌作者,著名的戏曲学者)领到的月薪,扣除所得税 13.6 元及西北义勇军费 3.4 元,实支仅有 323 元。[4] 蒋介石对萧一山的厚爱,由此可见。萧一山返回南京后,朱家骅问他对蒋介石的印象如何,萧说:"蒋公聪明天纵,将来中国之命运,就要靠他了。可惜感情太盛,恐不免有挫折耳。"朱对萧的看法表示甚有同感。[5]

萧一山出国前,曾赴牯岭向蒋介石辞行。蒋介石邀请萧一山和中央训练团兵器总教官俞大维两人晚餐,谈话中涉及中西文化

---

① 萧一山:《"总统"蒋公之待人处事的原则》,收于《萧一山先生文集》,页 474;余协中:《悼一山兄》,收于《萧一山先生文集》,页 745。

② 蒋介石:《日记》,1932 年 7 月 19 日。

③ 萧一山:《"总统"蒋公之待人处事的原则》,页 474;《蒋介石电朱家骅请萧一山准备出洋事并预算经费(1932 年 6 月 25 日)》,《蒋中正"总统"文物》,"国史馆"藏,典藏号 002 - 010200 - 00068 - 023。

④ 王卫民编校:《吴梅全集(日记卷上)》(石家庄:河北人民出版社,2002 年),页 231。

⑤ 萧一山:《"总统"蒋公之待人处事的原则》,页 474—475。

问题。俞大维为美国哈佛大学博士,仍有新文化运动的思想,萧一山则为未曾出过国还抱有固有文化观念的本土学者,意见不免相左,饭后蒋、俞、萧3人至书房续谈,一直谈到午夜。萧总觉得古人内圣外王之义和张之洞中体西用之说不错,俞则主张全盘西化。萧问蒋对二人所说,看法如何?蒋说:"全盘西化,只是胡说,中体西用,理虽不错,但是不可袭用老套,以免引人误会。何不改变一种说法呢?"①俞、萧二人辞出后,俞仍不服,随萧至住所辩论,直至次日清晨2点始散,散后俞始承认萧的说法正确。

萧一山出国期间,与蒋介石始终保持联系,除报告最新动态外②,还对蒋提供建言。例如1933年4月萧一山即曾写一封3000字的长信给蒋介石,分析世局并提供治国建议。

萧一山在信中首先提出他对国际局势的观察和建议:

> 英人对于中国,大多漠视,而政府则联日以制俄,惜保印度,使不有美国为之掣,则英日之盟,可张目焉。吾国外交,美俄固无论矣,于欧则只有借德意而制英法,许以市场,易其军需,可资利用。盖意为法党策源,军实充备,辄以耀武;德自希氏组阁,励精图治,亦易复元:三方(资本主义之宪政,共产主义之苏维埃,及法西斯主义之独裁)并驾,力强者胜,吾国久受宰割,亦只能因应时会而已。③

萧一山指出,为今之计,只有提倡工业化,以为建设的基础;振

---

① 萧一山:《"总统"蒋公之待人处事的原则》,页475;萧一山:《永怀哲人蒋公》,页483。

② 例如《朱家骅呈蒋介石据萧一山函称其于欧洲发现大批外人所记清史与秘密结社手抄本及德义国势日强我目前宜休养生息等(1932年12月25日)》,《蒋中正"总统"文物》,"国史馆"藏,典藏号002-080200-00066-044。

③ 萧一山:《复蒋先生书(1935年4月)》,收于萧一山:《非宇馆文存》,卷9,页2。

起衰蔽的人心,以为自强的先声。

萧一山最后并且重提前一封信对蒋所做的两项建议——严树法纪与休养生息。两者看似矛盾对立,实则相辅相成:

> 二者乃系本标之谋,并非抵迕之说。盖百年变乱,民生水火,不事休养,则崩溃堪虞。然秩序不定,法规不严,则贪污暴敛,崔苻遍野,欲休养亦无从耳。如此循环,何时了了,兴念及此,不觉流涕! 今日之局,诚所谓"佛出亦救不得",唯有吾公耳。实心者何? 不讨一时之利害,不顾当世之毁誉,整个计划,各方进行,元首提挈其纲领,辅弼分司于专部,而其钥则在知人善任。惟知人甚难,古有明训,况今事态复杂,作伪之术亦工,斯人不出,殷浩徒有虚名;扪虱而谭,王猛尚多实际。惟任人以治法;用法以责人,互相调济,当视效果。①

1934 年 2 月,萧一山在结束欧陆之行前,又曾写了一封 1 000 多字的信给蒋介石。信中总结在欧洲间游踪所历,考察各国政情,比较党治方略,发现未见有不本国情,而抄袭成章者,也未见有不受历史、自然环境支配者。萧一山认为,英、法、美的民主,意、德、奥的独裁,苏维埃的共产,实代表三种潮流和阶段。即实行同一主义的国家,其内容也未必尽同。而三民主义,实欲兼三者之长,而去其短。三民主义虽为救时良药,不过实行时当有轻重缓急。萧一山以为应以民族为先,佐以建设的民主,民权为次,方符合历史与潮流的趋势。②

萧一山的几封建言,蒋介石看了之后有何反应,由于受到史料的限制,不得而知。不过《中央日报》于 1934 年 4 月 11 日刊出萧一

① 萧一山:《复蒋先生书(1935 年 4 月)》,页 4。
② 萧一山:《致蒋先生书(1934 年 2 月)》,收于萧一山:《非宇馆文存》,卷 9,页 6—7。

山"奉蒋委员长派遣，赴英考察历史及政治等事"即将返国的消息，[1]5月，蒋介石又电中大校长朱家骅询问萧何时可至南昌讲述清代史，尤其希望他能介绍清代开国制度与清代外交档案，[2]显示蒋对萧甚为器重。

6月初，萧一山赴南昌谒蒋介石。[3]此时蒋介石正要提倡新生活运动，问萧有何意见。萧说："这种事应该由教育家来办，不必假手政治。提倡礼义廉耻，宜用汉光武待遇严子陵的方法，以实际行动来示范，无须当政之人用言词来说教。"所以蒋邀萧帮忙，萧即以先父未殡为由谢绝。可是蒋办庐山训练团，仍邀萧前往演讲民族问题。[4]

1935年，萧一山应河南大学校长刘季洪之聘，任该校文学院院长。任教期间将其于大英博物馆搜集的有关资料编辑《太平天国丛书》《近代秘密社会史料》《太平天国诏谕及书翰》《大英政府有关中国文书总目（英文本）》等书，先后出版。[5]而其中尤以《近代秘密社会史料》的出版，最为重要。萧一山于民国初年撰写《清代通史》时，虽已将浓厚的民族意识灌注其中，不过尚未将此种民族意识系

① 《中央史学教授一去一来》，《中央日报》，1934年4月11日，第4版。
② 《蒋中正电朱家骅询萧一山何日来赣讲述清代史（1934年5月21日）》，《蒋中正"总统"文物》，"国史馆"藏，典藏号002-010200-00114-023；《蒋中正电朱家骅请转告萧一山何日来赣及讲述清代史尤须注重开国制度与清代外交档案及朱家骅复电蒋中正下月初萧一山将来赣（1934年5月22日）》，《蒋中正"总统"文物》，"国史馆"藏，典藏号002-080200-00165-118。
③ 案《朱家骅电蒋中正申报登载交通当局否认进行东北通邮谈判新闻已交中央通信社发表更正（1934年5月29日）》，《蒋中正"总统"文物》，"国史馆"藏，典藏号002-080200-00166-114；《朱家骅电蒋中正三日晨萧一山乘轮赴赣晋谒》，《蒋中正"总统"文物》，"国史馆"藏，典藏号002-080200-00167-060。
④ 萧一山：《"总统"蒋公之待人处事的原则》，页475。
⑤ 戴玄之：《萧一山》。

统化，如对于太平天国，即尚未从民族革命的角度去评价其历史意义。至欧洲考察文化史迹时，于英国发现许多晚清粤人所手抄的天地会文件，可以补充陶成章所撰《教会源流考》一书，乃花费两个月的时间抄录，返国后加以编辑分类，附以说明，令补源流数章，成《近代秘密社会史料》六卷，又插图及起源考一卷出版。① 萧一山在《近代秘密社会史料》一书序言中，强调以反清复明为宗旨之天地会的重要性，并开始将天地会、太平天国，以及孙文的革命运动，连接成为一个一脉相承的系统：

> 二百年来，借此发难者，盖不乏人：如康熙时之张念一朱一贵，乾隆时之林爽文，嘉庆时之胡秉耀钟体刚，或则畜养未厚，卒鲜成功，然反清之大义，民族之精神，隐埋南疆，潜流滋长，迄于道咸之际，遂有洪大全洪秀全之伟业。永安被俘，金陵祚倾，而中山先生继之以革命，卒使清社为屋，共和告成，其影响之巨如此，以视亭林之塞上马迹，华阴陇畔，羌胡之引，拒荐之节，虽成就有殊，而广播民族革命之种子则一也。②

同年，蒋介石办峨嵋军官训练团，任刘湘为副团长，电约陈诚为教育长。陈诚以1934年庐山训练团时即任副团长，对此任命颇为不悦，有意言辞，在萧一山的劝说下始接任。后来，萧一山并曾将陈诚有意在政界发展的想法报告蒋介石，建议应给予历练机会，陈诚1938年起先后出任政治部部长和湖北省政府主席，均与此有关。③ 萧一山受蒋介石的重视，由此可见一斑。

1936年，萧一山发起筹组经世学社。翌年创办《经世半月刊》，

---

① 萧一山：《近代秘密社会史料》，收于萧一山：《非宇馆文存》，卷5，页18。
② 萧一山：《近代秘密社会史料》，收于萧一山：《非宇馆文存》，卷5，页20。
③ 萧一山：《"总统"蒋公之待人处事的原则》，页475—476。

其后发行《经世丛书》,创办《经世日报》,倡导经世之学。1937 年 6 月,国民党中央文化事业计划委员会以中国历史悠远,代有特起人物,亟应表扬,以增强民族自信心,特召开史地、诗文两研究会,由副主任张道藩主持。该会委员褚民谊、焦易堂及学者柳诒征、萧一山等出席。对于表彰民族英雄案,决定先就秦始皇、蒙恬、汉武帝、霍去病、张骞、苏武、马援、窦宪、班超、诸葛亮、谢玄、唐太宗、李靖、李绩、刘仁轨、王玄策、郭子仪、李光弼、宗泽、韩世宗、岳飞、文天祥、陆秀夫、元太祖、耶律大石、拔都、明太祖、郑和、唐顺之、俞大猷、戚继光、朱应昌、熊廷弼、袁崇焕、孙承宗、史可法、秦良玉、郑成功、左宗棠、冯子才等 40 人征求传记。①

卢沟桥事变后,萧一山于庐山起草上蒋委员长电文,建议组织战时政府并制定抗战方略。② 12 月,萧一山再度撰上蒋介石书,论述抗战期间应从事的兴革事项 12 种:(1) 外交方针,不可不确定也;(2) 政府机构,不可不调整也;(3) 人才,不可不集中也;(4) 社会经济,不可不安定也;(5) 民众组织,不可不注意也;(6) 战略,不可不统筹而活用也;(7) 指挥,不可不统一也;(8) 军法,不可不严也;(9) 新军,不可不从速编练也;(10) 素质不良之军队,不可不严加整理也;(11) 党派之摩擦,不可不严行禁止,以统一宣传也;(12) 教育,不可不急速改造也。其中值得注意者,有以下几点:

1. 在用人方面,萧一山直率的批评:"今政府所用阁僚重臣,封疆大吏,似未能尽协国人之望,贪庸当路,贤才沮寒,无力而妄用,有力而难出,国破家亡,谁负其责? 吾公奋起提挈,一人尽瘁,百官泄沓,抑何能收事半功倍之效?"萧建议蒋:"似宜采诸公论,大加裁

---

① 《中央文化事业会通过表彰民族英雄》,《大公报》(天津),1937 年 6 月 5 日,第 4 版。
② 《萧一山先生生平大事记》,收于《萧一山先生文集》,页 646。

惩,俾悬位以待奇才,或可拯此大难。"①

2. 在组织民众方面,萧一山认为全民抗战,固应发动全民之力,不过必须使民众乐于效力,方可见功。倘如近年强制征兵,保甲舞弊之事,则人民痛心疾首,一闻征发,不出钱贿免者,调赴前方,何能效死,若欲使民众乐于效死,似宜令民众就地自动组织,以保卫乡里田园、父母妻子、祖宗邱墓相号召,则民众必能奋然以起,挺身而斗。今政府用以组织民众的方法,或不尽妥善,而机关太杂号令不一,或则互相冲突,互相抵牾,甚至有里胁民众,强收枪支,就地筹饷者,人民何能不畏避如虎?萧一山建议严令各机关,以后只准宣传民众,协助组织,由地方政府负指导监督之责。

3. 在战略方面,应灵活运用。萧一山指出当前大势挽回不易,不过牺牲必较其值,应战当求方略,若拼命以守要点,内系人心外的国际则可;若拼命而不能守,则不如集中一点避实击虚为佳。至于以守为战者,有败而无胜;以战为守者,则有胜有败。

4. 在指挥方面,萧一山赴前线视察后发现,中央有作战部,战区有司令长官,均承蒋介石之命,而集团军总司令、军长、师长,又各有系统,往往受命多方不知所从,也常有直接向蒋请示者,文电周转时间难合,以致有号令不一,指挥不灵之嫌,如某集团军所属各军,有不知总司令为何人者,有不接电报、电话者,有行踪不明者,有捏报军情者,除其所自辖的一个军外,几乎无一兵一卒可资调遣,有总戎之名,而无节制之实。萧一山甚至对蒋直谏:"此后似宜严加训戒,统一指挥名目,不宜太滥,职权必求划分。下属除报告外,不得越级请命;上官除会议外,不得随意发令。"②

---

① 萧一山:《上蒋委员长书(1937年12月)》,收于萧一山:《非宇馆文存》,卷9,页10。
② 萧一山:《上蒋委员长书(1937年12月)》,页14。

5. 在宣传方面，党派的摩擦应严行禁止，以统一宣传。萧一山直接抨击国民党的宣传部门工作不力："今国难如此严重，而一般人未见中央对于宣传有何措施，握全国舆论之中心者谁乎？操全国民众之心理者谁乎？想吾公亦有所闻知。国民党过去之光荣与努力，不可否认，而现在之腐败与迟钝，亦无庸讳言。"[①]如今大敌当前，"如以小党派之利益为前提，而互相摩擦，似皆全无心肝之人，无心肝之人，恐非吾公所愿含容者也"。[②] 萧一山主张蒋介石乃全民族的领袖，而非一党一派的领袖，凡有怀才求献者，不问其党不党，均应容纳；凡有心地偏窄，贪位无能者，不问其党不党，均应摈斥。

萧一山感于抗战救国人人有责，又在开封文史学院与同仁开办抗战工作训练班，并印行《游击战术》一书。[③] 1937 年 8 月，萧一山在河南大学总理纪念周对该校学生讲《自由与平等》，主张自由与平等在中国，自古即已有之，今日讲自由，必须为有约束的自由，而非放纵的自由：

> 中国社会组织，可以说是最文明的，最讲平等的，虽没有成文法律规定各种自由平等权，但是不成文的习惯法，已享受了几千年，平民如果努力，绝不患无位，不像欧洲那样老爬不上去……在［中国］这没有严格的阶级社会中，只能靠能力来发展，才是真正的平等呢！况且政府对于人民，纯粹是放纵的，人民对于政府，也只有纳税的义务，一切都很自由，如言论

①　萧一山：《上蒋委员长书（1937 年 12 月）》，页 16—17。

②　萧一山：《上蒋委员长书（1937 年 12 月）》，页 17。

③　《萧一山先生生平大事记》，页 646；陈其泰：《范文澜的学术交往》，《淮阳师范学院学报》，2001 年第 1 期。

自由、通信自由、集会结社自由等,中国人早已享受了。以秦始皇焚书坑儒来说,他坑的并不是真正的儒士,只是些投机份子,历史家已有人考据出来了。中国历来对于学生爱国运动、士人结社集会,都不加以干涉,诽议朝政,反叫做清议。一般人还要拥护他们。上古的民谣说:"日出而作,日落而息,帝力何有于我哉!"真可以代表中国以前黄老政治的精神。

总之,自由平等在中国,人民早已享到了,自欧洲学说侵入以后,才自酿纷乱。我们要讲自由,必须为有约束的自由,而不是放纵的自由,因为自由的另一方面,是大家公守的规律,并不是任意随便的乱来。①

萧一山此番言论对于河南大学学生是否曾发挥影响,由于资料所限,不得而知,不过蒋介石对于萧一山一系列的函电、演讲和文章,似乎颇为称许。1938 年 6 月 1 日,他曾在日记中留下"萧一山、罗良鉴可任编整档案"的记录。②

1938 年,萧一山应东北大学校长臧启芳之邀,出任该校文理学院院长。于院长任内,曾延聘丁山、蒙文通、金毓黻、何鲁之、贺昌群、陆侃如、冯沅君等学者至校任教。1939 年 10 月,萧一山将全面抗战爆发后连续于《大公报》《时事新报》《中央周刊》及《经世特刊》发表的十余篇文章,结集成《民族之路》一书出版。萧一山于该书序言中表示,所收文章均系"根据历史中的实事和民族中的现状,来推断我们抗战的前途"。③ 兹将此书目录抄列如下:

导言——民族的前途

---

① 萧一山:《自由与平等》,收于萧一山:《非宇馆文存》,卷 1,页 106—107。
② 蒋介石:《日记》,1938 年 6 月 1 日。
③ 萧一山:《序》,收于萧一山:《民族之路》(成都:黄埔出版社,1940 年),页 1。

萧一山在此书中，将中国近代的民族革命运动，分为三个阶段：（1）从反清运动到太平天国的覆败；（2）从自强运动到辛亥革命的成功；（3）从倒袁到现时的抗战建国，并以洪秀全、袁世凯和蒋介石代表三个阶段。在民族革命运动的第三阶段，大家必须竭诚拥护蒋介石，以完成他所负荷的抗战建国使命。萧一山的民族革命史观架构，至此搭建完成。

抗战时期，民族主义高张，即使是著名的史料派学者傅斯年，也曾经接受国民政府宣传机构的委托，撰写一部《中国民族革命史稿》②萧一山的民族革命史论述，不仅为蒋介石所乐见，也受到社会

① 萧一山：《民族之路》，页1—2。

② 不过傅斯年仅完成了2个章节，约2万字，参阅王泛森：《傅斯年：中国近代历史与政治中的个体生命》（北京：三联书店，2012年），页199。

大众的欢迎。1940 年 11 月,萧一山于三台华光庙讲演《民族战争
与历史教训》,听众达千余人。① 1941 年元月起,萧一山每月获蒋
介石津贴 600 元,《经世季刊》每月获蒋津贴 1 000 元。② 值得注意
的是,该年蒋介石对于张其昀(时任浙江大学文学院院长)所办的
《思想与时代》月刊,每月补助出版费 2 500 元、稿费 1 500 元、编辑
费 2 000 元,③远高于对《经世季刊》的补助,或许是由于前者的作者
群为大学教授,且为月刊性质,影响较后者为大。蒋介石未补助前
者主办人各人津贴,则或许是由于该刊系由张其昀、张荫麟、钱穆
等人所合办,故改以编辑费名义酬谢。同年度,冯友兰、华罗庚二
人获得教育部学术著作奖励一等奖,每人奖金 1 万元;金岳霖、杨
树达、陈启天、胡焕庸等 11 人获得二等奖,每人奖金仅为 5 000
元,④蒋介石对萧一山的礼遇,由此可见一斑。萧一山又当选为国
民参政会参政员,曾建议国民政府设置物资管制部。⑤ 1942 年,教
育部设置部聘教授,入选教授月薪订为 600 元。此项教授的决定,
极为审慎,先由教育部会饬各国立大学及独立学院暨全国性学术
团体推荐候选人,再由该部将分科候选人名单发交公、私立专科以
上学校教务长(或主任)、学院院长、各系科主任及任教 10 年以上
教授推举,荐举结果并交由学术审议委员会审议。史学科获选者,
初仅陈寅恪(52 岁)与萧一山(40 岁)二人,⑥后又加推柳诒徵(62

---

① 金毓黻:《静晤室日记》,卷 102,页 4 409。
② 《军委会公费股代蒋介石拨发各方面津贴》,中国第二历史档案馆藏,档号 762/1201。
③ 林志宏:《战时中国学界的"文化保守"思潮(1941—1948):以〈思想与时代〉为中心》,
　　页 94。
④ 沈卫威:《现代学术评审制度的建立》,《长江学术》,2018 年第 3 期,页 39—40。
⑤ 《萧一山先生生平大事记》,页 648。
⑥ 《部聘教授人选公布杨树达等二十七名》,《大公报》(桂林),1942 年 8 月 27 日,第
　　二版。

岁）一人。

1943 年春，主持《大公报》笔政的王芸生，眼见社会大众的心理烦乱焦躁，觉得应该有所振作，以挽颓风，乃邀集友人谷春帆和林同济至家中餐叙，商量写一些文章，以振作人心。[①] 谷春帆为经常为《大公报》撰写社评的财务专家，[②]林同济则为西南联大教授，1940 年曾与陈铨、雷海宗等创办《战国策》杂志，1941 年《战国策》停刊后，改在《大公报》出版《战国周刊》。[③] 3 人选定"爱""恨""悔" 3 个字来写文章，认为耶稣济世是由于爱，马克思提倡社会革命是由于恨，佛陀普济众生是由于悔。爱、恨、悔均可以产生改造社会的力量。[④]

3 月 29 日，借着黄花岗起义纪念日和三民主义青年团第一次全国代表大会在重庆开幕的日子，《大公报》刊出了王芸生所写的《我们还需要加点劲！》的社评，作为宣传爱恨悔新人运动的开场文章。此篇社评大声疾呼："我们要爱，爱国、爱族、爱人、爱事、爱理；凡我所爱的，生死以之，爱护到底！我们要恨，恨敌人，恨汉奸，恨一切口是心非、损人利己、对人无同情、对国无热爱、贪赃枉法，以及作事不尽职的人！我们要悔，要忏悔自己，上自各位领袖、下至庶民，人人都要俯首于自己的良心面前，忏悔三天！省察自己的言行，检视自己的内心，痛切忏悔自己的大小一切的过失！"[⑤]此篇社论刊出后，得到不少读者的共鸣，林同济接着发表一篇名为《请自

① 王芸生：《1926 至 1949 的旧大公报》，《文史资料选辑》，第 27 期（1962 年 8 月），页 248—249。
② 周雨：《大公报史（1902—1949）》，页 139。
③ 冯启宏：《战国策派之研究》，页 2。
④ 王芸生：《1926 至 1949 的旧大公报》，《文史资料选辑》，第 27 期（1962 年 8 月），页 249。
⑤ 王芸生：《我们还需要加点劲！》，《大公报》（重庆），1943 年 3 月 29 日，第 2 版。

悔始!》的文章响应此一运动，并呼吁"人的革新"应由"悔"字开始。①

　　萧一山也于 5 月 10 日发表《爱恨悔的辩证道理》一文，对此一革新运动表示支持，并希望能和国民革命运动配合起来，以达到建国复兴的目的。不过兹事体大，非一家报纸所能负荷，必须大家群策群力，桴鼓相应，然后才能震撼颓丧的社会，造成一种新的风气。萧并提出此一运动的哲学基础，也就是它的辩证道理。②

　　不料蒋介石在《大公报》上看到萧一山此文后，大为震怒，③当即面谕侍从室第二处主任陈布雷：

　　　　萧一山同志今（10 日）在《大公报》所发表之《爱恨悔的辩证道理》一文，甚不妥。其方法与主旨均有失党员之立场。一则吾党同志撰文，不宜袭用辩证论法；二则总理常说革命的出发点在仁爱不在憎恨，今此文乃附和党外议论，以爱恨相提并论。萧同志既在学术、著作方面有名誉，此文更将有影响，应切告以后务须注意，凡议论不可稍违本党之立场。④

　　陈布雷于接到蒋介石指示后，以平日和萧一山甚少通信，不便直接函告，乃请中央大学校长朱家骅转达。⑤ 至于《大公报》，主持笔政的王芸生，5 月 10 日当天立即接到陈布雷的通知，要求日后不要再发表谈爱恨悔的文章。12 日，王芸生至侍二处拜访陈布雷，谈

① 林同济：《请自悔始!》，《大公报》（重庆），1943 年 4 月 18 日，第 2 版。
② 萧一山：《爱恨悔的辩证道理》，《大公报》（重庆），1943 年 5 月 10 日，第 2 版。
③ 《陈布雷致王芸生函（1943 年 5 月 11 日）》，《朱家骅档案》，"中央研究院"近代史研究所藏，档号 301－01－23－718。
④ 《陈布雷致朱家骅函（1943 年 5 月 11 日）》。
⑤ 《朱家骅复陈布雷函（1943 年 5 月 14 日）》，《朱家骅档案》，档号 301－01－23－718；《朱家骅致萧一山函（1943 年 5 月 14 日）》，《朱家骅档案》，档号 301－01－23－718。

一般时局,陈劝王不可露焦忧之意于报纸,否则将抑低读者的战争情绪,王以为然。[1]　爱恨悔运动至此寿终正寝。

1943 年 10 月,萧一山发起成立经世学社,获推举为理事长。12 月,萧一山送其长子萧树勋(北平大学毕业)入营参加远征军,获蒋介石褒扬。[2]　东北大学教授金毓黻也于《大公报》发表《论学生运动之新趋向——送国立东北大学志愿远征军之印度》专文,予以鼓励。[3]　根据桂林版《大公报》刊登发自重庆的一则通信显示,在三台东北大学学生的请求之下,萧一山等先后送子送军,一时风声所及,四川成都、重庆等地学生纷纷请求参加远征军,至 12 月下旬,已登记者达 9 000 余人,各较在请求中者,应在万人以上。[4]　1944 年,所著《清史大纲》《曾国藩传》二书出版。应西北大学校长刘季洪之聘,任西北大学文学院院长。

抗战胜利的消息一出,蒋介石即任命李宗仁为军事委员会委员长行营主任。[5]　该机构于 1946 年 9 月改称为军事委员会委员长北平行辕,其组织及职权均照旧办理。[6]　依国民政府所颁组织章程,北平行营直辖 2 个(第十一、十二)战区,包括 5 省(河北、山东、察哈尔、绥远、热河)、3 市(北平、天津、青岛)。辖区内一切军、政、党的机构,均得听行营主任的命令行事。但是由于华北许多地区为中共所控制,北平行营实际上仅能管辖北平、天津及河北部分地区,各机关仍是直接听命于他们中央主管官署的命令,行营根本管

---

[1]　陈布雷:《日记》,1943 年 5 月 12 日。

[2]　《奖励倡导从军人员首批受奖名单发表》,《大公报》(桂林),1944 年 2 月 6 日。

[3]　金毓黻:《论学生运动之新趋向——送国立东北大学志愿远征军之印度》,《大公报》(桂林),1943 年 12 月 11 日。

[4]　《学生从军运动各地风起云涌请求登记者达万余人》,《大公报》,1943 年 12 月 24 日。

[5]　《国民政府公报》,渝字第 847 号(1945 年 9 月 4 日),页 1。

[6]　《山东省政府公报》,第 19 期(1946 年),页 22。

不着他们。① 华北地区的接收官员如孙连仲、石志仁、张果为、沈兼士；平津地区的主要负责人，如北平市长熊斌、何思源，天津市长张廷谔、杜建时等，均由中央派令，甚至北平、天津市府由主任秘书到各局长，也均由中央任命，李宗仁无可置喙。②

北平行营在建置上设有秘书长一职，李宗仁以原汉中行营幕僚中尚无适当人选足充此任，乃报请萧一山担任此职。李宗仁和萧一山初认识于汉中，当时萧为国民参政会参政员、西北大学（位于汉中城固县）法学院院长，一次在中央军校汉中分校毕业典礼上经人介绍认识，遂一见如故。嗣后萧曾至行营和李长谈竟夕，颇为投契。因此当李需要遴选一位秘书长时，便想到了萧，以其与全国教育界人士极为熟悉，如能得其辅佐，当有助于加强与文教界的联系。起初萧一山对李宗仁的邀约，颇为踌躇，曾对李表示，因他和蒋介石也很熟，蒋且数度请他入中枢任职，均因政治主张格格不入而婉谢。如接受此职，将使蒋以为萧与桂系接近而不悦。经李一再解释，萧才有屈就之意。③ 不过根据萧一山事后对其友人表示，此项人事实为蒋介石有意的安排，目的在加强蒋、李之间的沟通与协调，以维持团结，有萧在旁可使李不至于过分离谱。④

萧一山上任后发现，当时北平各大专院校学生，多来自困苦残破的农村，伙食问题甚为严重，学生游行，高呼反饥饿、反迫害口

---

① 李宗仁，前引书，页559—560。

② 林桶法：《战后中国的变局：以国民党为中心的探讨》，（台北：商务印书馆，2003年），页289—290；林桶法：《一九四九年中共接管北平经纬》，收于《一九四九年：中国的关键年代研讨会论文集》，（台北："国史馆"，2000年），页135。

③ 李宗仁：《李宗仁回忆录》，（台北重印本，出版年月不详），页559。

④ 陈纪滢：《萧一山先生周年祭》，收于《萧一山先生文集》，页802；黎东方：《追怀一山先生》，收于《萧一山先生文集》，页844—845。

号，造成社会动荡。萧一山以为用空口劝说血气方刚的青年，难收实效，如能将伙食办好，问题自可解决，乃面陈蒋介石，即蒙手令主管单位，月拨面粉两万袋，专供北平学生食用，增加了学生对国民政府的向心力。身处当时政治上复杂的环境，进行地方与中央意见上的沟通，尤煞费苦心。[1]

李宗仁由于职大而权小，可以发挥之处不多，乃通过萧一山和甘介侯，和一些文化界闻人、在野的军政耆宿等社会名流来往，有时萧、甘二人并拉李到一些高等院校演讲或座谈，为其赢得了"礼贤下士"的好评，也争取到舆论的支持。[2] 1946年，萧一山又在李宗仁的授意下，筹办《经世日报》，聘张忠绂任社长，蓝文征为主笔。[3]《经世日报》由于获得李宗仁的全力支持，经费充裕，言论开放，能言人所不能言，在北平各大报中颇占优势。[4]《经世日报》所开设的3个周刊，邀请知名学者专家主持，如《读书周刊》，系由郑天挺主编，曾刊登胡适、傅斯年、陈垣、季羡林等人的文章；《禹贡周刊》，由顾颉刚主编，刊名系由胡适题字；《文艺周刊》则由杨振声主编，[5]均发挥了联系知识分子的功能。

1948年元月，李宗仁公开表示有意参加副总统竞选。消息一出，哄传海内外。2月4日，吴奇伟、萧一山由东北行辕副主任罗卓英带领，至抚顺参观。媒体报道吴、萧二人此行系代李宗仁活动副总统竞选。[6] 3月以后，李宗仁的活动更趋积极。11日，在北平中

① 戴玄之：《萧一山》，页688。
② 尹冰彦：《李宗仁出主北平行营的前前后后》，页137。
③ 《萧一山先生生平大世纪》，页652。
④ 冯国定：《回忆萧一山先生》，收于《中华文史资料文库》，第16册，页133—134。
⑤ 《郑天挺先生学行录》（北京：中华书局，2009年），页536。
⑥ 《三人竞选副总统吴奇伟代李宗仁活动》，《大公报》，1948年2月8日，第1版。

南海对新闻记者首次发表竞选副总统的谈话,随即在南京成立竞选事务委员会,由邱昌渭负责,重要干部包括程思远、张岳灵、温翘笙、李扬等 10 余人。3 月下旬,国民党召开五全大会,李宗仁偕萧一山等 10 余人专机南下,先抵达上海,于 3 月 29 日召开记者会,说明决定参选经过。① 4 月,中国边疆学会理事长、中央研究院院士顾颉刚,受萧一山之托,为李宗仁助选。顾颉刚战后对国民政府的态度,已由认同转为不满。② 他对总统、副总统选举,曾有以下的观察:

> 此次国民大会之主要任务,为选举正、副总统,而总统何人,不言可知,副总统则竞选者有李宗仁、程潜、于右任、孙科、莫德惠等人。蒋畏李逼,而陈立夫觊觎立法院长,因共推孙科竞选,费用则出自 CC 主持之交通、农民两银行,看来孙必当选。实则如此作法,现政府之塌台更速耳。③

顾颉刚虽然认为孙科必然当选,不过由于对国民政府的做法不满,仍接受萧一山的委托,为李宗仁助选。他找了好友黄奋生(中国边疆学会常务理事兼总干事)等人,④参与此事。⑤ 通过中国边疆学会,拉边疆代表的选票。⑥ 该会总会设于南京,四川、陕西、青海、云南各地均有分会,1947 年时总、分会共有会员 1 000

---

① 林桶法:《战后中国的变局》,页 292。

② 王振兴:《由认同到唾弃:1927—1951 年顾颉刚对待国民党政权的政治心态变化研究》,《德州学院学报》,第 32 卷第 5 期(2016 年 10 月),页 68。

③ 顾颉刚:《顾颉刚日记》,第 6 卷,页 272。

④ 本会资料室:《边疆学会会务报道》,《中国边疆》,第 3 卷第 9 期(1947 年),页 30。

⑤ 顾颉刚:《顾颉刚日记》,第 6 卷,页 270—271。

⑥ 顾潮:《顾颉刚年谱》(北京:中国社会科学出版社,1993 年),页 334。

余人。①

李宗仁最后当选副总统，因素自然很多，不过根据媒体的分析，李在北平虽无实权，却借此机会拉拢了不少教授、文人、官僚，成为他的政治资本，同时桂系的老家广西，也在黄旭初领导下，对华南、西南展开了拥李的竞选攻势，南北呼应，气势浩大。李宗仁手下大将甘介侯、徐启明、萧一山、吴奇伟，均为拥李竞选的中坚人物。此批大将分头出马，广事活动，拉拢选票。李之所以成功，这些人的汗马功劳，自是不可忽略。②《申报》记者对于李宗仁在国大会议期间的运作，则有以下生动的描述：

> 这位将军率领了智囊团，在会外多方活动，夫人郭德洁代表则以全力在会场里拉票，从运用上来说，李宗仁是最具天才的，他在北平第一次发表的演说就兼顾到各方面，不少蒙古代表们至今还珍重他有关边胞福利的诺言，他们说他是不轻诺多言的。他运用各方面的分量来加重他的声望，各国驻华使节的赞誉，教授学者的推崇，还有平、京、香港各地报纸与中国民意测验学会所反映的民意所归，都以无数明指、暗示的传单来散遍大会。西南、华北都有他的基本实力，苗夷同胞也对他的过去政绩与实践精神信赖很深，压倒势的宣传是用来争取更多的票的。③

《申报》记者所说教授、学者的推举和边疆代表的支持中，萧一山着墨的痕迹，隐然可见。

1947年，萧一山当选行宪后第一届监察委员。1948年，北平

---

① 顾颉刚：《复刊词》，《中国边疆》，第3期第9期（1947年），页1。
② 张凯：《李宗仁的政治路线》，《内幕新闻》，第3期（1948年），页2。
③ 《国大纪程：压轴好戏的上演》，《申报》，1948年4月23日，第1版。

行辕结束,监察院正式成立,萧一山就任监察委员。1949 年春,总统蒋介石宣布引退,政府南迁广州,李宗仁称病不出,旋走香港,计划赴美躲避。萧一山闻悉,乃联合李旧属朱佛定、陈江,致函李轻离国土,临危逃亡,自毁历史:

> 德公钧鉴:自公飞港不胜惶惑,顷于院长来台,始悉内情,窃为吾公惜之,公平生事业彪炳,自代主国政以来,虽成就有限,亦仍为国人所共谅,今此举自毁历史,凡以往拥护吾公者无不为之惋慨。公以国家元首,何能轻离国土,况值此危疑震撼时耶。不知谁为公谋者,殆妇寺之流亚欤。希即布告天下,请总统复职,蒋公朝出夕即飞蓉,协助抗俄之大业,完成反共之素愿,如必需赴美,亦宜询谋佥同,方为光明正大,否则公以何种资格遽即出国,美国务院已明白表示为公签证六人,是以私人待公矣,国家之体面安在,且公为政府领袖,现政府尚在奋斗,岂能贻人以逃亡之讯。率直之言,务祈睿纳,以挽回吾公以失之信誉,目睹吾公居悬崖而摇摇欲坠,不敢不作折槛之诤也。即颂
>
> 　　痊安
>
> 　　朱佛定　萧一山　陈江　同上　十二月二日①

"监察院"自退踞台湾后,"监察委员"职权的行使也大为加强,使得关系较密及意见相近的委员慢慢接近,结果形成派系。主要的派系包括以张维翰为首的团派和以陈翰珍为首的 CC 派。团派成员多为三青团出身,同构型较高,CC 派则以国民党中央党部派为核心,加上其他地方派的党员,甚至民社党、青年党的党员所组成。② 此外,

---

① 《致李宗仁函(1949 年 12 月 2 日)》,收于萧一山:《萧一山先生文集》,页 563。
② 胡佛:《政党、利益团体与"监察院"》,收于傅启学等:《中华民国监察院之研究》,页 913。

尚有以赵光宸为首的一派，①

萧一山在"监察院"中属于 CC 系，并处于大佬的地位。陈翰珍曾对该系形成经过及萧一山在其中所扮演的角色，有以下的回忆：

> 来台之初"监委"隐分三派，皆由于人际关系所自然形成，也可说是"性相近也"，或"志同道合"的联谊活动，我和陈肇英、萧一山、梁上栋、杨贻达、李嗣璁、赵季勋、张岫岚等十余人为一派，每周必在郝遇林家聚会一次。嗣以一山兄认为民主国家之议会中，议员每因其对政事之观点不同，而有或多或少之团体存在，但团体过多，则意见纷歧，非议会与国家之福，若无团体而系人人各自为政，则又意见难于集中，对各项议案之处理，必难臻于理想，故最理想之团体最好只有两个。众然其说，遂推一山兄、上栋及我三人为代表，与赵光宸派商量合作。此后"院"中仅存有两派，而"监察权"之行使及"院务"之推进，即在两派携手或真理愈辩愈明之下，得到长足之进步。一山兄虽然首倡斯议，但其本人则从未利用团体之力量，以贪谋一己之私。②

"监委"由三派变为两派之后，"监察权"的行使和院务的推动是否真如陈翰珍所说，"得到长足之进步"，尚有待研究，不过萧一山在 CC 系监委中位居重要地位则殆无疑问。一般来说，团派和 CC 派监委在职权的行使上，存在明显的区别。团派倾向于顺从国

---

① 赵光宸(1902—1965)，天津人，南开中学毕业，1920 年赴欧勤工俭学，先后入甘百耳大学、巴黎大学学习，并参与创立旅欧中国少年共产党，后又加入中国共产党旅欧组织，不久脱党。回国后历任山东烟台市社会局长、天津工商学院教授、河北省农垦局局长、天津市临时参议会议员、中国国民党天津市党部委员，1948 年获选为监察院监察委员。参阅程世刚：《觉悟社全家福》，《党史博览》，2008 年第 3 期，页 12。

② 陈翰珍：《南山仰止永哀思》，收于《萧一山先生文集》，页 806—807。

民党的领导,多配合当局政府的施政,少打击政府的威信;CC 派则赞成独立行使职权,为当局政府肃清官邪,不喜政党多加干涉。①

　　1956 年,"监察院"的财政委员会认为一般公务人员的待遇偏低,而"行政院""美援运用委员会"人员待遇却优厚至 5 倍,因此向"行政院"提出纠正案。"行政院"的答复表示,由于美援会人员与美方机关经常接触,所以不能不参酌美方华籍人员办理,目前无法减低,遂招致"监察院"的不满,该院财政委员会乃于 1957 年 2 月再提第二次纠正案。"行政院"对此纠正案的答复表示,减少待遇足以影响工作的情绪或引起职员的离职,故不能接受。至 1957 年 3月,"监察院"10 个委员会联合建议,向"行政院"提出《杜绝浪费调整待遇》的纠正案。不料"行政院"过了 3 个月的答复期限,才加以答复。"监察院"认为"行政院"并未做适当的改善,乃根据《监察法》"第二十五、三十一条,及该"法"施行细则第三十九条的规定,邀约"行政院院长"俞鸿钧列席"监院"十委员会联合调查会议备询。俞认为"行政院院长"列席监院会议备询,在"宪法"与"监察法"均无规定,乃拒绝列席。因此引发"宪法"及"监察法"的解释问题,成为"行宪"以来的轩然大波。最后"监委"萧一山、陶百川、吴大宇、王文光、余俊贤、熊在渭、陈大榕、刘耀西、于镇洲、陈志明、刘永济等 17 人,对俞鸿钧为其"违法之职,贻误国家要政,妨害监察职权",提出弹劾案,由萧一山主稿。② 弹劾书全文 5 000 多字,列举俞鸿钧六大违法失职行为:"美援运用委员会"职员待遇过分优厚;拒绝出席"监察院"会议;藐视"监院"职权;非法兼任"中央银行"总

---

① 胡佛:《政党、利益团体与"监察院"》,收于傅启学等:《中华民国监察院之研究》,页 913。

② 胡佛:《政党、利益团体与"监察院"》,收于傅启学等:《中华民国监察院之研究》,页 944—945;《萧一山先生生平大事记》,页 656。

裁并有奢侈浪费行为；等等。并指俞鸿钧"自任行政院长以来，因循敷衍，不求振作，号称财经内阁，而财经问题日形严重，标榜崇法务实，而法治精神败坏殆尽。不肖官吏，宠赂弥彰，军公人员，仰屋兴叹。事例綦多，不遑枚举"。① 由于事涉"行政""监察"两院的冲突，弹劾的对象又是"行政院院长"，自然引起轩然大波，政坛动荡。②

16 日，蒋介石邀集国民党籍的"监察委员"，中央评议委员及中央委员等，假台北市中山堂光复厅餐叙，"行政院院长"俞鸿钧也以中央委员身份出席。蒋介石于餐会中致辞。他首先嘉许"监委"对"国家"的贡献，随即话锋一转，指出当局对"监察权"已予重视，不过"监察权"的行使应更加审慎。此次弹劾案，未经过党部和中央审核手续，也未报告总裁，征求其意见，是为最大的错误。期望当局各部内能相忍为国，团结合作。会后，蒋又单独将"监委"留下，进行沟通，并答复"监委"的提问。③

会后，蒋介石仍是忧心忡忡，曾于日记中记下其心情：

> 本周全部心神几乎为"监察院"不法越轨言行所困惑，其影响所及，不仅对外交与"共匪"所利用，以损害"政府"威信与力量，并且引起台湾本地人对内地迁台人员之轻侮，必将动摇"反本(攻)复国"之基地，由其迁台人员将无死所。此中关系，陶百川等反动之罪恶，其肉将不足食矣。于右任之老滑不负丝毫责任，更为党德忧也。④

---

① 《萧一山先生生平大事记》，页 656。

② 陈红民：《蒋介石与"弹劾俞鸿钧案"的处置》，收于吕芳上编：《蒋中正日记与民国史研究》，(台北：世界大同出版有限公司，2011 年)，页 659—670。

③ 蒋介石：《日记》，1958 年 1 月 16 日；《陈诚先生日记》，第 2 册，页 811。

④ 蒋介石：《日记》，1958 年 1 月 18 日《上星期反省录》。

　　陶百川等提出弹劾案的"监委"，在蒋介石的心目中虽然是罪大恶极，不过他仍自认是承袭古御史直言无隐的精神，强调"监院"纠弹权的"司法"性质，反对政党的干涉。为坚持独立行使职权，纵使被开除党籍，也在所不惜。学界认为 CC 派"监委"的主张大致与陶百川接近，[①]身为弹劾书起草人的萧一山，虽并非弹劾案的发动者，不过他的立场与陶相近，迨无疑问。

　　25 日，蒋介石在"行宪"十周年庆祝大会致辞，在宣读讲稿前，蒋先以口头做半小时的演讲，痛述"中央民意机关"各种不利与组织"反共复国"的言行，予以告诫，[②]并呼吁"五院"团结。不过此番谈话，似乎并未发生作用。

　　根据蒋介石的调查，发动此次弹劾案的首要分子为陶百川。陶并且同时在"监院"推动为非法逮捕之提审的改进，对"司法"、警察官署在处理人民的传唤、逮捕、拘禁、审问时，尚多未依法定程序的现象，予以纠正。[③] 因此被蒋视为是故意与国民党和当局为难。[④] 1958 年元月 11 日，蒋介石约集"副总统"陈诚、"行政院院长"俞鸿钧、"总统府秘书长"张群、国民党中央委员会秘书长张厉生、"司法院院长"谢冠生等，讨论弹劾案。最后决定对此案不宜置之不理，仍应依法申办。[⑤] 并决定对国民党籍"监委"，直接进行沟通。

　　由于蒋介石对于俞鸿钧十分信赖，因此对此案视为是"监察

---

① 胡佛，前引文，页 926。

② 蒋介石：《日记》，1957 年 12 月 25 日。

③ 陈肇英：《八十自述》，（台北：陈雄夫先生八十华诞庆祝筹备委员会，1967 年），页 35。

④ 蒋介石：《日记》，1958 年 1 月 6 日。

⑤ 吕芳上编：《蒋中正先生年谱长编》，（台北："国史馆"，2015 年），第 11 册，页 4。

院"对俞的挑衅行为，应警告"监院"，不得自丧体统。① 12 月 17 日，蒋介石手谕俞鸿钧："'行政'与'监察'二院对于'行政院院长'应否到监察院被质询与答辩问题，应与'宪法'解释有关。在此一纠纷未解决以前，所有'监察院'对'行政院'长有关之调查事项，应暂不受理，以待本案之解决可也。"②19 日又令国民党中央委员会秘书长张厉生转告"监察院"，已令俞鸿钧在行政、监察两院纠纷未解决之前，对于任何调查的要求，概应拒绝。③ 不料"监察院"仍于23 日通过对俞鸿钧的弹劾案并移送'公务员惩戒委员会'。次日，蒋介石主持一般会谈，听取"监察院"对弹劾案处理的经过，对于此批："无理取闹，不顾大局之监察人员，甚为'国家'与'宪政'前途忧也。"④

1942 年，萧一山在他即将 40 岁之时，将历史出版的文章汇集为《非宇馆文存》10 卷出版，在《自序》中，萧一山曾将他 30 岁以后的 10 年经历做一回顾，其中显现的是意气风发，充满了自信：

> 年三十，以清史受识奉化蒋公，馈以旅费，漫游欧美，搜集史料，亦成书三、四种，国难以还，嵩目时艰，倡经世之学，摅救国之愿；匡衡抗疏，非弋功名；刘向传经，犹违心事。近时文字，略萃三义；于民族受痛之由来，则发为哲学之新解；于革命前途之推阐，则演为史观之创说；于圣王治学之本源，则益信体用之兼备，而以中庸之道一贯之。十年间事，悉可

---

① 蒋介石：《日记》，1957 年 12 月 18 日。

② 《蒋介石致俞鸿钧手谕（1957 年 12 月 25 日）》，《蒋中正"总统"文物》，典藏号 002 - 010400 - 00028 - 048。

③ 蒋介石：《日记》，1957 年 12 月 19 日。

④ 蒋介石：《日记》，1957 年 12 月 24 日。

覆按。①

1951 年,萧一山 50 岁。对于刚刚历经 1949 年政权更迭和 1950 年朝鲜战争爆发的时代巨变的萧一山来说,50 岁这一年自然会引发许多的感慨。是年,他完成《非宇馆五十自述》稿②,又写了五十初度的诗,作为一生行事的概述。

> 尼山教义属颜子,理学家言误邈翁。
> 藉使人文能化育,普天之下有同风。③

诗中值得注意的是"过眼烟云五十年,谁知事业尚茫然;管勾途令悲伊洛,匡济何曾追谢玄""昔曾扪虱称王佐,当日屠龙笑史公;回首前尘多感慨,诗书偶得惟中庸"几句,除了呈现出一般人遭遇中年危机时的茫然,也透露出未获当道重用的失落感。

该年春天,萧一山的老友杨幼炯("立法委员",也是经世学社发起人之一)邀他写一篇文章讨论当时蒋介石所推动的"文化改造运动"。于是他写了一篇名为《论文化改造运动》的文章,刊登于《台湾新生报》。文章中一开始即对其早年从事的文化事业进行反省,认为全是白费心力:

> 幼炯兄要我写文化动员问题的文章,提起笔来,不免感慨万千,抗战期间,我确实是尽力于这一个问题的。写了几本专书,几十篇文章,几百万字的"经世"半月刊、特刊、季刊、月刊、日报。其效果安在?我所提倡的民族文化运动、新民族哲学,和经世学,都一瞬即逝,二十五年来的心力,白白花费。有时

---

① 萧一山:《自序》,收于萧一山:《非宇馆文存》,卷 1,页 1。

② 《萧一山先生生平大事记》,页 654。

③ 萧一山:《壬辰初度偶成(五十岁)》,收于《萧一山先生文集》,页 606—607。

朋友们督促我,勉励我,我却以"敢云笔札似君卿,苦海文章得
失轻,一事南来最可喜,渐无人说旧才名!"来解嘲。①

萧一山不仅认为他自己毕生所提倡的民族文化运动是自费心
力,就是孙文所主张的"革命以先革心"虽然已发表 30 年,其效果
也是"虽大而不显著",②萧一山认为原因在于文化上的问题,必须
就文化本身来解决,不宜参入政治和宣传,如果将文化改造运动纳入
教育之中,方是正轨。文末并呼吁当局慎选贤才,毫无明道救世的大
学精神,那对文化改造运动,将有风雷随行之势。③ 萧一山为典型的
传统知识分子,认为社会改造须从思想文化着手,成效有限,实属
必然。

萧一山在学术上,受梁启超的影响极大,其特色有二。第一为
重视经世致用,提倡通史、通儒、通才,援引顾炎武、章学诚之说,反
对当时饾钉琐碎风靡一世的考据派史学;④第二为重视文化史研
究,反对盲从新文化运动的邪说,提倡民族文化。⑤ 以上两项特色,
均为蒋介石所好。至于萧一山所提倡的民族革命史观,经由历史
教科书的传播,不仅增加了国民政府政权的合法性,同时也有助于
团结民众抗日,因此他能获得蒋介石的奖掖,其来有自。

国民政府时期和萧一山共倡经世史学的"史观派"学者,虽然也
有不少,例如朱谦之的生机史观,常乃德的生物史观⑥,林同济、雷海

---

① 萧一山:《论文化改造运动》,收于《萧一山先生文集》,页 201。
② 萧一山:《论文化改造运动》,收于《萧一山先生文集》,页 206。
③ 萧一山:《论文化改造运动》,收于《萧一山先生文集》,页 206。
④ 萧一山:《悼张荫麟君》,收于萧一山:《非宇馆文存》,卷 10,页 60。
⑤ 萧一山:《杂感》,《萧一山先生文集》,页 589。
⑥ 顾友谷:《生物史观探源》,《燕山大学学报》(哲学社会科学版),2011 年第 3 期。

宗等人的战国策派①，谢幼伟的道德史观，以及各种的民生史观，均曾流行一时②，不过真正能将理论落实于史学研究，且有具体研究成果问世者，似仍以萧一山影响为最大。虽然如此，萧一山和其他的"史观派"学者一样，在中国现代史学界并非居于主流地位。早在1925年，梁启超和萧一山在清华合开中国通史课程，萧一山提倡通史、通儒、通才，反对考据派的史学。当时梁启超即称萧一山有胆量、有识见，并表示他不愿公开提倡，因为他受了"新汉学"派的歧视，颇欲争一日之长。③ 以梁启超当时在中国的名气，尚感到遭歧视，"新汉学"派的势力之大，由此可见一斑。

梁启超所说的"汉学派"，指的是胡适、傅斯年、顾颉刚等人所领导的研究工作，或称为"新考据派""北派"，为1949年以前在学术界中占据主流地位的学派。④ 此派学者未必自任是在从事新汉学或新考据，不过共同的特色为重史料，讲求客观，力求摆脱政治的影响，主张为学问而学问。如傅斯年即曾在《历史语言研究所工作之旨趣》一文中说："（历史学）不见得即是什么经国之大业不朽之盛事，只要有十几个书院的学究肯把他们的一生消耗到这些不生利的事物上，也就足以点缀国家之崇尚学术了。"⑤

九一八事变后，民族主义的热潮也影响到了中国史学界，经世之作大为增加，展现出高贵的爱国情操，不过也使学术的发展付出

---

① 江沛：《战国策派思潮研究》，（天津：天津人民出版社，2000年）；冯启宏：《战国策派之研究》，（高雄：复文出版社，2000年）。

② 黄敏兰：《学术救国：知识分子历史观与中国政治》（郑州：河南人民出版社，1995年）。

③ 萧一山：《悼张荫麟君》，页60。

④ 王泛森：《中国近代思想与学术的系谱》，（台北：联经出版公司，2003年），页378。

⑤ 傅斯年：《历史语言研究所工作之旨趣》，《中央研究院历史语言研究所集刊》，第1本第1分（1928年10月），页8。

了相当昂贵的代价。顾颉刚即曾指出，自五四运动至全面抗战前，中国历史研究的巨大成就，引起了全世界的注意，但是全面抗战却将中国的学术工作拖后了20年。[①] 即使是史料派大将傅斯年所主编的《东北史纲》，也被南派学者缪凤林批评为"其缺漏纰缪，始实破任何出版史籍之纪录也"。[②]

不过"史观派"的问题可能更大。独立于两派之外的燕京大学教授齐思和对两派的缺点，曾有公允的评论。他批评史料派学者只是掌故家（antiquitarians）而不是历史学家。他认为一个地域沿革的考证、一个人物的研究、一个雕刻与古物的解释，是掌故家的工作，而非历史学家的责任。即使在传统中国，史学与考订也有区别，如王应麟、俞正燮即不被视为是史家。至于史观派学者的问题则在于：

> 他们对于现代社会科学的知识较掌故派为丰富，因之他们所选择的问题也较掌故派为重要。所以他们的著作，有的能风行一时，与读者以深的刺激。可惜这派的著作，除了少数的例外，大多数所根据的史料并不充分，所以其结果也并不如掌故者的坚实。甚或对于中国社会的进展先有一个固定的成见，然后再找些数据来证明他的假设。往往是先有一套史观，而后找材料。他们的理论有时很是奇怪，而他们所找的材料

---

① 顾颉刚：《史苑周刊发刊词》，《益世报》（上海），1946年9月16日。

② 缪凤林：《评傅斯年君东北史纲卷首》，《大公报》，1933年6月12日。关于《东北史纲》一书及其所引发的争议，详见王泛森：《傅斯年：中国近代历史与政治中的个体生命》，页166—171。关于南派学风，可参考沈松侨：《学衡派与五四时期的反新文化运动》，（台北，台湾大学文学院，1984年）；沈卫威：《学衡派谱系：历史与叙事"》（南昌：江西教育出版社，2007年）；蒋宝麟：《"史学南派"：民国时期中央大学历史学科的学术认同与"学术分际"》，《史学史研究》，2014年第2期；许小青：《政局与学府——从东南大学到中央大学(1919—1937)》，（北京，中国社会科学出版社，2007年）。

又不很完备。有的甚至只从通鉴辑览，马骕绎史，甚或纲鉴易知录、辞源之类的书籍找一些似是而非的材料，加上一些武断的解释，生硬的名辞，便以为证明了他们的假设。所以这一派的著作，我们虽承认他们所提出的问题都很重要，可惜他们往往急于求结论，他们的作品不免失于粗滥。[①]

在史观派学者中，萧一山为真正获得蒋介石重视者，不过担任李宗仁幕僚期间积极助其参选副总统，担任"监察委员"期间又与CC系接近，坚持独立行使"监委"职权，均极易引起蒋介石对其忠诚产生疑虑，因此仕途不顺，乃属必然。萧胸怀经世之志并实际参政，在学术上自然与强调史学独立于政治之外的主流学界格格不入，一旦在政治上也不如意，其郁闷可想而知。

1978年，萧一山病逝台北，清华出身但一向对萧执弟子礼的黎东方，曾为文追悼，对萧有以下评论：

> 一山先生在实际的政治生活上，比我略胜一筹，却也终于赍志以殁。像他与我这样的人，本不是"玩政治"的人……。一山先生曾经节衣缩食，辛辛苦苦，办《经世杂志》；我也曾经拼了性命，办过《理论周报》《策源地》等等。结果，都只不过是在沙漠里洒了几颗麦种，在沧海里放下几块石头而已。

然而，一山先生尽了心。他的心力未尝白费。麦种，迟早会发芽。沧海，不久也会变成桑田。[②]

---

① 齐思和：《现代中国史学评论》，《大中》，第 1 卷第 1 期(1945 年)，页 34。
② 黎东方：《追怀一山先生》，收于《萧一山先生文集》，页 844。

第二节　《汗血》：文化战场上的秘密武器

1933 年秋天，中央政治学校三年级学生徐诚平接到一份中国文化学会筹备会从南昌寄来的学会发起书①，邀请他签名作为发起人之一。徐诚平收到信之后自己不敢做决定，乃求见学校的教务主任罗家伦。罗或许知道此一学会的背景，未即作答，而先问徐的意思。徐表示自己是学生，应专心求学，不该参加任何活动，罗说："这就对了，不必签名，也可不覆，用功念书。"②徐诚平后来才知道中国文化学会为三民主义力行社所主导的学术团体之一。徐由于为了赚稿费，曾和同学合译《墨索里尼传》投寄《汗血周刊》，又曾自译《列宁小传》投《汗血月刊》，引起两刊主办人刘百川的注意。刘为中国文化学会发起人之一，可能因此才拉徐入会。③

事实上，《汗血月刊》和《汗血周刊》的创办人刘百川（1899—1947）。虽曾协助力行社发起中国文化学会，但是本身出身侍从室，和力行社、政学系及 CC 均保持良好关系。关于刘百川的档案史料十分稀少，甚至至今尚无翔实的小传，但是和《汗血》杂志相同，均极具神秘色彩。刘百川，江西宁都人，早期曾任职国民革命军总政治部（主任陈公博）。1926 年 5 月，广东国民政府通过出师北伐案，成立国民革命军总司令部，以蒋介石为总司令，原总政治部主任陈公博他调，以邓演达任主任，刘百川获留任。北伐军进入湖南后，由总政治部所办的《革命军日报》于长沙出版，由该部宣传

---

① 内容详见：《中国文化学会缘起》，《中国革命》，第 2 卷第 25 期（1934 年），页 64—68。

② 徐诚平：《老师·长官·同学》（台北：商务印书馆，1980 年），页 177—178。

③ 徐诚平：《老师·长官·同学》（台北：商务印书馆，1980 年），页 178。

大队的宣传科科长郭沫若兼主编,刘百川等人任编辑兼记者。[1]
1927 年 2 月,刘百川任武昌市公安局政治部主任,旋任国民革命军
第十四军政治部秘书并代理主任。[2]

1932 年 3 月,陈公博任国民党中央民众运动指导委员会主任
委员[3],刘百川任特派员[4],旋赴江西投熊式辉门下,任江西省政府
秘书、省党部委员,负责主持文化工作,主要业务为筹办《汗血》杂
志。[5] 1933 年,《汗血月刊》及《汗血周刊》创刊号先后出版。蒋介
石又电熊式辉,要求行营宣传加紧组织,并嘱由刘百川、萧淑宇等
加入负责。[6] 11 月,南昌行营党政军调查设计委员会成立,刘百川
任委员。根据近年公布的档案显示,此一机构乃是蒋介石采纳刘
百川的建议而设置。[7] 刘百川受蒋介石的器重,由此可见一斑。

1934 年 2 月,刘百川任南昌新生活运动促进会委员,1936 年
10 月任江西省党部宣传科科长、江西广播通讯社社长。全面抗战
爆发后,蒋介石原拟任其为政治部第二厅文字宣传处处长,但遭厅

---

[1] 陈佑慎:《持驳壳枪的传教者:邓演达与国民革命军政工制度》(台北:时英出版社,
2009 年),页 110—119。

[2] 《刘百川上中央党部呈(1927 年 2 月 25 日)》,国民党党史馆,档号汉 17286.1;《军事
委员会主席团上中执会呈(1927 年 4 月 8 日)》,国民党党史馆,档号汉 3450;《军事委
员会主席团上中执会呈(1927 年 4 月 9 日)》,国民党党史馆,档号 3750.1;《军事委员
会主席团上中执会呈(1927 年 4 月 9 日)》,国民党党史馆,档号汉 3751。

[3] 刘维开编:《中国国民党职名录》(台北:中国国民党中央委员会党史委员会,1994
年),页 102。

[4] 陈贻琛:《国民党新生活运动拾零》,《江西文史资料选辑》,第 12 辑(1983 年),页 98。

[5] 《江西通史》,第 11 册,第 22 章。

[6] 《蒋中正电熊式辉行营宣传加紧组织嘱刘百川、萧淑宇负责(1933 年 9 月 14 日)》,
《蒋中正"总统"文物》,典藏号 002-010-200-00093-073。

[7] 《蒋介石电熊式辉行营拟设政治设计委员会研究办法延揽教育经济人才(1933 年 6
月 21 日)》,《蒋中正"总统"文物》,档号筹笔/统一时期/06497。

长郭沫若反对而未果。① 1938 年 8 月,省党部改为主任委员制,任
江西省党部执行委员。青年远征军成立后,曾任第九军政治工作
指导委员会少将专任委员。②

刘百川之所以得到青睐,跟蒋决意对中共开展文化战争有关。
"文化剿匪"是 1933 年 3 月国民政府对江西苏区进行第四次军事
"围剿"失败后,一些人根据过去几次"围剿"的经验,觉得光是进行
军事"围剿"不足以彻底消灭红军,因为许多青年的思想已被影响,
所以源源不断加入红军,因此建议蒋必须在文化上展开文化"围
剿",始能真正断绝红军的来源。因此,国民政府在发动第五次"围
剿"的同时,又同步开展"文化剿匪"。

10 月 16 日,蒋介石在南昌电令南京行政院,严厉查禁左翼文
艺。10 月底,行政院发布查禁普罗文艺的第 4841 号密令,决定办
法 4 项:(1) 内政部审查此类刊物时,需更严密,毋使漏网;(2) 建
议中央积极实施民族文学之计划;(3) 由教育部密令各学校,注意
学生思想及关于课外阅读之指导;(4) 中央宣传委员会及内政部决
定已查禁之出版物但仍流行市面者,应由各执行机关切实认真取
缔。10 月 30 日,教育部将该文转发下级。③

汗血社的《汗血月刊》和《汗血周刊》,虽然不是首次鼓吹"文化
剿匪"的刊物,但是却是第一个推出"文化剿匪"专号的刊物。11
月,《汗血周刊》和《汗血月刊》刊出两种刊物征求《文化剿匪研究专
号》的征文启事。邀稿的范围包括:(1) "暴露"共产党的文艺政策;

---

① 张彝鼎:《鉴秋忆往录》,页 48—49。
② 傅伯言主编:《中国国民党江西省地方组织志》(北京:团结出版社,2006 年),页 367、
390。
③ 王锡荣:《潮起潮落:左联分期及其发展轨迹》,《现代中文学刊》,2016 年第 1 期,页
12。

(2) 指出普罗作者的作品与生活的"矛盾";(3) 普罗文艺"麻醉"青年的现状与影响;(4)"文化剿匪"之方案研究;(5) 怎样创立复兴民族的新文化;(6) 文化统制政策之设计。① 此一启事,后来成为整个"文化剿匪"的宣传纲领,以后的一系列文章证明均沿袭以上 6 条的路线而展开,连顺序也未变。② 11 月 6 日起,国民党上海市党部发动"剿匪"运动的宣传周。③

1934 年元月,《汗血周刊》和《汗血月刊》先后推出《"文化剿匪"》专号,对左联为代表的左翼文学进行"围剿"。刘百川于《汗血周刊》等发表《"文化剿匪"的重任》一文;尚均的《"痛剿"无形的"赤匪"》一文,指出了"文化剿匪"消极和积极的两项原则。消极的原则为"效法秦始皇老先生的办法,毁灭一切普罗作品,制裁一般普罗作家"。④ 积极的原则则是统制文化教育,训练较有为的作家,提倡民族文学,以忠孝仁爱信义和平为主旨。

鞠百川的《铲除普罗文艺的办法》一文,更进一步根据以上原则提出以下各项做法:

治标的方面。(1) 政府对国内各地所有新出版或是从前出版的书籍杂志刊物报纸。从各地书局,和报贩一一派员加以调查。凡有普罗或左倾色彩的文艺作品,一律登记。(2) 登记之后,认为有审查的必要,由各书局和报贩呈送一份或购买一份,详加审查。(3) 果像普罗文艺之书籍杂志刊物报纸一律禁止出售,倘书局和报

---

① 《汗血月周刊征求〈"文化剿匪"研究专号文稿启事〉》,《汗血周刊》,第 20 期(1933 年 11 月)。

② 王锡荣:《〈汗血〉与"文化剿匪":"文化剿匪"口号探源》,《鲁迅研究月刊》,1990 年第 5 期,页 24。

③ 陈自:《"剿匪"运动中的文化界应有的努力》,《上海市教育局无线电播音员演讲集》,第 9 期(1933 年 11 月),页 5。

④ 尚均:《"痛剿"无形的"赤匪"》,《汗血周刊》,第 2 卷第 1 期(1934 年 1 月),页 11。

贩有代售者即以贩卖反动刊物论罪。(4)通令国内各印刷所或书局凡有新出版之书籍杂志,必先送当地文化机构(教育机关亦可)切实审查,如认为有普罗色彩者当扣留不准翻印。(5)对普罗文艺之作者公开在报纸上加以警告,嗣后不得有类似普罗文艺之作者,否则以宣传共产"危害国家"即反动分子,当以"反革命"治罪。

治本的方面。(1)普罗作家都是被共产党"引诱""麻醉"了,我们应该设法使其反省觉悟,一方面把共产的"罪恶""暴露",一方面教"误入"普罗文艺界的青年回头。(2)如认定某一种书籍杂志或小说是普罗文艺,我们把这个普罗作家设法"纠正"他或训练他,必要时,做一种有规则的训练。(3)普罗作家都是有思想有学识的,不过是"走错"路线,如果设法训练他指导他,而再写复兴中华民族的文艺,他一定可以用功写来。(4)发起复兴民族文化的运动,设立统制文化机关,注重文艺的创作与特别鼓励文艺作品。(5)普罗文艺从前在社会上销行很广,如果将其肃清之后,必须要创造大宗的文艺来攻击社会的需要,当然,我们再创作的文艺一定是以三民主义为原则,决心发展三民主义的文化运动;我们描写的文艺,绝对不向消极的浪漫的方面走,必须用最热烈的情绪,用出汗流血的功夫,积极的鼓励国人,国人都能够发挥自己的本能,有力者出力,有智者出谋,一致团结共同奋斗,为国家和民族去夺取最大的光荣。[1]

1934 年 2 月,上海各书店均收到国民党上海市党部奉中宣部查禁"反动书刊"的正式公文,共查禁书籍 149 种,牵涉的书店有 25

---

[1] 鞠百川:《铲除普罗文艺的办法》,《汗血周刊》,第 2 卷第 1 期(1934 年 1 月 1 日),页 7。

家,①不但造成上海文坛的震动,也引起社会大众的讨论。如沈从文即于《国闻周报》等发表《禁书问题》,认为政府如果解决大学生普遍左倾的问题,应设一全国青年福利委员会,照顾年轻人,而不是查禁左翼文学作品:

> 近年来大学生、中学生左倾思想的普遍,以及对于左倾思想的同情,政府若徒认为文学的影响,而忘了社会的那一面,这实在是很大的错误。几年来政府对于青年的措置,实在可以说是"无往不在那里抛弃青年"的一种糊涂措置。当局方面对于青年人左倾思想的展开,不追求他的真实意义,不欲把这个严重的问题,引用到"社会秩序的混乱"与"农村经济的衰落"及其他情形作为说明,不对于他们精神方面发展加以注意,不为他们生存觅一出路,不好好的来设一全国青年福利委员会,研究这种及其严重的问题,就只装作聪明解事负责办事的神气,移重就轻把这问题糊糊涂涂认为完全由于左翼文学宣传的结果,以为只需要把稍有倾向不健康的书籍焚尽,勒迫作家饿死,就可以天下太平,这种打算似乎是太缺少一点儿理性。对于国事言太近于大题小做,对文学言又像太近于小题大做了。②

沈从文的文章发表后,立即引发国民党刊物的反弹。上海《社会新闻》即刊出名为《驳沈从文的禁书问题》的社论,于该刊连载两期。社论的重点包括以下几点:第一,左倾思想的产生,是赤色国

---

① 茅盾:《一九三四年的文化"围剿"和"反围剿"》,《茅盾回忆录》,页8。

② 沈从文:《禁书问题》,《国闻周报》,第11卷第9期(1934年),页4;Jeffrey C. Kinkley, *The Odyssey of Shen Congwen* (Stanford: Stanford University Press, 1987), p. 207.

际在中国积极传播左倾思想的结果，而赤色国际的工具之一，即为左翼作家，国民党既看清了这一点，自然要禁止那些左翼作家的宣传。第二，在此国共斗争尖锐的时刻，难道国民党焚几部共产党的书，坑几个共产党的儒就算是罪恶？社论最后总结"总之，从前军事的'剿匪'不与文化的'剿匪'并行，既是错误的政策，这次的禁书，就是要开始'文化剿匪'的表示。"①

不过首倡"文化剿匪"的《汗血》，对沈从文却未大加批判，只刊登了一篇杨九珍所写的《沈从文的作风》。杨文承认沈从文的文体，如用句的干脆，对话的亲切和方言的运用，形容的机智，对于初期白话文学的贡献甚大，其作品取材的广阔也值得佩服，至于作品的思想，杨文则持保留态度。

《汗血》对于当时流行的海派文学和京派文学，均视为反动。在《海派与京派的末日》一文中，王梦非也以这样的观点看待两派的本质：

有趣的是，《汗血》虽然杀气腾腾地大力提倡民族文艺，但是刊出的文学作品却是不拘一格，相容并蓄，即便是曾被点名批判的郁达夫，几年后也曾在《汗血周刊》刊出政论性文字。

《汗血》刊登了不少反共题材的文学作品，例如公霭的小说《透明的爱》和陈又盦的电影剧本《生路》均为此类。晚近学者认为，作者明显缺乏农村的生活经验，以致作品故事的情节失真，无法吸引读者。在《汗血文艺》栏中，《老 C 的失恋史》描写女人的善变，《阿王的老婆》则说的是小裁缝的老婆偷汉子的故事。这两篇小说不仅说故事的技巧普通，而且与刊物所提倡乐观向上的《汗血文艺》

---

① 《驳沈从文的禁书问题（下）》，《社会新闻》，第 6 卷第 28 期（1934 年），页 387。

宗旨不符，反而恰巧属于汗血社所反对的幽默讽刺文学类型。[1]

晚近一些研究认为汗血社在新生活运动时，与新生活团的关系密切，所根据的史料为国民政府官员陈贻琛所撰写的回忆文章《国民党新生活运动拾零》。此文对于新生活团曾有以下的记载：

> 一九三四年三月，正值新生活运动的高潮，南昌出现了一个号称新生活团的组织。团总设在高桥 38 号刘百川主办的《汗血月刊社》内。主要人物还是新生活运动促进会领导层的人物，如刘百川、范争波、程时煃、肖纯锦、黄光斗等，他们都是政学系首脑熊式辉的干将。复兴社的邓文仪一派也有人在里面。新生活团标榜的"教义"还是新生活运动那一套。只在入团条件上加上了不嫖、不赌、不纳妾一条。规定每个团员要在新生活运动中起示范作用。吸收的团员以刘百川主持的新生活俱乐部成员占绝大多数。还将熊式辉的省政府拨给新生活俱乐部的经费移来作活动费。新生活团的组织、经费、权利都操在政学系分子手里。由此引起邓文仪的不满。背后以新生活运动不另搞社团组织为由，呈请蒋介石核示。蒋即召集这伙搞新生活团的人训话，大加训斥："组织新生活团，用团来做，就不对！入团，就实行新生活。不入，就不实行了吗?! 你们要自己改正。"从此，昙花一现的新生活团就自行消散了。政学系挨了复兴社这一棍子，也只有哑巴吃黄连暗吞。[2]

事实上，主导新生活团的机构为南昌行营政训处。根据《扫荡旬刊》(政训处刊物)所载该团简章，团员应遵守并力行下列信条及

---

[1] 《国民党三大出版社的新文学出版(1930—1937)研究》，未刊硕士论文，暨南大学，页29—30。

[2] 陈贻琛：《国民党新生活运动拾零》，页 90—91。

戒约。（一）信条：（1）爱国爱群；（2）崇尚礼义；（3）尊重廉耻；
（4）勇敢奋发；（5）刻苦耐劳；（6）遵守时间；（7）严守纪律；（8）注
重体育；（9）厉行清洁；（10）服用国货。（二）戒约：（1）不懒惰；
（2）不失约；（3）不苟取；（4）不饮酒；（5）不吸烟；（6）不赌博；
（7）不冶游；（8）不纳妾；（9）不奢侈；（10）不说谎。①

　　关于蒋介石不满新生活团，也确有其事。1934 年 3 月 26 日，
蒋出席南昌行营扩大纪念周，并发表《新生活运动之真义》演讲。
他在演讲中清楚地反对新生活团的组织：要共同组织一个委员会，
做一做宣传和指导新生活的工作，当然很重要。但是一定要组织
一个新生活团体，拿这一个团体来做事，这就不对了，因为你说加
入团体的就实行新生活，然则其他没有加入团体的就不能，或不应
实行新生活吗？②

　　汗血社并未刊载新生活团的章程和活动报道，仅刊登一篇名
为《献给新生活俱乐部》的文章，③期许熊式辉所主导的新生活俱乐
部。事后历史的发展也证明，在各地流行的是新生活俱乐部，而非
新生活团。陈贻琛的回忆认为此一事件是"政学系挨了复兴社这
一棍子，也只有哑巴吃黄连暗吞。"④事实上反而是复兴社挨了政学
系一棍子。

　　值得注意的是，新生活团并未如陈文所说的，是昙花一现的自
行消散了。根据一项数据显示，1934 年 6 月，四川"剿匪总司令"兼
善后督办刘湘仍在其辖区成立新生活团。刘湘或许是自知不准吸

---

① 《中国新生活团简章》，《扫荡旬刊》，第 38 期（1934 年 3 月），页 129—130。

② 蒋介石：《新生活运动之真义（1934 年 3 月 26 日）》，收于秦孝仪编：《先"总统"思想言
　论总集》，卷 12，页 179。

③ 王梦非：《献给新生活俱乐部》，《汗血周刊》，第 2 卷第 18 期（1934 年），页 6—8。

④ 陈贻琛：《国民党新生活运动拾零》，页 90—91。

烟、喝酒、嫖妓、纳妾等戒约过于严苛，不易推行，还特别告诫署中职员："本署为高级行政机关，各职员之生活行动，足以影响社会，若不力图实行新生活，则一般不良之习惯，实难改弦更张，但本署此次组织新生活团之规约，期以能完全实行为主，故诸君于此征求意见之初，须慎重考虑，自问不能实行，则勿勉强加入，免为推行之障碍。"①

汗血社跟新生活团关系并不直接，但是在宣扬法西斯主义上倒是积极。1930 年代，法西斯主义思潮输入中国，介绍和讨论法西斯主义的文字，如潮水般涌现在当时的出版市场。据一项估计，1932—1936 年间，中国以出版法西斯书籍及墨索里尼、希特勒言论、传记为主的书局，即有数十家之多。②《汗血》杂志除了曾经刊登有关的讨论，尤其值得重视的是对德、意两国近代历史和人物的介绍。

汗血社既然推崇法西斯主义，自然不能不介绍希特勒。1934 年春天，爱尔兰籍作家墨菲（James Vincent Murphy，1880—1946）所著 *Adolf Hitler：The Drama of His Career* 一书在伦敦出版，③《汗血周刊》立即推出此书中译并以《希特勒成功史》为名，自同年 11 月起于该刊连载。

---

① 《"剿匪"紧张中川省努力新运·刘湘召职员训话宣布规约·成立新生活团服用国货会》，《申报》，1934 年 6 月 30 日，第 11 版。

② 刘健青：《国民党内法西斯运动的泛起与蒋介石独裁统治的建立》，《南开学报》，1983 年第 5 期，页 74。有关战前中国的法西斯主义，代表性的专著包括冯启宏：《法西斯主义与三〇年代中国政治》（台北：台湾政治大学历史系，1998 年）；A. James Gregor, *A Place in the Sun：Marxism and Fascism in China's Long Revolution* (Boulder，CO：Westview，2000)；Chung Dooeum，*Elitist Fascism：Cheng Kaiskek's Blueshirts in 1930s China* (Burlington，VT：Ashgate，2000)；Maggie Clinton，*Revolutionary Nativism：Fascism and Culture in China，1925 - 1937* (Durham and London：Duke University Press，2017)。

③ (London：Chapman & Hall，1934)．

墨菲撰写此书的目的在于试图解释何以会有如此多的德国人会为纳粹的理念所吸引。① 此书出版后，大多数书评认为作者对于纳粹主义十分宽厚，不过也有人认为与其说作者亲纳粹，不如说他亲德，在 1933 年时这两者仍有所不同。《泰晤士报文学副刊》（*Times Literary Supplement*）认为当时的著作对希特勒及其运动多持全盘否定观点，此书的出版则可稍做平衡。"前言"接着指出本书的特色在于作者从积极方面叙述希特勒一生。

1936 年 3 月，希特勒违背凡尔赛和约（Versailles Treaty）以数万军队进驻莱茵河沿岸非军事区示威，引起国际震动。刘百川也于《汗血周刊》发表社论《学大胆的硬干者·希特勒》，对希特勒的行动赋予高度正面评价。

除了推崇希特勒，刘百川也大力推广德意志民族复兴的经验。1934 年，希特勒的副手戈林（Hermann Goring）出版《德意志的复兴》（*German Reborn*）一书。向外国人介绍国社党的革命。② 同年12 月《汗血月刊》的《意德法西斯主义专号》即刊载此书的中文节译。③ 1936 年汗血书店即出版此书的中译本。④

至于墨索里尼，《汗血》的介绍也十分重要。在《汗血》之前，中文报刊有关墨索里尼的文章虽然已极为众多，但是《汗血》1933 年开始连载徐咏平所译《墨索里尼传》，⑤对墨氏歌功颂德，后来结集出版，影响颇大。

---

① James J Barnes and Patience P Barnes, *Hitler's Mein Kampf in Britain and America* (Cambridge：Cambridge University Press，1980)，P53.

② Hermaun Goring,*German Reborn* (London：E. Mathews ＆ Marrot，1934)。

③ 姚辛：《左联史》，页 188。

④ 戈林著，吴光译：《德意志的复兴》（上海：汗血书店，1936 年）。

⑤ Victtorio E. De Fiori 著，徐咏平译：《汗血周刊》第 16 期（1933 年），页 13—17。

　　根据美国著名之意大利史学者德尔泽尔（Charle F. Delzell，1920—2011）的研究，战前对墨索里尼歌功颂德的传记，在意大利以外出版的第一批共有两种：第一种为 Victtorio E. De Fiori 著，Mario A. Pei 英译 *Mussolini，the Man of Destiny*（New York，1928）；第二种为 Vahdad Jeanne Bordeaux 著，*Benito Mussolini：The Man*（London，1927）。[①]

　　由于受史料的限制，我们对于当时仍在大学就读的徐诚平为何选择一本歌功颂德的墨索里尼传记加以翻译，不得而知，或许是迎合当时舆论市场上的法西斯热潮，在两种歌功颂德的传记中，何以选择第一种而不是第二种？也不得而知，一个可能的理由是篇幅较短（第一种只有 222 页，而第二种则有 287 页），易于完成。

　　不过第一种传记在美国出版后，评价甚差。一位美国的历史学者所写的书评甚至直指此书在知识上并无价值（"It is intellectually valueless"），只是一本针对意裔美人社群宣传法西斯主义的读物。[②]

　　陈贻琛在回忆录中误将《汗血周刊》自 1933 年起连载墨索里尼传记一事记忆为 1934 年起连载墨索里尼自传，显然系记忆失实，不过他的回忆确实反映了《汗血周刊》出版《墨索里尼传》一事的重要性。

　　刘百川另一重要事迹，就是首先出版西安事变报道的小册子。1936 年 1 月 1 日，刘百川编辑《蒋委员长西安蒙难记》一书，由上海

---

① Charles F. Delzell，"Benito Mussolini：A Guide to the Biographical Literature，" *Journal of Modern History* 35：4（December 1963），p. 342。关于战前墨索里尼的国际形象，可参阅 Frank Dikotter，*How to Be A Dictator：The Cult of Personality in the Twentieth Century*（London：Bloomsbury Publishing，2019），p. 6.

② F. Stringfellow Barr，"Italy-1928 Model，" *Virginia Quarterly Review*，4：4（Oct. 1，1928），pp. 619 - 620.

汗血书店出版，内容包括西安事变经过，全国舆论及各方拥护函电及行动，国际态度与态度，以及陕变期间的轶闻等，全书为一 200 页的小册子。① 将陕变定位为张学良、杨虎城二人"勾结赤匪"率部叛变，要求推翻政府的行为。② 书末并收有刘百川所撰《尾声》一文，可视为本书的结论。

此书于 1 月 1 日出版，距蒋介石脱险之日甚近，当时外界对于事变真相颇多不详，自第三版以后，每逢排印时，均据最新采得的消息，予以增补订正，直至第五版，始觉完备无缺，乃将书名改为《增补订正蒋委员长西安蒙难记》，至 3 月 20 日时，至少再版 9 次之多。③ 值得注意的是，此书增补部分除收录吴敬恒在国民党中央总理纪念周的报告词外，另收录有力行社书记长刘健群于《大公报》所刊载的《蒋先生蒙难归来以后》一文。④

刘健群为战前蒋介石极为器重的军界宣传人才，所撰《蒋先生蒙难归来以后》一文，曾被陈布雷视为最能代表中央立场的文章，⑤

---

① 刘百川编：《蒋委员长西安蒙难记》（上海：汗血书店，1937 年）。

② 刘百川编：《蒋委员长西安蒙难记》，页 58。关于西安事变期间的谣言，可参阅杨东：《疯狂的谣言：西安事变期间的谣言及其变量》，《党史研究与教学》，2017 年第 5 期，页 54。

③ 刘百川：《增补订正蒋委员长西安蒙难记》（上海：汗血书店，1937 年），笔者所参阅者为美国西方大学图书馆（University of the West Library）所藏 1937 年 3 月 20 日出版的第九版。

④ 刘健群：《蒋先生蒙难归来以后》，《大公报》（上海），1936 年 12 月 31 日，1937 年 1 月 1 日；刘百川：《增补订正蒋委员长先蒙难记》，页 224—232。

⑤ 陈布雷曾为此文向刘健群致谢："自从委员长回京，来请见的人，几乎都要问我今后大计如何？ 我无从说起，没有时间说，也说不明白。自从有你那篇文章之后，我得了一件法宝，他们不问我则已，一文我就说，你去看刘健群的文字吧。一句话推得干干净净，圆圆满满。你帮了我不失眠的大忙，我还不应该感谢你吗？"参阅刘健群：《银河忆往》（台北：传记文学出版社，1966 年），页 250—251。

刘百川所编的小册子篇幅有限,特别收录此文,并将此文与吴敬恒的文字并列,充分显示刘百川此时的派系倾向。

从长远来看,刘百川利用西安事变此一危机对蒋介石进行形象塑造工作,可谓一次成功的事件营销(event marketing)。

和《蒋委员长西安蒙难记》同时出版的,尚有《西安事变史料》一书,系由时事问题研究社编印,内容性质与前者相近,由于篇幅过长(390页),书名不响亮,影响力无法与前者相比。①

1937年2月,蒋介石在国民党第五届中央执行委员会第三次全体会议报告西安事变经过,并分送与会者一本由陈布雷起草、蒋介石署名的小册子,逐日记载1936年12月11日事变发生前一日至12月26日返抵南京止,共16日的经历与感想,名为《西安半月记》。② 1937年6月,《西安半月记》经蒋介石同意,与宋美龄的《西安事变回忆录》合并出版,6月7日由南京正中书局开始发售。6月9日,刘百川函请蒋介石同意由汗血社约集历史学者征集蒋著述、讲词及相关革命文献,编辑为"中正丛书",并将原交由正中书局出版的《西安半月记》也纳入丛书。

蒋介石见信后如何批示,由于史料所限,不得而知,不过由于《西安半月记》在出版前,正中书局已获蒋介石同意,在3年内拥有独家印售权;加上此书正式出版后的第一个月,发行数已达43万册。为防止非法印售,中宣部、军委会、内政部、教育部等机构,并分别通令依法严禁一切翻印、转载、篡改、私售及

---

① 时事问题研究社编:《西安事变史料》(出版地不详:编者印行,1936年)。
② 刘维开:《蒋中正"西安半月记"之研究》,《台湾政治大学历史学报》,第20期(2000年月)。

未经著作人许可的翻译、节译本。① 因此刘百川的请求，似未能获得蒋的同意。

　　刘百川不仅抢先出版西安事变小册子，也抢译石丸藤太的《蒋介石》一书。1937 年元月 4 日，日人石丸藤太所著《蒋介石》一书于东京出版。此时正值西安事变结束，蒋介石归来，石丸一书自然十分畅销，②也引发了国内翻译的热潮。最早介绍此书的是《经世周刊》。2 月 15 日该刊即刊出吴世汉译《石丸藤太之蒋介石传》一文，系石丸一书结论的中译。该刊一位署名王文山的编辑特别在文前加了按语，表示全书由该社翻译付印，3 月即可出版。③ 5 天之后，《汗血周刊》也刊出汗血社译《蒋介石伟大》一文，系石丸一书序言的中译。该刊编者也在文前加了按语，表示全书中译本于最短时间内即可出版。并从全书摘译一些精彩部分，逐期刊载。④ 自从以上两篇译文刊出后，随即引发了各出版商的抢译。至 1939 年止，据笔者收集所得，至少有几种中译本问世：

　　　1. 吴世汉、邢必信译：《蒋介石评传》（南京：经世半月刊社，1937 年）。

　　　2. 许啸天译：《蒋介石的批判与反证》（上海：九州岛书局，1937 年）。

---

① 冯兵：《西安事变后蒋介石对其形象的重塑——〈西安半月记〉再研究》，《厦门大学学报》（哲学社会科学版），2016 年第 6 期，页 63。

② 石丸藤太：《蒋介石》（东京：春秋社，1937 年），笔者看到的版本为 1937 年 2 月 5 日的第三刷。

③ 吴世汉译：《石丸藤太之蒋介石传》，《经世》，第 1 卷第 3 期（1937 年 2 月 15 日），页 22。

④ 汗血社译：《蒋介石伟大》，《汗血周刊》，第 8 卷第 7 期（1937 年 2 月 20 日），页 126。

　　3.《足本华文蒋介石传》(上海:启明书局,1937 年)。

　　4. 顾徂东译:《伟大的蒋介石》(上海:光华出版社,1937
年)。①

在以上各种译本中,最值得注意者,为汗血书店和经世半月刊社的
版本。经世半月刊的版本最先于 4 月上旬出版,曾两度获《大公
报》报道,②汗血书店的版本也曾获《申报》两度报道,新闻并强调该
书原订于 3 月中旬出版,后"以原书记载颇有与事实出入之处,经
该社邀请各关系方面详加校正",以致延误至 4 月下旬出版,不过
在预约期间,国内外预约订购者已达 6 000 余部。③

　　根据晚近刊布的史料显示,石丸藤太《蒋介石》中译本出版的
过程中,经世半月刊社和汗血书店的版本均曾"邀请各关系方面详
加校正",其中"各关系方面",指的是侍从室,蒋介石本人也曾对此
书中译本的出版做出批示。

　　蒋介石至迟在 3 月初即已看到经世半月刊社和汗血书店的中
译书稿。3 月 6 日,蒋介石并约见侍从室第二处主任陈布雷,嘱注
意三事:

　　(1) 重印《自反录》。

　　(2) 石丸藤太之《蒋介石传》应校正,最好是华译本中止
出版。

---

① Worldcat. org：The World's Largest Library Catalog. 以上内容转引自 https://
www. worldcat. org/；1937 年 1—3 月中国各大报纸广告。

② 《蒋介石传本市直隶书局经售》,《大公报》,1937 年 4 月 9 日,第 13 版;《正中出版〈蒋
介石评传〉》,《大公报》,1937 年 4 月 13 日。

③ 《日人近著蒋委员长传记叙述我国领袖之伟大,已由汗血社译成中文》,《申报》,1937
年 2 月 27 日;《汗血社翻译的〈蒋介石伟大〉出版·校正原书错误·全书二百余页》,
《申报》,1937 年 4 月 22 日。

（3）年谱印一万册，凡献机者均赠一册。①

1937 年 4 月经陈布雷校阅后再版 3 000 册。《自反录》为蒋介石早年出版文集，1931 年于南京出版。② 至于《年谱》，指的是毛思诚主编，陈布雷校订的《民国十五年以前之蒋介石先生》，1937 年首印线装本，共 2 函 20 册 8 编。③ 出版后共分赠购机祝寿各机关计 4 000 册，学校及图书馆计 1 000 册，军队等计 1 350 册。④ 蒋介石在此时出版《民国十五年以前之蒋介石先生》一书，并作为礼物分送参与献机祝寿者，又重印《自反录》，但是并不希望石丸藤太著作的中译本出版，显然对此书并不满意。

3 月 24 日，陈布雷完成两种中译本的审查之作，将审查意见分送经世社及汗血书店。⑤ 陈布雷的审查意见内容为何，由于受史料的限制，不得而知，不过由经世社和汗血书店的编者对各家译本所做介绍，可以略做推测。

经世社版序言为王文山所撰。

王文山认为著者的态度，大体上可说是客观的，不过有些言论仍不免为爱国心所支配。

其次，著者对于蒋的生平事迹所掌握的见闻材料，均极有限，传闻失实之处也在所难免。王文山将其列举于下：

（1）原书第十二页称奉化之邻县为"临海"，实系宁海之误；

（2）原书第十三页称蒋先生幼名为"端泰"，实系周泰二字

---

① 陈布雷:《日记》,1937 年 3 月 6 日。

② 陈布雷:《日记》,1937 年 4 月 5—8 日。

③ 蒋介石:《日记》,1937 年 3 月 15 日。

④ 陈布雷:《日记》,1937 年 6 月 17 日。

⑤ 陈布雷:《日记 》,1937 年 3 月 2 日。

之误，盖宁波风俗，素有谱名及小名之分，周泰是蒋先生谱名，小名为瑞元，是他祖父给他起的；

（3）原书以下第三十页所云"凤农学堂"，应改为"凤麓学堂"，凤麓学堂是中学，蒋先生在该校已年居十七，适当逊清光绪二十九年；

（4）原书第三十四页以下与王正廷城壁之盟一节，全非事实；

（5）原书第三十九页称蒋先生入保定军官学校时十八岁，其实此时蒋先生已二十岁了；

（6）原书第五十五页"买卖证券致富"，及第五十八页向总理贡献一百万元等事，亦与事实不甚相符；

（7）原书第六十二页叙述，总理由总统府出险事，谓系由蒋先生的策划，其实叛军围困总统府时，蒋先生尚未到粤，直到后来才随护于兵舰；

（8）原书第一四二页关于蒋先生在政府内部的势力的叙述，颇多揣测之辞，殊欠翔实；

（9）原书关于西安事变的经过，亦好多与当时的事实不符，如蒋先生事变以前即驻节华清池，并非先赴西安，蒋先生被劫持后系住在绥靖公署之西城大楼，后即移居高培五宅，并未住过杨虎城私邸等等。①

王文山虽然举出了著者的一些错误，但是又说："译者不及一一校正，姑就原文照译，以存其真。"②最后他仍不忘记推荐毛思诚所编的《民国十年前的蒋介石先生》和蒋介石所著的《西安半月记》：

　　此书即可视为邻邦之士对于蒋先生生平事迹之观察，而

---

① 王文山：《蒋介石评传序》，页31—32。
② 王文山：《蒋介石评传序》，页32。

不当视为可靠之传记。目前最可靠的传记，当推毛思诚君所编蒋先生年谱（载至四十岁为止）。至于西安事变后，则蒋先生亲著的西安半月记是为最为珍贵的信史。①

至于汗血社的译本，引言则是由刘百川（该社社长）撰写《译校〈蒋介石伟大〉导言》一文，刘百川在《导言》中，首先列举此书的优点：

> 石丸先生所著传记之特点，在能摆脱日人过去对我国家民族一切"认识不足"与"存心轻蔑"之成见……其立场甚纯正，其词意无夸谩，其功用则在纠正异国人之肤浅僻涸而警惕拥有势力之当局，使今后对华态度及方策加以考虑，处今日中日国交与民族情感纵横凿枘之时，两国人士诚有注意之必要。②

不过他随即也指出了此书对于蒋介石的了解仅为皮毛，而未能体会其精髓。

接着刘百川将原书内容与事实不符之处，一一予以指出。值得注意的是，刘百川所指出的各项错误与王文山完全相同，仅多了一条："第九章第一节所称前妻陈洁如女士，实为前妻毛氏。第九章第二节（按：系讨论陈洁如）所举亦非事实。"③不过有趣的是，经世社的译本虽然少了此一条，但是和汗血社的译本相同，均将原书有关陈洁如的叙述"转译"为毛氏，只是未加说明而已。

如果将两篇序文做一比较，可以发现最大的不同之处在于王文山注意到批判著者的鲜明立场，而刘百川则强调著者对蒋介石的了解仅为皮毛，而未能真正体察到蒋的"伟大"之处。不过两篇

---

① 王文山：《蒋介石评传序》，页32。

② 刘百川：《译校〈蒋介石伟大〉导言》，《汗血周刊》，第8卷第17期（1937年4月24日），页312。

③ 刘百川：《译校〈蒋介石伟大〉导言》，页313。

序文所列举原书内容的"错误"，则几乎完全一致，其内容即为陈布雷所提供的审查意见，殆可断言。

值得注意的是，蒋介石对石丸藤太的《蒋介石》一书，虽然一度有"最好使华译本中止出版"的念头，但是最后仍未阻挡各种中译本的问世，连审查意见也只是交给两家自己资助的刊物参酌办理。虽然如此，蒋介石对于书中对他的一些报道仍然十分在意。4月27日，蒋介石再度翻看此书，仍感叹"有许多不确之处，形同小说，最怪者未查明家事，其次言投机发财，贡献为军费事，此或在民国六年中德绝交时，德使以大宗款项贡献于本党革命之款所误会，以此款由余经手也。"①直至该年年底，蒋介石在其日记年终《杂录》项下，仍不忘作长篇大论予以说明。②

刘文认为领导全国国民的工作者，为中国国民党。领导党的行动者，为中央执行委员会，似乎已有不移的重心，不过未来局势日形艰巨，此重心实感不足。而目前大多数国民心中，以隐然有崇信蒋委员长的默契，由西安事变可以证明。故宜就此基础，建树"党国"的最高重心。③

观察一个刊物的走向，除了注意单篇的文章，编辑所规划的各类"专号"尤为重要，可以充分反映办刊物者的主观企图。1933年春天《汗血》月刊第1卷出版时，正值中共于江西瑞金建立苏维埃，国民政府"剿共"军事并未有必胜的把握，《汗血》乃规划《军事与"剿匪"问题》，强调"剿共"为民族文化的一件大事，而并非仅是关

---

① 蒋介石：《日记》，1937年4月27日。

② 邵铭煌：《暂别南京：西安事变后蒋中正先生之进退出处》，《近代中国》，第160期（2005年3月），页170。

③ 刘百川：《建立党国最高重心与统一救国》，《文化建设月刊》，第3卷第5期（1937年2月），页50。

于单独的政治问题。① 在第一卷中,《汗血》又以专号方式提出了"干的政治",主张中国政治的曙光,只有干,用汗和血于安内和攘外的双重环境中,求得出路。

1934年,《汗血》月刊在第2卷中规划了关于"文化剿匪"和"民族文化建设"两个专号,和当时中共所提倡的普罗文学相对抗。《汗血》月刊自1935年元月即展开《各省现实政治调查专号》的工作,继之以《中央实干政治特辑》的出版,而以《新县政专号》作为第4、第5两卷的重要结论。不料各省从事地方行政工作者,尤其是县长、区长,对于此一系列的研究,感兴趣者甚多。《新县政专号》后改为单行本形式出版,竟然销售至七八版之多。②

1936年,《汗血》第6卷和第7卷以粮食、田赋、民团、保甲实录为重心,而旁及其他,乃是承接上卷结论《新县政研究》所得,进行更细微的分析,并作为第8卷国防专号各期的楔子。

汗血社除出版刊物外,另出版有3种丛书,一种是刘百川主编的《国防实用丛书》,目录如下:

书名	售价
战时消费品之分配统制	3角
贸易的国防	3角
战时租税制度	3角
国防与金融	3角
战时人民服务军役方案	3角
国防与军需工业	3角

① 刘百川:《本社月刊四周年纪念感词》,《汗血周刊》,第8卷第13期(1937年3月),页229。

② 百川:《本社月刊四周年纪念感词》,页231;汗血月刊社编:《新县政研究》(上海:汗血书店,1936年)。

续表

书名	售价
国防与地方行政	3 角
战时工役制度	3 角
战时民众心理与战地民运工作	3 角
国防与农业统制	3 角
国防与公用事业之统制	3 角
国防与交通事业	3 角
非常时期地方治安	1 角
国防新闻事业之统制	1 角
非常时期之情报工作	1 角
战时人民常识	1 角
国防教育之实施	1 角
国防工业建设之实施	1 角
非常时期乡村工业之建设	1 角
国防文化建设	1 角

数据源:《汗血周刊》,第 8 卷第 7 期(1937 年),页 126;《国防实用丛书预约》,《大公报》,1936 年 11 月 13 日,第 14 版。

　　第二种为《汗血丛书》,收录的著作大多数系《汗血》的专号文章选辑而成,目录如下:

书名	作者	出版年
干	刘百川	1935
墨索里尼传	徐咏平等译	1935
德意志的复兴	吴光译	1935
中国经济	李奇流等著	1935
新县政研究	汗血月刊社编	1936
粮食问题研究	汗血月刊社编	1936
田赋问题研究	汗血月刊社编	1936

数据源:WorldCat

第三种是《汗血小丛书》,分为《民族英雄译传》系列和《实干人物》系列。《民族英雄译传》系列共收录以下中外民族英雄的传记:

书名	作者	出版年
秦始皇之民族的功业	丁布夫	1935
汉武帝的批判	白丁、刘广惠	1935
留胡节不辱的苏子卿	刘沛霖	1935
唐太宗之精神及其事业	成本俊	1935
中国军神岳武穆	无梦、易正纲	1935
抗金拥宋的民族英雄李纲	成亚光	1935
纵横欧亚的成吉思汗	詹涤存	1935
史可法的精神与事业	易正伦	1935
平倭名将戚继光之生活批判	稽翥青	1935
复兴意大利之三杰	柳静明等	1935

数据源:WorldCat

近代中国,民族主义的兴起,造成了民族英雄传记的大量出版。此种读物的普遍流传又强化了民族主义。①

由于各公科立机构大量出版民族英雄传记,市场竞争激烈,有些邀请著名学者撰稿,名流作序,有些由著名报章杂志配合连载,有些试图获地方教育行政机构选为学校教材,汗血社的《民族英雄

---

① 俞旦初:《爱国主义与中国近代史学》(北京:中国社会科学出版社,1996 年);沈松侨:《振大汉之天声:民族英雄系谱与晚清的民族想象》,《"中央研究院"近代史研究所集刊》,第 33 期(1990 年 6 月),页 77—158;李锐、陈曦《"文字有灵,国魂可唤":抗战时期民族英雄文本与抗战精神动员》,《抗战史料研究》,2016 年第 1 期;黄兴涛:《抗战前后"民族英雄"问题的讨论与"汉奸""华奸"之辨:以现代中华民族观念的影响为视角》,《人文杂志》,2017 年 8 月;Wangbei Ye, "National Heroes and National Identity Education: A Comparison of Mainland China and Hong Kong's Textbooks," in Joseph Zajda, Tayana Tsylina-Spady, et al. eds., *Globalization and Historiography of National Leaders: Symbolic Representations in School Textbooks* (Berlin :Springer,2017), pp,197 – 214.

评传》，虽无知名学者、名流捧场，也未被列为学校教材，不过由于有《汗血》杂志可作为推广管道，因此也有几种销路不错。例如丁布夫的《秦始皇之民族的功业》、刘沛霖的《留胡节不辱的苏子卿》、詹涤存的《纵横欧亚的成吉思汗》、易正伦的《史可法的精神与事业》、成亚光的《抗金拥宋的民族英雄李纲》等书，自 1935 年出版后，至 1936 年 6 月已售至第 3 版。[①]

至于《实干人物》系列，则收录中外实干人物包括管仲、商鞅、谢安、王安石、王阳明、曾国藩、华盛顿、希特勒的传记。[②]

至于《汗血》的作者群，虽说《汗血》的稿费高，但是该刊声誉和影响力无法和一些历史悠久的著名刊物竞争，加上主编的人脉不广，以致作者群中名人甚少，叶浅予、郁达夫、包天笑与文公直可算是少数的例外。

叶浅予（1907—1995）为 20 世纪中国重要的画家，其创作生涯系由漫画开始，成就表现于漫画、速写及以舞蹈、人物为主的中国画上。他描写上海小市民生活的长篇漫画《王先生》，自 1928 年起连载于《上海漫画》周刊，大受欢迎，画中主人翁"王先生"也成为 1930 年代上海家喻户晓的人物。[③] 叶浅予自 1935 年起，在《汗血周刊》主编张佛千的邀请下，在该刊开辟《旅行漫画》专栏。叶对此段经历曾有以下的回忆：

> 1935 年北游归来，我尝到了画速写的甜头，除了给《时代漫画》供画，还给一家新出版的期刊《汗血月刊》开辟《旅行漫

① 赵洋：《抗战时期民族英雄的书写与建构（1931—1945）》，未刊硕士论文，华中师范大学，2018 年，页 23。

② 吴光译：《德意志的复兴》（上海：汗血书店，1936 年），书末广告。

③ Carolyn FitzGerald, *Fragmented Modernisms*：*Chinese Wartime Literature*，*Art*，*and Film*，*1937 - 49*（Leiden：Brill，2013），Chapter 2.

画》专栏，主编是张佛千。我是怎么认识他的？也很简单。五方杂处的上海，只要在某次饭局或某个集会见过一面，便成为朋友，何况我正在画速写的兴头上，谁愿意发表我的画，我就给。这是自由职业者的特权。后来了解到这个《汗血月刊》是国民党黄埔系少壮派的机关报。他们必须招揽上海的地方人物为之服务，以引读者。叶浅予是"王先生"的创造者，漫画界的知名人物，恰好是个自由职业者，左翼视之为右翼，而右翼必然成为当权派的盟友，为什么不为之服务呢？①

　　郁达夫（1896—1945）则是 20 世纪中国重要的小说家、散文家和诗人。1921 年，以短篇小说集《沉沦》轰动国内文坛。1930 年加入左联，但不久即退出。② 1937 年，郁达夫曾于《汗血周刊》发表一篇《敬告日本朝野人士》。此文原载于日文刊物《"支那"时报》，全文指摘日本朝野人士对于中国现状的误解，及日本军人穷兵黩武之非计，并促日本朝野人士回头猛醒，以摒除两国之间的障碍。③《汗血》之所以能取得此文的中译权，应与《民族文艺》（后改名为《国防文艺》）主编何勇仁有关。④

　　著名的鸳鸯蝴蝶派作家包天笑，也曾为《汗血周刊》供稿，较重要的作品为《阿斗小传》，说的是一个小人物的故事。⑤

---

① 叶浅予：《叶浅予自传：细数沧桑记流年》（北京：社会科学出版社，2006 年），页 102。

② 铁木正夫著，李振声译：《郁达夫：悲剧性的时代作家》（南宁：广西教育出版社，2000 年）；Shu-mei Shih, *The Lure of the Modern*：*Writing Modernism in Semicolonial China*, *1917 - 1937*（Berkeley：University of California Press，2001），chapter 4.

③ 郁达夫著，百宁译：《敬告日本朝野人士》，《汗血周刊》，第 9 卷第 2 期（1937 年），页 26—27。

④ 金伟胜：《郁达夫三题》，《郭沫若学刊》，2017 年第 2 期，页 27—30。

⑤ 包天笑：《阿斗小传》，《汗血周刊》，第 4 卷第 22 期（1935 年）；第 4 卷第 24 期（1935 年）。

此外还有通俗史家文公直，也曾为《汗血周刊》撰文多篇。文公直，1898 年生，江西萍乡人，早年从事军职，官至陆军少将，1922 年被诬入狱，出狱后任《太平洋午报》编辑，并开始写作，胡汉民任立法院院长时，曾任编辑处股长，从事法规的整编，1931 年胡去职，文也辞职移居上海，仍从事写作。曾著有《江浙战记》（与李菊庐合编）、《新编民国史·卷一：政象之部》、《中华民国革命史（上卷）》、《中华革命史》、《三民主义考试必备》、《国民革命北伐成功史》、《民生史观之研究》、《帝国主义对华之侵略》、《泰西经济思想史》、《江湖异侠传》、《中国农民问题的研究》、《中华民国革命史》、《中俄问题之全部研究》、《俄罗斯侵略中国痛史》、《中国人的问题》、《中华民国革命建国史》、《合作制度》、《碧血丹心大侠传》、《区乡镇自治合作制度》、《军事教育》、《军人修养插图》、《日本之实况》、《现代之日本：陆海空实况》、《自治丛书》、《自治法规》等书。1933 年曾于《汗血月刊》发表《世界大战之危急》《中国国防问题》《中国空军之历史与建设方案》等文。①

除了上面几位名家，《汗血》的主要撰稿人包括刘百川、方申、刘广惠、鲁思、周正东、曲兴域、叶法无、曾绳点、郭根、涌脚、太平、李键、良才、柏宁、白萍、百灵、良穆、碧瑶、鲍先德等。② 由于受到资料的限制，此批作者的背景多已不可考，不过根据一些数据，熊式辉用人向以大公无私为号召，由于政界、文化界前来投效的朋友甚多，一时无法安插，乃创办汗血书店，对于投稿的友人，每千字致酬 10

---

① 陈景拴：《文公直先生生平考》，《萍乡学院学报》，2018 年 10 月，页 21；WorldCat：The World's Largest Library Catalog. http://www.worldcat.org/。关于文公直在武侠小说方面的表现，可参阅 Cao Zhengwen, "Chinese Gallant Fiction," in Patrick Murphy, ed., *Handbook of Chinese Popular Culture*, p. 244。

② 刘增人等：《中国现代文学期刊史论》（北京：新华出版社，2005 年），页 333。

元,如此每位作者每年少则可有 500—600 元,多则可有 2 000—3 000 元收入,①具有养士的功能。

值得注意的是,《汗血》的作者群中,有一部分尚为在学的学生。除了本章节一开始所介绍的徐咏平,此处可再举一位程应镠的例子。

程应镠,1916 年出生于江西新建一个官宦世家,中学时代受到国民政府和新生活运动的影响,不仅是《汗血》的读者,同时也是作者,他曾对此段经历有以下生动的描述:

> 我在南昌读了六年中学,南昌是新生活运动的中心。我们受的是一种新生活运动式的教育,墨索里尼和希特勒为我们的崇拜者。《汗血月刊》《汗血周刊》,那时都在南昌出版。我和几个同学也组织了一个凤岛社……

数据显示,程应镠在中学时代曾于《汗血周刊》等发表《我们的西北》一文,②显示《汗血》在青年学生中似拥有一定的吸引力。

程应镠和本文开始所提及的徐咏平相同,均为《汗血》的读者兼作者,不过二人日后的际遇却大为不同。徐咏平自南京中央政校毕业后,凭着学生时代为《汗血》翻译《墨索里尼传》和《列宁小传》两本小书所培养起来的翻译能力,从事翻译工作,译有《毒气与毒气战争》和《日德军事同盟之真相》。后来靠着这些译作为正中书局(国民党营)总编辑叶溯中所赏识,要他筹办《民意周刊》并主

---

① 《一个读者的来信——报告上海汗血书店的重要启事》,《青年军人》,第 3 卷第 5 期 (1935 年),页 16。

② 程应镠:《我们的西北》,《汗血周刊》,第 2 卷第 7 期(1934 年),页 13—15;程应镠:《我们的西北(续)》,《汗血周刊》,第 2 卷第 8 期(1934 年),页 13—16。

持独立出版社,自此终身从事国民党文宣工作。[1] 至于程应镠,则于 1935 年中学毕业后,考入燕京大学,至北平入学。目睹华北危机,不满国民政府对日本不抵抗政策,遂参加"一二·九"运动,并加入中华民族解放先锋队。[2] 抗战胜利后,加入中国民主同盟,投入民主运动。1949 年后从事教育行政工作,并成为著名的魏晋南北朝史和宋史学者。[3]

到底刘百川的《汗血》影响有多大?基本上,要衡量一份刊物的影响力,可以从量和质两方面观察。从数量上看,战前中国影响力大的刊物,以商务印书馆所出版的八九种刊物为例,一般均能印2 万份左右。如《东方杂志》销路最好时可印至 8 万份;林语堂所办的《论语》,每期可印至 2 万—3 万份;后来的《宇宙风》,每期可印至4.5 万份;《良友》书报一期可印至 4 万份;邹韬奋所主编的《生活》周刊,1931 年时由每期 8 万份增至 12 万份,至 1932 年甚至增为15.5 万份。[4]《汗血》的销售数量,迄今尚未有任何数字或估计。1934 年,夏一粟《南昌文化界概况》一文,在介绍南昌的刊物时,首先即介绍《汗血月刊》和《汗血周刊》,并有好评如下:"这两个刊物是汗血书店出版的,内容丰富,颇为一般社会人士,尤其是军队中及实际工作的政治人员,大所欢迎,所以近闻销路亦大增加。"[5]由于此文刊登于《汗血周刊》,因此刊物是否真的"大所欢迎""销路亦

① 刘国铭编:《中国国民党百年人物全书》(北京:团结出版社,2005 年),页 1970。

② 虞云国编:《程应镠事迹诗文编年》,收于程应镠:《程应镠史学文存》(上海:人民出版社,2010 年),页 638。关于"一二·九"运动,可参阅 John Israel and Donald Klein, *Rebels and Bureaucrats*:*China's December 9ers* (Berkeley:University of California Press,1976).

③ 虞云国:《程应镠的史学研究》,《历史教学问题》,2004 年第 3 期,页 27—31。

④ 刘增人:《中国现代文学期刊史论》(北京:新华出版社,2005 年),页 23。

⑤ 夏一粟:《南昌文化界概况》,《汗血周刊》,第 3 卷第 19 期(1934 年),页 299。

大增加"，颇值得怀疑，不过两种刊物主要读者为"军队及实际工作的政治人员"，迨无疑问。

至于从质量上看，《汗血》的重要性为何？也是个不易回答的问题，不过由此下几项指标，可以略窥一二：

第一，1932 年 6 月，南昌行营于庐山召开"清剿"会议，会议结束后分发《作战手本》《"剿匪"手本》《孙子吴子兵略问答》《明夷待访录》《曾国藩剿捻实录》等书及《汗血月刊》给与会人士，可见南昌行营对此刊物的重视程度。

第二，1935 年，美国共产党召开美国作家大会（the Congress of American Writers）并发起美国作家联盟（the League of American Writers）①。中国左翼作家联盟于 3 月 31 日致函大会，控诉中国政府迫害革命文学，法西斯团体发行《汗血月刊》和《社会新闻》两种刊物专门造谣诽谤异议人士。② 此时国民党所办文艺刊物，意识形态较强的《前锋月刊》（组织部所办）已停刊，"党八股"较淡，且大量刊载知名作家作品的《文艺月刊》（宣传部所办）则影响较大。③ 被左联列为首要抨击对象的，并非《文艺月刊》，而是《汗血月刊》，可见《汗血》为当时与左联针锋相对的代表性刊物。

第三，1936 年 8 月 23 日，《汗血周刊》刊出一篇文章呼吁政府在此国难当头时刻，应该和上海公共租界当局协商，加强对舞厅的管理，不再增加营业执照及舞女数量，并尽量缩短营业时间。文章

① 关于 1935 年首届美国作家大会所宣读的文章、讨论经过和决议，详见：Henry Hart, ed., *American Writers' Congress* (London: Martin Lawrence, Ltd., 1935).

② League of Left Wing Writers, "Greetings to the Congress of American Writers," *China Today*1 (June 1935), p. 174.

③ 阪口直树：《十五年战争时期的中国文学——国民党系文化潮流的视角》（东京：研文出版，1996 年），页 319。

刊出后，政府是否真的和上海公共租界当局协商此事，尚有待查考，不过工部局警务处（Shanghai Municipal Police）警探次日即将此文译为英文，至今仍存于该处档案中。①

　　第四，1937 年 6 月，日本外务省调查部出版《蓝衣社ニ关スル调查（昭和十一年三月现在）》一书。指出蓝衣社所经营的书店中，最重要者为南京的拔提书店，其次即为上海的汗血书店和前途书店。书中并列举了《汗血月刊》《汗血周刊》和《国民文学月刊》3 种刊物的主编姓名及出版机关。②

　　1928—1929 年，中国出版界出现了大批有关社会主义思想之日文著作的中译本，这些书籍虽然"常常译得十句中便有三四句不通"，但是均能风行一时，而对社会影响最大的文艺工作，也始终是左翼作家占据优势。③ 战前国民政府在文化战场上，何以屡居下风？ 早在 1933 年，上海《社会新闻》杂志，即曾刊出一篇名为《国民党的文化政策批判》的社论，检讨国民党的文化工作，认为其不论在消极的破坏或是积极的建设方面，均极为失败，甚至可说是只有破坏，而没有建设：

　　　　国民党的文化，一般说起来，可说只有破坏，没有建设和

---

① Shanghai Municipal Police D‑7514, Auguest 24, 1936. 转引自 Andrew David Field, *Shanghai's Dancing World: Cabaret Culture and Urben Politics, 1919‑1954* (Hong Kong: the Chinese University Press, 2010), pp. 169‑170. 1935 年 11 月及 1936 年 3 月，上海市第一特区市民联合会曾两度以国难当头不宜歌舞升平为由，致函两租界和华界当局，要求禁舞，华界方面表示允准，但因实行困难而并未实行，而两租界则根本置之不理。参阅马军：《舞厅·市政：上海百年娱乐生活的一页》（上海：上海辞书出版社，2010 年），页 94。

② 岩井英一：《蓝衣社ニ关スル调查》（东京：外务省调查部，1937 年），页 161—162。

③ 徐复观：《三十年来中国的文化思想问题》，收于徐复观：《学术与政治之间（乙集）》（台中："中央书局"，1957 年），页 147。此文原出版于 1956 年 6 月。

创作。并且破坏也绝无标准，中央的规定虽然较宽，中下级的执行却苛细得无微不至，一个省主席只要随着私意寻出个"红光""阶级""流血"的句子，便可发虎威，封报馆，杀编辑。内地一个小公安局长，则连罪名亦不要，一句"丢那妈""妈特皮"，编辑报馆，就要杀头关门。此外那些权威无上的军爷们，天之骄子的党员们，则又可于有意无意之中随时做破坏文化的工作。那些真孵化民族意识的报纸杂志，妨害革命进展的淫秽麻醉的读物，国民党因为无损于己，却又不去破坏他们了。①

更有甚者，国民政府党政军各部门乃为多头马车，各行其是的情形十分严重。以文艺领域而论，国民党宣传部所提倡的三民主义文艺即和国民党组织部所提倡的民族主义文艺互不相让，即使是民族主义文艺阵营内部，也有潘公展和朱应鹏的对立。②

虽然如此，《汗血月刊》和《汗血周刊》可说是少见的例外。刘百川早年出身江西省政府，由于具有侍从室的经历，除了获得蒋介石的信任和资助，并得以独立于各派系，但是又与各派系均保持良好的关系，甚至得到各派系的资助。他的两份刊物，虽然也有社论中所称"买贿文氓，安置饭碗"的成分，但是绝非暮气沉沉的"老爷杂志"，而是一支火力强大的武器，在战前确实相当程度的压制了左翼文艺的气焰。1934 年 12 月，日本学者池田孝在回顾 1930 年以来的中国时，即曾指出："把握实权的南京政府，以其优位性，弹压了普罗文学。……1933 年至 1934 年，民族文学势力雄健，展开了民族主义的文艺理论，显示了进展的形势。1934 年中国的文坛，

① 《国民党之文化政策批判》，《社会新闻》，第 4 卷第 13 期（1933 年），页 194。
② 石萌（茅盾），《"民族主义文艺"的现形》，《文学导报》，第 1 卷第 4 期（1931 年 9 月），页 9；思扬：《南京通讯》，第 1 卷第 4 期（1931 年 9 月），页 13—15。

一言以蔽之,可以说是民族主义文学之活跃与普罗文学之没落。……在文化工作上,共产党的文化工作占越先头,具有最后胜利之感的国民党的文化工作,直至最近才至感如何完成对于人心收揽的重大任务。"①

　　综前所述,我们可以发现,蒋介石所长期资助的萧一山和汗血社,虽然不负蒋的厚爱,在建构"民族革命史观",增加政权的合法性和压制左翼声势上,产生了一定的效果,不过从长远上看,毕竟仍未能扭转国民政府在宣传上的劣势,查禁左翼书刊时所使用的粗暴手段,更使国民政府付出了相当大的代价。1935 年 7 月,斯诺(Edgar Snow)于美国媒体揭露,仅南京一地即监禁有政治犯约2 500 人②,林语堂则指出此一数字即使只有一半,即足以证明国民政府对于思想言论的控制甚于清末和北洋时期。③ 同年 12 月,伦敦《泰晤士报》(The Times)也刊出一则远东通信说,"中国第一流人才,一半在某个集团里,还有一半在牢狱里"。④ 虽系讥讽之词,但是却真实地反映了国民政府不但未能善用人才,而且往往将人才赶往敌对阵营。

---

① 池田孝著,林国材译:《一九三〇—三四年中国文学的动向》,《华北月刊》,第 3 卷第 1 期(1935 年 2 月),页 26—27。

② Edgar Snow, "The Way of the Chinese Censor," *Current History* 42:2(July 1935), pp. 381 - 386.

③ Lin Yutang, *A History of the Press and Public Opinion in China* (Chicago: the University of Chicago Press, 1936), p. 172.

④ 曹聚仁:《"人才内阁"》,《社会日报》(上海),1935 年 12 月 16 日,第 1 版。

第四章 训练:战时国民政府的干部训练工作

　　1930 年 1 月,军事委员会战时干部工作人员训练第三团毕业学员张煦本从湖南衡阳出发往四川重庆前进。这段看不起来路途不是太远的行程,在当时却花了张煦本足足一个月的时间。而在路程中,张氏不但碰到道路塌方,其搭乘的汽车还跟一辆货车对撞,几乎粉身碎骨。[①] 类似的情况,也发生在当时任职于敌后山东省政府的王志信身上。王志信从鲁南省政府所在地出发,花了 40 天的时间才到达重庆。[②] 事实上,张煦本及王志信两人到重庆来的目的相同,都是要到复兴关中央训练团受训(前者参加新闻研究班,后者则调训党政班第七期)。而看到他们两人在旅途中艰辛的历程,不禁让人对中央训练团到底安排了什么训练课程给这些历尽千辛万苦,甚至冒着生命危险远道而来的学员,感到十分好奇。本章拟以中央训练团最重要的训练单位——党政干部训练为中心,来探讨蒋介石干部训练的内容与方法。

---

① 张煦本:《受训的艰苦历程》,"中央训练团"新闻研究班在台同学联谊会编:《从沙坪坝到浮图关—"中央训练团"新闻研究班在台同学回忆录》(台北:"中央训练团"新闻研究班在台同学联谊会印行,1979 年),页 89—92。

② 王志信:《前尘往事忆述》(台北:山东文献杂志社,1999 年),页 117—121。

第一节 国民政府干部训练的源起与发展

美国研究中国近代史的学者易劳逸（Lloyd E. Eastman）在其英文著作 *The Abortive Revoltion：China Under Nationalist Rule，1927—1937*（《流产的革命：1927—1937 年国民党统治下的中国》）一书中提到，在国民党崛起之前，中国的行政官员早就声名狼藉在外。行政窳败、贪污腐化、宗派主义及政治压迫等名词几乎与传统中国行政官员划上等号。[①] 而这些腐败的官僚现象，北伐后的国民党无法有效地改变，党政部门的干部不仅尸位素餐者比比皆是，贪赃枉法、结党营私更甚以往。另位美籍华裔学者齐锡生（Hsi-sheng Ch'i），在他探讨抗战时期中国的英文论著：*Nationalist China at War：Military Defend and Political Collapse，1937—1945*（《战时的国民党：军事失败和政治崩溃，1937—1945》）在分析国民党在中国大陆最终失败的原因时也提到，"假如国民党拥有一批有能力且富有献身精神的干部，那么可以想象地，国民党的领袖们就能改变中国国内的政治进程"[②]。显然在这些近代史研究学者眼中，国民党干部的素质有很大的问题，甚至是国民党在抗战胜利后不到 5 年，整个从大陆溃败撤退的重要原因之一。

对于党内干部的问题，其实国民党要员早有体认。胡汉民在检讨同盟会时期革命运动得失时即称：

[①] Lloyd E. Eastman，*The Abortive Revoltion：China Under Nationalist Rule，1927—1937*，（Cambridge，Mass.：Harvard University Press，1974），p. 1 - 8。

[②] Hsi-sheng Ch'i，*Nationalist China at War：Military Defend and Political Collapse，1937—1945*（Ann Arbor：University of Michigan Press，1982），p. 205。

（同盟会）组织实非完善，党与党员不能收以身使臂臂使指之效，即亦不能深入领导之。党员之贤者，笃于所信，其牺牲献身之精神，足令闻者兴起，而不可磨灭；然亦往往出于自动，而非党的领导[1]。

邹鲁也说：

徒以主义号召同志，但求主义之相同，不计品流之纯粹。故当时党员虽众，声势虽大，而内部份子意见纷歧，步骤凌乱，既无团结自清之精神，复无奉令承教美德，致党魁有似于傀儡，党员有类于散沙，迫夫外侮之来，立见摧败，患难之际，疏如路人。[2]

对于党内成员意见分歧，步伐凌乱，有如散沙的情形，身为革命党领袖的孙中山当然心知肚明。孙中山还把一切革命失败的原因，"都归之于党员不听话"。孙氏自己在回复黄艺苏的信函中，也指说讨袁之役"追其失败之原因，乃吾党份子太杂，权利心太重"。故孙氏在反袁之役失败后决定重组中华革命党时，决定"首以服从命令为唯一之要件，凡入党各员，必自问甘于服从文（孙中山）一人，毫无疑虑而后可"。[3] 但是此一做法显然并没有彻底实践，国民党在掌握政权之前，一直都不是一个有严密纪律的政党。领导人关心党的规模甚于党的质量，对于党员思想信仰上的要求非常之低。因此接纳党员的手续很混乱，不受欢迎的人也没被拒之门外，任何申请加入都被批准。一个最明显的例证，是陈炯明的军队就

---

[1]　胡汉民：《胡汉民自传》，罗家伦编：《革命文献》，第 3 辑，页 63—64。

[2]　邹鲁：《中国国民党史稿》，页 264。

[3]　孙中山：《致陈新政及南洋同志书》（1914 年 6 月 15 日），《孙中山全集》，卷 3，页 92。

全体登记加入了国民党。① 党内成员纪律如此不彰的结果，就是革命事业的一再挫败。特别是在孙氏眼底革命30年来，"中间出生入死，失败之数不可偻指，顾失败之惨酷未有甚于此役者"的陈炯明事件发生后，更让孙中山痛定思痛，决意向外寻求釜底抽薪之道，国民党的"联俄容共"政策于焉成形。

不同于西欧动辄拥有数百万追随者的社会党组织模式，列宁领导下的俄国共产党以组织严密著称。而其做法，就是在党的领导核心问题上，采取严格的排外态度，主张以"少数"受过高度训练的精英分子来带领整个党的前进，列宁把这群党内精英称之为"职业革命家"，亦即他们才真正算是"布尔什维克"的党员。② 列宁在1902年3月所发表的《怎么办》(What Is to Be Done)一文里称：

> 俄国工人阶级要完成自己的历史任务，必须有一个战斗的、集中的、密切联系群众的、革命的马克思主义政党……要建立这样的党，就需要有一批能完全献身于革命工作，不断顽强地培养自己在这方面所必须具备有质量的职业革命家。③

列宁相信党内一定要有一群完全献身于革命行列的干部存在，才能防范资产阶级的思想毒素渗透到革命阵营里，进而严密党的组织。④ 换言之，党内组织的严密，取决于核心干部的培训。亦即列宁"布尔什维克"式的政党，组织与训练工作本来就是"一体的

---

① 易劳逸著，陈谦平、陈红民等译：《1927—1937年国民党统治下的中国 流产的革命》，（北京：中国青年出版社，1992年），页13。

② Issac Kramnick & Frederick M. Watkins 著，张明贵译：《意识型态的时代—从1750到现在的政治思想》(The Age of Ideology—Political Thought, 1750 to the Present)（台北：联经出版公司，1983年），页103。

③ 列宁：《怎么办》（北京：人民出版社，1972年），页177—179。

④ 段昌国：《俄国史》（台北：空中大学出版社，1999年），页332—333。

两面,相互为用"。是以当孙中山有意采联俄路线时,俄国共产党就提醒孙中山"不要着意于单纯准备武装革命,而应注意健全党的组织和思想政治宣传工作"。[1] 而这种思路刚好符合孙中山的需求,他说:

> 从前何以不从事于有组织、有系统、有纪律的奋斗? 因为未有模范、未有先例之故。盖俄国革命之能成功,全由于党员之奋斗,一方面党员奋斗,一方面又有兵力帮助,故能成功。故吾等欲革命成功,要学俄国的方法、组织及训练,方有成功的希望。[2]

因此,孙中山在决定采"联俄容共"路线效法俄国共产党做法来改组国民党的同时,也一并把俄共对党内成员的训练工作带到国民党内。亦即国民党的干部训练工作,其实是"以俄为师"下的产物。

而从1924年国民党改组到七七事变中日战争全面爆发,国民党的干部训练大致可区分三大阶段:国民党改组后,以小型讲习所形式为主的"广州时期";"清党"后由中央训练部主导的"南京时期";以及军事训练团模式的"庐山训练时期"。以下就发展情形,略做说明。

一、广州时期(1924—1927)

从国民党改组到挥军北伐,国民党广州时期的干部训练有两大特色,第一个特色是训练工作则依照干部性质分别交给中央执

---

[1] 王奇生著:《党员、党权与党争》(上海:上海书店出版社,2003年),页7。

[2] 郭恒钰著,李逵六译:《共产国际与中国革命,1924至1927》(北京:三联书店,1985年),页72。

行委员会下设的各部,包括组织、宣传、农民、工人、商民、妇女等部门由中央执行委员会下的各部会分别办理;第二个特色则是以"短期""小型"的"讲习所"或"训练班"形式开办干部训练。根据资料,国民党广州时期中执会下各部都开办了短期的干部训练机构(见表4-1)。这些讲习所或训练班,训练时间最长者半年,最短的仅有一个月。至于训练宗旨,诚如国民党《第一次全国代表大会宣言》所揭橥者,"对本党党员,用各种适当方法,施以教育与训练,使成为能宣传主义,运动群众,组织政治的革命人才"。① 而此时期的训练方法,主要以"室内讲座""户外教学"及"实习"的方式进行。其中,室内讲座分为介绍主义和政纲的"基本政治课程"和针对干部任务所设计的"专门讲座课程"两大类。② "户外教学"课程,主要是军事训练。像"农讲所"特别要求受训人员一定要"习惯团体生

---

① 孙中山:《中国国民党第一次全国代表大会宣言》,《国父全集》,第一册,页876。关于国民党广州时期训练工作的开展,另见吕芳上:《革命之再起—中国国民党改组前对新思潮的响应》(台北:"中央研究院"近代史研究所,1989)一书。

② 举"商民运动讲习所"为例,"基本政治课程"有孙文主义、国民党党纲释义、帝国主义侵略史等科目。"专门讲座课程"则安排了商民运动与国民革命运动、对商民的宣传方法、中国商业现状、商业常识、商民团体之实状、现代经济组织等。见《国民党党立商民运动讲习所章程》,1925年7月26。引自《国民党一届中常会第九十八次会议记录》,载《中国国民党第一届中央执行委员会常会会议录》,第五册,(会)1.3/2.5,铅印原件,国民党党史馆藏。另外,"妇女党务训练班"会被分派至其他部门参与工作,故在专门讲座课程除开设工农革命要义、政治学要义、社会学要义、经济学要义、世界经济学要义、苏俄政治组织等科目外,还加入妇女运动、工人运动、商民运动、青年运动概要等专门课程。事实上,妇女干部跟其他民运干部比较不同的是,她们在受完干部训练课程后,常需要通过党内机制安排至各单位工作。例如妇女部即多次致函国民政府,要求"其通令各行政机关凡选用女职员须妇女部介绍始可任用"(见《中央妇女部致国民政府函》,1925年7月15日,(五部档)13795号,毛笔原件,国民党党史馆藏)。而中执会也响应妇女部的要求,希望妇女部将结训的妇女干部"造具名册,注明程度",中执会"将酌量分别介绍"。以上内容见《中央执行委员会致中央妇女部函》,1927年6月16日,(五部档)13792号,毛笔原件,国民党党史馆藏。

活，成为有纪律、有组织的活动干员，凡在操场、讲堂、膳堂、宿舍及在外之一切行动，均以军事训练方法管理"。① 到毛泽东担任所长时，不但完全仿照军队实施正式的军事训练，而且训练长达10个星期，占所有上课时间的一半以上，让"农讲所"几乎快变成一所"军事学校"。② "实习训练"，亦分室内及户外两种方式。室内部分，大都与加强干部的宣传能力有关。像"宣传员养成所"除了教授学员"宣传方法及辩证法"，还有"演讲实习"的训练。③ 户外部分，主要是"农讲所"利用星期假日施行的"近郊农民运动实习"课程，其大都是"择定与广州市交通较便利"的农村来进行学员的实习演练，或实地调查农民境况以了解农民真实生活，或亲自参加各地农民组织及农民协会的成立大会，以便学习基层组织的运作方式。④

表4-1　广州时期国民党各部成立的干部训练机构

办理部门	干部训练机构名称
宣传部、组织部	国民党讲习所
组织部	国民党学术院附设党政治训练所
	政治讲习班
	党政训练所
宣传部	国民党党立宣传员养成所

---

① 见《第一至第六届农讲所概况》，《广州农民运动讲习所资料选编》，页39。

② 郑建生：《动员农民：广东农民运动之研究（1922—1927）》（台北：师范大学历史研究所硕士论文，1992年），页54—55。

③ 《国民党党立宣传员养成所章程》，见《国民党一届中常会第九十三次会议记录》，民国十四年七月七日，载《中国国民党第一届中央执行委员会常会会议录》，第五册，（会）1.3/2.5，铅印原件，国民党党史馆藏。

④ 见《农民运动讲习所报告》，1925年，（五部档）11322号，毛笔原件，国民党党史馆藏。

续表

办理部门	干部训练机构名称
农民部	国民党党立农民运动讲习所
	农工行政人员讲习所
工人部	国民党党立工人运动讲习所
商民部	国民党党立商民运动讲习所
妇女部	妇女行政人员训练班
	国民党党立妇女党务训练班

由各部办理的情形来看,国民党刚起步的干部训练办得是有模有样。不过,受限于旧国民党人没有干训方面的经验,再加上国民党老同志原本就对"运动群众,组织政治"的工作兴趣缺缺,①此时期国民党干训工作的主导权掌握在了共产党员或亲共人士手中。试举"工运讲习所"为例,虽其名义上是由廖仲恺负责,但廖氏一人身兼数职,根本无暇顾及,所以实际负责人是教务主任冯菊坡,冯氏和其他教员如刘尔崧、梁景然、施卜等人,都是中共党员。② 至于"农运讲习所",更被外界目訾为中共党人的大本营,从其历届所长人选及主要授课讲师都由共产党或亲共人士担任即可看出端倪(见表4-2)。训练机构影响所及的是广州时期的干部训练。

---

① 奉孙中山之命积极扶持国民党民众运动的廖仲恺,就曾对戴季陶抱怨道:"人才缺乏,教育训练又来不及。一些老同志,更不放下身段去做这种(指工农运动)工作,使他在办事上感受不少困苦。"以上内容见《戴季陶君关于粤军重要之谈话》,《上海民国日报》,1925年8月30日。

② 见罗醒:《廖仲恺扶助工农运动》,引自林玲玲:《廖仲恺与广东革命政府(1911—1925)》(台北:国民党党史会,1995年),页325。工讲所的会址在当时的广东油业工会的场地上。

表 4 – 2　"农民运动讲习所"历任所长、讲师一览表

届别	时间	所长姓名	历任讲师名单
一	1924.7.3—8.20	彭湃	彭湃、罗绮园、阮啸仙、谭平山、邓植仪、谭植棠、唐澍、赵自选、毛泽东、陈公博、甘乃光、萧楚女、彭述之、周恩来、恽代英、陈延年、陈其瑗、李立三、周其鉴等人。俄国顾问:鲍罗庭、佛朗克、加伦、马马也夫。
二	1924.8.21—10.30	罗绮园	
三	1925.1.1—4.3	阮啸仙	
四	1925.5.1—9.1	谭植棠	
五	1925.9.14—12.8	彭湃	
六	1926.5.3—9.11	毛泽东	

　　＊上表引自郑建生:《动员农民:广东农民运动之研究》(台北:师范大学历史研究所硕士论文,1992 年 6 月,未刊本),页 43、55—56。

变成中共栽培新党员的"预备学校"。[1]　例如当时担任"中国社会主义青年团广州地方执行委员会"秘书的阮啸仙就曾向该团"中央局"报告说,在"农讲所"第二届招收进来的 160 位学员里,不但大都是"与我们接近的工人或农人",而且开学后"新加入者十余人,在训练中准备加入者三十余人",所以阮啸仙乐观地预测未来"将有百人可以做同志"。[2]　这种做法,也引起了旧国民党员的侧目。

二、南京时期(1928—1931)

　　国民党"清党"之后所展开的干部训练工作,有两大特色:一是中央化,改变过去"各部有各部的干部训练"的做法,在中执会下设置独立的训练主管机关——中央训练部;二是党务训练机构系统化。

　　国民党此时后会特设一个训练专部,其实是有鉴于国民党改

---

① 其实,广州时期的干部训练机构大都以公开方式招考学员,而学员资格的规定也不是很严苛,特定党派要完全操控好像不是那么容易。

② 阮啸仙文集编辑组:《阮啸仙文集》(广州:广东人民出版社,1984 年),页 144。

组之初采取横向组织模式,依民众种类和工作性质"混合的二重分工制"来设置中央各部的结果,让国民党中央对各种民众运动"几乎全失领导之作用"。因此为了杜绝此一"弊端",陈果夫在国民党第二届四中全会上,正式提出"整理党务案",建请改变中央党部的组织方式,"把以往就人来划分组织,改为以事来划定组织,将共(产)党遗留作风一扫而空",而设立了国民党内第一个专门负责训练的部门——中央训练部。①

至于训练机构的系统化,诚如第一任中央训练部部长的丁惟汾所说:

> 在中央训练部未经成立以前,中央对于党务教育,无主管机关,因之中央与各地方训练党的人才,未尝规定统一办法。各地方间有一二省自办党校或党务学校,类皆各自为政,无划一之训练方针,然因训练方针不统一影响及于党员意志之不统一,流弊滋多。本部成立伊始,首先划定中央与地方应行分设党务教育机关之系统,先谋党务教育学制之确立。以便继续拟定各种实施方案依次进行。②

是以中央训练部成立未久,即提出"确定党务教育机关系统案",进行干部训练机构系统的重整。内容包括在中执会下设立"中央党务学校",在中央训练部设立"中央高级党政训练所",省或特别区党部设立"省党务训练所",特别市党部设立"特别市党务训

---

① 陈果夫:《清党以后部务交接与十七年本党的统一》,见《陈果夫先生全集》,第五册"生活回忆",页81。

② 上述内容见《中央训练部自成立至七月份工作报告》,转引中央训练部:《中央训练部部务汇刊第一集》(南京:中央训练部,1928年11月1日,藏于国民党党史馆),"工作报告",页5—6。

练班"(后仍比照省设省训所),普通县市党部则设立"党务训练班"。其中,"高级党政训练所"以训练"各级党部及行政机关工作之党员"为主,"中央党务学校"则以青年学生(20—25岁)为招收对象,"省党务训练所"以下的干训机构,主要目的是"训练地方党务人才"。此一建议案得到中执会(第二届第一二七次常会)同意,国民党干部训练体系的一元化正式拍板定案。①

国民党筹设的"中央高级党政训练所",所长由中央训练部部长兼任,主要招收"24岁以上,40岁以下曾任或现任党部与行政机关工作,中等以上学校毕业且曾在党政机关服务著有成绩者"。修业期限定为一年,"修业期满时,经考试及格者,由中央训练部发给毕业证书,并由中央通令各省党部与政府任用"。② 至于各省设立的"省党务训练所"则以"训练地方党务人才为宗旨",招收中等以上学校毕业学生,修业期限定6个月。③ 而在此时新设的干部训练机构之中,最引人注目的莫过于党校:"中央党务学校"的设置。

国民党早在改组之初,即有设置党校的构想。像当时的广东大学及上海大学,多少带有党校的性质。④ 在"清党"之后,国民党更下定决心创办一所名副其实的党校来训练党内忠贞干部,填补

---

① 《中央训练部自成立至七月份工作报告》,页10。

② 见《中国国民党中央高级党政训练所章程》,1928年7月,见《中央训练部部务汇刊第一集》,"重要法规",页18。后来国民党中央常务会议委派廖维藩、何汉文、史维汉、杜维涛、陈鹤琴、陈石孚等8人为筹备委员,并指定廖维藩为筹备主任,并将原江苏省政府(当时已移往镇江)及附在该府内之农矿、民政两厅的办公屋舍作为"中央高政训练所"的所址。上述内容见《国民党中央执行委员会秘书处函》,《全宗号722:国民党中央训练部档案》,722/347,中国第二历史档案馆藏。

③ 见《中国国民党省党务训练所组织通则》,1928年5月,见《中央训练部部务汇刊第一集》,"重要法规",页20—21。

④ 国民党在联俄容共时期,意图将势力引入教育界,并设立学校的过程,见吕芳上:《从学生运动到运动学生》(台北:"中央研究院"近代史研究所,1994年),页266—270。

"清党"后干部的空缺。关于这点,丁惟汾在 1927 年 5 月发言讨论宣传部提案"设立宣传训练院"时就讲得很明白。他说北伐开始后,因为"缺乏可靠的革命基干",在党务政治方面早就"面临艰难局面"。此时"既然决心'清共',我们急需有一批党政基干,去接替共党份子原先窃据的岗位"。因此丁氏指出,光设置一个"宣传训练院",是无法满足需求的,而应该"扩大办理一个党务学校",让"党务政务和主义宣传等人才的训练,毕其功于一役"。① 在此种急迫感下,1927 年 5 月 20 日,国民党中执会正式通过任命蒋为"中央党务学校校长",并组织筹备委员会,研拟相关章程。该年 6 月底公布招生简章,明确指出"本校以严格的训练造成党务干部人材担任各地之党务工作为宗旨",更限定招收对象须为"本党忠实党员,愿终身为党服务,非得中央允许不迁改职业者"。② 1928 年 8 月 1 日,中央党务学校第一批新生 200 名正式入学。第一期训练期限原暂订 6 个月,后来延长至 11 个月,第二期则定 2 年。1929 年 6 月,国民党第十九次中央常务会议正式议决"中央党务学校"更名为"中央政治学校","中央党务学校""为党抢才"的阶段性任务完成,而往一般的大学院校方向前进。③

至于训练内容,国民党在"清党"后检讨广州时期党内的训练工作时,曾指出有三大弊病——"不普遍、不统一、不正确",意指训练不普遍、训练体系不统一和训练内容不正确。④ 其中,重点

---

① 杨仲揆:《刚毅木讷的学者革命家——丁惟汾传》(台北:"近代中国出版社",1983年),页 141—142。

② 《中国国民党中央党务学校招考学生简章》,《申报》,1928 年 6 月 24 日。

③ 关于"中央政治学校"的发展,请参阅崔明忠:《中国国民党中央政治学校研究》(台北:台湾政治大学历史研究所硕士论文,1997 年)一文,在此不多做赘述。

④ 邹鲁:《中国国民党史略》(台北:台湾商务印书馆,1951 年),页 410。

放在"纠正"共产主义之"谬论"，导回三民主义正确的道路上。由于广州时期训练机构被共产党"掌控"，加上当时"联俄容共"政策，导致整个政治训练课程及专门讲座课程的讲授内容充斥着浓厚的共产党色彩。例如萧楚女在讲授《社会主义概要》时就指"列宁主义"，就"是以新经济政策载着革命达到那理想之国—共产世界"。[①] 另外，萧氏在讲授《中国民族革命运动史》时也指称，"从事实上证明，联合世界无产阶级和被征服的弱小民族打倒帝国主义，不但是可能的——而且是必然要到那一步的"，明白指出，共产世界是势不可挡之潮流。[②] 此种内容，显然并不符合国民党"清党"后的路线，急需"拨乱反正"。在中央训练部所拟订的《省党务训练所课程纲要》，即充分表现出上述特点。例如，针对"三民主义"此一课程，就提醒授课教师在教学时"务使学生明了民生主义并非社会政策或改良主义，更非马克思或列宁的共产主义"。另外，"社会问题及社会主义"一科，要教师在授课时应强调"从三民主义的立场批评各派社会主义—尤其是马克思、布尔什维克的社会主义——得失，并说明三民主义解决社会问题的方法"。而"民众运动"科目的教学方针，更把重点摆在"批评从前的错误"等，都是具体实例。[③]

南京时期另一个不同于广州时期的干部训练方式，就是特别重视训育制度。像前述"中央党务学校"，对于训育措施更是重视。他们在党校设立之初，即设立"训育处"。到了1928年7月，"训育处"更进一步分成党政、编纂及军事三科。训育处设有正副主任各一名，以及训育员若干名。至于训育措施，是以小组讨论和军事训

---

① 萧楚女：《社会主义概要讲义大纲》，见《广州农民运动讲习所文献资料》，页127。
② 萧楚女：《中国民族革命运动史讲授大纲》，《广州农民运动讲习所资料选编》，页155。
③ 见《中央训练部部务汇刊第一集》，"计划方案"，页68—76。

练为主,课外活动及民众组训工作见习二者为辅,双管齐下,一方面激励革命情绪和精神,另一方面来培养实际经验。①

中央训练部制定的《省党务训练所训育大纲》"引言"开宗明义指出:

> 本党党员的数量,将及百万,不可谓不多了。然多数党员,思想纷歧,行动浪漫,精神涣散,工作弛缓,以致本党组织不能严密,力量不能集中,一再为恶化腐化势力所篡窃袭取,几至于不可收拾!揆其原因,实由于党员缺乏训练,尤其是缺乏指导训练的人才。因此造就指导训练的人才,实为本党之急务,是以除中央创办大规模之党校外,各省亦得举办党务训练,所以养成思想正确、意志坚定、情绪热烈、工作努力的党务干部。②

国民党虽一再指责广州时期的干部训练"不正确",但是南京时期并不完全排斥共产党的训练方式,此时的训练反而和广州时期的民运讲习所很类似。同样安排室内讲座课程,广州时期重视的"军事训练"和"实习训练"项目,也是此时期"户外训练"的重头戏。像中央党务学校就有所谓的"民众组训工作见习"训练,将学生分组派赴南京近郊江宁县各乡镇,实地从事民众组训工作的见习。③ 省党务训练所也安排了"实习训练"课程,将学员或派到各级地方党部,或遣

---

① 《台湾政治大学校史史料汇编》,第一集,页105、219—220。

② 《省党务训练所训育大纲》,《中央训练部部务汇刊第一集》,"计划方案",页80。为达成上述目标,省党务训练所还特别订定了训育工作的五大原则,包括:(一)革命化:确定革命的人生观;(二)社会化:养成团体生活的精神,为社会服务;(三)纪律化:恪守党的纪律;(四)科学化:以科学的方法,支配工作,以扫除思想上的痼疾;(五)平民化:养成节俭朴实,平等互助的精神。

③ 见台湾政治大学校史编纂委员会:《台湾政治大学校史稿》(台北:台湾政治大学,1989年),页39—40。

至农工商学妇女等民众团体及军队实习。① 而会出现这种训练方式与广州时期雷同的现象，一方面旧国民党人缺乏经验，不得不沿袭广州时期的做法。另一症结点则是"清党"后接续干部训练工作的人，大都有留俄背景。例如中央党务学校，训育处的负责人谷正纲曾赴俄国受训，训练员康泽、唐健飞、张民权、白瑜等人都是留学俄国莫斯科中山大学，训练方法无法避免会学俄共的那一套。②

　　国民党定都南京后，大张旗鼓地开展干部训练工作，一方面成立中央训练部专责党内训练事宜，另一方面又大力整顿干部训练体系，前景看似一片光明，但实际情况并年如此，有很多的计划仅只是纸上作业，根本未见实施。计划要设置的"中央高级党政训练所"根本"只闻楼梯响"并未成立。至于预定在各普通县市设立"党务训练班"的决议，一开始就决定"从缓进行"。③ 至于要在各省份设立的"省党务训练所"，除了湖北、河北、河南、山东、江苏等积极地办理，大部分省份采虚应其事态度。中央训练部在1930年3月就曾发函指责安徽省训练部并未按月填报各项报告表，"实属玩忽上级党部命令"。④ 最后，连"中央训练部"本身也在1931年11月的国民党召开四届一中全会时以"组织、宣传之进行，均属训练之意，训练一部已无单独设立之必要"为由被裁撤，中央训练部至此

---

① 《省党务训练所训育大纲》，见《中央训练部部务汇刊第一集》，"计划方案"，页83—84。

② 见郭廷以口述，陈存恭记录：《郭廷以先生访问记录》（台北："中央研究院"近代史研究所，1987年），页172。

③ 《中央训练部自成立至七月份工作报告》，页6—7、10。

④ 见《安徽省党部训练部部长曹明焕即呈中央训练部函》，《全宗号722：国民党中央训练部档案》，档号722/734，中国第二历史档案馆藏。

成为历史。①

南京时期由中央训练部主导的干部训练工作之所以推展不顺利,中央训练部自己检讨原因有三:一是训练工作重大繁难,各同志"殊觉才识不胜任";二是训练工作事属创举,无可借鉴,下级党部情形亦复隔阂,不甚熟悉;三是工作缺乏系统,内容过于繁复,加之应付下级党部工作颇为麻烦,"影响所及,以致不能专心一意,计划工作之进行"等均是。② 但是从相关档案来看,训练部组织本身就存在着很大问题。因为从中央训练部内部会议的记录里发现,历任部长从丁惟汾到戴季陶,根本就很少到部里。接续戴季陶担任训练部部长的马超俊,他在中央训练部内部的会议(第二一一次会议)中即曾抱怨:"戴部长以身兼要职,不能常到部来替各位解决(困难),使各位苦闷异常"。③ 在戴部长常"因事不能到部负责"情况下,只好把"普通业务委由秘书办理,紧急事件送请部长批示"。④但问题是,中央训练部内"承部长之命,办理本党一切训练事宜"的秘书也多非专职。长期担任训练部秘书的史维翰就称:

> 从前戴、何两部长均以事忙未能常川到部,又本部秘书多系完全尽义务,故亦不能常到部负责,各处科同志在外兼课兼职者颇多。⑤

---

① 国民党四届中执会:《改进中央党部组织案》,(会)4.1/5.19,铅印原件,国民党党史馆藏。

② 《中央训练部部务汇刊第三集—扩大部务会议专号》,"第二编:报告事项",页3—4。

③ 见《中央训练部第211次部务会议记录》,见《全宗号722:国民党中央训练部档案》,档号722/2270,中国第二历史档案馆藏。

④ 见《中央训练部第117次部务会议记录(1929年5月11日)》,见《全宗号722:国民党中央训练部档案》,档号722/2266,中国第二历史档案馆藏。

⑤ 见《中央训练部第236次部务会议记录(1931年7月24日)》,见《全宗号722:国民党中央训练部档案》,档号722/2271,中国第二历史档案馆藏。

事实上,不仅专职人员没有把心思放在中训部的业务推动上,更甚者是直至 1930 年 6 月时训练部编制内的人事有很多还是呈现"出缺"状态。中央训练部部务汇刊就指出:

> (训练部)部长之下另设"设计委员会",但事实上始终未能成立。"党员训练科"从无主任,"测验科"成立后三月,科主任即因事他去;原定各股设总干事一人,亦仅党员训练科各股有总干事一人,其余各科则仅有总干事一人,童子军司令部惟一处有主任。[1]

主导干部训练工作的中央训练部本身面临"前在无人领导,后在不能用全副精力灌注到本部",要推动训练工作显然力有未逮。[2]

另一个影响南京时期训练工作的因素,则跟"清党"后国民党地方党部组织的瘫痪有关。根据国民党内部数据显示,直到 1934 年国民党在各省份建立正式省党部组织的还不到 40%,亦即多数省区仍长期处于混乱失序的状态之中,想要进行干部组训是有其困难。[3] 无怪乎当时安徽省党部训练部部长曹明焕,在回复前述中央训练部指责他们"玩忽上级党部命令"时,回函反指责中训部称:

> 属部自 1929 年 7 月开始工作力谋各种训练之实施,惟以经费困难交通时阻各地党务未克随时派员考察,惟于文字方面加紧训练,颁发各项表格令限填报。无如属省迭遭政变,逆军骚扰地方靡难不堪,党务亦受影响,(致)所有属部颁发各项表格均未

---

[1] 《中央训练部部务汇刊第三集—扩大部务会议专号》,"第二编:报告事项",页 1。

[2] 史焕章发言记录,见《中央训练部第 211 次部务会议记录(1930 年 12 月 17 日)》,《全宗号 722:国民党中央训练部档案》,档号 722/2270,中国第二历史档案馆藏。

[3] 国民党中执会党史委员会编:《民国 23 年中国国民党年鉴》(南京:国民党党史委员会,1935 年),页 233—241。

能一一填限。①

地方党务的瘫痪，使"若干省市担任训练工作的同志，根本不明训练工作之意义"，而且"下级党部训练工作不健全"的结果，不仅造成中央训练部"工作无法推动"，甚至"形成上下级不能连贯的毛病"。因此，史维翰在总结中央训练部工作时即直接点出"北方及湘、赣政局不安，当地党部关闭"，是"训练工作无法推动"的关键。② 中央主导机构无力，地方党务又瘫痪，要成功地推动干部训练工作有相当的难度，中央训练部最后面临裁撤命运，并不让人感到意外。而随着中央训练部的裁撤，国民党南京时期的干部训练工作亦接近尾声。

三、庐山训练时期(1932—1937)

国民党北伐成功后在南京展开的干部训练最后虽效果不彰，但蒋为因应江西"剿共"在庐山成立的"军官训练团"，却获得了"相当不错的成效"。"剿共"结束后，蒋不仅进一步扩大办理庐山训练，甚至还尝试援引"军官训练团"模式到党政干部的训练上，为后来抗战时期"中央训练团"的设立奠定下基础。

所谓的庐山训练，只是一个概括性的总称，其实包括1933年7月的"北路'剿匪'军官训练团"、民国1934年8月的"庐山陆军军官训练团"、1938年8月移师四川峨嵋山举办的"峨嵋军官训练团"。而从庐山到峨嵋军官训练团(见表4-3)的召训对象由"剿共"部队下级军官扩及至全国各军系部队中高阶以上军官来看，可以发现

---

① 见《安徽省党部训练部部长曹明焕即呈中央训练部函》。
② 见《中央训练部第211次部务会议记录(1930年12月17日)》，见《全宗号722：国民党中央训练部档案》，档号722/2270，中国第二历史档案馆藏。

蒋对这个原本"为增进'剿匪'军效能起见"而一手创办的庐山军官团，其训练模式甚为满意。[1] 特别是在江西的"剿共"问题上，庐山训练更让蒋感到非常自豪。他曾很自满地指称，"在举办庐山训练之前"，"江西境内，几乎遍地是'匪'"。但是在办了两期的庐山训练后，"不到二年，就将'共匪'经营多年的'老巢'捣毁"。[2] 再加上蒋利用庐山召训的机会，把全国各军系的中上级军官集合起来，不仅拉近了彼此之间距离，由部属关系提升为师生关系，更消除了双方的隔阂，甚而拉拢过来。如参与"庐山陆军军官训练团"的粤系将领余汉谋就提及，在庐山训练期间他不但结识了来自全国各地的将领，对中央抗日的决心亦有了深入了解。[3] 另外，参加峨嵋训练的前川系将领孙震，就对训练期间蒋个别召见时，"无记录人员侧座，委员长未着军服，只穿衬衣且敞开在外，手摇蒲扇，似以家人子弟待余谈话"亲切态度，颇为动容。[4] 相对地，蒋也借着庐山训练的机会进一步认识了过去较陌生的将领们之能力，对他日后的指挥作战及人事任用有不小帮助。正因此庐山军官训练团成效卓著，蒋在 1934 年底"庐山陆

[1] 江西省文献委员会：《庐山续志稿》(台北：成文书局，1975 年)，卷三《中央行政—庐山军官训练团》，页 343—344。

[2] 蒋介石：《实践与组织》，引自贾嵩庆：《蒋总统革命思想》(台北：黎明书局，1974 年)，页 87。

[3] 余汉谋：《余汉谋访问记录》，"中央研究院"近代史研究所：《口述历史·第七期》(台北："中央研究院"近代史研究所，1996 年)，页 225—226。

[4] 孙震：《八十年国事川事见闻录》(高雄：四川同乡会，1985 年)，页 190。事实上，蒋在庐山军官团拉拢的方式并不完全都是以精神感召方式进行，有时会以馈赠金钱、礼物或军品等比较"实际"的物品来拉拢。例如韩复榘部的十二军军长孙桐萱、东北军的王以哲，蒋分别以赠送现金及德制手枪方式来拉近彼此的感情。而对西北马鸿逵、马步芳等部的校级以上将领则一律加送景德镇瓷器一至两套。见刘万春：《国民党庐山陆军军官训练团纪略》，全国政协文史资料委员会编：《文史资料选辑》，第 138 辑(北京：中国文史出版社，2000 年)，页 168。

军军官训练团"结束后,决定以这种专门训练军事干部的"训练团"组织,来训练一般的党政干部,此即"庐山暑期训练团"。

表 4-3　从庐山到峨嵋军官训练团一览表

项目 团名	北路"剿匪"军官训练团	庐山陆军军官训练团	峨嵋军官训练团
举办时间	1933.7.18—1933.9.18	1934.9.3—1934.9.27	1935.8.4—1935.9.21
举办地点	江西庐山海会寺团部	江西庐山海会寺团部	四川峨嵋山报国寺团部
正副团长	团长:陈诚副团长:刘绍先、柳善	团长:蒋介石副团长:陈诚	团长:蒋介石副团长:刘湘教育长:陈诚
训练对象	赣、粤、闽、湘、鄂五省北路"剿共"部队的中下级军官	全国各军系部队的中上级军官	川、滇、黔等西南各省军官及四川各中学校以上校长、训育主任及各县教育科长、各区专员
举办期数	三期	三期	二期
训练天数	二周	三周	三周

早在北伐阶段,蒋即有以黄埔训练模式训练一般党政干部的念头。他对"江西教育讲习所"就提出过"采用黄埔的法子,实事求是训练学生"的说法。[1] 是以在庐山军官训练团的亮眼成绩鼓励下,蒋决意扩大召训范围至一般党政干部。实际主持庐山训练的陈诚即称:

> 二次庐山训练之后,军事委员会乃扩大其训练范畴,筹办

---

[1] 以上内容见蒋介石:《三民主义要旨与三民主义教育之重要》,《言论总集》,卷10,页249。

庐山暑期训练团,召全国党政军教等文武各界干部集中海会训练,是二十四年暑期训练团之筹办,即为本次训练之胚胎。[①]

蒋先是在 1935 年初指示依"庐山陆军军官训练团"模式,筹备"庐山暑期训练团",并委陈诚、王世杰、陈立夫、张治中、段锡朋、贺衷寒、刘健群等 32 人成立筹备委员会。1935 年 5 月,陈诚等人正式提出《庐山暑期训练团办法大纲》,并经国民党四届中执会一七一次常会决议通过实施。计划分二期调训全国各省份包括党务、教育、县政、警务、军训、政训、新生活指导、童子军干部等共 7 421人分期进行轮训。[②] 不过这个"庐山暑期训练团"在 1935 年夏季开办时,受到蒋移驻四川改办"峨嵋军官团"之影响,仅办了县长训练班。[③] 到了 1936 年 5 月决定要进一步扩大办理时,又因两广问题发生而宣告中止,所以直到 1937 年 5 月才开始进行训练团的筹备工作。[④]

1937 年 5 月 1 日,此次训练团筹备处正式在南京办公,比照庐山军官团仍由陈诚主持筹备工作,叶楚伧、陈立夫等人担任筹备委

[①] 陈诚:《庐山暑期训练团实记导言》,1937 年 7 月 4 日。见《陈诚文物档案》,档号0081070300018001,"国史馆"藏。

[②] 见《庐山暑期训练团办法大纲》,1935 年 5 月 16 日。见《国民政府档案》,档号 014 - 0022.01/1118—1128,"国史馆"藏。

[③] 原本在"庐山暑期训练团"的计划里,其实一开始并没有把县长纳入调训的范畴,而是蒋在 1935 年 4 月特别指示陈诚及熊式辉等人,要把"剿匪"各省(包括豫、鄂、皖、赣、闽、川 6 省)的县长或具有县长资格的县政人员调来受训,希望通过彻底的训练,"能齐其心志,一其信仰,振其精神"。以上内容见《蒋委员长致熊式辉主席、陈诚处长、甘乃光处长指示增调豫、鄂、皖、赣、闽、川六省县政人员参加庐山暑期训练电》,1935 年 4 月 15 日,"总统府"机要室档案,引自秦孝仪编:《中华民国重要史料初编——对日抗战时期绪编》(台北:国民党党史会,1981 年),页 144。

[④] 何联奎:《庐山暑期训练实记导言》,《训练通讯》,第 1 卷 1 期(重庆:1939 年 6 月 15日),页 272。

员。5月6日,筹备委员会第一次会议决定训练时间、训练单位及
受训人员资格。5月13日,筹备委员会议确训练对象为全国师旅
长及前西北"剿匪"部队团长以上长官、各省省党部委员、各中学校
长、训导人员及军训人员,以及各地专员与各县市地方之教育、民
政部门科长。5月24日,确立了"庐山暑期训练团组织纲要",明白
规定此次训练团仍直隶于国民政府军事委员会,训练地址设于庐
山海会寺,另以一部设于牯岭。团本部设团长一人,团附若干人,
教育长一人,下设办公厅、训练委员会。召训对象跟 1935 年的庐
山暑训团一样,以现任党务、军事、教育、县政、警政、军训政训各级
工作人员、童军干部及新生活运动干部为主,计划分为 3 期召集训
练。① 6月27日,蒋召见庐山暑期训练团大队长以上官长讲话,申
明这次庐山暑期训练的目标,"就是要造就此次来受训的全国公务
人员为革命建国复兴民族的中坚干部"。② 7月1日,庐山暑训团
正式开训,蒋在首次的"总理纪念周"正式把庐山暑训团定位为救
亡图存的"救国训练",也正式开起了国民党以大型训练团模式训
练党政干部的新时代。③

　　在原先的规划中,1937 年的庐山暑训团计划办理 3 期,第一期
自 1937 年 7 月 1 日至 7 月 18 日;第二期自同年 7 月 23 日至 8 月 9
日;第三期自同年 8 月 14 日至 8 月 31 日。但是第一期开训时华北
的局势严重不稳,使得许多省份对暑训团的开办采取观望态度,因
而对受训人员的选派有所迟疑,像安徽、贵州、山西、甘肃、广西等

---

① 《庐山暑期训练团组织纲要》,1937 年 5 月 24 日。见《陈诚文物档案》,编号
　　00801070300010005。
② 蒋中正:《建国训练的要点与实际的目标》,《言论总集》,卷 14,页 533。
③ 蒋中正:《救国教育》,《言论总集》,卷 14,页 550。

省份都未如期缴交受训人员名册。① 庐山暑训团在此艰难环境办理了两期后，第三期果然因对日全面抗战爆发而停办。②

虽说庐山暑期训练团仅办理两期即中止，但综观个庐山训练除召训对象由军人扩及文职干部外，还有两大特色：

第一，召训干部的地方，由中央控制的省市扩及至与中央较为疏远的地方。例如庐山军官训练团召训两广地方将领，峨嵋训练明显针对四川刘湘势力。另外，"西安事变"后开办的庐山暑期训练团，蒋特别指示筹备委员会"对于西北陕甘各省的中小学校长、训育员与专员、县长、党部委员、保安团队长，应多令加以训练，尤应着重于陕北各县"等均是明证。③

第二，纵使召训的对象，由军人扩及文职干部，可是训练方式还是跟先前的庐山训练团及峨嵋训练团并无多大差异，仍采用严格的军事化管理方式进行训练。当时担任庐山暑训团第一期第二总队总队长、驻牯岭负责党政干部练的黄绍竑就回忆说，"第二总队的宿舍，在山上的图书馆，是庐山最伟大最新颖的建筑物，团员是各高中师范学校的校长与训育主任，共一千多人，分为三个大

---

① 上述内容引自《庐山暑期训练团筹备委员会催报各省造送受训人员名册》，1937 年 7 月 5 日发，见《国民党中央执行委员会训练委员会档案》，全宗号 223，档号 223/837，中国第二历史档案馆藏。

② 《手谕停办暑期第三期训练》，1937 年 7 月 31 日，《陈诚先生书信集：与蒋中正先生往来函电（上）》（台北："国史馆"，2007 年），页 283。

③ 《蒋介石电陈诚关于庐山暑期训练团西北陕甘各省干部应多令加入训练》，1937 年 5 月 16 日。见《陈诚文物档案》，编号 008010200078019，"国史馆"藏。根据统计，在庐山暑训团第一、二期结训的 7 028 学员当中，陕西省就有 265 人、甘肃省有 126 人、青海省 17 人、宁夏省 11 人、绥远省 12 人、察哈尔省 6 人、西康省 1 人，比例虽不是太高，但对人口相对稀少的西北地区，已算是难能可贵了。见《庐山暑期训练团各期受训人员籍贯统计表》，1937 年 8 月 7 日。见《陈诚文物档案》，编号 00801070300010018，"国史馆"藏。

队,九个中队,完全按军队编制,实行军事管理"。① 庐山暑训团不仅采取军事化管理,训练课程也是以军事训练为主,蒋把它称之为一种"战斗的训练"。他说:

> 大家来到本团受训,既是要受一种战斗的训练,则对于各人过去放任自由的生活习惯,和一切不正确的思想行动,都要彻底加以改进。大家一入本团,就要受本团纪律的约束和制裁,只有团体的自由,不能再有个人的自由,而且什么东西都要从头学起——无论吃饭穿衣走路讲话、整内务、迭被服、修指甲,以及一切礼仪态度等都要从新学习,彻里彻外来受一番革命教育的洗礼!②

比照军事干部的方式来训练文职党政干部,可以解释说是为了对日全面抗战做准备。③ 不过进一步做观察,会发现其实蒋早就有这个念头。他在1927年2月对"江西教育讲习所"受训学员讲话时,就曾鼓吹过他的"黄埔经验",要受训学员结业后持续"采用黄埔的法子,实事求是地训练学生,养成一种革命的精神,发挥而光大之"。④ 事实上,国民党一开始在训练干部时就有军事化的倾向,像前述的"农民运动讲习所"即是。此种重视军事训练的风气,在"五三惨案"后更达到最高潮。国民党第三届一次大会召开时,潘公展即领衔提出《全国党员须受军事训练案》,直接指称:

> 民族主义之第一步应恢复吾中华民族固有之地位,而锻炼全民族之体格,使其有坚强之精神体力,实属根本紧要之

---

① 黄绍纮:《五十回忆》(台北:岳麓书社,1999年),页333。
② 蒋中正:《救国教育》,《言论总集》,卷14,页551。
③ 黄道炫:《1937年庐山训练》,《抗日战争研究》,2011年第1期(2011年3月),页34。
④ 蒋中正:《三民主义要旨与三民主义教育之重要》,《言论总集》,卷10,页249。

图,本党同志既以领导国民自任自宜首先受军事训练以为表率。①

陈希豪更进一步提出《全国党员一律施以军事训练案》,极力主张"凡为国民党党员,年龄在十六岁以上,三十五岁以下者,均应受军事训练,至同等年龄之女党员,均应受军事看护之训练",至于实施时间则"暂定为两年,计四百小时,第一年授以普通军事课程,第二年实施军事演习",并委由中央训练部及训练总监部来负责制定训练计划及考核的工作。② 在此氛围之下,国民党不仅指示负干部训练之责的"党务训练所"应"施行严格的军事训练,以确立学生献身殉国之精神",③还要求干训机构一律仿照军队采取"陆军分队编制法"管理所有学员。一个最明显的案例,当时的"中央党务学校"即把全校学生分编为3区队,每区队再分编3分队,并选派军校出身的军官担任区、分队长,负责军事训练及管理。④ 但问题是,在一般的党政干部训练机构施行军事训练和援引军官训练团模式训练党政干部完全是两回事。因为我们若将负责训练工作的施训者称作"训练主体",而把受训人员视为"训练客体",会发现这两个主、客体之间,不管是养成教育或思考问题的方式、工作的性质与内容,还是对外在事物的处理态度都不太一样,彼此要契合起来似

① 潘公展等:《全国党员须受军事训练案》,见国民党三届一次全体大会提案(1929年3月21日),(会)3.1/18.6—7,国民党党史馆藏。

② 陈希豪等:《全国党员一律施以军事训练案》,均见于国民党三届一次全体大会提案(1929年3月21日),(会)3.1/18.6—7,国民党党史馆藏。

③ 以上内容见《中国国民党省党务训练所组织通则》,引自《中央训练部部务汇刊第一辑》(南京:中央训练部,1928年),"重要法规",页22。

④ 台湾政治大学校史编纂委员会:《台湾政治大学校史史料汇编》(台北:台湾政治大学,1973),第1辑,页40。

有扞格之处。① 因此,蒋要求"党员军人化"采取军事训练团方式训练党政干的做法颇值得探究。

蒋会有上述思维,有四大原因:

第一,跟蒋意图改造中国人的国民性格有莫大关系。蒋眼底的中国人似有双重性格,有时刻苦耐劳、驯良守法,但同时却又存在着许多的劣根性。包括"自私自利,只讲个人主义""责人不责己,欠缺自省精神""欠缺团队精神,毫无纪律可言"等缺失。蒋认为这些劣根性加起来"便完全成了一个亡国奴的性质"②,如果再不加以"团体的训练及组织的能力","就要衰败,或至于灭亡了"。③ 至于其彻底解决方法,蒋指出唯有"军事化"一途。因为蒋相信,军队的组织、纪律、精神和行动与军事化的生活,不仅能创造出国家社会的生存条件,而且是任何"有机体的东西"生存下去的必要途径。④ 因此,蒋深深相信军事化正是改造国民劣根性格最重要的关键。

第二,这是蒋"重军"思想的必然结果。长期观察蒋的言谈,会发现他常"放大军人在国家社会中的作用","重军"思想极为浓厚。⑤ 对蒋而言,不仅军人是国家民族安定的关键,军事组织甚至"可以说是一切社会和事业组织的渊源,也是一切组织的最高典范"。是以当蒋检讨发现"党政各种组织,多半是松弛散漫,有名无

---

① 关于"训练主体"与"训练客体"之间的关系,吴兆棠:《训练原理与实施》,(台北:"中国交通建设学会",1953年),页59—63。

② 蒋介石:《中国的立国精神》,《言论总集》,卷10,页82。

③ 蒋介石:《刻苦耐劳与慷慨牺牲之必要》,《言论总集》,卷10,页21。

④ 蒋介石:《军事化的要义与方法》,《言论总集》,卷7,页59—90。

⑤ 见王奇生:《党员、党权与党争:1924—1949年中国国民党的组织形态》(上海:上海书店出版社,2003年),页173。

实，而一切纪律，亦多不能发生积极的效果"后，①即誓言要"以整齐
严肃之治军的精神，用于治政"，②他在庐山训练后采军事训练团模
式训练文职干部并不让人意外。

第三，贯彻"新生活运动"的社会军事化目标。"新生活运动"
所指的"社会军事化"，不仅社会上每一分子都用军事方式组织起
来，而且社会每一分子，上自国家的元首，下至一般公务人员和成
年国民，通通"要受军事训练，和具备其他基本的军事知识和军人
的精神"，纵使"是文职，也要具有军人的精神和修养"。③ 特别是在
"腐败而龌龊的社会里面"钻进钻出的党政干部，更是需要军事训
练的洗涤。④ 蒋在面对党政干部的场合上即大声疾呼：

> 我们今后不讲训练则已，要讲训练，要使训练能够确实发
> 生革命救国的效力，一切就要从军事训练起头。要将军事训
> 练，作为一切教育训练的基础。⑤

在此一社会军事化目标下，蒋主张纵使是文职的党政干部，也
要先施以军事化的训练。

第四，蒋的军事训练，着重精神训练，亦适用于文职干部。蒋
自黄埔治军开始，训练的重点就不是摆在军事技能方面的加强上，
而是"在求一致"。这里所谓的"一致"，不只要求行为动作上的整
齐划一，而是达到精神意志上的完全一致。蒋在诠释"军纪"意义
时即称，军队里面之所以起居饮食要定点定时，内务服装要整齐划

---

① 蒋介石：《军事训练基本常识——军事训练的要领》，《言论总集》，卷16，页267、270。
② 蒋介石：《以整齐严肃的治军精神治政》，《言论总集》，卷10，页440。
③ 蒋介石：《军事基本常识——军事训练要领》，页264—265。
④ 蒋介石：《培植新政治人才与建设新中国》，《言论总集》，卷10，页435—438。
⑤ 蒋介石：《军事基本常识——军事训练之要领》，页264。

一,其实就是在追求心志一致,"因为形式整齐之后,就可以引导他精神一致,所以军纪的程序,是要由外而内的,由形式而及于精神的"。① 蒋的训练观既然是侧重"精神训练"层次,故不分文武身份皆可适用。

综观国民党干部训练的发展,在"以俄为师"的改组声中展开,历经了广州、南京及庐山 3 个不同阶段的发展之后,已呈现出不同于起步初期的面貌。不但训练体系走向"中央化""一元化",到了庐山训练时期,训练对象从基层民众运动工作人员更扩及至全国中级以上党政干部,而且训练机构也由规模较小的"讲习所"变成动辄召训数千人以上、大型集中的、短期性质的"干部训练团"。此一发展趋势到了抗战时期达到高峰,从中央到各省市地方纷纷成立大型的干部训练团。其中,位于重庆复兴关上的"中央训练团"更是直接承担起训练全国党政干部的首要训练机构。

第二节　战时国民政府干部训练的开展

1937 年 7 月 7 日,卢沟桥事变爆发,日本正式发动全面侵华战争,"三月亡华论"喊得震天价响,中国面临有史以来最大的存亡危机。国民党在此危局下,亦展开救亡图存的改革措施,而其改革的箭头就指向了党的组织训练与干部。蒋在 1938 年 3 月 27 日召开"临时全国代表大会"上一开头就指出,现今国民党的最大缺点就是"组织松懈,纪律废弛",造成党员"同一般流俗一样耽安逸,讲享受",甚至只知"争权利,闹私见"。党员之沦丧至此地步,关键就是"上级党部没有尽到训练督促和鼓励培养的努力"。蒋批评道:

---

① 蒋介石:《说军纪》,《言论总集》,卷 10,页 45。

在组织和训练方面说：各级党部差不多都成为一个躯壳，对于党员的生活工作，没有调查，没有考察，没有实际的训练，也没有认真的举行党的会议，更没有切实规定要举行小组会议，几乎使得党员和非党员一些也没有什么区别，除了列名党籍以外，看不出党员比较非党员更担负了一些什么义务和责任。①

国民党的组织何以怠惰至此，问题就在干部身上。在蒋眼中，当时国民党内的干部存在着很多弊病。蒋在1938年4月5日当选国民党总裁后，亲笔写下的首份党务改革刍议——《党务过去弊端》，明白指出干部有下列五端：

一、居名位而不负责任且不问一切，做官而不做事，只有享受而无义务。

二、有私无公，只知权利而不知责任。因此只见内部磨擦而无合作功效。无党德无纪律，无精神无义节，有小我而无大我。

三、只顾个人地位，而不顾民众痛苦，完全违反本党性质……

四、各级党部委员变成党员失业收容所、养老院力工作无考核，升职无铨叙……乃成为败德丧失之制造地。

五、作事推诿争权夺利，责任不明职务冲突。而主其事者，不肯负责，一意敷衍应酬，但求无事……②

因此，蒋特别指出要改革党务，务必先从加强党内干部的训练

---

① 蒋介石：《临时全国代表大会开幕词》，《言论总集》，卷15，页176—184。
② 蒋介石：《党务过去弊端》，1938年4月5日，《蒋中正"总统"档案》，《筹笔》，"抗战时期"，第11册，目次号10，"国史馆"藏。

做起。① 而其首要步骤，就是再度成立专门负责干部训练工作的部门——"中央训练委员会"。②

　　根据《改进党务并调整党政关系案》，新设置的"中央训练委员会"（以下简称"中训会"）职掌为"掌理本党中下级干部人员及全国政治军事经济教育机关公务人员及学校教职员之思想训练事宜"。③ 组织主要有指导、设计、训练三处，包括：

　　　　指导处：掌理各级干部人员训练之指导及监督事宜；

　　　　设计处：掌理各种训练方针，训练方案之规划，拟定训练教材之征集编审及各种训练课程时间之支配事宜；

　　　　训练处：掌理各级干部人员之编制、教务、训育，受训人员之调集、铨叙、注册及训练教官之调查选派事宜。④

------

① 长期观察蒋这个人，他会把矛头指向干部也不让人意外。盖因蒋原本就是个"人定胜天论"者，相信政治之成败，系于用人得法与否。故蒋一生中，对于"求才、储才、试才、用才"四者，甚为重视。见"国史馆"印行，《事略稿本（一）》（台北："国史馆"，2003年），"1927年5月21日"条，页483。如此重视人才，相对地，蒋每次面临挫败而进行检讨时，也都先指向"人"的问题。例如1928年蒋第一次下野在溪口闭门思过时，即指"组织不完，系统不明，用人不慎，份子复杂"为"此次失败的第一原因"。1931年12月，蒋再次下野，又把"不能用人，而无干部、无组织、无情报"视为自己此次所犯的两大过错之一。以下分见《事略稿本（一）》，1927年1月4日条，页11；《事略稿本（十二）》，1931年12月24日条，页482。

② 国民党五届中执会：《改进党务并调整党政关系案》，见国民党党史会：《中国国民党临时全国代表大会史料专辑》（台北："近代中国出版社"，1991年），上册，页261—268。

③ 见国民党五届中执会：《五中全会中执会常务委会员党务报告》，引自林养志编：《中国国民党党务发展史料——中央常务委员会党务报告》，页478。

④ 见《中央训练委员会组织条例草案》，（会）5.2/21.15.1，铅印原件，国民党党史馆藏。不过，中训会组织条例在1943年4月曾重新修正，修正后的中训会改设第一、第二、第三处及专门、人事、统计、会计四室。其中第一处设文书及事务二科，负责处理会内事务。第二处则设指导、考核二科，"指导科掌理各种训练方案教育实施（转下页）

　　至于中央训练委员会的人事,按照《改进党务并调整党政关系案》原先规划,中训会"设委员长一人,由总裁兼任之,设委员若干人"。[1] 但因蒋日理万机,无法兼顾,故蒋在 30 多位训练委员中"指定一人为主任委员,负责处理会务",亦即主任委员才是实际负责人。[2] 中训会首位主任委员,是蒋在训练工作上重要的股肱陈诚。但陈诚跟蒋同样兼职甚多,无法专注在中训会的工作上,故中训会在主任委员之下,另外又增设了两位副主任委员辅佐会务。历任中训会副主委段锡朋、周亚卫及朱怀冰等人都是陈诚庐山训练时期的左右手,再加整个中训会里面,陈诚的老部属颇多,导致有中训会是陈诚势力范围的说法出现。[3]

　　事实上,中训会由陈诚人马进驻并不让人意外,毕竟战前几个大规模的干部训练团均由陈诚主导。但是中训会其他 30 多位训练委员的安排,蒋却有不同的考虑。包括:

　　1. 功能性问题。许多与训练工作相关的职务如军事委员会政治部、训练部及国民党中执会下的组织部、宣传部及社会部等部会的主要负责人都被规划为中训会的训练委员。另外,以训练青年为宗旨的"三民主义青年团",团本部下之组织处、社会处、训练处等处室

（接上页）计划之拟定审核及各级训练机关之指导监督";"考核科掌各训练机关训练实施之考核主要人员之选派受训人员之调集及成绩考核"。第三处则设征审、编辑两科,分别负责各级训练机关教材之审察及训练教材之编辑等业务。上述内容见《中央执行委员会训练委员会组织条例》,1943 年 4 月 9 日修正,引自《训练通讯》,第 38 期(重庆:1943 年 5 月 16 日),页 13—14。

[1] 国民党五届中执会,《改进党务并调整党政关系案》,页 265。

[2] 见《中央执行委员会训练委员会组织条例》。

[3] 据刘瑶章的说法,中训会里"大部份的工作人员是和陈诚有直接或间接关系的"。如总务处处长吴正、秘书张璇都是陈诚的同乡或亲信,而何联奎根本就是"陈诚的代表"。以上内容见刘瑶章:《国民党中训会与中训团的来龙去脉》,页 3。

的领导同志也都列名中训会训练委员,人数更高达 19 人之多。

2. 培养青年干部。根据康泽的转述,蒋在临全会后设置党务、训练两委员会的用意,在于"临全会没有选举,党里有些干练的青年不能选为中委,因此提出这些人组织党务委员会、训练委员会增加组织部及训练部的力量"。①

3. 顾及派系平衡。国民党在临时全国代表大会后新设置组织,为了配合战时统一领导的最高指导原则,在组织的权力结构上都有"统合"党内各派系势力下的痕迹,例如三民主义青年团即是。② 中训会在安排训练委员时,也有这方面的考虑。像 CC 系的陈立夫、谷正纲、张厉生,新桂系的韦永成、程思远、潘宜之、刘士毅,黄埔系的万耀煌、周至柔、陈继业,粤系的李扬敬、黄麟书、郑彦棻,政学系的王世杰、何廉等人。至于在南昌行营时代即主导政治训练工作的三民主义力行社社员,更有多人被指定为中训会训练委员(见表 4 - 4)。

表 4 - 4　中央训练委员会训练委员名单(1927.4—1927.10)

训练委员	当时主要职务	派系属性	三青团创团成员			备 注
			是	否	职称	
陈 诚	军事委员会政治部部长	黄埔系	*		书记长	第一任中训会主任委员(1927.5—1933.7)
陈立夫	国民政府教育部部长	CC 系	*		常务干事	兼任国民党社会部部长(1927.4—1928.11)

---

① 康泽在他的回忆录:《康泽自述(五)》《传记文学》,第 68 卷第 1 期(1996 年 1 月),页 101。

② 关于三青团成立前各派系的统合过程,请参阅王良卿:《三民主义青年团与中国国民党关系研究(1938—1949)》(台北:"近代中国出版社",1998 年),第一章。

续表

训练委员	当时主要职务	派系属性	三青团创团成员			备　注
			是	否	职称	
张厉生	国民党组织部部长	原CC.亲陈诚	*		常务干事	兼任军事委员会政治部秘书长(1927—)
谷正纲	国民党组织部副部长	原改组派,亲CC	*		常务干事	1928.11接社会部部长 1928.4免兼训练委员
邓飞黄	国民参政会参政员	原改组派		*		1928.9任三青团干事
黄季陆	国民党党务委员会委员	原桂系	*		干事	1927.9任三青团宣传处处长 1928.3免兼训练委员
韦永成	中训会训练委员	新桂系		*		1928.9任三青团监察
朱家骅	国民党中央党部秘书长	朱家骅派	*		常务干事	1927.7—1928.8代理三青团书记长
王世杰	军事委员会参事室主任	政学系	*		干事	兼任中央训练团教育委员会主任委员
刘健群	国民党党务委员会委员	力行社	*		干事	1921—1925军委会政训处处长 1928.4免兼训练委员

训练委员	当时主要职务	派系属性	三青团创团成员			备　注
			是	否	职称	
程思远	三青团组织处副处长	新桂系	＊		组织处副处长	1928.3 免兼训练委员
周佛海	国民党宣传部代理部长	改组派	＊		干事	1928.3 免兼训练委员
何　廉	经济部常务处处长	政学系	＊		经济处处长	学界出身
蒋廷黻	行政院政务处处长	不明显，较亲政学		＊		学界出身
李扬敬	中训会主任秘书	粤系	＊		训练处代处长	1928.3 免兼训练委员＊原处长为王东原
万耀煌	珞珈山军官训练团教育长	黄埔系		＊		1928.4 免兼训练委员
潘宜之	第五战区政治部主任	新桂系		＊		1928.4 辞训练委员职
刘士毅	军事委员会军训部次长	新桂系		＊		1928.4 免兼训练委员＊训练部部长白崇禧
周至柔	国民政府航空委员会主任参事	黄埔系		＊		1928.3 免兼训练委员
陈继承	军事委员会军训部次长	黄埔系		＊		1928.4 免兼训练委员＊兼四川省行政人员训练团主任
梁寒操	立法院秘书长	孙科派	＊		干事	1928.4 免兼训练委员

续表

训练委员	当时主要职务	派系属性	三青团创团成员			备　注
			是	否	职称	
黄麟书	国民党第五届候补监委	粤系		*		1928.3 开缺训练委员一职 ＊曾任粤省党务训练所所长
郑彦棻	中山大学法学院院长	粤系	*		干事	1928.3 开缺训练委员一职
段锡朋	国民党党务委员会委员	原 CC.亲陈诚	*		干事	1933.7 升中训会主委
徐培根	军事委员会军令部第二厅厅长	力行社		*		
桂永清	军委会战时干部训练团教育长	力行社.亲陈诚		*		
贺衷寒	政治部第一厅厅长	力行社	*		干事	＊第一厅掌军队训练
戴　笠	军统局副局长	力行社		*		1928.9 任三青团干事
康　泽	政治部第二厅厅长	力行社	*		组织处代处长	＊第二厅掌民众训练 ＊原处长胡宗南
黄琪翔	政治部副部长	粤系		*		1928.4 免兼训练委员
卢作孚	三青团社会处处长	派系色彩不明显	*		社会处处长	

训练委员	当时主要职务	派系属性	三青团创团成员			备　注
			是	否	职称	
严立三	湖北省民政厅厅长	黄埔系.亲陈诚	*		干事	1928.4 免兼训练委员曾任黄埔军校训练部部长

　　* 本表主要参考自刘维开编:《中国国民党职名录》(台北:国民党党史会,1994 年)、徐友春主编:《民国人物大辞典》(北京:河北人民出版社,1991 年 5 月)、张朋园、沈怀玉合编:《国民政府职官年表(1925—1949)》(台北:"中央研究院"近代史研究所,1988 年)。至于派系属性的划分,参考自王良卿:《三民主义青年团与中国国民党关系研究(1938—1949)》(台北:"近代中国出版社",1998 年)等书。

　　中央训练委员会同意设置后,虽 1938 年 5 月 3 日即举行第一次筹备会议,因战事迁移,直到 1939 年 1 月 13 日才在重庆正式办公。而其首要工作,跟 1928 年设置的"中央训练部"一样,都是从整合国内紊乱的干部训练体系使之"一元化"着手。因为早在 1930 年代初期国内各种政治势力为"植党营私"计,纷纷筹设干训机构。陈诚即称,"有些人""因为看到中央所办的各种训练的成功,遂亦纷纷起而举办种种训练,希图抓取青年干部,以为巩固扩充个人势力的工具",当时国内的干部训练体系早就异常紊乱。① 全面抗战爆发后,因战时新兴事务极多,所需要的干部人才"大都为昔日所未有",必须加紧训练以解决燃眉之急,各种以抗战建国名义成立的干部训练机构纷纷设立,训练体系紊乱情形更加恶化。② 根据中

① 陈诚:《党务人员对于训练工作应有的认识》,《训练通讯》,第 1 卷 3 期(1939 年 8 月 15 日),页 19。

② 张式纶:《陕西省训团开学典礼训词》,1941 年 9 月发表,见张式纶口述,陈存恭访问:《张式纶先生访问记录》(台北:"中央研究院"近代史研究所,1986 年),"附录",页 214。以广西为例,1937 年至 1939 年两年之内,就至少新增了十几所　　(转下页)

央训练委员会的统计,到 1939 年 10 月底,不含县市层级及其以下机关所主办的训练机构,全国就有 188 个之多(见表 4-5)。至于训练的人数也由 1937 年总数不到 1 万人的情况,至 1939 年底急速增加到 8 万多人的规模。[①] 这些为数众多的训练机构,性质有党政、军事、战时工作、教育、经济建设;办理机关有政府部门、部队,或是单独,或是会同办理;在名称上有的称"团",有的称"班",有的称"所",有的称"学校";至于训练期限及内容方式,更是不一而足,五花八门。[②] 此一现象,显然不符合《改进党务并调整党政关系案》揭橥的"领导集中,一致抗日"精神。是以中训会迁到重庆后,遂把整顿当时紊乱的干部训练体系定为首要工作,正式喊出"训练求一致、精神求一贯、组织求统一"口号,全力往一元化的宗旨前进。

表 4-5　全国各训练关及受训人数统计表(至 1939 年 10 月)

省　　别	训练机关数(个)			受训人数(人)		
	共计	现办	结束	共计	现受训	已毕业
总　　计	188	52	136	77 862	24 866	52 996
四川	10	7	3	3 768	2 499	1 269
西康	6	4	2	2 164	1 114	1 050
贵州	18	2	16	3 011	177	2 834

(接上页)干部训练机构,名目从"战时政工人员训练班""统计人员训练班"到"广西地方干部建设学校"都有。见黄旭初:《干部政策》,页 1—6。事实上,广西在全面抗战爆发后所办的训练,名目甚多。据《中央训练团团刊》第 18 期(1940 年 4 月 15 日)的报道,广西还专为歌女、妓女及茶酒楼女招待的训练(页 141)。

① 中训会编:《七年来之训练工作》,附表(一)。

② 上述内容见"全国现有机关一览表",中训会 1939 年 11 月 1 日制。引自《国民党五届六次全会中央训练委员会工作报告》,页 23,(会)5.2/45.4,国民党党史馆藏。此一统计数目,系根据各省省党部、省政府之呈报,及中训会专员之视察报告制定。

续表

省　别	训练机关数（个）			受训人数（人）		
	共计	现办	结束	共计	现受训	已毕业
云南	16	6	10	3 497	2 979	968
广西	17	12	5	7 869	5 824	2 039
湖南	16	4	12	11 944	1 072	10 872
湖北	2	0	2	364	0	364
陕西	4	1	3	5 144	2 000	3 144
甘肃	5	1	4	2 083	350	1 733
青海	6	0	6	4 268	0	4 268
宁夏	1	0	1	280	0	280
广东	6	5	1	2 391	2 241	150
福建	14	2	12	9 057	448	8 609
浙江	31	3	28	4 911	630	4 281
安徽	11	3	8	4 206	2 340	1 866
江西	15	1	14	9 757	3 072	6 685
河南	4	0	4	1 039	0	1 039
山东	5	1	4	1 620	120	1 500
绥远	1	0	1	45	0	45

　　* 本表引自《国民党五届六次全会中央训练委员会工作报告》，1939 年 11 月，页 23，(会)5.2/45.4，国民党党史馆藏。

　　为了达成"训练求一致、精神求一贯、组织求统一"的一元化目标，中训会首先拟定《统一各地训练机关办法》及《全国各训练机关训练纲领》两大指导原则，通令全国相关机构遵照办理。《统一各地训练机关办法》规定全国各党政军机关举办各种训练事宜,从筹备阶段到训练期间,乃至结训后所有相关事宜,均一律报告至中训会或备查,否则"一概不许设置"。[①] 至于《全国各训练机关训练纲领》,则依蒋在中央训练团党政训练班第二期的重要训示《训练的目的与训练实施纲要》内容所制定。明定训练内容分为"纪律训练""生活训练""行动训练""智能训练""服务训练""体格训练"及"军事训练"7 项。[②] 紧接着中训会公布《统一各地训练机关办法》及《全国各训练机关训练纲领》,并配合新县制的实施与行政院共同拟定了《县各级干部人员训练大纲》等相关准则。办法中明确规定,全国的干部训练体系在中央的训练机关为中央训练团,省设"地方行政干部训练团"(简称"省训团"),县为"地方行政干部训练所"(简称"县训所"),必要时省训团得在行政督察区分设"区训练班"(简称"区训班"),并可合数区设"联合训练班"。此外,各省市比照中训会成立"地方行政干部训练委员会",作为省训练之计划及考核机关,设委员 15 人至 19 人,以省政府主席、秘书长、各厅厅长、保安处处长、军管区司令、国民军训处处长、省府及省党部委员各 2 人及当地公立大学校校长充任,并由省主席兼任主任委员一职。而无论是省训团、区训班或者是县训所,其内部组织亦予以"规格化",除设团(所)长及教育长各 1 人之外,机关内统一设置教务、训导、总务 3 科(处)及军训队部。其中团(所)长一律以当地行政首长兼任(即省主席兼省训团

① 《中央训练委员会统一各地训练机关办法》,1939 年 9 月 21 日国民党第五届第 130 次常会通过。见《训练通讯》,第 1 卷第 4 期(1939 年 9 月 15 日),页 55—57。此一指导办法,到了 1943 年 8 月 27 日第五届第 237 次常会时,修订为《训练机关管理办法》,其主要内容仍不脱中训会对各种训练机构之全程控管这一精神。

② 《全国各训练机关训练纲要》,《训练通讯》,第 1 卷第 4 期,页 59—69。

团长、分区行政督察专员兼区训班班主任、县长兼县训所所长），教育长则由上级训练机关派任（省训团由中训会，区训班及县训所由省训会决定人选）。至于机关的管理考核方面，明定省训团直辖于中训会及内政部，县训所直辖省训会及省政府，区训班则由省训团管辖。各地方训练机关每年须将训练计划、编制、人事及预算分呈上级机关核定，上级机关每年则派员视导其所属地方训练机构。①

在中训会这一连串的动作下，全面抗战以来紊乱的干部训练体系确实完成了初步的统合。直至 1940 年 6 月为止，就有江苏、浙江、福建、安徽、湖北、四川、贵州、广东、宁夏、青海 10 省成立了省训团，并陆续派遣陈希豪、刘真如等人分赴各省训团接任教育长，负责训练事宜。② 连与中央关系较疏远的广西省，也陆续在桂林成立了成立省训会及省训团。③ 另外，许多省份也依照中训会的法令调整辖区内各级地方行政干部训练机关。例如安徽省配合《县各级干部人员训练大纲》的一元化政策，将原本的"安徽省政治军事干部训练班"改组为"安徽省地方行政干部训练团"，并陆续于皖南

---

① 中训会：《县各级干部人员训练大纲》，1939 年 11 月 16 日，(会)5.3/135.8，铅印原件，国民党党史馆藏。中训会另订定《考核各训练机关办法》及《视导规则》，具体地把考核的标准及事项指陈出来，以分层节制的做法确保干部训练系统的一元化。见《中央训练委员会考核各训练机关办法》(1939 年 5 月公布)以及《中央训练委员会视导规则》(1939 年 8 月 15 日修正)见《训练通讯》，第 1 卷第 6 期，页 99—104。

② 中训会：《中训会工作报告提要》，1939 年 11 月至 1940 年 6 月，(会)5.2/52.5，铅印原件，国民党党史馆藏。中训会第一批派遣出去的省训团教育长有胡次威(四川)、陈希豪(浙江)、韩联和(福建)、韩浚(湖北)、李世安(广东)、朱坚白(江苏)和刘真如(安徽)等人。

③ 上述内容见《视察广西省各级地方行政干部训练机关报告书》，1941 年 6 月，引自《训练通讯》，第 1 卷第 6 期，页 2。

(屯溪)、皖东(全椒)等行政督察区各设立区联合训练班。① 江西省
政府也把原来的"政治讲习所",改组为直隶于中训会的"江西省地
方行政干部训练团",并依循中训会的指示,拟定规章制度使基层
干部训练也朝制度化的方向前进。② 而根据中训会调查统计数据
显示,至 1940 年 6 月全国各训练机关的总数(见表 4 - 6),在合并
及统整后仅剩 60 个。虽然仍有部分地方省市政府,自行开办训练
机关,不过已较过去减少甚多,中训会"组织求统一"的工作在形式
上得到不错成绩。

表 4 - 6　1940 年全国主要训练机关一览表

省别	训练机关数目(个)	训练人数(人)	地方政府自行开办者(个)	中央训练委员会管辖的训练机构
四川	14	5 020	1	中训团党政训练班、中训团音乐干部训练班、中训团童子军教导人员训练班、四川省省训团
湖南	6	3 438	1	
陕西	5	11 570	0	
山西	4	3 900	3	
云南	4	1 415	2	
贵州	4	685	0	贵州省县地方行政人员训练所
广西	4	3 464	2	
江西	3	1 432	1	

① 安徽省地方行政干部训练团编:《安徽训练概况》(合肥:安徽省地方行政干部训练团
印行,1945 年,国民党党史馆藏),页 1—2。
② 张含清:《十年来之江西干部训练》,《赣政十年》,(南昌:江西省地方行政干部训练团
印行,1941 年),页 6—7。

续表

省别	训练机关数目(个)	训练人数(人)	地方政府自行开办者(个)	中央训练委员会管辖的训练机构
安徽	3	2 760	2	安徽省地方行政干部训练团
广东	2	2 494	1	广东省地方行政干部训练团
福建	2	790	1	福建省地方行政干部训练团
浙江	2	711	1	浙江省地方行政干部训练团
山东	1	120	1	
江苏	1	444	0	江苏省地方行政干部训练团
湖北	1	540	0	湖北省地方行政干部训练团
河南	1	500	0	
甘肃	1	1 183	0	西北干部训练团
宁夏	1	未呈报	0	宁夏省地方行政干部训练团
青海	1	1 045	0	青海省地方行政干部训练团
总计	60	40 631	16	14

＊本表资料引自中训会制,《中央训练委员会检送全国现有主要训练机关调查及统计提要》,1940 年 6 月,《全宗号 762:军事委员会侍从室档》,762/50,中国第二历史档案馆藏。

另外中训会在拟定相关统一办法整合各级训练组织的同时,还通过对各级训练机构的视察督导和各种训练教材的编辑审核权力,努力朝"训练求一致、精神求一贯"的目标前进。[①]

---

① 对于训练教材的审核,中训会亦拟定许多相关办法来作为审查依据。其审核标准据中训会所公布《审查各训练机关教材办法》有下列五点:(一)思想:须以总理遗教总裁训示暨现行法令为最高准绳。(二)立论:须平正通达义理周延。(三)性质:须适合本会训练纲要及全国各训练机关训纲领之规定暨原训练机关训练目的及训练内容之要求。(四)取材:须切合受训者之需要。(五)篇幅:须配合训练时间。关于《中央训练委员会审查各训练机关教材办法》,引自安徽省地方行政干部训练团编:《安徽训练概况》,页 70—72。

　　不过,中训会整合战时干部训练体系的成效,显然有地域差别,亦即国民党中央掌控较严密的地区,训练工作一元化的效果较佳,而疏离省份则较差,像西北各省虚应其事、阳奉阴违的情形屡见不鲜。现藏于中国第二历史档案馆的《青海省地方行政干部训练团视察报告书》中可见,当时中训会专员张富崴前往视察时,却被教育长陈显荣却要求"以参观为名,故只可取参观态度以视察之"。而参观该团设施时,"见学生床铺之上,置团中所发之各种教材甚多,当再三请各检送一份,以便寄会参考,皆由陈教育长婉言拒绝"。次日会晤八十二军政治部主任哈世昌,"当询其训练团中情形,彼嘱云:'看一看就够了,不必要求'"。后来张富崴更发现青海除省训团外,"尚有一军官训练团,规模极大",当他提出要求希望能"前去参观","亦被其婉言辞绝",态度极不友善。① 另张富崴到宁夏视察时,也遇到同样的状况。他要求会晤身兼省训团团长马鸿逵省长及省府秘书长,却被通知省长等人"近日忙于筹备招待政务巡视团,无暇接见"。最后只好由该省教育厅厅长骆美奂代为会谈,经由骆氏之口,张富崴才得知"宁省原有一地政训练所,现已停办,此外并无训练机关。后询问地方行政干部训练团筹备情形,方知宁省省府并无筹备之意。前该省向中训会关于地方行政训练团之一切报告,均属敷衍性质"。② 但是同样是张富崴,他在视察安徽省地方行政干部训练团时,看到的情形却是在中央派来的教育长刘真如主持下,不仅"团部经整理后,颇有一番新气象,且学生内务颇

---

① 张富崴:《青海省地方行政干部训练团视察报告书》,《全宗号 223:国民党中央执行委员会训练委员会档》,档号 223/61,中国第二历史档案馆藏。

② 张富崴:《报告赴宁夏视察经过情形》,《全宗号 223:国民党中央执行委员会训练委员会档》,档号 223/61,中国第二历史档案馆藏。

为整齐清洁,上课情形尤佳"。① 此与青海省地方行政干部训练团"团内设备简陋,训练方式注意军事训练,其精神训练、业务训练徒具形式而已"的景象,是有点天壤之别的感觉。②

　　虽说与中央关系疏离的省份,对于中训会的要求出现虚应其事的情形,但中训会不仅在形式上做到了"组织求统一、训练求一致",某些省份的干训工作在中训会督导下有亮眼的表现。像江西省成立省训团后,即着手改进了原先设置的"政治讲习所"规章制度不完善的情形,陆续制定了《江西省地方行政干部训练团组织规程》《江西省地方行政干部训练团工作人员适用暂行办法》《江西省地方行政干部训练团工作人员选用标准》等132个关于干部训练的办法与准则,使江西省干部训练工作进行了规范化。③ 只是中训会在抗战时期干训工作上的角色及贡献,常常被中训会下的附设组织取代而被外界忽略,这个组织就是全名"中国国民党中央执行委员会训练委员会训练团"的"中央训练团"(以下简称"中训团")。

　　中训会下设置中央训练团,有三大目的:

　　首先,就是把全国的干部集中起来统一训练。中训会秘书的刘瑶章就说,要统一干部训练工作,除制定统一办法和一体适用的训练纲领并积极整编各类型的训练机关外,"更重要的是由中央直接设班办理训练,培植并选拔党务、政治、军事、教育、青年及训练机关的高级干部,使得转而影响中级,中级再影响低级,由小而大,

<hr>

① 张富崴:《安徽省地方行政干部训练团视察报告书》,《全宗号223:国民党中央执行委员会训练委员会档》,档号223/61,中国第二历史档案馆藏。

② 张仓荣:《中训会委内政部视察宁青二省训练事宜(训34字第1607号文电)》,《全宗号223:国民党中央执行委员会训练委员会档》,档号223/137,中国第二历史档案馆藏。

③ 《江西省地方行政干部训练团法规丛编目次》,江西省档案馆藏,档号J043/19/3493。

由近及远",以加速扩大"本党主义和总理总裁感召的力量"。①

其次,中训会要求全国各党政军机关举办各种训练,从筹备阶段到训练期间乃至结训后所有相关事宜,都得依照中央的规定办理,确实需要个模范:"训练团中的训练团"供各级训练机关参考与仿效。

再者,从文官发展的角度来看,国民政府自 1931 年开始举行公务员高等考试及普通考试以来,到 1937 年为止,五届高等考试就录取了 507 人;②普通考试全国共分 9 个区(每区 4—6 省)考试,录取人数更多。光首都南京一地,1934 年就录取了 124 人之多。如果再加上如邮政、公路技术、电信、银行、土地测量甚至于县长等级的特种考试录取的人数,公务员人数已达一定规模,是有需要做个集训,以因新局势的来临,中央训练团即在此背景下应运而生。③

其实中央训练团并非新设机构,实际负责团务的王东原就指中训团的前身是军事委员会于 1938 年在武昌珞珈山武汉大学设置的军官训练团(外界称之为"珞珈山军官训练团")直接改制来的。④ 故中训团在 1938 年 7 月 7 日,先是设在武昌珞珈山国立武汉大学内,并召集部分党政军干部受训。不过随着战事紧迫的影响,中训团不断迁移,在 1939 年底才正式落址于重庆原浮图关军事学校。蒋并将"浮图关"更名为"复兴关",国民党训练史上的复

---

① 上述内容引自刘瑶章:《如何统一训练》,《训练通讯》,第 5 期(重庆:1940 年 3 月),页 27—30。

② 考试院:《关于考选工作的报告(1935 年)》,《全宗号 5:考试院总报告书》,档号 5/470,中国第二历史档案馆藏。

③ 考试院:《考试院工作报告(1940 年)》,《全宗号 37:考试院档案》,档号 37/516 中国第二历史档案馆藏。

④ 王东原:《干部训练问题》,《训练的理论与实施》(重庆:青年出版社印行,1942 年,国民党党史馆藏),页 201。

兴关训练于焉展开。①

　　虽说中央训练团隶属于中央训练委员会,但组织规模却比中训会庞大甚多。根据 1944 年出版的《中央训练团职员录》,中训团编制内的队职员超过 1 000 人。② 其组织体系除比照以往的军官训练团设置"团长一人,团附(即副团长)若干人,教育长一人,副教育长一人"外,团本部"下设办公厅、教育委员会及各大队"。③ 其中,办公厅为"办理团务行政之最高单位,设主任、副主任各一人",主任、副主任之下最初设有"总务、经理、人事、卫生、交通五处,及机要、警卫二组"。④ 至于教育委员会为"主管教育训育之最高单位,设主任委员、副主任委员、总教官各一人,委员若干人,并得按训练性质分设党政、军事、教育、经济及青年等五组及主任办公室与教务、人事及编纂三组"。⑤ 此外,为实施军事管理,中央训练团将受训学员按照军事编制编入各大队,大队下设有中队,3 个分队组成 1 个中队,3 个班组成 1 个分队,每个班有 10 至 13 名受训学员。在中央训练团的组织结构中,各大队实为"训练管理实施之最高单

---

① 关于中央训练团的搬迁过程,见《本团简史》,引自《中央训练团团刊》,创刊号(1939 年 12 月 12 日),页 2—3。

② 见中央训练团编:《中央训练团职员录》(重庆:中央训练团印行,1944 年)一书。

③ 上述内容见《中央训练委员会训练团组织条例》,引自《训练通讯》,第 1 卷第 1 期(重庆:1939 年 6 月 15 日),页 109。这个条例是 1938 年 6 月 23 日国民党第五届第 82 次中常会会议上通过的。

④ 见中央训练团复兴关训练集编纂委员会编:《复兴关训练集(上)》(重庆:中央训练团复兴关训练集编纂委员会印行,1944 年),"第一篇总述",页 45。

⑤ 上述内容见《修正中央训练委员会训练团组织条例》,1939 年 9 月 27 日,(会)5.3/131.8,国民党党史馆藏。训练委员会其委员名单有陈果夫、朱家骅、陈立夫、邵力子、张厉生、张道藩、周炳琳、顾毓琇、叶楚伧、萧赞育及原教育长霍原璧等人。上述名单见中央训练团编:《中央训练团职员录》,页 25—26。

位"。① 除了上述单位,中央训练团内还设有国民党特别区党部及三青团区团部,来积极吸收新进党(团)员,以扩大党团的势力。相较于中训会,整个中训团规模庞大,难怪当时会有"只识中训团,不知中训会"的说法。

至于中央训练团的人事问题,根据《中央训练团组织条例》规定,"团长由中央训练委员会委员长兼任之",也是由蒋本人兼任。② 虽然同属兼职,但蒋对中央训练团的重视程度显然远超过中训会。他不但亲躬主持中央训练团的一切计划纲领,且"重要训词、精神讲话,无不为其手订"。③ 而团里一些重要的训练单位如"党政训练班"及"党政高级训练班"的训练期间,蒋更是"每个星期都要到团里来好几次",或亲自主持纪念周以及开学和毕业典礼,或来团点学员名并召集做个别谈话。④ 据统计,单就"党政训练班"及"党政高级训练班"这两单位训练期间,蒋在团里主持的集会就超过百次以上。⑤ 蒋对中训团的重视,由此可见。

虽然蒋极度重视中央训练团的干训工作,但一如过去军官训练团惯例,"参赞机宜,执行计划",肩负团务"实际指挥监督之责

① 见《修正中央训练委员会训练团组织条例》第六条内容。
② 见《中央训练委员会训练团组织条例》。
③ 王东原:《王东原退思录》(台北:正中书局,1992年),页7。
④ 何瑞瑶:《风云人物小志》(原名《复兴关下人物小志》)(南京:宇宙风社发行,1947年),页1。据何氏指称,蒋在"党政高级训练班"期间到中央训练团的次数最为频繁,几乎每天下午都要来团一次(页2)。
⑤ 何瑞瑶:《风云人物小志》,页3。事实上,早在庐山军官训练团开办期间,蒋即表现出极为重视的态度。当时蒋不仅"在每一班期开训结训亲临主持之外,常亲自主持升旗并作重要讲话,随时均抽暇巡视,甚至在公共活动及同乐晚会中,亦亲临参加",且于峨嵋训练期间,"虽处理政务,日不暇给,但仍每周必来团住三、四日,亲自主持早操升旗、点名、讲话及各别谈话"。上述内容见周应龙:《先"总统"主持重要训练的几个时期》,页23—31。

任"的还是教育长。① 中训团教育长一职,最初也是由陈诚兼任。不过,陈诚实在无法兼顾,所以和中央训练委员会情形一样,同是由副手代理,亦即整个团务委由副教育长全权负责。这名副教育长负中央训练团实际责任,后来更接替陈诚出任教育长的人是王东原。②

　　和周亚卫、朱怀冰、何联奎等中训会主要干部的背景类似,王东原和陈诚的关系也相当密切。③ 王、陈二人不但是保定军校同期(第八期)同学,王东原之投入国民革命军阵营,还是陈诚牵的线。尔后无论是中原大战时期的蒋、唐(唐生智)之战,抑或"庐山军官训练团"的创办,乃至于抗战初期的淞沪战役,王东原对陈诚无不"声应气求""殚精竭虑"地予以力挺到底。此种深厚的情谊,由王东原接替陈诚的训练业务不让人意外。④ 另外,王东原在战场上虽"无赫赫之功",但在"练兵"上却相当突出,甚至曾根据他考察全国军队之心得,手订《师律》一册,用最简单浅近的语句,提出最扼要适切的要求,来作为训练军队之纲本。⑤ 与陈诚相善,又对

---

① 《复兴关训练集(上)》,"第一篇总述",页42。

② 中央训练团成立之初,原设有两位副教育长,分别由万耀煌及李扬敬二人担任。1939年1月,李扬敬因事他调,才改由王东原充任。至于另外一位副教育长万耀煌,则是1939年9月调职离开中训团。上述内容见《复兴关训练集(上)》,"第一篇总述",页42。

③ 王东原在国民党的军系中,向来被视为亲陈诚系的。如万耀煌就称:"王东原是接近陈诚的。"见沈云龙访问:《万耀煌先生访问记录》,页474。

④ 王东原:《怀念辞公》,引自王东原著:《浮生简述》(台北:传记文学出版社,1987年),页167—171。

⑤ 《师律》一册,据王东原自承取"师出以律"之意。先是以"名言选辑",次为"兵法择要"(选自武经七书),继对军纪、训练、行军、作战、驻防、内务各部门,分别厘定各项办法。王东原相信,这本《师律》小册,"能于军事教程典范令之外,于整个军中生活每一时期,每一环境下,皆有适当的因应办法,对军事不无贡献"。上述内容见王东原:《浮生简述》,页38—39。

训练颇为拿手，王东原可说是主持中央训练团团务的最佳人选。[①]

除教育长一职外，教育委员会主任委员是中央训练团里另一个重要职位，因为教育委员会所负责的业务，正是规划整个干部训练计划的内容。主任委员最初是由军职霍原璧中将出任，但霍氏去职后，教育委员会就由曾当过大学校长的王世杰及段锡朋两人长期挑大梁。先是王世杰担任主任委员，段锡朋副之。[①]　王世杰虽是正主委，但似乎不大乐意担任这职务，多次请辞。王世杰1939年4月6日的日记中记载：

> 中央举办中央训练团，招集各省厅长、县长及党务干部人员参加。蒋先生促予任总教官，此事与余之性情、兴趣及才力均不合，予拟辞。[②]

甚至在多次请辞不准情况下，王氏还在日记上留下"心甚不快"之语。[③]　相对于王世杰的消极态度，段锡朋则显得兴致勃勃。

---

① 王东原是1940年9月陈诚辞职后才正式接任教育长一职，但到了1944年7月20日，王东原在陈诚的推荐下，接任湖北省省主席，中央训练团教育长一职则改由陈仪担任，并由蒋经国接任副教育长。陈仪之接掌中央训练团，主要原因在于蒋其实十分肯定陈仪在干部训练工作的表现。他在1926年前后出任孙传芳五省联军徐州总司令时，即创办浙江陆军第一师干部教导队，得到不错成效。后来陈仪担任福建省主席，亦积极在闽省推动干部训练工作。他不但在福州创办干部训练所，自兼所长，大力推动干部训练工作，更形成一套有效的干部训练制度，颇受各界瞩目，甚至还得到国民党中央的嘉许。只是陈仪接掌中训团时，训练工作已接近尾声，所以较少被外界注意。关于陈仪生平，引自王成斌等编：《民国高级将领列传》（北京：解放军出版社，1989年），第3集，页162—185。

① 见《复兴关训练集（上）》，"第一篇总述"，页42—43。

② 王世杰：《王世杰日记》（台北："中央研究院"近代史研究所，1990年），第2册，页61—62，"1939年4月26日"条。

③ 王世杰：《王世杰日记》，第2册，页214，"1940年1月17日"条。

其至有时候还逾越职权,对党政班内最重要的训育干事人选"多所主张"。① 故 1940 年秋天王世杰请辞主任委员一职后,随之改由段锡朋接任,法国巴黎大学的法学博士袁世斌副之。此一安排却突显了一个体制上怪异现象。盖因段锡朋在 1944 年 7 月出任中央训练委员会主任委员,但中央训练团是中训会下的直属机关,故段锡朋应是中央训练团的顶头上司,但他同时又兼任中训团教育委员会主任委员,受教育长王东原节制,两人从属关系出现倒错现象,颇令人费解。

相对于教育委员会主事者皆出身于学界,负责整个中央训练团"养""卫"后勤工作的办公厅,其主任则清一色为军事将领。② 中训团办公厅主任一职,最初是由刘绍先担任。刘氏早在 1933 年蒋筹办庐山"北路'剿匪'军官训练团"时,即担任副筹备主任,军官团正式成立后担任副团长一职,辅佐团长陈诚,同朱怀冰、周亚卫与何联奎等人都被外界归类为陈诚的人马。③ 不只刘绍先,根据 1944 年印行的《中央训练团职员录》,大部分编制内的少将级以上军职人员,例如李广益(办公厅总务处少将副处长)、何英(第一大

①　对于段锡朋逾越职权的举措,王世杰在日记里对段氏的评语是:"专论胸襟,微隘狭刻,但治事有方"。上述内容见王世杰:《王世杰日记》,第 2 册,页 230,"1940 年 2 月 21 日"条。

②　中训团的组织编制,办公厅主任为中将职,办公厅下各处处长,则为少将缺。而担任过中训团办公厅主任的有刘绍先、黄仲恂、陈孔达、李元凯、刘献捷、刘震清、张宗良及王原一及金德洋(陈仪任教育长时代)等人。上述资料引自《复兴关训练集(上)》,"第一篇总述",页 42—43。

③　见陈宁生、张光宇:《蒋介石的战争机器——黄埔系的战歌与哀歌》(台北:伟博文化出版社,1985 年),页 188。刘绍先与陈诚关系,刘绍先与陈诚的渊源甚早,早在陈诚还是第十八军长时,刘绍先即追随陈诚担任第十八军第四十三师师长,参与过多次的"剿共"战役而深得陈诚信任,并擢升为第五军副军长。因此,当蒋电令陈诚筹办庐山北路"剿匪"军官训练团时,陈诚即命刘绍先负责筹备事宜。

队少将队附)、郭宪(第二中队少将中队长)、高强斌(第六中队少将中队长)等人几乎都是陈诚保定军校第八期的同学。① 中训团被訾为陈诚的势力范围,其来有自。

中国官场援引旧属的做法虽是陋习,但从领导统御的角度来看,不失是一种凝聚组织的良策,这种做法跟中训团调训全国各级机关的中级以上干部有异曲同工之妙。只是考虑到"边区如新、康、宁、青各省,战地如冀、鲁、察、绥等地",因"交通困难,加以时间及财力有限",为避免"旷时废事,需费浩繁",直接调训到中训团"殊非事实之所许"②情况下,《中央训练委员会训练纲要》第八条规定"必要时得于重要地区设分团或班",故中训团除复兴关团本部外,还设有"中央训练团新疆分团"及具分团性质的"西北干部训练团"。③ 其中,"西北干部训练团"的前身,原是胡宗南担任第三十四集团军副总司令时为培养甘肃、新疆、绥远、宁夏、青海等西北五省军政干部,而于1938年在兰州成立的"军事委员会西北干部训练团"。1940年底,蒋正式电令将"西北干部训练团"改隶于中训会,

---

① 见中央训练团编:《中央训练团职员录》一书分见各页。

② 中央训练委员会:《中央训练委员会训练团分团训练实施计划纲要》,1939年8月7日,页3,(会)5.3/130.13,国民党党史馆藏。据这份文件指出,中训团成立分团的另一个重要因素,是为想借各分团之设置来"吸收各地青年,防止异党诱惑"。

③ 依据《中央训练委员会训练团分团训练实施计划纲要》的内容,原先的规划是要"按照地理人事及交通情形,划分六个训练区域,除由中央训练团兼办川、滇、黔、康各省及鄂省一部分训练事宜外,另设分团五处负责办理各该区域之各种训练"。这五个分团区域及设置地点,分别是设置于桂林的第一分团(区域:桂、粤、湘);设置西安的第二分团(区域:陕、甘、宁、青、新、绥、晋、陕);设置江西上饶的第三分团(区域:赣、浙、闽、粤东及苏皖南部);设置太行山的第四分团(区域:晋、冀、察、豫北)及设置于山东蒙山的第五分团(区域:鲁、豫东、冀东南及苏皖北部)。上述内容见中央训练委员会:《中央训练委员会训练团分团训练实施计划纲要》,页4—5。

更名为"中央训练委员会西北干部训练团"。① 在胡宗南的构想中，"西北干部训练团"成立后，甘、青、宁等西北三省就不用再设置"省地方行政干部训练团"②，只是宁、青二省的"地方行政干部训练团"早已设立，"不便遽加归并或撤销"，所以后来决定党、政、军、教及其他部门的中级干部归"西北干部训练团"负责训练，而县级干部仍由各省的"地方行政干部训练团"施训。③ 因此，"西北干部训练团"虽然不以中央训练团的"分团"为名，但已经具备了分团的性质。

中央训练团另设"西北干部训练团"，除交通不便外，主要还考虑到该地区种族复杂，敌伪奸党四处潜滋，又地处边陲易受国际势力之操纵与影响等因素。④ 至于1944年"中央训练团新疆分团"之设置，又多了一点"拉拢"的意味。因为按照中训会公布的《县各级干部人员训练大纲》规定，各省设省训团，县设县训所，行政督察区则设区训班，以新疆当时的人口及行政区域的数量与规模，设一省训团即绰绰有余。故当时中训会主任委员段锡朋的意见是比照各省设立省训团即可，但盛世才希望直接成立中训团新疆分团，亦即新疆省内所有的干部都在新疆受训即可，不用再到重庆中训团。⑤ 最后双方协商结果，同意盛氏要求设置新疆分团，但是新疆省党政军文职简任、武职少将以上的干部，仍送重庆中训团受训。至于武

---

① 上述内容见中央训练委员会：《西北干部训练团改隶中央训练委员会并改定名称请领印信》函件，1940年12月26日，（会）5.3/167.6，国民党党史馆藏。
② 胡宗南的建议，引自《摘抄胡总司令宗南呈充实西北干部训练团意见》。
③ 引自《本会（中央训练委员会）原签意见三项抄件》。
④ 见《摘抄胡总司令宗南呈充实西北干部训练团意见》。
⑤ 上述内容见屈卓吾：《中训团新疆分团的情况》，《文史资料存稿选编》，"军事机构（下）"，页775。

职为上校以下、中尉以上者,文职荐任职以下、委任职以上者以及
教育界人士则由新疆分团调训。① 另外,在人事上也赋予盛世才较
大权力。依据《中训团分团训练实施计划纲要》,"分团团长应由中训
团团长兼任",分团所在地战区司令长官或省府主席则兼任团附。②
但为了拉拢盛世才,则由盛氏直接兼任团长,实际掌握分团的人事、
经费及学员调训事宜。副团长则由国民党中央派任,由新疆省党部
主任委员黄如今兼掌,但无实权。教育长一职,国民党刻意礼让,由
盛世才胞弟盛世骥担任。③ 至于教育长之下的教务处处长、训导处
处长及军事大队部大队长,虽由重庆中训团派来协助新疆分团训练
工作的屈卓吾、陈必觊及周明等人担任,但总务处处长和办公室主任
仍由盛氏的亲信孟昭信和何耿先出任,而各处室下之科长及大队部
下之中队长等职,也都是盛氏的旧部。在新疆分团的人事问题上,国
民党中央可说是充分尊重盛世才的意见,拉拢意图不言而喻。只是
国民党中央如此刻意礼让,仍无法消除盛世才的猜忌,所以后来盛氏
在 1944 年 6 月发觉国民党意图借由新疆分团进行收编工作并蚕食
其势力范围时,一举将中训团派来支援的屈卓吾及国民党新疆省党
部的主任委员(亦兼新疆分团副团长)黄如今、宣传部长林伯雅等人
拘禁起来,引发重庆与新疆的紧张关系。而事件平和落幕后,新疆分
团亦随之取消走入历史。④

　　从盛世才对新疆分团的忌惮来看,抗战时期中央训练委员会

---

① 见《中央训练团新疆分团呈报组织大纲、组织编制表》、《中央训练团新疆分团呈报
　1943 年全年调训计划》,《全宗号 223:国民党中央执行委员会训练委员会档》,档号
　223/320、223/322,中国第二历史档案馆藏。
② 中央训练委员会:《中央训练委员会训练团分团训练实施计划纲要》。
③ 见屈卓吾:《中训团新疆分团的情况》,《文史资料存稿选编·军事机构(下)》,页 776。
④ 陈必觊:《建立中央训练团新疆分团的经过见闻》,《文史资料存稿选编·军政人物
　(下)》,页 656。

及附属的中央训练团,在"组织求统一、训练求一致"的口号下,意图通过集中训练方式,使全国各地方中下级干部"意志集中,齐一步伐",甚而全面走向"中央化",是有其成效。因此,调训全国中级以上党、政、军的中央训练团,其训练方式备受各界关注。特别是被目詈为"蒋介石学校"的"中央训练团党政训练班",更成为瞩目的焦点。

第三节　中央训练团与战时国民党的干部训练工作

中央训练团的成立,就是要对全国中级以上干部施以直接训练。而自 1938 年 7 月中央训练团在武汉珞珈山成立开始,到 1945 年日本宣布投降为止,中央训练团在抗战时期所开办的干部训练班就有十余个之多(见表 4 - 7)。在这些干部训练班中,大致可以区分:

表 4 - 7　战时中央训练团开办之干部训练班一览表

训练单位名称	成立时间	班主任	性质	召集机关	备　注
兵役干部训练班	1936.4	兵役署署长兼任	附设	军政部兵役署	成立于南京,第一期至第六期原由军政部办理,第七期以后改隶中训团,共办理十七期
党政工作人员训练班	1938.6	不详	临时	中央党部	本班学员系中央党部各部派出调回及疏散至武汉之工作人员,珞珈山军官团时期开办,后改

训练单位名称	成立时间	班主任	性质	召集机关	备　注
					隶中训团,仅办一期即告结束
陆空联络通讯训练班	1938.6	不详	附设	军事委员会	前珞珈山军官团时期开办,后改隶中训团,共办理五期
三民主义青年团干部训练班	1938.8	桂永清、张治中	附设	三青团中央团部	本班第一期原由三青团中央团部筹办,1938年8月改隶中训团,共办五期
计政人员训练班	1938.8	未设置	临时	军事委员会	本班原由军政部指定军需学校筹备,后改隶中训团,仅办一期后即结束,班址在湖北珞珈山
荣誉军官训练班	1938.11	未设置	临时	军政部	本班系调训伤愈军官,仅办一期,班址在湖南零陵秦岩洞
党政干部训练班	1939.3	陈果夫(后裁撤)	直隶团本部	中央训练委员会	共办三十一期,为中训团内最重要的训练单位
国民军事训练教官训练班	1939.5	杜心如	临时	政治部	本班学员来源概分为两部份,一为现任军训教官,另为招考而来。班址原在杜市,后移至三圣宫,仅办一期

训练单位名称	成立时间	班主任	性质	召集机关	备　注
中国童子军教导人员训练班	1939.6	教育部部长兼任	附设	教育部召集并公开考选	本班原系中国童子军总会及教育部共同筹设,1939 年 6 月改隶中训团,共办五期
音乐干部训练班	1939.8	白兆、霍原璧	附设	公开招考	本班分音乐组、高级组、军乐组,学员来源主要系招考
教职员训练班	1939.8	未设置	临时	湖北省教育厅	本班学员系湖北省内各公私立中等学校教师职员,原为暑期讲习会性质,改隶中训团后仅办一期即告结束
军事政治教官研究班	1939.8	张厉生	附设	政治部	本班系调训政治部所属军事学校之政治教官及各高中以上之军训教官,共办两期
新闻研究班	1939.8	张厉生	附设	政治部	本班学员分调训及选训两类,共办两期
留日学生训练班	1940.7	袁守谦	附设	政治部	本班第一期由政治部自行办理,第二期后改送中训团训练。学员系招考留日归国之学生,共办两期

续表

训练单位名称	成立时间	班主任	性质	召集机关	备　注
社会工作人员训练班	1940.12	社会部部长兼任	附设	中央训练委员会、社会部	本班第一、二期并党政训练班第十二、十六期办理,第三期后移至马家寺,设有班本部
党政军人事管理人员训练班	1942.12	中央党部秘书长、铨叙部部长军委会铨叙厅厅长兼任	附设	中央党部秘书处、考试院、军委会铨叙厅	原分两班,军事人员为第一班,由中央训练团负责,党政人员为第二班,由中央政治学校办理,1943年9月合并办理。其至民国1947年1月为止,共办理了九期
党政高级训练班	1943.1	张厉生,后裁撤	直隶团本部	中央训练委员会	自党政训练班毕业学员中选拔,共办三期
军法人员训练班	1944.4	军法执行总监兼任	附设	中央训练委员会、军法执行总监	本班系调训甄审合格之现任军法机关之军法人员,仅办一期,党政班第三十一期同时毕业
台湾行政干部训练班	1944.12	陈仪	附设	中央设计局台湾调查委员会	本班仅办一期,学员先由各部会推荐,再经过甄试,共录取120人

　　* 上述资料参考自中央训练团复兴关训练集编纂委员会编,《复兴关训练集(上)》(重庆:中央训练团复兴关训练集编纂委员会即行,1944年),"第一篇总述",页47—58、69—73。

　　分三大类:(1) 临时设置;(2) 附设性质;(3) 直属于中训团团

本部者。临时设置的训练班,大都成立于武汉珞珈山或湖南秦岩洞时期,包括:"党务工作人员训练班""教职员训练班""计政人员训练班"及"荣誉军官训练班"等。这些临时性质的训练班,或调训自沦陷区撤回的党政干部及伤愈之军官,或因施行新计政制度临时抽调人员施行相关训练,通常只办理一期,即行结束。至于附设于中训团的训练班,有些是原先由其他部会自行办理者,因"组织求统一"要求下改隶中训团,像"三民主义青年干部训练班""兵役干部训练班"及"中国童子军教导人员训练班"等皆是;另外部分训练班则是因应战争需要而设置者,如"军法人员训练班""社会工作人员训练班""音乐干部训练班""新闻研究班""留日学生训练班""台湾行政干部训练班"等。不同于临时性质的训练班,附设性质的训练班除期别较多外,另设有班本部,设主任、副主任及教务、训育、总务等组,规划相关的训练工作,其班务自行独立运作。① 故整个中训团所开设的干部训练班中,直辖于团本部的只有一个,那就是"党政干部训练班"。

　　"党政干部训练班",堪称是中训团内最重要的训练单位,甚至有"中训团是随着党政训练班的成立而成立"说法。② 确实,"党政干部训练班"(以下简称"党政班")的筹设,与中训会及中训团几乎

---

① 见姚子和:《关于国民党中央训练团》,文闻编:《国民党中央训练团与军事干部训练团》(北京:中国文史出版社,2010 年),页 2。就中央训练团本身的编制,附设于中训团内的各训练班,其班本部编制概分为甲、乙、丙 3 种。甲、乙两种,同设教务、训育、总务 3 组;唯乙种编制的班本部各组组员及公役名额较甲种为少,丙组仅设教务、总务 2 组,员额更少。凡学员在两个大队以上之训练班,适用甲种编制;学员编成一个大队之班,适用于乙种编制;学员不足一个大队之班,适用丙;学员不足一个中队者,大队部不设。以上内容见中央训练委员会编:《训练专刊三:各地训练机关法规辑评(1939 年至 1942 年)》(重庆:中训会印行,1942 年),页 3。

② 姚子和:《关于国民党中央训练团》,页 2。

是同时,都是在国民党召开临全会后。它最初是蒋"有鉴于各地党务工作人员,多未能达到预期工作之成绩,故有分期集中训练之筹划,同时对于其他行政人员,亦觉有加以训练之必要"而决定创办。[①] 1939 年 1 月,蒋正式手令陈果夫、朱家骅、陈诚、段锡朋、王东原、张厉生、李宗黄、甘乃光及康泽等人为党政班筹备委员,并以陈果夫为主任委员兼办公室主任,朱家骅、康泽为党政教育处正副处长,陈诚、王东原为军事训练处正副处长。[②] 筹备委员会成立后,自 1 月 12 日至 2 月 28 日共集会了 9 次,其间还召集了已委聘的讲师、训育干事及业务实习主持人举办"干部讲习会",蒋并亲自出席阐释党政班教育方针及训练实施、管理与教学的要旨,是"要使受教者能以自动自觉之精神,转而以训练其所指导之人。必使受训者能自动研究、自动向上,而能明辨笃行,切实践履"。[③] 3 月 1 日,党政训练班第一期暂借重庆南温泉中央政治学校正式地开学。

从 1939 年 3 月 1 日开始至 1944 年 5 月 28 日为止,中央训练团党政班共开办了 31 期(见表 4 - 8)。每期训练时间约一个月,不过第九期因日军猛烈轰炸,团内设施遭到严重破坏,只训练了两个星期。[④] 各期召训名额,第 1 期毕业人数最少,第 31 期的人数则最多,共有 1 650 人之多。另外针对党政训练班学员的背景,军职人员(含军训教官、政工、兵役、军需人员)占 39.5%,行政人员占

---

① 中央训练团党政训练班教育委员会编纂组:《党政训练班第一年训练实纪》(重庆:中央训练团印行,1940 年),页 6。

② 见《复兴关训练集(上)》,"第一篇总述",页 47。

③ 蒋介石:《业务实习要点》,引自国民党中央委员会第四组编:《干部训练丛书:总裁对训练工作训示辑要》(台北:国民党中央委员会第四组印行,1955 年),页 50。

④ 见沈沛霖(清尘)口述,沈建中整理:《耆年忆往》(南京:江苏文史数据编辑部,1997 年),页 178。另王东原也证实,"第九期几乎每天有警报"。见王东原:《党政班训练主旨及其意义》,《中央训练团团刊》,第 47 期(1940 年 11 月 4 日),页 270。

24.4％、党（团）人员有 14.5％，教育人员则比例最少，仅有 11.2％。[①] 年龄方面，因《中央训练团党政训练班各期受训学员调集办法》明白规定调训人员的选送标准"以年在 50 岁以下身体健康之男性为限"，[②]故调训学员以青壮年干部为主。其中，30—40 岁的学员就占了六成以上，高达 62％。省籍方面，诚如 Julia C. Strauss 所言，"中训团只能直接训练到未被日军占领之地方其党、政、军干部"，[③]故党政班毕业学员之籍贯以位居长江中下游及交通状况良好的省份人数较多，像湖南（2 972 人，12.5％）、四川（2 563 人，10.6％）、江苏（2 433 人，10.5％）、广东（2 017 人，8.5％）、浙江（1 972 人，8.3％）、湖北（1 582 人，6.6％）、安徽（1 330 人，5.6％）、河北（1 266 人，5.3％）、江西（1 146 人，4.8％）等均是。[④] 再从受训

[①] 据中训团的统计，党政训练班毕业的军事人员共有 9 374 人，其中 229 人是中将，972 名少将，2 773 名上校，这些上校级以上军事将领，大都派兼大队部官长职。党（团）务人员方面，共调训 3 414 人，大都为各省市党（团）部干事组员及县党部书记以上的干部。至于行政人员，合计 5 978 人，包含简任 830 人、荐任 3 637 人、委任 594 人及其他职等 737 人。另外，教育人员有 2 694 人，主要是中等以上学的一级行政主官。上述资料见中央训练团：《中央训练团党政训练班一至三十一期学员分析统计表》，"表八——职级分等表"，引自《全宗号 723：中央训练团档案》，档号 723(1)/86，中国第二历史档案馆藏。

[②] 见《中央训练委员会训练团党政训练班各期受训学员调集办法》，《训练通讯》，第 4 期（1939 年 9 月 25 日），页 37。虽说党政班选训的干部规定年龄在 50 岁以下，不过在各期的党政班学员中，50 岁以上者仍有 173 人，占所有学员的 0.7％。另外，党政班虽规定招训对象以男性为主，不过到了 1943 年应三青团全国代表大会之请求，决定调训妇女干部，并于党政班第 25 期、27 期及 31 期中，分批调训。上述内容引自《复兴关训练集（上）》，"第一篇总述"，页 71。

[③] 见 Julia C. Strauss, *Xingzheng Sanlianzhi and Xunlian：Modes of Government of Administration during the Sino-Japanese War*，引自《中华军史学会会刊》，第 3 册（1997 年 12 月），页 592。

[④] 上述内容见中央训练团：《中央训练团党政训练班一至三十一期学员分析统计表》，"表二——籍贯表"。

学员的出身背景来分析,党政训练班虽以"党政"为名,但其召训的对象显然不局限于党政干部,而包含了各种领域人员。例如党政班第 11 期还调训了 115 名高考初试及格之财政金融人员,故党政班堪称干部训练的"大熔炉"。① 至于召训的对象,党政班开办之初并不是有计划地调训,或由蒋临时指派,或筹备委员推荐经蒋同意后入团受训。② 但自第 6 期以后,除了部分视战局调整临时核准受训或奉令交训前来受训者,大都依照《中央训练团三年调训计划》进行人员调训。③

表 4-8　中央训练团党政训练班各期开办情况一览表

期别	训练时间	毕业人数（人）	学员性质
1	1939.3.1—3.30	308	党务、军事、教育、政工、行政

① 见《侍从室第三处订定高考财政金融人员在中政校训练期间通讯办法》,《中央训练团团刊》,第 35 期(1940 年 12 月 2 日),页 421。这些高考及格的人员在党政班结训后,还得转入中央政治学校训练 5 个月,并比照其党政班学员由侍三处负责联系指导。

② 对于党政班初期的选训人员,蒋相关的手令甚多。像他在 1939 年 5 月 17 日即指示:"党政班第三期,凡任战干团及各种训练班主持人与训委会委员,皆令其入班受训或任指导员为要",1940 年 2 月 15 日又下令"各省秘书长与财建设各厅长亦应令参加党政训练班为要"(引自《复兴关训练集(上)》,"团长手谕",页 2)。另外根据蒋《筹笔》资料,蒋在 1939 年下半年还曾分别电令陈诚及徐永昌等人,应调训师以上政治部主任及候补武官到党政班受训。见《蒋中正电陈诚师以上政治部主任未受党政班训练者 9 月前应召训毕》,1939 年 6 月 28 日,《筹笔》,"抗战时期",第 24 册,目次号 53,《蒋中正档案》;和《蒋中正电徐永昌候补武官回国学员译员须于党政训练班受训》,1939 年 9 月 4 日,《筹笔》,"抗战时期",第 27 册,目次号 3,《蒋中正档案》,"国史馆"藏。

③ 见《复兴关训练集(上)》,"第一篇总述",页 71。党政班虽依照《中央训练团三年调训计划》调训外,但第 29、30 期调训中央各部会科长以上人员,系蒋电令指示。此电令见《复兴关训练集(上)》,"团长手谕",页 3。

期别	训练时间	毕业人数（人）	学员性质
2	1939.4.17—5.15	358	党务、军事、团务、政工、行政
3	1939.6.4—7.5	379	党务、军事、教育、政工、行政、新闻、团务
4	1939.10.1—10.31	586	军事、教育、边务、行政
5	1939.11.29—12.27	532	党务、军事、教育、团务、行政
6	1940.1.21—2.19	692	党务、军事、团务、行政
7	1940.3.17—4.15	737	党务、军事、团务、行政
8	1940.5.6—6.3	917	党团、军事、金融、交通、行政、财政、动员、禁烟
9	1940.6.23—7.7	360	党务、政工、团务、行政
10	1940.9.15—10.13	601	党团、军事、教育、政训
11	1940.10.27—11.24	714	党团、校阅、财政、军事、金融、训练
12	1940.12.15—1941.1.12	583	党团、社工、军事、警政、行政
13	1941.1.26—2.23	815	财政、军需、金融、训练、党团
14	1941.3.16—4.27	766	政工、校阅、军训、行政
15	1941.5.11—6.8	1017	党团、训练、行政、医务、军事、缉私
16	1941.8.24—9.21	575	教育、社工、行政、军事、训练
17	1941.10.26—11.23	599	财政、滑翔、金融、医务、建设、党团
18	1942.1.18—2.25	596	政工、行政、训练、军事
19	1942.3.8—4.19	1093	军训、军事、党务、训练、防毒
20	1942.5.10—6.7	1057	政工、军事、军训、党务、行政

续表

期别	训练时间	毕业人数 （人）	学员性质
21	1942.8.30—10.4	1108	社会、交通、粮政、兵役、农林、经济、党团
22	1942.10.25—11.29	1070	教育、训练、军事、党团、行政
23	1942.12.20—1943.1.20	744	行政、人事、军事、防空、兵役、军需
24	1943.2.14—3.21	745	政工、人事、军事、党务
25	1943.4.11—5.16	919	党务、团务、行政、训练、军事
26	1943.6.6—7.11	737	社会、经济、人事、军训
27	1943.9.12—10.17	867	党务、人事、出国人员、妇女干部
28	1943.11.7—12.19	1037	团务、司法、政工、军事
29	1944.1.9—1.30	795	中央党政军科长以上人员
30	1944.2.2—3.12	795	中央党政军科长以上人员
31	1944.4.30—5.28	1650	党务、团务、军事、经济建设、出国人员

　　＊上述资料引自"中央训练团",《"中央训练团"党政训练班一至三十一期学员分析统计表》,《全宗号 723:"中央训练团"档案》,档号 723(1)/86,中国第二历史档案馆藏。另见中央训练团,《"中央训练团"党政训练班职教学员名册》上、下两册(重庆:"中央训练团"印行,1945 年)。

　　根据受训资料,1938 年至 1944 年,共有 23 752 人从"中训团"党政班毕业。而这些学员中,有许多人是跋山涉水,历尽千辛万苦,甚至冒着生命危险而来。[①] 面对这些历尽艰险前来受训的干

---

① 像张煦本为了到重庆受训,不仅花了足足 1 个月的时间,而且在路途中,他不但碰到道路塌方,搭乘的汽车还跟一辆货车对撞,几乎粉身碎骨。见张煦本:《受训的艰苦历程》,"中央训练团"新闻研究班在台同学联谊会编:《从沙坪坝到浮图关——中央训练团新闻研究班在台同学回忆录》(台北:中央训练团新闻研究所在台 （转下页）

部,蒋身为中央训练团团长当然十分慎重。前曾述及,在"党政训练班"训练期间,蒋不仅是"每个星期都要到团里来好几次",或亲自主持纪念周以及开学和毕业典礼,或来团点学员名并召集作个别谈话,主持集会的次数就超过练班。这两单位训练期间,蒋在团里主持的集会超过百次以上之外,蒋还把自己对于干部训练的理念与风格灌入训练中,使党政训练班成为不折不扣的"蒋介石学校"。

其实,自黄埔训练开始,蒋即把个人风格融入干部训练的场合上,到了党政班开办之前大致已形成一种大型训练团式的模式。此一干训模式有两大特色:第一,训练内容有浓厚的道德主义色彩;第二,训练方式与蒋个人自身经验有极大关系。首先,就训练内容方面,表现出浓厚的道德主义色彩,这也跟蒋个人的意识形态有关。早年的蒋介石,思想具多变性,他曾自述年轻时也一度相信"无政府主义",但是在"联俄容共"时期又对"共产主义,不但不反对,并且很赞同"。[①] 可是到了 1930 年代,蒋又回到保守的意识形态路线,呈现出浓厚的儒家道德主义色彩。[②] 故同样是孙中山的三民主义,蒋在黄埔训练时讲的是民族、民权、民生或民有、民治、民享的内容。但到了庐山训练以后,蒋谈三民主义不说内容,而以儒家的"四维八德"思想阐释三民主义的基本精神,声称:"真正能够

(接上页)同学联谊会印行,1979 年),页 89—92。另外,当时任职于山东省政府的王志信为了到中央训练团受训,也花了 40 天的时间才到达。见王志信:《前尘往事忆述》(台北:山东文献杂志社,1999 年),页 117—121。

① 毛思诚编:《民国十五年以前之蒋介石先生》(重庆:编者自印,1936 年),页 653。"1927 年 4 月 20 日"条。

② 蒋介石与戴季陶主义的关系,见冯启宏:《从讲习所到研究院:国民党的干部训练(1923—1952)》(高雄:丽文文化出版社,2013 年),页 36—38。

实践四维,就是完成八德,实现三民主义。"①蒋把儒家的"四维八
德"称为"做人的根本道理",一再对受训学员强调实现三民主义,
只要"照着做人的道理,实实在在来做就是了"。② 至于训练方法,
则深受蒋自身经验的影响,包括:

1. 早年接受军事教育的经验。蒋早年就读保定军校,后又留
学日本振武学堂,其训练干部有浓厚的军事教育色彩。像蒋在训
练场合所高倡"由外而内,由形式而及于精神"的训练方式,就跟他
个人在日本振武学堂的经验有关。③

2. 宋明理学的修身自省功夫。"修身"向来被儒家视为人生第
一件大事,所有事业的起点。此一修身学说,到了宋明理学时代不
仅发展出"存天理、去人欲"的"省克"功夫,以"日记"来登录自己的
过失,提醒自省吾身的依据即是其中一种。像蒋最敬仰的曾国藩
就以"日记"反躬自省,"凡日间过恶者,身过、心过、口过皆记出,终
身不间断",以作为反省切身的准则,并规定自己应立即订正缺
点。④ 蒋终其一生深受宋明理学的影响,这种理学先贤大哲的做法
显然让自觉"性行狂直愚拙"的蒋起而效尤。蒋训练干部时要干部

---

① 蒋介石:《军事教育的要(五)》,《言论总集》,卷 12,页 441。
② 蒋介石:《庐山军官团训练的目的与方针》,《言论总集》,卷 12,页 406。
③ 蒋自己也坦承他在日本的军旅生涯,对他后来的治军方式和革命事业有很大帮助。
上述内容见黄自进主编:《蒋中正先生留日学习实录》(台北:中正文教基金会,2001
年),页 53。事实上,日本京都大学教授竹内实在《现在中国への视角——黄埔军官
学校のこと》一文中指出,蒋在黄埔军校的训练方式,几乎都可以看到日本军事学校
的影子。故竹内实强调黄埔军校的创办虽缘起于苏俄的红军,但在内容上却深受到
日本军国主义教育的影响。上述内容见竹内实:《现在中国への视角——黄埔军官
学校のこと》,刊于《思想月刊》,1975 年 5 月号、6 月号(东京:思想月刊出版社,1977
年 5 月—6 月),页 708—723、902—917。
④ 李新华:《曾国藩的教育思想》,页 123。

撰写日记以自省，即出于此处。①

　　3. 曾国藩等清朝中兴名臣的治军思想。另一影响蒋训练观的重要源头，则是曾国藩、左宗棠、胡林翼等清朝中兴名臣。在黄埔训练时期，蒋即把《增补曾胡治兵语录》一书编印成册，作为训练"最要紧"的书籍之一，并嘱咐学生"时时要看"。而且蒋精神讲话的主题，如"不扰民""侍兵勇如子弟""训练在求一致"，材料也多来自《增补曾胡治兵语录》及曾国藩所撰的《爱民歌》。②另外，曾氏尝言"治事之法，五到为要""所谓诚意者，即其所知而力行之，是不欺也"的说法，即蒋在干训场合一再高举的"办事五到"及"革命的心法"之素材来源。③

　　在上述三端影响下，蒋训练干部表现出五大特色：

　　1. 重精神讲话。取法于曾国藩，曾即以"言词训诫兵勇"著称④，日本振武学堂亦着重精神讲话，故蒋一再对干部说，训练士兵时，"最要紧的就是精神讲话、精神教育"。⑤

　　2. 强调常识的重要性。传统儒家思想以"通才"为重，《中庸》即以"博学之"作为修身首要之道。而日本振武学堂亦强调丰富的常识，使蒋也十分重视通才的训练。⑥ 蒋后来还把培养常识丰富的

---

① 蒋自己从 1920 年元旦到 1921 年 4 月 15 日，决定在日记上"除按日记事外，必须叙今日某某诸过未改，良知未叙（或良知未现），静敬淡一之功未呈也"。上述内容转引自杨天石：《蒋氏秘档与蒋介石真相》，页 42。

② 蒋介石：《"坚持最后五分钟"是一切成功之要诀》，《言论总集》，卷 10，页 187。

③ 见蒋介石：《革命的心法——诚》，《言论总集》，卷 11，页 575—582。

④ 曾国藩：《曾国藩全集》，《家书》，卷 8，页 19—20；《书札》，卷 2，页 42。

⑤ 蒋介石：《训练士兵的基本方法》，《言论总集》，卷 10，346。

⑥ 另外，根据蒋早年留学日本的资料，当时日本振武学堂所安排的训练课程，普通基本学科包含日本语文、史地、数学（包括算术、代数几何、三角解析几何）、理化、博物（包括动物、植物、人体生理、矿物）、图画等课程，其在 4 365 个小时的上课总　　（转下页）

干部视为"救国教育"唯一要旨所在。

3. 要求"以小见大、由简至繁、循序渐进"。这是军事教育的特色。蒋指称军事教育最后目的，不过是要受教者的精神和动作都能够整齐划一。而要达到这个目的，"惟有择最简单易行亦最要紧的小地方做起，才能渐渐做到整齐划一"。[1] 国民党自庐山训练以后套用了军事训练团的模式训练党政干部，自然承袭军事教育"以小见大、由简至繁、循序渐进"的特色。

4. "内自省、外打进"的训育措施。蒋常放大训练的再造功效，相信干部只要经过自己严格的训练，必能脱胎换骨彻底改造。他常在开训时即常引用明代袁黄著书《了凡四训》的名言："从前种种，譬如昨日死；从后种种，譬如今日生；此义理再生之身。"[2]可是蒋主导的干部训练团训练的时间都不长，最长一个月，有时仅两周时间，为了让受训干部在极短时间完成彻底改造的目标，蒋在生活管理上即采用了"内自省、外打进"的双重手段。

5. 强调由训练中考核出人才。蒋的干部训练观还有一个重要特色，就是蒋十分强调从训练过程里考察出人才。他说：

　　　　训练的功能，不仅在训练而已；训练最重要的性质，也并

（接上页）时数中，就占了 3 485 小时，将近80％的高比例。如此重视基本学识能力的培养，想必让蒋留下深刻印象，这或许也是蒋一再强调"常识"重要性的另一主因。日本振武学堂的训练课程，见《振武学校教学及训育科目》，《振武学堂沿革志：明治三十九年九月调查》（东京：日本东洋文库藏），引自黄自进主编：《蒋中正先生留日学习实录》，页 24—36。

[1] 蒋介石：《新生活运动的意义和目的》，《言论总集》，卷 12，页 140—141。

[2] 袁黄之原文是"汝今既知非。将向来不发科第，及不生子之相，尽情改刷；务要积德，务要包荒，务要和爱，务要惜精神。从前种种，譬如昨日死；从后种种，譬如今日生；此义理再生之身"。见袁黄：《了凡四训》（台北：幼庐文化出版社，1965 年），"第一篇：立命之学"。

不是为训练而训练。而是要寓考核人才,提拔人才于训练之中。所以我们一面训练,一面就要考核人才,提拔人才,使真正的人才能够由训练而得到。①

蒋认为身为官长的人,"大部份的工作,是在乎训练部下,训练部下之大部份工作,就是在考察部下。如能注意考察,则训练才得实在,优劣才得分别,人才才能培养选拔出来"。② 在蒋的此一训练观引导下,国民党的干训机构均设计出一套考核受训者的措施,以举荐优秀干部。

上述训练风格,在庐山训练时期大致已成型,到了"中央训练团"更趋成熟,特别是党政训练班发挥到淋漓尽致,从训练宗旨、内容及训育方式都充斥着蒋氏个人色彩。首先,在训练宗旨上,蒋在《党政训练班训练大纲》开宗明义地指出,党政班的训练目的在使受训人员:(一) 真能成为实现三民主义之信徒与彻底奉行命令之战士;(二) 确实得到主持一般机关之常识与领导办事之要领,以完成抗战建国复兴民族之使命。③ 立意虽高,但实践起来不难,蒋认为就是"做人的根本道理"和"办事的基本要领"而已。他告诉受训学员说:

　　大家不可以为我们党政训练班,教育的范围,应该是很广大,我们所要研究的各科学问应该是很高深,这些粗浅寻常的东西,我们用不着留意,要知道我们一切教学,都要有一个根本,都要从最粗浅,最切近,最平易,最实际的地方作起,这就

---

① 蒋介石:《训练的目的与训练实施纲要》,页 218。
② 蒋介石:《训练军队与修养本身之道》,《言论总集》,卷十一,页 144。
③ 《党政训练班训练大纲》,见中央训练团编印:《党政训练班法规辑要》(重庆:中央训练团,1942 年),页 67。

是要知道做人的根本道理,具备办事的根本条件,有了这个根柢,一切学问经验才有用处,才能尽量发挥出来。①

既然强调"根本",所以蒋要求学员入团后,"当自己是一个小学生,是一个入营的新兵",一切要从头学起。② 因为唯有大家都从头开始学起,才能达到大家远来党政班受训的目的,就是"在求一致"。而其步骤,正是军纪进行的程序,"先由外而内的,逆流而入的;是先从形式上整齐,而再至精神上的一致"。所以蒋主张:

> 训练的时候,必要服装整齐,号令严明,然后可使他心志一致,因为形式整齐之后,就可以引导他精神一致,所以军纪的程序,是要由外而内的,由形式而及于精神的。所以平时不论在内务在野外,军队的形式先要画一。因为这样,才可以引导他到精神上一致底地步。③

故蒋为"中训团"党政班亲自颁订训练要旨共有 3 项:(1) 行动标准化;(2) 精神的一致与统一;(3) 注重小动作与基本工作,及实际业务。④ 换言之,党政班的训练就是军事化的训练,亦即蒋个人自身经验下的产物。

至于训练课程,有静态及动态两种。静态方面,有团长精神训话及党政训练课程,动态课程则是军事训练及业务演习。首先就精神训话课程,前曾述及蒋向来重视,故虽只安排 8 个小时,仅占所有训练时数(共 240 小时)的一小部分,却是整个党政班的训练重心。根据党政班各期教育实施计划安排,每期党政班除利用开

---

① 蒋介石:《认识时代——"何谓科学的群众时代"》,页 177。
② 蒋介石:《党政训练的要旨》,页 170—171。
③ 蒋介石:《说军纪》,《言论总集》,卷 10,页 45。
④ 蒋介石:《党政人员自修研究与工作要项》,《言论总集》,卷 16,页 158。

学典礼、毕业典礼及星期日"总理纪念周"时间实施团长精神训话外,还在每周课程中(大都安排在星期三)规定时数施行。至于实施方式,由蒋亲临致训。若蒋不能亲自莅团,则改由团里高级长官代读蒋自行核订的训词,"代读者恭读训词全文外,偶亦加以讲解"。因为蒋非常重视精神训话,所以每期开学典礼、毕业典礼蒋都会亲临会场"赐训",至于纪念周及课程规定者,则由中训团高级长官代读。① 至于训话的内容,蒋强调自己训练干部"虽然有期别之分",但他的"教育计划是整个的"故其发表"精神讲话,前后都是一贯的",②因此蒋精神训话的内容常出现"一训再训"不断重复的情形。例如蒋在党政班第一期开学的训词《党政训练的要旨》,几乎出现在每期的精神训话篇目中。而蒋在这些精神训话里,"或阐扬孙中山遗教,或说明做人做事的道理"。③ 不过,蒋在中训团的训词并非全是老调重弹,他有时也会抛出新议题,像讲题《确定县各级组织问题》及《建设基本工作—行政三联制大纲》等都是国民党后来实施"新县制"的蓝本。④

　　"党政训练课程"是党政班的另一重头戏。其课程宗旨有二:第一,"在使受训人员于最短期间,对党的历史教训与一贯精神,能得更透彻的认识与了解";第二,"在使各级干部对抗战建国工作有综合之认识,然后才能协助推动提高效率"。⑤ 课程大致又可分为:

---

① 中央训练团编:《党政训练班第一年训练实纪》(重庆:中央训练团印行,1940年),页41。

② 蒋介石:《民族战争取胜的要诀》,《言论总集》,卷12,页45。

③ 王东原:《王东原退思录》,页23。

④ 冯启宏:《抗战时期中国国民党的干部训练:以中央训练团为中心的探讨(1938—1945)》(台北:台湾政治大学历史研究所博士论文,2004年),页105—107。冯启宏以为,蒋在中训团党政班做重大政策宣示,一方面表示政府坚持改革的决心,另一方面又可以凝聚共识,跟高谈中国道统或做人道理做一比较,似乎更实际。

⑤ 要先说明的是,关于党政班所开设的课程名称,主要参考自庋藏于国民党 (转下页)

（1）关于本党之基本认识者；（2）党（团）务课程；（3）关于抗战建国工作者；（4）关于专门业务者；（5）特约演讲。共五大类。[1] 基于蒋注重通才教育的训练理念，课程内容极为广泛。以"关于抗战建国工作者"为例，课程有如"大杂烩"，内容非常多元（表4－9）。其开设的科目从内政、教育、军事到外交、经济，范围甚大。

表4－9　党政训练班"关于抗战建国工作"课程一览表

科目名称	授课讲师	讲师当时职务	备注
抗战建国纲领	张群	行政院副院长、国防最高委员会秘书长	
抗战以来军事	何应钦	军政部部长、参谋总长	
战时财政金融	孔祥熙	行政院副院长、财政部部长	
	顾翊群	财政部（代理）常务次长	第19期讲师
战时教育	陈立夫	教育部部长	

（接上页）党史馆（史料编号497/3—1至497/3—4）由中训团所编《中央训练团党政训练班第一年训练实纪》《中央训练团党政训练班第二年训练实纪》《中央训练团党政训练班第三年训练实纪》《中央训练团党政训练班第四年训练实纪》四书。不过，这4年《训练实纪》的内容仅记载至二十三期。二十三期以后的开课数据，仅存二十六、二十八期及三十期的《训练实施计划》，其余二十四至二十五、二十七、二十九及三十一期的资料已佚失。故本文所记载的课程科目名称，除参考党政训练班第一至四年的《训练实纪》外，尚参考中训团教育委员会编：《中央训练团党政训练班第二十八期教育实施计划》（重庆：中训团教育委员会，1943年11月，藏于南京图书馆古籍部）《中央训练团党政训练班第三十期教育实施计划》（重庆：中训团教育委员会，1944年，藏于南京图书馆古籍部）二书。

[1] 《党政训练班教务实施细则》，页83。此一划分只是概略性划分，并不严谨。事实上，党政班一至六期的训练课程里除上述五大类外，还有"地方自治与地方建设课程"，只是这一课程后来被划分专门课程内。关于党政班初期"地方自治与地方建设课程"的内容，见中央训练团编：《党政训练班第一年训练实纪》，页59—63。

续表

科目名称	授课讲师	讲师当时职务	备注
战时交通	张嘉璈	交通部部长(1942.12.8辞职)	
	彭学沛	交通部政务次长	第11期讲师
	曾养甫	交通部部长	第23期以后讲师
国民经济建设运动	翁文灏	经济部部长	
	何廉	经济部常务次长	第4—6期讲师
	顾翊群	财政部(代理)常务次长	第7期讲师
战地政治与经济	张群	行政院副院长、国防最高委员会秘书长	本课程自第7期后始实施
	顾翊群	财政部(代理)常务次长	
战时外交	王宠惠	外交部部长(1941.4.10另任)	第1—15期讲师
	郭泰祺	外交部部长(1941.12.17另任)	第16—18期讲师
	傅秉常	外交部政务次长(蒋兼部长,1942.12.8辞)	第19—22期讲师
	吴国桢	外交部政务次长	第23期以后
战时经济建设	翁文灏	经济部部长	
	吴景超	国防最高委员会参事	第20期讲师
新生活运动推进办法	张厉生	国民党组织部部长、行政院秘书长	
国民精神总动员	陈立夫	教育部部长	
粮食问题	卢作孚	全国粮食管理局局长	本课程自第14期后始实施
	徐堪	粮食部部长(1941.5.20就任)	
农林建设	陈济棠	农林部部长(1941.12.27辞)	本课程自第17期后始实施
	沈鸿烈	农林部部长	
战时社会工作	谷正纲	社会部部长	原党务团务课程

　　*上述资料引自《中央训练团党政训练班一至四年训练实纪》。

至于授课的讲师，或党国硕彦、知名学者，或各部会首长。像张继在讲授"中国国民党史概要"时，每说到紧要之处，更是"挥手舞拳，瞪目喘气"激动异常。何应钦主讲的"抗战以来的军事"，还会透露一些机密内容，颇受学员欢迎。[①] 另外，南开大学创办人张伯苓及知名学者沈宗翰、方东美等人，均曾担任过党政班课程讲师。

动态课程部分，军事训练课程分为"学科""术科"和"见学表演及演习"三部分。其中在学科部分，主要是军事讲话及典范令的讲授（见表4-10）。术科方面则分"基本教练"及"射击教练"两项目。无论是"基本教练"或"射击教练"，大都由各队上的官长负责施教。至于"见学表演及演习"，则有"防空兵器""新兵器""战斗教练"等活动。演习项目，共有"野外""行军""夜间""防空""防毒"等择项实施。[②] 军事训练课程繁多，时间安排紧凑，但是最重要的课程还是术科的"徒手基本教练"，即立正、注目、敬礼之基本动作。特别是立正，蒋更是多次指示应严格训练。蒋的理由是"立正"是"一切军事动作之本"，如果这一个"本"不能立，"则以后各种动作皆不能切实做到了"。蒋还进一步解释说：

表4-10 党政班军事训练课程学科科目一览表

科目名称	授课讲师	科目名称	授课讲师
战术讲话	刘斐、徐培根、郭寄峤	谍报勤务	杨宣诚、郑介民
军队教育	刘士毅	防空讲话	黄镇球

① 何瑞瑶：《风云人物小志（原名复兴关下人物小志）》，页17、37、53。
② 党政班军事训练课程中关于"见学表演及演习部分"，事实上各期"或因天雨不能举行，或以正课紧迫临时停止"，所以并非每一项目都有实施。像七、十两期仅实施6项，八、十一两期则实施5项，第九期实施3项，第十二期实施7项，第十三期实施八项。上述内容见中央训练团编：《党政训练班第二年训练实纪》，页65。

科目名称	授课讲师	科目名称	授课讲师
防毒讲话	李忍涛、汪蓬粟	空军讲话	周至柔、毛邦初、黄秉衡
简易测绘	孔令恂、黄仲恂	国防讲话	周亚卫、杨杰
军事管理与组织	王东原	步兵操典	王东原、覃连芳
射击教范	吕济、冯剑飞	陆军惩罚令与连坐法	王东原
陆海空军惩罚法	王东原	陆军礼节	任道周
军队内务规则	谢得福	警章	李士珍
军制讲话	周亚卫	作战教令之研究	张秉钧
革命战术之研究	刘为章	最近欧洲战术之研究	徐培根
政略与战略	万耀煌	炮兵讲话	刘翰东、邹作华
工兵讲话	马宗六	机械兵器讲话	徐庭瑶
通讯讲话	叶振麟	游击战讲话	张卓
国军建军史略	刘峙	抗战战史	林蔚
海军战史	陈绍宽	兵器概述讲话	俞大维
兵器表演	俞大维（带队）	防毒实施	俞大维（带队）
阵中要务令	刘书番、戴之奇、霍原璧、张卓		

＊上述资料引自《中央训练团党政训练班一至四年训练实纪》。

日本军语叫"立正"曰"气附"，其意义就是使气归附于体，其气既定，其心乃定；心定之后，自然能静，自然能集中注意于学业或所处理的事情。

　　所以蒋宣称,"立正不仅是求学立业之本,实乃是打仗制胜第一要旨",要求党政班官长应加强立正等基本军事动作之操练。①

　　根据党政班教育委员会所安排的课程时数,军事训练课程在全部 240 小时的训练时间中,只有 36 个小时。② 以这么少的时间来实施,其效果如同王东原所言,仅能"练习军事基本动作",并"略得军事常识"而已。③ 这跟蒋以军事训练方式来训练党政干部的用意似乎背道而驰? 事实并不然。因为党政班的军事训练课程虽仅占总训练时间的 15％,但是党政班的整个生活管理,完全是采军事化方式。换言之,中训团标榜的军事训练不是要研究高深的军事战术或带兵打仗的要领,而是要这些党政干部接受军事化管理,进而换成一种军事化的新生活。蒋在演讲场合说道:

　　　　这次我们党政训练班各期的教育,差不多五分之一的时间是施行军事训练,而且除了学科术科之外,各位在受训期间,一切起居饮食等日常生活行动,都是实行军事化,这就是要将军事训练的精神与军事的原理和法则,应用到实际生活里面去,也就是一种基本的军事训练。④

　　而其目的,就是希望通过军事化管理,带给党政干部一种"生活革命",进而奠定中国"社会军事化"的良好基础。他说:

　　　　我们要以军事训练的方法来造成军事化的生活,因为军

① 蒋介石:《军事训练基本动作的意义与效用》,《言论总集》,卷 16,页 324,1939 年 6 月 20 日在中央训练团党政班讲话。

② 王东原:《党政班军事训练实施计划之说明》,《中央训练团团刊》,第 9 期(重庆:1940 年 2 月 12 日),页 68。

③ 王东原:《党政班军事训练实施计划之说明》,页 68。

④ 蒋介石:《军事基本常识——军事训练要领》,《言论总集》,卷 16,页 262。

事训练能振奋我们的精神,革新我们的生活,范围我们的行动,锻炼我们的体格,启发我们的合群心,充实我们御侮图强的军事技能。换言之,军事训练是一种有系统、有规律、有一定法则的教育方式,其目的则在养成我们精神、态度、行动、就是一切生活之合理化,这个教育方式对于一切腐恶的生活习惯,是具有极严格的革命性的。[1]

蒋深信只要学员在党政班切实接受军事化的管理方式,好好领悟其道理,就一定可以"革除从前萎靡、苟且、因循的旧生活,换上一种军事化的新生活,使得大家今后无论在思想、生活、行动、体魄各方面都有切实的改进,能够担负挽救国家,复兴民族,改造社会的革命大责任"。[2]

党政班虽采取"军事化管理",但跟一般军队及军事学校"自上而下""偏重干涉与督促"的军事管理方式略有不同,他们强调"在严格的军事管理下,提倡自觉自动与自治",亦即以"自觉"代替"制裁",希望学员们"以内心的自觉防止错误之发生",而非以制裁方法去纠正错误;学习方面,以"自动"取代"督促",强调"以良能的自动养成力行的习惯";管理方面,则提倡"自治"来代替"干涉",希望受训学员"以本身的自治增进管理的效能"。[3] 为了让上述管理方针确实能得到落实,党政班还实行了一种"中心训练法",将4周的训练时间分为4阶段,每周贯以中心名称(见表4-11)。第一周定为"入伍周",第二周定为"力行周",第三周定为"自治周",第四周则为"检讨周",其做法显然是把自觉自动自治的精神,分成4个中

---

① 蒋介石:《军事训练基本动作的意义与效用》,页318、

② 蒋介石:《军事训练基本动作的意义与效用》,页328。

③ 王东原:《党政班管理方针及其实施》,页83。

心周去实施。① 而从各中心周的实施要项来看,军事管理与党政班另一个"外打进"的措施有关,那就是训育措施。

表 4 - 11　党政班各中心周一览表

周别	实施要点	口号
入伍周	一、在纪律秩序方面的要求有四: 1. 党政班规则的了解 2. 礼节的学习 3. 秩序的建立 4. 纪律的申明 二、在生活行动方面的要求有四: 1. 绝对禁止吐痰 2. 严格遵守时间 3. 养成静肃习惯 三、在军事训练方面:基本动作意义的了解与学习	"服从命令" "严守纪律" "革除坏习惯" "实行新生活"
力行周	一、将入伍周所学之规则、秩序、礼节及纪律、军事基本动作,继续要求切实做到 二、命令与规定之彻底实施 三、劳动服务的习惯养成 四、以军事教育四大要旨(确实、迅速、静肃、清洁)为中心举行竞争,藉以提高各学员力行之精神	"屏除恶习" "磨练身心" "实干快干硬干" "力行就是革命"
自治周	一、订立自治公约 二、分队以下值日勤务由学员自行担任,学习自己管理自己 三、提高四大要旨之要求,实行全班竞赛 四、举行各种研究会及座谈会,探讨各项问题 五、利用升降旗机会,学员报告工作经验 六、清洁检查,由同学执行	"励志勤学" "克己勉人" "实行自治公约" "发扬三自精神"
检讨周	一、举行自我检讨,注重自我批评,相互检讨,以规过劝善。再由团方举行集体检讨,提供改进意见 二、提倡互助合作,亲爱精诚之精神	"自反自觉" "日新又新" "互助合作" "亲爱精诚"

① 党政班"中心训练法"主要是以4周来命名,不过党政班十四期共有6周,故将原来的第三周改为"前进周",原有的"自治周"改为第四周,新增"领导周"为第五周,原有之"检讨周"改为第六周。上述内容见《党政训练班第三年训练实纪》,页66。

根据《党政训练班训育实施细则》规定,训育实施时间以四周为基准,占 93 个小时,共有 15 个项目(见表 4 - 12)。① 这 15 项的训育措施有静态有动态,依其施行方式可分为:

表 4 - 12　党政训练班训育措施一览表

项目	时数	性质与指导
自传	于开学前规定时间写作	由人事组办理,队上长官于开学 3 日内参阅完毕送驻队训育干事评阅后送教育组
工作报告书	于开学前规定时间内填写	由人事组办理,分送驻队训育干事评阅后送教育组汇送人事组
党(团)活动	12 小时,分 6 次,于晚间举行	征求党(团)员,举行各种会议,加强党员基本训练,由特别党部(区团部)指导之
小组会议	10 小时,分 6 次(平均值),于晚间举行	依照民权初步之规定实施,由训育委员、指导员指导之
工作讨论会	12 小时,分 6 次(平均值),于晚间举行	实际工作经验之交换,由指导员、训育委员及主管机关长官指导之
座谈会	6 小时,分 3 次	学员自由交换经验与知识,以分队为单位,由训育干事主持
班务会议	每周 1 次,每次 1 小时	由训育干事、队上长官指导
个别谈话	于自修及课外之空余时间举行	认识学员之基本条件,并听取其经验意见,由训育干事主持之
自修	30 小时	由训育干事、队上长官指导

---

① 如同其他课程般,党政班的训育措施,早期变动颇大。像党政班第一年的训育项目只有研读总裁训词、小组讨论会、工作讨论会、个别谈话、党团务活动、自修、课外活动、同乐及毕业论文等九种。见中央训练团编:《党政训练班第一年训练实纪》,页 99—100。

续表

项目	时数	性质与指导
课外活动	10 小时	由训育干事、队上长官指导
日记写作	于听讲及课余时间，按日填写	按周由训育干事评阅
同乐	8 小时，分 4 次，于星期六晚间举行	由同乐委员会主持
毕业论文	4 小时	由教育组办理
毕业后联系指示	1 小时	由侍三处负责
各主管机关与学员之分组座谈	3 小时	各主管机关长官指导之

　　* 本表引自《党政训练班实施细则》，见《党政训练班法规辑要》，页99—102。

　　各项的训育措施有静态有动态，依其施行方式可分为：

　　第一，关于写作者，有自传、工作报告、日记写作、毕业论文等；

　　第二，关于讨论者，有小组讨论会、工作讨论会；

　　第三，关于谈话者，有个别谈话、座谈会、主管机关长官座谈等；

　　第四，关于活动者，有党团活动、课外活动及同乐会。

　　首先在写作方面，开学之学要先缴交"自传"及"工作报告书"，作为训育的基本资料。"自传"撰写要点有七大项：

　　（一）家世：包括里居、世业、童年生活、家庭教育与回忆、经济生活及家庭负担、婚事与子女；

　　（二）学历：详细学历（含训练班）及求学时代之回忆；

　　（三）经历：详细经历及对历次任事之体验与感想；

　　（四）党团的生活：何时入党团及参加党团的工作与感想；

　　（五）最近工作和认识：包括抗战以来所参加之工作有何成绩

与缺憾、目前国家社会之观察、目前对各党派应取之态度；

（六）建议及意见；

（七）结语：内容含人生观、对自身学识能力有何自信、平时喜读之书籍及刊物、个性与嗜好、自我批评及毕生工作之志愿。党政班要学员"在写作时按大项分段撰写，并须全文贯通"。①

"工作报告书"，主要是该学员的工作概况，包括："本职概况""工作概况""服务经验心得及兴趣""对原服务机关优良人才之列举""对原服务机关工作改进之意见"及"对所在地党（团）务及行政最近情况之报告"。其中，"对所在地党（团）务及行政最近情况之报告"有助于中央对地方情资的收集，至关重要。②

开学之后党政班学员每天则要写"日记"，党政班每周都会发一本"日记"，要求记载学员每日生活点滴乃至于听讲课程或活动纪要、研读训练教材的札记以及受训的心得与感想。③

"毕业论文"是另一项与写作有关的训育措施，不过施行方式

---

① 党政班学员"自传"写作要点，见《中央训练团党政训练班学员考核表及笔记簿》，引自《全宗号723：中央训练团档案》，档号723/14，中国第二历史档案馆藏。关于学员的"自传"部分，党政班成立初期由于许多措施尚未完备，故初期自传格式系先以"中央各军事学校毕业生自传"代替。而其内容跟后来格式比较不同处，共有4端：（一）体格——五官百骸是否健全，有无传染病，劳心或劳力的工作每日能持续若干时；（二）最近一年生活之简述；（三）对古人及时人最敬佩的是谁，最厌恶的又是谁；（四）最好朋友的姓名、住址、职业、其人有何特点。像党政班第一期的莫萱元在其自传中写道："对古人最敬佩的为唐太宗，最厌恶的为冯道。对今人最敬佩的为蒋总裁，最厌恶的为张学良。"上述数据见《"总统府"人事资料袋：莫萱元》，编号00236，"国史馆"藏。

② 见《中央训练团党政训练班学员毕业论文及受训心得（四）》，引自《全宗号723：中央训练团档案》，档号723/93，中国第二历史档案馆藏。

③ 根据现存于南京"中国第二历史档案馆"的党政班第十六、二十九期学员章廷俊、周宗俊的日记本，党政班所发的日记本每日有十页之多，但是章、周二氏均撰写十分用心，记载巨细靡遗，不但每面几乎都写满，而且每日日记的字数均超过 （转下页）

类似作文比赛。学员得在规定时间内(通常是训练最后一周之的星期六上午)到规定地点坐定,分发论文卷纸后,才临时宣布论文题目,写作时间共 4 小时,时间截止当堂交卷,逾时不收。论文题目不外乎蒋的训词如"行的道理""三民主义理论体系之研究",或"根据受训心得检讨自身工作缺点,陈述其改进具体计划,与今后的进修方针"这类的题目。①

　　以讨论方式进行的训育措施,则有"小组会议"(又称"小组讨论会")与"工作讨论会"。"小组会议"是党政班最重要的训育措施之一,直接由段锡朋掌理主控。② 它是利用晚上时间实施,每次100 分钟。而其分组方式"实行混合编制,偶因特殊情形,始采取部分专业编配或地域编配",每组以 15 人为限,并由学员推选组长 1名。③ 小组会议结束后,按照《党政训练班小组讨论总结论编制办法》规定,每题应编制一总结论,送教育委员会核定后付印,并在毕业典礼前分发各学员。④ 至于讨论的题材,不脱两大范畴:第一,遵照蒋的手令指示,以研讨中央之宣言、法令、决议案及蒋的训词、重要时事为主;第二,依据抗战建国形势特别拟定之题目。⑤ 对于小

　　(接上页)一万字以上,甚为可观。见《中央训练团党政训练班第十六、二十九期学员章廷俊、周宗俊之毕业证书和日记》,引自《全宗号 723:中央训练团档案》,档号 723(4)/1058,中国第二历史档案馆藏。

① 见中央训练团编:《党政训练班第二年训练实纪》,页 82—85。

② 王志信:《前尘往事忆述》,页 122。

③ 见中央训练团编:《党政训练班第三年训练实纪》,页 69。

④ 见《党政训练班小组讨论总结论编制办法》,引自中央训练团编印:《党政训练班法规辑要》,页 111。

⑤ 蒋在 1939 年 3 月 9 日曾下手令给党政班称:"训练班中须将最近中央之宣言、法令、重要议决案件,与中正最近之演讲,作为小组会议之主要讨论案。"另外,又于同年 4月 24 日下手令指示:"凡我讲演之后,当日小组会议之议题,应以此为讨论主题。"蒋之手令,引自《党政训练班第一年训练实纪》,页 119。

组会议，蒋个人甚为重视，认为"是现在最新的训练方法"，故要求各指导员和教官亲自指导监督，做出正确的结论或决议。① 不过，学员的发言虽然踊跃，彼此间的辩论也甚为热烈，但却常被指导员批评"发言空疏"，"具体的建议办法少"。②

"工作讨论会"的形式跟"小组会议"类似，但它较"注重学员实际工作经验之交流，与实际问题之讨论"，故分组多采"专业编配法"③。另外，"工作讨论会"大都由各主管机关长官担任主席，这和"小组会议"由组员轮流担任主席的方式也不大相同。④

有关谈话的训育项目，计有四项：

（一）"班务会议"。针对"日常生活之改进""自治公约的议定"及学员个人日常生活是否符合各项规定与要求的"自我批评"等项。

（二）"座谈会"。和"工作讨论会"相似，只是"座谈会"为一种不拘形式之会谈。其谈话范围限定在一般党政问题之讨论、国内外时事之讨论、自我批评与相互批评、对中训团各部工作具有积极性的建议等。⑤

（三）"各主管机关与学员分组座谈"。也算是一种"工作讨论会"的一种方式，是考虑到学员历经多次讨论后，在工作上仍有疑

---

① 蒋介石：《训练的目的与训练实施纲要》，页232。

② 上述内容见中央训练团党政班编印：《中央训练团党政训练班第四期小组会议讨论总结论》（重庆：中训团党政班编印，出版时间不详）一书。

③ 见《党政训练班工作讨论会实施办法》《党政训练班工作讨论会总结论编制办法》，引自中央训练团编印：《党政训练班法规辑要》，页112—115。

④ 见《党政训练班第一年训练实纪》，页151。

⑤ 见《党政训练班班务会议规则》《党政训练班座谈会实施办法》，引自中央训练团编印：《党政训练班法规辑要》，页116—117。

难之处，特于毕业前举行分组会谈，再做进一步的指示与解释。①

（四）"个别谈话"。利用自修及课余时间，逐日约集学员进行个别谈话，以听取学员之经验与意见，切实观察学员的精神、思想与能力，并予以指导、鼓励或纠正。② 因"个别谈话"影响到学员考核成绩，且可能得到主管长官的奖掖，甚至还可以获得蒋亲自的召见的机会，所以学员特别重视。③

最后关于活动方面，有党团活动、课外活动及同乐。"党团活动"旨在推动组织与训练方面工作，像集会训练及小组训练均是重要项目。④ "课外活动"，固定举办的有"学员经验报告"及"劳动服务"。"学员经验报告"的用意有二：一为借此做自我介绍，并检讨过去工作之所得；二为借此介绍各地政情，以供全体学员参考。"劳动服务"系遵蒋所训示，希望学员于服务中体会劳动的意义，养成利他爱群习性，和快干、实干、硬干的精神。"同乐"则为调剂生活及联谊感情起见而办的活动，每星期六晚间实施，其项目或播放电影，或表演话剧歌剧，或举行茶会、音乐会等。由于中训团的受训生活甚为枯燥紧张，较为轻松的同乐会甚受学员欢迎。⑤

综观整个党政班的训育措施，其目的跟前述中央训练部时代的出发点并无不同，主要还是通过"训导"学员的政治思想，进而"培育"学员健全人格与良好品德。是以党政班要求调训学员所属机关于开

---

① 《党政训练班第二年训练实纪》，页165。另外，据《党政训练班第一年训练实纪》（页151）的说法，此一主管机关与学员之分组座谈，实为"工作讨论会"的前身。

② 《党政训练班个别谈话实施办法》，引自中央训练团编印：《党政训练班法规辑要》，页119。

③ 《党政训练班第二年训练实纪》，页175。

④ 《党政训练班第一年训练实纪》，页181—188；及《党政训练班第二年训练实纪》，页176—188。

⑤ 《党政训练班第一年训练实纪》，页189—200。

学前 20 天,将调训人员基本资料及其思想、才能、生活行为、服务勤惰、工作成绩、考绩结果等项,"造具调训人员姓名及考核册一份",送交中训会作为考核依据,[①]待学员入团时还要再撰写自传及工作报告书,交待过去的行止,并利用各种讨论会要求学员做自我批评与检讨,即意图通过上述数据来考察学员。在党政班负责此一训育的工作人员有两种,一种是训育干事,另一种则称之为指导员。

党政班的训育人员,在开办之初只设训育干事,朱家骅(主任干事)、段锡朋(副主任干事)、康泽、邵力子、王世杰、谭平山、余井塘、张道藩、张厉生、贺衷寒、潘公展等党政要员都担任过此一时期的训育干事。[②] 但到了第四期增设指导员一职后,地位比较崇高的党政要员转任指导员,训育干事则改为训练期间必须驻队的训育人员。其中,训育干事又分为专任及从调训学员中选充兼任者。[③]被选充兼任训育干事的学员,大都党政经历较为丰富。而专任数期训育干事后,可以升任指导员,如倪文亚、鲁自成等人后来都升任指导员,显然指导员的地位较训育干事高。不过,无论是指导员还是训育干事,党政班全体的训育人员都要出席指导小组讨论会及工作讨论会,并拟定小组讨论会及工作讨论会题目、细目及参考数据。讨论会结束后,还要填报小组讨论会及工作讨论会考核表和编制总结。只是,驻队的训育干事还需负责下列工作,包括:

(一)评阅学员工作报告书、自传、日记及毕业论文;

(二)与学员做个别谈话;

---

① 《党政训练班每期受训人员调训办法》,引自中央训练团编印:《党政训练班法规辑要》,页 74。

② 《党政训练班第一年训练实纪》,页 100—105。

③ 《党政训练班第二年训练实纪》,页 97。像梁敬錞及严家淦两人就是第八期调训学员兼任训育干事者。

（三）学员思想学业之指导事项；

（四）学员党（团）务活动、座谈会、班务会议其他课外活动之指导事项；

（五）学员生活之指导及疾病之慰问事项；

（六）学员条陈意见之承转事项；

（七）关于教务管理与训育应行联系之事项；

（八）特种研究事项。①

换言之,驻队训育干事不仅是身兼第一线的指导任务,还肩负起最重要的学员考核工作,堪称是整个中训团干训工作的骨干,干部中的干部。

党政班虽有训育人员直接驻队指导学员,但毕竟党政班的学员都是"有学识有身份的党政干部",故训育措施强调的还是"自觉、自动、自省、自治的精神"的启发,此从各种训育项目不断要求学员做自我检讨及自我批评即看出端倪。② 只是党政班的训练时间只有一个月,想借着上述措施的自我省察,要达到刮垢磨光、甚至起死回生的地步并不容易。王世杰即称,对一个中年以上的人,如党政班学员,要他们"革除旧习惯,养成新习惯",使之"成为新生活的实行者"确实不容易。除非具备两个主客观条件就可以:"一是坚强的意志,这是主观的条件;二是特殊的刺激或压迫,这是客观的条件。"王世杰宣称,中训团开办党政班"召集五六百人来一处受训,规定一种严格的新生活",就是要给予大家"这个客观的条件"。③ 不过,根据美籍学者古德(Cater V. Good)所编的《教育辞

---

① 《训育工作要领》,引自中央训练团编印:《党政训练班法规辑要》,"训育篇",页1—2。

② 王东原:《党政班管理方针及其实施》,见《中央训练团团刊》,第11期(重庆:1940年2月26日),页83。

③ 王世杰讲:《党政班教务实施计划之说明》,页85。

典》(*Dictionary of education*)，"训练"的定义是：

> 一种特殊的教学，在此一教学过程中，其目标订定的非常明确，且目标达成与否比较容易显现出来；而训练通常要求对某项技能达到相当程度的娴熟。为了达成技能熟练的目的，除了学生必须反复练习之外，教师还需着学生的进度加以指导与评估。[1]

由此一定义引申"训练"与"教育"的差异，大致上"训练"主要限于"局部"或"特定"的知识与技能之获取，教育则是强调"全面"或"整个"的陶冶。另外就学习者而言，在训练过程中学习者通常处于消极、被动的地位，然而在教育过程中却扮演一种积极、自动的角色。故在方法上，训练多半采用控制、灌输、训诫等方式，教育则以开导、启发或鼓励的方式来发展学生的心智，并熏陶其人格。只是以此定义审视蒋介石的干部训练，不免让人觉得与其称之为干部"训练"，不如把它视作干部"教育"要来得适当。因为无论是通才教育还是浓厚的道德色彩，都跟外界认知的"训练"定义有些距离。因此，把蒋主导成立的干部训练机构称之为"蒋介石学校"，似乎并无不可。

第四节　战时干部训练工作的成就与检讨

跟"教育"比较起来，评估"训练"的成效显然容易许多。盖因"教育"的收效迟缓，但训练比较短期讲求速效，故评估成败不难。[2]

---

[1] Editor by Carter V. Good, *Dictionary of education* (New York: McGraw-Hill, 1973), p. 163。

[2] 吴俊升：《教育与训练》，《中央训练团团刊》，第 90 期(1941 年 9 月 1 日)，页 717。

只是战时国民党的干部训练,并非传授"技能",而是着重于无形的精神训练,要精准地判断成效有一定难度,甚至会出现自吹自擂的现象。以中央训练团为例,《复兴关训练集》在最后的自我评价中是这么说的:

> 第一,团长的训诲让受训者"对党义有所遵循,更进而培养受训学员革命意识,认识人生真义",进而"择善固执、艰苦不辞、劳怨不避"献身于革命事业。

> 第二,抗战建国课程弥补了"过去党政军各部门工作人员,每囿于所业,对于其他部门较少认识"的缺憾,且"对于全局有明晰之认识,工作上之配合,自多进步"。

> 第三,共同训练使来自各地的受训学员"由集体之研究而增进彼此了解,藉种种之活动而加强彼此之联系,养成互助合作习惯",进而消释区域间隔阂,业务上误解,使"上下左右之关系,益臻密切"。

> 第四,严格的要求让受训者"能于日常生活中养成勤劳刻苦及集团生活之习惯,并切实履行新生活信条",最终达到影响并转移社会风气之效。①

实际主持中训团的王东原,也根据"二万三千余受训人员"的"客观批评",认为复兴关训练的成效主要有两方面。②

首先对抗战的影响有:

(一) 提高民族意识与国家观念,使残余之封建思想,为之

---

① 中央训练团复兴关训练集编纂委员会:《复兴关训练集——训练纪实(上)》(重庆:中央训练团复兴关训练集编纂委员会,1944年),"序文",页2—3。

② 王东原所谓"受训人员的客观批评",指的是重庆"人文书店"在1943年将各报刊披露的中训团学员之反应,所汇编的《受训心声录》(重庆:人文书店,1943年)一书。

消灭；

（二）统一意志与集中力量，使分歧复杂之现象，为之纠正；

（三）加强对三民主义之认识，使动摇游移妥协屈服之心理，为之扫除；

（四）增进军事素养，使散漫弛缓萎靡不振之习性，为之改变。

王东原声称，上述四者乃"巩固坚强统一的战斗体"必不能缺之因素。而此"坚强统一的战斗体"推及至全国国民的结果，助长最后抗战的胜利。

其次，对于建国的影响有：

（一）加强建国之体系认识；

（二）沟通中央与地方关系；

（三）打破畛域观念建立联系基础；

（四）加强主持机关的能力；

（五）培养自治能力，启发民主精神；

（六）生活之改造与风气之改变。

王东原进而强调，复兴关训练不仅加强受训干部对主义的认识及做人做事的根本道理，在学识方面增广甚多，精神上也有了长足的进步，"影响所及，已奠定复兴民族之始基"。①

无论是中训团本身出版的书刊，抑或学员自身的反应，都给予国民党的训练极高的评价，有谓："早期因黄埔军校训练成功，乃有北伐的顺利完成，抗战前后有庐山训练团、重庆训练团，所以才有抗战的最后胜利。"②但蒋介石本身的态度呢？针对这个问题，党政班开办前期，蒋大体上对于干部施训的成效甚有信心，故对训练学

---

① 王东原：《王东原退思录》（台北：正中书局，1992年），页84—90。

② 刘先云口述，陈进金记录：《刘先云先生访谈录》（台北："国史馆"，1995年），页204。

员语多期勉。蒋在 1942 年 3 月 1 日党政训练班留渝同学春季联欢大会的讲词中即指出,经过党政班 3 年来的积极训练,发现学员受训后表现出四大优点,包括:

(一)加深党的认识:不仅党政摩擦的毛病少了,"而且党政协调互助共进的风气,也慢慢树立起来了";

(二)努力本身业务:"对于本身业务,都能努力去作,成绩良好",各机关年终考绩最优人员,多半是毕业学员,"这对于国家,可说是很大的贡献";

(三)增进负责任心:因不少学员能发挥自觉、自动的精神,来领导社会、改造环境,在社会上发生新的力量,值得称道。

(四)研究实际问题:学员受训后均展现出认真研究的精神,例如工作竞赛制度有不少值得参考的良好意见,有相当的成绩。①

纵使到了抗战尾声,蒋开始不满国民党党内干部"只知有个人而不知有团体,只知有权利而不知有义务,彼此之间钩心斗角,互相摩擦,互相排挤","革命党的气节扫地以尽",②但仍期许党政班毕业学员能在国民党党内起一个示范作用,成为改革的核心力量。他在 1944 年 3 月 8 日对中训团学员的即席谈话中说:

> 在我们到处都有党部,到处都有党员,然而事实上党部不能尽到党部的责任,党员不能恪尽党员的义务,这就是由于干部不健全的缘故。我们现在要救国必先救党,而救党就一定要从改造干部充实干部作起。今天我们中央训练团的学员,

---

① 蒋介石:《重申创办党政训练班的宗旨及其意义》,《言论总集》,卷 19,页 44—46。
② 蒋介石:《知识青年从军运动与本党革命前途成败的关系》,《言论总集》,卷 20,页 521。

就要负起这个党的干部的责任,以后你们作了各级机关的公
务员,这个机关的风气,精神和纪律,以及业务之兴废等等:都
要由你们学员视为切己的荣辱,引为自身的责任。①

不过随着抗战胜利国共内战的爆发,蒋目睹党内干部不顾前
方战事吃紧,却只顾着争权夺利,甚至"无志气,无血性,自私自
利","祇图得过且过,粉饰太平",导致党团的"力量完全流于表面
形式",让整个党"虚空到了极点"②之后,终于把矛头指向过去干部
训练的失败,并把怒气发泄在党政班毕业学员身上。1947年3月1
日,蒋在出席在南京孝陵卫举行的"中央训练团党政班留京同学春
季联谊会暨中训团成立十周年纪念大会"时,发表了一篇让现场聆
训的党政班毕业学员"议论纷纷,不似往年敬服"的谈话。③ 蒋一开
口就指责这些党政班毕业学员,只会空谈理论从不实践力行,打从
心理对党及主义完全叛逆,罪大恶极。蒋声称,如果身为国民党的
干部再不知耻醒悟,未来"则离俘虏、战犯之日不远,明年此时恐怕
不知置身于何地"。④ 换言之,蒋承认他在抗战时期致力经营的干
部训练工作,最终失败了。

---

① 蒋介石:《对中训团历届毕业学员之训示》,《言论总集》,卷20,页370—371。
② 蒋介石:《对党团命并的指示》,《言论总集》,卷22,页207。蒋在上述讲话中,很不客
　气地把党、团干部的缺失严厉地数落了一顿,因而引发被批评干部的牢骚及些许怨
　怼。吴铁城甚至当面向蒋反映,部分党团干部以为其相关谈话过于严切。了解到相
　关干部的心理感受后,让蒋为心灰意冷。他不禁写下:"党、团败坏至此,而若辈尚不
　自知耻,故余不得不坦白告诫,冀其自悟。而彼辈犹存此种心理,是诚哀莫大于心死
　矣!"见《事略稿本》,"1947年7月11日"条,《蒋中正档案》,"国史馆"藏。
③ 见《陈果夫致蒋函》,《蒋中正"总统"文物·特交档案》,"一般数据·书翰",档号
　080200第621卷,目次37,1948年3月5日,毛笔原件。
④ 黄杰:《中央军官训练团工作纪要》(台北:"国防部史政编译局",1984年),页231—
　237,"1948年3月1日"条。

　　检讨战时国民党干部的训练,其训练工作本身就存在着下列缺失:

　　首先,训练时间过短,课程却失之繁多。因安排课程过多,只好采取专题演讲方式进行,让效果大打折扣。张金鉴在检讨战时国民党干训工作时就说:

> (演讲)这种注入式教学,多者言者谆谆,听者藐藐,堂上讲演者尽管口若悬河,滔滔不绝,而听者多视之为耳傍风,飘然吹去,根本未进入脑海。这种训练实失之徒然与浪费。

　　张氏进一步指称,"设班集训听讲仅是训练方式的一种",但可惜的是党内"囿于故习",过于偏重"这一训练方式,实有未妥"。①

　　张金鉴的检讨,可谓一语道破国民党干部训练上的弊病。盖安排过多课程,让人有训练课程不够专业的观感,"以为彼训练班所教内容,不过如此,值不得一学"。② 另外,课程太多也导致讲师素质良莠不齐,就有党政班毕业学员批评道:

> 纵使有些课程很重要,但是请不到好的讲师,宁可不开班;如讲师有时缺课,最好是叫学员自修,或作其他必用的利用,切不可拉夫式的,随便叫一位来演讲,以敷门面。

　　学员甚至建议中训团主事者,"课程的选择,与讲师的配合,也有考虑的必要"。③

　　其次,为训练而训练,内容流于形式化。国民党在抗战时期广

---

① 张金鉴:《明诚七十自述》,页 285—286。

② 见戴季陶:《致院会部同仁书》,1940 年 1 月 18 日发,转引自陈天锡编:《戴季陶先生文存》(台北:"中央文物供应社",1959 年),第 1 册,页 162。

③ 楼亦文:《受训有感》,中央训练团复兴关训练集编纂委员会编:《复兴关训练集(下)》,"第五章学员动态",页 75。

设训练机关,每个干训机构多为常设性质,又有固定的训练经费,自然要经常调集人员前来受训。而训练机构的负责人如果"对受训者所抱理想过高,训练者仅知全神训练,以致课程太多",就形成"为训练而训练的畸形发展"①。影响所及,也让被调训而来干部抱着应付差事的心情来受训,而施训者又流于办理照例公事虚应故事情形下,整个干部训练流于形式化。以中训团的"小组会议"为例,讨论的题目常被受训者认为"多嫌空泛,难得具体结论"。② 周世辅曾提及,他自己在党政班第一期受训时,第一次小组讨论的题目居然是"本党能否'感化'共产党与我们合作到底"。周氏认为这种题目不用讨论就知道其结果,不是"往自己脸上贴金",就是批评对方"不识抬举",自问自答即可,还煞有其事的讨论,让人真不知所以然。③

再者,训练结合人才考核,唯考核有以貌取人之嫌。在蒋的观念中,"训练"另一功用,就是可以借着训练机会考察出人才。他说:

> 大家要知道:训练的功能,不仅在训练而已;训练最重要的性质,也并不是为训练而训练。而是要寓考核人才,提拔人才于训练之中。所以我们一面训练,一面就要考核人才,提拔人才,使真正的人才能够由训练而得到。④

秉持蒋的意旨,中训团党政班亦设计了一套考核措施以举荐

---

① 黄豪:《论地方行政干部训练》,《训练月刊》,第3卷第3期(1941年9月1日),页43。
② 陈诚:《党务人员对于训练工作应有的认识》,《训练通讯》,第1卷第3期(1939年8月15日),页20。
③ 周世辅:《周世辅回忆录》(台北:东大图书公司,1993年),页134—5。
④ 蒋介石:《训练的目的与训练实施纲要》,页218。

优秀干部。按照《中央训练团学员考核实施办法》规定,党政班对学员的考核在学员入团前即已进行,调训学员所属机关于开学前将调训人员基本资料及其思想行为、服务勤惰、工作成绩所造具的调训人员"考核册"即是。学员入团报到后的考核程序,则分为期初考核、期中考核、期终考核及考核汇总,每一程序均需依照规定填具各项考核表册(见表4-13)。而从这些表册看来,党政班考核的方法,大致可以区分为6种:

表 4-13　党政班学员考核程序一览表

考核程序	需填写之考核表册
期初考核	1. 学员报到表　2. 体格检查记录表　3. 学员调查表　4. 学员工作报告表　5. 自传
期中考核	1. 个别谈话记录表　2. 受训日记记录表　3. 小组讨论会记录表　4. 小组讨论会考核表　5. 工作讨论会记录表　6. 工作讨论会考核表　7. 受训学员请派工作　8. 较优学员考核表　9. 较劣学员考核表　10. 学员考核手册　11. 学员考勤手簿
期终考核	1. 训育干事总考核表　2. 队部考核表
考核汇总	1. 考核汇记表　2. 考核总册

(一)书面考核:即由学员所填表格及自传、毕业论文加以考核;

(二)口头考核,由学员对答及讲演中加以考核;

(三)个别考核,即由学员个别谈话中加以考核;

(四)集体考核,即由小组会议、工作讨论中加以考核;

(五)业务考核,即由各种业务演习中加以考核;

(六)观察考核,即由学员生生活起居作息中加以考核①。

---

① 《中央训练团学员考核实施办法》,引自中央训练团编印:《党政训练班法规辑要》,页186—191。

　　另外根据《党政训练班受训学员成绩总分数计算标准》（见表
4-14），考核的项目共 9 项，其中由各队部长官负责的队部考核，
所占的分数比例最高。① 但是其中最引人注目的考核项目，莫过于
"受训日记"与"个别谈话"，这两者都是蒋个人考核考核人才的"秘
诀"。蒋称：

表 4-14　党政训练班受训学员成绩总分数计算标准

考核项目	分数(%)	说明	考核人员
队部考核	20	队部长官经常与学员接触，对学员之品性、体格、生活行动考据比较认识深刻，故占百分之二十	各队部官长
自传	10	自传系对每一学员学历资料之考查，故占百分之十	驻队训育干事
受训日记	10	受训日记可窥其受训之勤惰且比较确实，故占百分之十	驻队训育干事
个别谈话	10	个别谈话系驻队训育干事对学员各方面之考核，占百分之十	驻队训育干事
小组讨论	10	小组讨论可以了解学员之思想及学识，故占百分之十	驻队训育干事指导员
工作讨论	10	工作讨论可以了解学员之能力经验，故占百分之十	驻队训育干事指导员
业务演习	10	业务演习表现学员工作能力及经验，故占百分之十	业务演习讲师
体格检查	10	体格为事业基础，专门检查比较确实，故占百分之十	各队部官长
毕业论文	10	毕业论文为期终之测验，故占百分之十	驻队训育干事

---

① 党政班的考核项目，第二十一期之后在吴兆棠的设计之下，开始试行所谓的"课业测
　验"，到第二十二期以后成为正式的考核项目。测验的项目分为性格测验、党政测
　验、记忆及理解能力测验、认识测验（以对国民党及国策的认识为主）及志趣测验。
　见《党政训练班第三年训练实纪》，页 71—73。

规定一般部属作日记,并且随时调阅,藉以考核其生活、行动、工作、思想、修养等等,同时朋友之间,更可以交换日记,藉以彼此窥见道德思想等等而互相观摩砥砺,也是训练人才之一法。①

至于"个别访谈"部分,更被蒋认定为考核人才"很简易而最有效的办法"。蒋相信如果每天能利用时间找下属做个别访谈,不用多少时间一定可以充分认识所有部属,"不只是姓名面貌,记得清楚,而且各人的品性、能力、精神、家庭情形等等,也都可以知道"。②中训团党政班身为"蒋介石学校",当然也采用这两个考核人才的秘诀。

训育委员既身考核学员的重责大任,中训团对他们的要求也比较多。一再训示他们除了要"以言教者讼,以身教者从,以身作则,潜移默化"的态度从事工作,还要"在工作中,经常严密检讨,留心研究,将经验心得,贡献出来",并且要做到"亲爱精诚,厚重真切,忌有火气、成见、与客套谈话,不宜在学员面前表示过份自尊及自谦"。③ 另外,为求公平性,党政班还要求训育干事在进行考核时应谨守三大原则:

　　　(一)态度宜客观,力避私见偏见;

　　　(二)方法宜活用,力避单纯呆板;

　　　(三)标准宜划一,力避参差混乱。④

例如"受训日记"的评阅,希望训育干事要"注意心得与感想

---

① 蒋介石:《今后改进政治之途径》,《言论总集》,卷14,页131—2。
② 蒋介石:《训练军队与本身修养之道》,页146。
③ 《训育工作要领》,引自中央训练团编印:《党政训练班法规辑要》,"附录",页4—5。
④ 《中央训练团学员考核实施办法》,页187。

栏,由此可以窥知学员之识见、能力、修养与受训心得","注意字迹是否潦草,前后是否一贯,可以测知学员做事之认真与否","注意四周日记详略,是否匀称,可以判断是否有恒与进步如何"。另外在"个别访谈"上,"应就国内外实际问题,择要发问,以了解其对本党主义及国家民族之一般认识"等,都是训育干事考核学员时的要领。[①] 只是人为的考核,毕竟要完全公正客观是不可能的。虽然中训团高层一再告诫训育人员在考核时要尽量达到精确地步,特别是评语方面须简明确切,不宜有游移空洞之词(如大致尚可)、笼统(如优秀人才)、分裂排比(如言语流畅、品性端正、学识良好、体格强健等)、偏颇尖刻(如无一可取,卑劣性能等)或藻饰过甚(如栋梁之材等)。[②] 不过,参阅学员所获得的评语,"思想平庸、精神尚佳,学识过得去,能力低不甚误""学识平常、经验简浅,思想欠老到"等用语,看起来也很空泛。[③] 另外,有些考核项目如自传及毕业论文是用写作方式进行,但对文体形式并未做硬性规定。[④] 导致论文的凭阅难得一致标准,爱"之乎者也"的评审员一见文言的文章就眉飞色舞,爱"的呢吗啦"的看到写白话文的,又要打高些分数,所谓的客观公平性难免打点折扣。只是这些都还不是最严重的问题,国民党干训机构考核项目过分偏重受训者的言语表达与写作能力,以致流于形式化,才是最值得检讨的地方。

　　国民党重视干部的口才及文字能力,源于广州时期。国民党

---

① 《训育工作要领》,页 10—12。

② 《训育工作要领》,转引中央训练团编印:《党政训练班法规辑要》,"附录",页 7。

③ 《中央训练团党政训练班学员毕业论文及受训心得(四)》,转引自《全宗号 723:中央训练团档案》,档号 723/93,中国第二历史档案馆藏。

④ 以党政班及党政高级班的自传格式为例,其自传写作说明第二条即明定:"文体不拘,文言白话皆可,但须力求整洁易阅,不得潦草。"自传写作说明参阅自《"总统府"人事资料袋:濮孟九》,编号 00347,"国史馆"藏。

总理孙中山看到"俄之成功,亦不全靠军力,实靠宣传",亦即"宣传得力"之故,[①]所以自 1924 年国民党改组开始,就特别强调干部的宣传能力。其影响所及,形成国民党日后在训练或考核干部时,非常重视所谓的宣传工夫,包括干部的外在仪表、言语表达及书面文字能力等。中央训练团的考核,显然也承袭了上述特色。再加上战时国民党的干部训练,以精神及思想教育为重点,但精神是无形的,思想必须依靠言语与文字来表达,学员在受训期间的"朝气"及"言辞"成为考核的重要依据,学员的相貌端正或体格壮硕与否、文笔字迹的美丑、表达能力的好坏,甚至于身躯的高矮等条件,都会影响到考评分数高低。试举党政班为例,学员成绩的考核重点几乎都跟学员的朝气精神、言语表达能力及书面文字技巧有关系。而这种考核方式,对于个性外向、善于表达的人比较有利。吴兆棠就曾以党政班第二十四期学员为样本做个性测验,结果发现性格类型属于"外向型"的学员,修学成绩平均每人得 61.26 分,但个性比较属于"内向型"的,修学成绩平均每人却只有 57.43 分。虽说吴兆棠分析认为"外向型"的学员之成绩较佳,是因为他们对于事物"多采客观态度",故"在学习上容易接受教材的精义",心得方面也较不受"主观的成见所局限"。[②] 但不容否认的,这项结果和考评项目偏重于言语及文字的表达能力相关。

　　依据朝气及言辞为评分标准的考核方式,最引人诟病的地方莫过于常会不自觉流于"机械的形式化看法"。这里所指"机械的形式化看法",有点类似于以貌取人,亦即看到某些人的外在样貌,

---

① 孙中山:《党员应协同军队来奋斗》,1923 年 12 月 9 日在广州大本营对党员演讲,《国父全集》,第 2 册,页 580。

② 吴兆棠讲:《性格类型与能力—党政训练班第二十四期第一次测验讲评》,《中央训练团团刊》,第 169 期(1943 年 3 月 13 日),页 1332。

就机械式地论断其品德性格如何。常用的案例就是身躯肥胖者必定生性懒惰，而身材瘦弱的人则一定精神不济。证诸中国第二历史档案馆所藏，中训团后期对学员成绩考核表中的评语，此种倾向即非常明显。通常外表"朝气蓬勃""光明正大""身高体壮""仪态庄重""姿态端正"及说话"理明词达""层次分明"的学员较受青睐，受训成绩较佳。但相反地，说话"言无伦次、内容空泛"或"乡音过重"，外表看起来"精神萎靡""貌不惊人""虚有其表""身体瘦小""体肥胖"，甚至于长得"冬瓜脸、浓眉毛"的学员，则相当不讨好，受训成绩相对较差。① 如此的评比方式，当然是一种严重的偏见。因为有甚多的人，善于矫情掩饰的功夫，所谓"口蜜腹剑"的人，在乍相逢的对答中，是有文过饰非的诡辩与急智；另一方面却有不少不修边幅的人，倒是勤慎厥事，而衣冠齐整的人，反而是懒散之辈。试问古代若干元恶大憝、巨猾神奸，谁不是会讲道德而说仁义。所以单凭言辞及纸面笔头的成绩以定优劣，不仅不能窥其才德之全貌，反而造成人才的反淘汰，影响甚巨。在战时担任考核工作的王子壮也在他的日记上说："考核偏重书面工作，对于工作效率、人力与物力之经济至难得其实在状况。将来为达到上项目的，作实际之考察似尤为必要"。② 另一篇讨论干部考核问题的文章更不客气地批评道：

> 人才的选用只就外表观察，不复考察实际，流于形式的结果，形成干部多讲求外表，好求虚荣，而不务实际，大言有余，力行不足的风气。更糟糕的情况是凡言论动听，文章清丽，善

---

① 见《关于中央训练团重庆分团第一分队学员小组讨论考核表》，1947 年 3 月，转引自《全宗号 223：中央训练委员会档案》，档号 223/162，中国第二历史档案馆藏。
② 王子壮：《王子壮日记》，第 5 册，"1940 年 9 月 21 日"条。

事逢迎,应付周到者,必飞黄腾达,而质朴无华,埋头实干者,多无出头之日。导致有"刁游浪荡,传令加奖;埋头苦干,撤职查办"的讽语出现。①

对于考核干部,蒋一再告诫,绝对不能再犯过去"离不了填表,看报告","只在书面上,形式上做工夫",自欺欺人的错误做法,而"应该实事求是,亲身实地去查核部下所办的事,是否确实做到"。②但到了战时,我们看到国民党训练机构对学员的考核,最终还是脱离不了"在书面上、形式上作工夫"的窠臼!

最后,造成干部训练失败最主要关键因素,是在蒋介石个人身上。对蒋而言,他从中训团的干部训练里也得到许多实质上的收获。最明显的好处是让他有一个近身观察及考核各方干部性格、学识的机会,作为日后任用人才时的参考依据。另外,中训团常邀请一些知名的专家学者驻班讲课,如讲授"中国哲学史"的冯友兰与钱穆,"中国社会之研究"的陶孟和,"中国礼俗史"的柳翼谋,"现代政治学说及制度"的钱端升、萧公权及萨孟武等人,这些学者原本与国民党渊源并不深,因此中训团刚好提供了蒋与学术界一个交流平台,这对他的形象或宣传,乃至于知识分子的向心力都有正面提升作用。更重要的是,中训团让蒋与前来受训干部多了一层私人性质的师生关系。在中国社会,人与人之间的"关系"不仅是"政治的一项重要元素",甚至是"政治团体活动的基础"。③ 而蒋本身,就是热衷于营造私人"关

---

① 何义信:《论干部考核问题》,安徽省地方行政干部训练团编印:《干训》,第 3 卷第 6 期(1942 年 6 月 20 日),页 12。

② 蒋介石:《现代公务员之要件》,《言论总集》,卷 14,页 117。

③ Bruce J. Jacobs, *A Preliminary Model of Particularistic Ties in Chinese Political Alliances: Kan-ching and Kuan-Hsi in Rural Taiwanese Township*, *China Quarterly*, No. 78(1979), pp. 237 - 273。

系"的指标性人物。① 其中,大型干部训练团正是蒋眼中建构私人
"关系"网络的最佳场所。张希哲即指称,蒋之所以重视干部训练,
并身兼很多学校的校长及训练机关首长,主要是认为"训练可以变
化干部的气质",还可以"培养干部和他的关系"。② 由原本"上司—
部属"的公务关系,提升至"团长—学员"的私人关系,这些都有助
于蒋个人领导地位的巩固。只是蒋个人的训练观有很大的缺陷,
造成国民党的干部训练不可避免的缺失。包括:

(一)以个人道德修养当作党内干部训练的主轴,降低意识形态
对干部的规训力量。对于意识形态,塞尔兹尼克(Philip Selznick)指
出:"意识形态需要组织才能转化为权力,而组织也需要意识形态才
能有效能。"③共产党组织特别严密,对党员规训力量超越一般政党
的主因,就在于共产主义。列宁曾说:

> 无产阶级在争取政权的斗争中,除了组织,没有别的武
> 器。……它所以能成为而且必然成为不可战胜的力量,就是
> 因为它根据马克思主义原则形成的思想一致是用组织的物质
> 统一来巩固的,这个组织把千百万劳动者团结成一支工人阶
> 级的大军。④

---

① 蒋之如此重视于私人关系的建立,据何廉的近身观察导因于蒋传统儒家的个性使
然,亦即蒋办事主要倚靠的是人及其己身的人际关系,而非制度。见 Franklin L. Ho
(何廉),*The Reminiscences of Ho Lian*,p164。

② 张希哲口述,张存武访问:《张希哲先生访问记录》(台北:"中央研究院"近代史研究
所,2000 年),页 165。

③ Philip Selznick,The organizational weapon(New York:Arno Press,1979),pp. 39 - 55。

④ 中共中央马克思、恩格斯、列宁、斯大林著作编译局编译:《列宁全集》(北京:人民出
版社,1986 年),第一卷,页 183。

故列宁强调:"没有革命的理论,就不会有革命的行动"。[1] 亦即主义作为一种意识形态,不仅可以作为对外宣传的工具,而且也是对内建构政党组织的利器。[2] 只是孙中山并没有清楚认识到这一点,故在"联俄容共"显只学了半套,学习共产党的外在组织形体,却未一并采用共产党的意识形态共产主义,仍高倡其三民主义,终造成国民党日后了许多力气想规训干部严密组织,最后仍功败垂成的关键因素。毕竟三民主义不是一个很严谨的政治思想,要称之为一种意识形态有点勉强。胡适就曾批评道:

> 三民主义算不上是什么主义,只是一个'大杂烩'罢了。孙先生思想不细密,又在忙于革命,只是为了给革命作号召,东抄一点西抄一点而已,那里谈得是什么主义。……国民党内有思想的人,一定承认我的话——三民主义是杂乱无章的东西![3]

作为政治意识形态的三民主义本质已如此松散,到了 1930 年代开始,蒋又开始大肆建构三民主义与固有伦理道德的关系,虽有助于把自己塑造成为国民党内道德领袖的地位,但是在他朝向"内圣外王"的同时,更减弱了三民主义作为一种政治意识形态的规训力量。因为当三民主义的核心内容被转化成道德说教,而"实行三民主义"改成人人各自"三省其身"的内省功夫之后,三民主义规训国民党员集体行动的效能就严重流失。诚如石佳音所言:

---

[1] 中共中央马克思、恩格斯、列宁、斯大林著作编译局编译:《列宁全集》,第八卷,页415。

[2] 石佳音:《中国国民党的意识型态与组织特质》(台北:台大政治所博士论文,2007 年,未刊本),页 22。

[3] 陈世宏等编:《雷震案史料汇编:雷震狱中手稿》(台北:"国史馆",2002 年),页 384。

　　意识型态是指引集体行动的政治理论，而不是指引个人修养的道德哲学。意识型态的核心内容是"道德性的'政治理想'"，但不能"以'个人道德'为理想"。提升一个意识型态的政治理想之道德性是对的，因为可以增进其号召力。但是直接把个人道德修养当成意识型态的理想是错的。党员的个人道德修养可能因对意识型态的认同而提升，但前者不能当成意识型态的目标。①

　　蒋把个人道德修养当作党内干部训练的主轴，无法产生指引集体行动的效果，更遑论对干部产生规训的力量。纵使结训后有所改变，但是主管党部组织不健全，督导与考核的机制未能发挥作用，要延续训练的成效势必成为一种奢谈。

　　（二）一律施行"通才教育"，让人产生训练内容空洞之感。受蒋个人影响，国民党干部训练采"通才教育"，虽说"常识愈丰富，对于情伪离奇认识愈透彻，则处处见问题，事事待解决，举足下足皆有作为，即令无心成名，亦必遇事峥嵘"。② 只是党政班的训练时间只有一个月，不像中央党务学校有一年甚至长达两年的训练时间，以这么短促的时间要吸收那么多的"常识"，不免让人无法消化。就有党政班学员抱怨训练课程"似乎失之于乱而缺乏重心"，不仅让受训人员觉得"失望而少实益"，而且感到"效果很差"。③ 就有国

---

① 石佳音：《中国国民党的意识型态与组织特质》，页47。

② 见章斗航（第二十九期党政班学员），《受训心得与感想》，引自中央训练团复兴关训练集编纂委员会编：《复兴关训练集（下）》，第五章"学员动态"，页114。

③ 黄如祖：《中央训练团受训观感》，见中央训练团复兴关训练集编纂委员会编：《复兴关训练集（下）》，第五章"学员动态"，页100。黄如祖进而建议应当把党政课程分为"总理遗教之研究与阐扬""总裁训示之研究与阐扬""科学管理之理论与实施"及"最近党政概况"即可。

民党基层干部抱怨道:

> (上级)不能婆婆妈妈地样样都归为革命干部所应具备的
> 条件,甚至把全人类所有的好处都要干部具备,才算标准干
> 部,这样求全责备,结果等于空想,因为世界上根本就没有这
> 样的完人。①

甚至连陈果夫本人对蒋在中训团采通才教育方式训练受训学员
也有异议,认为效果不佳。他在 1944 年 3 月 16 日写给蒋的信函中
即提及:

> 近年训练工作诚有进步,但党的训练实在太差,党政训练班
> 毕业学员众多,不能见功在以课程配备着重明了政情,就令为党
> 政为何宣传,为何组织,为何运用之训练,而高级班亦然。②

陈果夫更建议蒋"宜以特定之事业目标为鼓励之方",改采专
业化训练方式来养成干部。他认为"本党执政数十年,干部同志对
于实现主义,'戡乱'建国等大题目习知熟闻",如今面临"实现转党
空洞而无涯"之际,不妨"分定若干具体而范围较小之课题,就政
治、军事、经济、党务各门类中",标举若干业务及其改进目标,让干
部实地操作,并以工作竞赛方式做考核,以选拔出优秀干部人才。③
连陈果夫都持不甚赞同立场,蒋之"通才教育"训练干部方式是有
可议之处。

---

① 廖赴生:《干部任用上的几个实际问题》,安徽省地方行政干部训练团编印:《干训》
  (1942 年 6 月 20 日),第 3 卷第 6 期,页 9。
② 见《陈果夫致蒋函》,《蒋中正"总统"文物·特交档案》,"一般数据·书翰",档号
  080200,第 621 卷,目次 49,1944 年 3 月 16 日,毛笔原件。
③ 见《陈果夫致蒋函》,《蒋中正"总统"文物·特交档案》,"一般数据·书翰",档号
  080200 第 621 卷,目次 37,1948 年 3 月 5 日,毛笔原件。

　　（三）坚持短期速成式的军事训练方式，忽视规训机制，最终流于形式化。蒋因个人成功经验，对于短期速成式的军事训练极为青睐，只是这种速成法有其局限。罗家伦就说，他本人"向来不相信短期的训练"，认为"清末民初日本式的'速成法政'和'速成师范'，害了中国的政治和教育不小"，因为"真正的人才，绝不是粗制滥造的出品"。① 不仅罗家伦有异议，连执掌中训团教育委员会并担任总教官一职的王世杰，也不相信中训团的短期训练对一般党政干部会产生任何效果。王世杰在 1939 年 2 月 27 日（党政班第一期开学前二日）的日记中记载：

> 　　今晨往南温泉，因中央党部在该地举办党政训练班。受训之人有各省廳长及各大学训育主任。蒋先生近年极重视此种短期训练，余意此种训练行之于各军高中级军官较易生效，行之于中等以上学校人员，则单纯之讲演方式，颇不易生效，且易引起反感。②

　　盖军人重形式，强调"由外而内，由形式而及于精神"，而其最大利器莫过于动辄体罚、甚至军法审判的"军纪"在昭炯戒。③ 反之约束党政干部之党纪却形同具文。时任中央组织部部长的张厉生，在党政训练班讲演"党务问题"时，即坦承国民党的党纪已达荡然无存的地步。他称，对于不遵守党纪的党员来说：

> 　　如果用开除党籍的方来处罚他，那正中他下怀，于是他把

---

① 罗家伦：《本校的诞生与成长》，收入政大四十年特刊编辑委员会编：《政大四十年》（台北：台湾政治大学，1967 年），页 11—12。
② 王世杰：《王世杰日记（手稿本）》（台北："中央研究院"近代史研究所，1990 年），第 2 册，页 40。
③ 蒋介石：《说军纪》，《言论总集》，卷 10，页 45。

心一横,认为开除他,倒可以减少许多麻烦,乐得不做党员;如果用记过的方法,他更漠不关心,让你多记几次,他认为也没有关系,甚至以为就是开除,也不过是这一回事。①

缺乏规训机制的结果,军事训练的"重形式",到了训练党政干部的场合却变成"形式化"。朱家骅在当时即洞见此一弊病,他认为:"军事化之意义,乃是师法军队组织严密,行动严肃敏确之精神,若引用于行政方面,则不能袭取形式,过于呆板。"②故朱家骅提醒其组织部同仁:

> 总裁主张军事化,即因军队组织严密。长官训示,必由聆训官佐逐级传达至士兵,故意志与动作能趋一致。党务工作确不可拘泥于此种形式,然此种精神值得仿效活用。③

蒋一味以短期速成的军事训练团模式训练党政干部,期待他们脱胎换骨的结果,是外表看似浴火重生,但是内在却依然故我,只做了形式上的改变。

(四)蒋的精神训练本身就有缺陷,效果无法贯彻。针对这点,黄仁宇曾指出:"蒋之精神训练在内容上确有虚浮而不相衔接的地方,有如宗教与哲理甚难今日讲说,明日付诸实施。"探究其原因,"过度的依赖心学的理想主义与意志力",本来就"难持久"。所以在黄仁宇眼中,蒋在干训场合高倡的精神训练,只能"用以作为一

---

① 张厉生:《党务实施上之问题》(重庆:中央训练团编印,1939 年),页 9。
② 见《朱部长对于组织工作之指示》,页 72,"1943 年 3 月 25 日中央组织部第 6 次业务会议指示"条。
③ 见《朱部长对于组织工作之指示》,页 47,"1942 年 10 月 1 日中央组织部第 50 次业务会议指示"条。

般人之伦理道德标准则为效甚微"①。确实,蒋自黄埔时期视为"最要紧"的精神训练方式,就"是要官长以身作则",以崇高的人格去感化下属。② 蒋坚信此种以人格感化的精神训练方式,是当前中国所必要者。

蒋以自己人格作为号召,虽可更加紧密他与学员之间的关系,但是单凭己身的道德精神来感化下属,而没有坚实的意识形态及严密的政治组织来鞭策,纵使能达到健全政治的目标,但显然仅是"昙花一现"之效。美国学者斯特劳斯(Julia C. Strauss)在总结中训团训练工作时,即意有所指的说国民党在"组织上的力量并没有强到足够将每个人完全服从于训练计划下,而且也没有强而有力的准则来规训顽强者",终导致整个干部训练之功效不彰。③

(五)仅有训练,却缺乏完整的干部政策。所谓的干部政策,是指对于干部的养成,从选拔、审查、任用、教育、训练乃至于奖惩与福利的一套完整制度。换言之,训练只是整个干部政策的一环而已。可是纵观蒋的干部训练,几乎都是为了任务而召训,而非有计划的调训。像前述党政班第二期结业后,蒋才手令中训团负责人员拟定具体调训计划。同样地,党政高级班的筹设,也是直到党政第十五期结业后才开始计划。前述提及党政班召训时,出现学员"一训再训",而且"训练与任用脱节"的关键,即在于蒋缺乏完整的

---

① 黄仁宇:《从大历史的角度读蒋介石日记》(台北:时报文化,1994 年),页 158。

② 蒋介石:《以必死之心操必胜之权》,《言论总集》,卷 10,页 148。

③ Julia C. Strauss, *Xingzheng Sanlianzhi and Xunlian: Modes of Government of Administration during the Sino-Japanese War*,转引自《中华军史学会会刊》,第 3 册(1997 年 12 月),页 595。其原文如下:"It was neither organizationly strong enough to bring everyone into the program and enforce compliance, nor did it have a set of criteria strongly enough held to either rigorously indoctrinate or to expel those who were recalcitrant"。

干部政策,徒有训练却缺乏配套制度。[1] 陈果夫曾致函劝蒋说:

> 在训练干部之前须由钧座总定计划,按各人之材能加以培养,而以果(即陈果夫)而言,究竟钧座将来需果任何种干部,应请指示有确定之工作方针,然后可自准备,亦可物色人才加以训练,即所谓豫则立也。若无一定计划,随时任使应付环境,则钧座建立干部之希望终难实现也。[2]

犹记得 1937 年全面抗战爆发后,为救亡图存,国民党特别召开"临时全国党代表大会"以因应新局。会议后结束后,甫当选国民党总裁的蒋,特别写下《党务过去弊端》的备忘录,决意"整理各省党务应从训练职员入手",甚至有"便于甄别训练起见,如有必要,宁使目前党部停闭,从新改造"的豪气。[3] 紧接着开办中央训练团,把干部集中起来接受训练,期待开创新局。而党政班开办初期,蒋本人相当寄予厚望,希望此次训练能提升党内干部士气,进而扫除党内弊病。只是党内部分人士却持不同看法,认为训练只是其中一种途径而已,国民党本身在组织上不够严密,缺乏规训的力量,终会导致大费周章的干部训练工作,结果事倍功半。王子壮在日记上即写道:

> 国民党非无努力之份子,何竟不之敌,组织上之缺陷盖不

---

[1] 蒋个人的行事作风,常给外界不尊重制度的感觉。像何廉在他的回忆录中就言及发现蒋很懂得人,但是不了解制度且不喜使用制度,每当何廉向蒋谈到许多事情应该要制度化,蒋通常都会把注意力岔开。见 Frank L. Ho, *The Reminiscences of Ho Lien*(New York : Chinese Oral History Project, East Asian Institute, Columbia University, c1975), p. 164。

[2] 《陈果夫致蒋函》,《蒋中正"总统"文物·特交档案》,"一般数据·书翰",档号 080200 第 621 卷,目次 19,1948 年 3 月 5 日,毛笔原件。

[3] 蒋介石:《革新党务巩固党基》,《言论总集》,卷 15,页 287—289。

容讳，上级对下级干部从未以绝对之信，努力者又或以小团体之关系彼此能力为之抵消，民众工作为之迟怠。今总裁已下决心整饬党务，自应有若干之改进。此种组织上之缺点要须加以改正，不然党员无奋进之心，工作俱能有迈进之效。今党政训练班二期已毕，以后仍将持续办理至十几期，是亦纠正党员使趋之正轨之一法。闻似有若干症结，似难能消解耳。①

事后证明，王子壮的观察是正确的。因为十四年艰苦的抗战虽获得最终胜利，随之而来的挫折终让蒋意识到他在战时的干部训练是失败的。但蒋并未因此而气馁，仍持续检讨。在1946年国民党第六届二中全会结束后，时任中央党部秘书长的吴铁城，奉蒋指示就党的缺失拟定具体方案呈核。在吴铁城拟定的《党务改革方案》中，蒋对于成立"干部选拔委员会"一项最感兴趣，不仅在呈上直接批示此项"最为重要，应拟具体办法与组织及主持人员呈核"，还特别用红笔在"建立选拔干部制度"该行文字上圈点画线予以突显出来。② 由此可见对蒋而言，干部训练仍是拯救危在旦夕的"党国"命运的最重要途径，这也埋下蒋日后在台湾地区发起国民党改造运动的伏笔。

---

① 王子壮：《王子壮日记》，册5，页188，1939年5月18日条。
② 《蒋总裁批吴秘书长铁城签党务改革方案实施办法呈》，(会)6.3/53.12，钢笔抄件，国民党党史馆藏。

第五章　建档:侍三处与国民政府的人才数据库的建立

　　在近代中国的政府组织中,"国民政府军事委员会委员长侍从室"(以下简称"侍从室")一直是一个很受争议的机构。盖因从字面上来看,"侍从"二字其实是"随侍左右、护卫安全"的意思,可是根据前侍从室人员的说法,侍从室不仅是"中央政府的'凤凰池'",可以跟"清代的军机处"相比拟,甚至是"直接秉持蒋介石(以下简称'蒋')独裁统治的实际权力的机关"。① 而这种说法,也获得中外民国史学者的支持。或谓侍从室是"the government within the government",②或直接把侍从室归类至国民政府"实际上的权力核心"行列中。③ 由此可见,侍从室在国民政府——特别是抗战时期——决策过程中的重要地位绝不容小觑。

　　确实,以蒋在抗战时期集权的程度来看,侍从室作为蒋的贴身

---

① 上述资料系转引自张瑞德:《无声的要角——侍从室的幕僚人员》,《近代中国》,第156期(2004年3月),页141—142。

② F. F. Liu, A Mililary History of Modren, 1924 – 1949(Princeton: Princeton University Press, 1955)。

③ 中国第二历史档案馆编:《国民党政府政治制度档案史料选编》(合肥:安徽人民出版社,1994年),页12。

幕僚机构，当然对蒋的决策有重大影响。是以随着蒋权力地位的巩固，侍从室的组织规模亦不断地扩编，由 1933 年 1 个处 4 个组、1935 年的 2 个处 5 个组、到最后甚至扩充为 3 个处 11 个组。① 其中，设置最晚、但人力配置却最多的处室，正是陈果夫主持，掌管全国人事的调查、登记、考核、分配等事宜的"侍从室第三处"（以下简称"侍三处"）。本章即以侍三处为中心，探讨侍三处的组织运作及其建立的人事数据库其使用情形。

第一节　陈果夫与侍三处的设置

在中国传统观念里，用人之得失与否，不仅关系着政治之隆污，社会之安定，甚至成为朝代兴替的关键。古语谓"得人者兴，失人者亡"，就是这个道理。事实上，中国历代名人均深谙此理，并发展出许多用人取士的策略，有些还获得相当不错的效果，如清代中兴名臣曾国藩即是。② 而对曾国藩十分崇拜，并引曾氏言行作为修身处事借

---

① 关于侍从室组织，直到 1933 年 1 月，"侍从室"才正式组织出现。当时由林蔚任侍从室主任，下辖 4 组：第一组警卫，第二组秘书，第三组调查记录，第四组总务。此外，并附设侍从参谋 3 人，为蒋献策。到了 1935 年 1 月，蒋修改侍从室组织，分设两处。以贺国光为侍从室主任，第一处主任由晏道刚担任，下设 3 组：第一组总务，第二组参谋，第三组警卫。第二处主任由陈布雷担任，下设 2 组：第四组秘书，第五组研究。1939 年，侍从室组织再做调整。先是将原属于侍二组的情报业务独立出来，成立侍二处第六组。到了 7 月，更进一步把原本陈布雷兼管的人事业务划分开，在侍一、二处之外，再增设第三处，主任陈果夫，副主任萧赞育，下辖第七、八、九、十 4 组。上述内容见请参阅周美华编：《国民政府军政组织史料——军事委员会（一）》（台北："国史馆"印行，1996 年），页 46—54。

② 对于曾国藩的用人，罗尔纲曾根据薛福成所列出的曾氏幕府宾客名单做统计，发现这些人后来大多做了督抚或其他大事，支配曾氏死后数十年的中国政治，显见曾国藩的用人策略，确实甚有成效。上述内容见罗尔纲：《湘军新志》（上海：上海书局，1996 年）一书。

鉴的蒋介石,[1]在抗战时期更成立了一个专门负责人事业务的幕僚机构,那就是人称"侍三处"的"国民政府军事委员会委员长侍从室第三处"。

侍三处成立于1939年7月,系侍从室3个处里面最晚成立者。而原本在蒋的心目中,他并没有要在侍从室内增设一个人事处的意思。而后来会有侍三处的设置,完全是受到中央训练团开办党政班的影响。盖在蒋最初的构思中,中训团的党政班计划以3年时间召训全国党、政、军各级干部。[2] 由于受训的学员人数预计会非常多,为了督促众多毕业学员回到原岗位后能继续进修,保持受训的精神,蒋决定在中央训练团内,设置一个专门负责与党政班毕业学员联系、管理、督导、考核、甚至于分配工作的人事处。而这个人事处的主持人,蒋嘱意的人选正是陈果夫。

陈果夫(1892—1951),原名祖焘,以字行,浙江吴兴人。早年即加入同盟会,曾随其叔陈英士参加辛亥革命和"二次革命"。国民政府成立后,历任过许多党政要职,包括国民党中央组织部部长、监察院副院长、导淮委员会副委员长、江苏省主席、中央政治学校教育长等。根据冯启宏的研究,蒋会嘱意陈果夫,主要考虑点可能有下列5点。[3] 包括:

第一,陈果夫人事工作历练丰富。陈果夫早在蒋奉孙中山之

---

[1] 关于曾国藩对于蒋介石的影响,请参阅杨天石:《蒋氏秘档与蒋介石真相》(北京:社会科学文献出版社,2002年),页38—57。

[2] 中央训练团党政训练班教育委员会编纂组:《党政训练班第一年训练实纪》(重庆:中央训练团印行,1940年),页6。至于党政班的筹备与办理经过,请参阅冯启宏:《抗战时期中国国民党的干部训练:以中央训练团为中心的探讨(1938—1945)》(台北:台湾政治大学历史系研究部博士论文,2004年),页71—78,在此不多做赘述。

[3] 蒋会找上陈果夫担任人事处主任的原因分析,请参阅冯启宏:《陈果夫与侍从室第三处的组建》,《"国史馆"学术集刊》,第十期(2006年12月),页1—12。

命筹备黄埔军校之初,即协助蒋招募人员。据陈果夫自述,黄埔军校第一期在上海招生的时候,蒋不过要他"担任转汇经费及电告各方的情形",但到了第三期招生时,却要他"担任招生委员"。其招募人才,不仅限于招生及招兵而已,举凡军官、军医、无线电以及其他技术人员,亦由他负责罗致。[①] 后来蒋在 1926 年要去接收原为共产党人谭平山、杨匏安等人把持的"中央组织部"时,即指派陈果夫为该部秘书负责接收,要他肩负起整顿党内的组织与人事的重责大任。此次与共产党的"斗争经验",让陈果夫深深领悟到"加强训练党的干部人才"之急切性,故当国民政府正式奠都南京后,他即建议国民党中执会设立"中央党务学校",并担任该校的筹备委员及总务主任,该校即日后与陈果夫一生有极密切关系的"中央政治学校"(以下简称"政校")之前身。[②] 尔后无论陈果夫出任监察院副院长,或者当上江苏省主席、导淮委员会副委员长等政府机关要职,他仍身兼政校的校务委员,并积极参与校务。全面抗战爆发后,陈果夫还担任政校代理教育长。[③] 陈果夫在国民党内从事的工作,或留意人才,或教育人才,都跟人事工作相关。再加上他向来对于人事制度非常重视,他在江苏省主席任上,就把建全人事制度作为施政首要目标,并建立了江苏省"县长及公安局长的甄审制度"。[④] 另外,他主持政校时还时常叮咛学生观察一个地方的政治

---

① 陈果夫:《建军史之一页》,《陈果夫先生全集》,第五册"生活回忆",页 68—70。

② 陈果夫:《十五年至十七年间从事党务工作的回忆》,《陈果夫先生全集》,第五册"生活回忆",页 71。

③ 根据陈果夫的年谱,陈果夫在 1929 年 6 月中央党务学校改制为中央政治学校时,即被推为校务委员,并积极参与政校校务。尔后政校无论是成立地政研究班、合作学院乃至于改制之议,都有陈果夫背后运作的痕迹。见徐咏平:《陈果夫传》,页 814—827。

④ 陈果夫:《苏政回忆》,《陈果夫先生全集》,第五册"生活回忆",页 115—116。

清明与否，最好的方法就是看当地长官的"用人"，因为"政治的成败，系于用人得法与否"。① 对于人事问题，陈果夫在《机关组织论》称：

> 完善之机关，必须有合理之组织，适当的人才。盖有组织而无适当人员之配合，则失其运用之具。故人员乃组成机关之要素。犹如人身之祇有躯壳而无五官四肢，则无从发挥其功能。

他进而指出，人员既为机关组成要素，故"人员之健全与否即为一机关康健之所系"。因此，陈果夫强调机关组织应"尽量发生新代谢作用"，不断地"加入新活力，并须定时淘汰不良分子，使一机关不呈静止状态"。② 是故蒋找上陈果夫来负责人事处，倒是可以理解。③

第二，陈果夫在政校创办"毕业生指导部"有借鉴作用。蒋原先构想人事处是为了与党政班结训学员联系、管理、督导及考核的部门，工作性质其实跟陈果夫任政校教育长时所创办的"毕业生指导部"非常类似。成立于1938年12月的政校"毕业生指导部"宗旨即在"负指导稽核毕业生工作之责"。主要任务有七：

（1）考核毕业生的服务情形及成绩；

（2）辅导毕业生就业；

---

① 陈果夫：《学生应利用假期考察社会》，《陈果夫先生全集》，第一册"教育文化"，页210。

② 陈果夫：《机关组织论》，《陈果夫先生全集》，第二册"政治经济"，页170、182。

③ 徐咏平即称，蒋之指派陈果夫为侍三处主任，正是因为陈"时时刻刻留意人才，教育人才，发拔人才"。见徐咏平：《陈果夫传》，页643。另外，程天放也说，陈果夫"自担任党政重要职务以来，就殷殷以吸引人才为务"。见程天放：《我所亲炙的陈果夫先生》，陈果夫先生百年诞辰纪念集筹备会编：《陈果夫先生百年诞辰纪念集》（台北："近代中国出版社"，1991年），页147。

（3）调查毕业生的动态，并加强联系；

（4）办理应届毕业生就业分发工作；

（5）编印有关服务指导之刊物与丛书，供毕业生阅读；

（6）指导毕业生作公余之补习与进修；

（7）随时回复毕业生来信，并解答其问题。①

与蒋构思的侍三处的工作内容并无太大差异，由陈果夫主持工作性质相似的人事处，确实有借镜之资。

第三，弥补陈果夫辞卸党政班办公厅主任后的职务空缺。陈果夫在国民政府撤退重庆后，原出任中训团党政班筹备委员会的主任委员，而且身兼办公厅主任，堪称党政班的灵魂人物。② 不过，在党政班第二期结训后整个党政班并入中央训练团，班址由南温泉迁回浮图关（即"复兴关"），办公厅亦遭裁撤，陈果夫不再主持党政班班务，使得此时陈果夫仅担任中央政治学校"代理教育长"一职。因此，蒋此时嘱意陈果夫主持人事处，不无弥补陈氏职务空档的考虑。

第四，陈果夫与蒋在选才及识才的方法上有异曲同工处。蒋、陈对人事问题极为关注，堪称都是"人定胜天论"者。③ 而且两人在识人方面，都有采用类似于传统中国"相术"的方式。如同蒋一样，陈果夫也自创了一套独特的"观人术"。徐咏平即称，陈果夫"善观人，平日接见宾客，多听人言，便中以来人名片背面绘其面形，察言观色，知其善恶。用人重才，且能感化，使人向善"④。这套观人法其实跟传统中国的"相术"类似，只是陈果夫把"相术"分两类，一为"休咎类"，另一则为"性格类"。所谓的"休咎类"之相术，乃列举五

---

① 张金鉴：《明诚七十自述》（台北："中国行政学会"，1972 年），页 229。

② 《陈果夫先生日记摘录》，1939 年 3 月 30 日条。转引自徐咏平：《陈果夫传》，页 884。

③ 仲肇湘：《陈果夫先生素描随笔》，见《陈果夫先生百年诞辰纪念集》，页 193。

④ 徐咏平：《陈果夫传》，页 104。

行及面相部位,以某一部分属某性,主某项功用。对于这种以一人之面相,即断定其终身荣辱得失的相术,陈果夫颇嗤之以鼻,认为"诚属欺妄之谈","皆学者所不道也"。而另一种"性格类"相术,陈果夫则颇为称道。他以为"性格类"相术从一人之面相观察出其性格如何,不仅"是根据经验而不是凭空臆造",而且"颇合科学方法",是"经过多数人之考察与长期之经验"。陈果夫甚至相信此种相术"在政治上,如甄拔人才,或统率僚属,均大有臂助",应多加以研究①。

　　蒋受到曾国藩影响,亦喜用相术。一般而言,蒋欲任用人之先,必召见谈话。而这种召见,当时政坛人士均视之为"面试"。因为蒋在召见时,"不但有秘书人员记录,作为进一步考核之资,而且常常亲自对被接见者做某些圈点考评,列为抉择用人之助"。② 到底蒋圈点考评的依据为何? 据蒋的医官熊丸说法,其实就是"看相"。③ 至于看相的重点,则在"眼眸"。蒋曾在公开场合对他部属说,要考核一个人才的良善与否,可以先观看其"眼眸"。他说:

　　　　大抵为精神诚伪虚实之表现,看一个人诚不诚实,有没有修养,从他的眸子上,可以看出一大半来,再加上其他的考察,就可断定这个人的诚伪好坏了。④

　　此一观法,显然受到曾国藩"一身精神,俱乎两目"的相人术启

① 陈果夫:《迷信的心理》,《陈果夫先生全集》,第 10 册"杂著(下)",页 60—62。
② 尹中嵩:《先"总统"蒋公对人才的重视与培育》,《中华文化复兴月刊》,第二十卷第六期(1987 年 6 月),页 16。
③ 以上内容见熊丸口述,陈三井访问:《熊丸先生访问记录》(台北:"中央研究院"近代史研究所,1998 年),页 94。
④ 蒋介石:《军事训练基本动作的意义与效用》,秦孝仪主编:《先"总统"蒋公思想言论总集》,卷十六,页 326。1939 年 6 月 20 日讲。

示。① 蒋、陈两人均是相术的同道中人，深知如何识人，陈果夫出掌人事处有其优势。

不过根据陈果夫的日记载，蒋原意要把这人事处，附属于训练班内，但陈果夫期期"以为不可"，认为"如需组织，可在侍从室"②不久，征得蒋同意后，"把原议设立的人事处改为军事委员会委员长侍从室第三处"。③ 5 月 31 日，陈果夫亲自与蒋商谈侍三处成员的人选问题。7 月 1 日，陈果夫召集侍三处副主任、各正副组长，举行第一次会谈。1939 年 7 月 8 日，"委员长侍从室第三处"正式地成立。

最初拟定的侍三处组织办法，侍从室初期拟编制有 90 人。④但随着业务量的增加，侍三处人数不断扩编。到 1942 年时，不含一般庶务人员，已超过百人。如主管登记的侍八组成立之初，只有 10 名处员（处员 6 人、书记 4 人），但此时已有 24 位处员（上校处员 2 人，中校处员 2 人，少校处员 7 人，上尉处员办事 3 人，中少尉书记及准尉司书 10 人）。⑤ 后来侍八组人员又再次扩编，达 30 余人。⑥ 王

---

① 曾国藩所著《冰鉴》一书开宗明义指出："一身精神，具乎两目。一身骨相，俱乎面部，他家兼论形骸，文人先观神骨。"见曾国藩：《冰鉴》（台北：捷幼出版社，2003 年），页 1。

② 《陈果夫先生日记摘录》，"一九三九年五月十日"条。见徐咏平：《陈果夫传》，页 885。

③ 罗时实：《花谿忆语》，黄瀚章编：《花谿结缘三十年》，页 3。

④ 根据"国民政府军事委员会侍从室人事处资料编制草案"，侍三处秘书室设主任秘书 1 人、研究员 2 人、处员 7 人、事务员 5 人、书记 5 人；而各组除正、副组长之外，调查组处员（调查员）21 人、书记 6 人；登记组处员 6 人、书记 4 人；分配组处员 7 人、书记 2 人；考核组则有处员 11 人、书记 4 人，共计 90 人。见"国民政府军事委员会侍从室人事处编制草案"，《国民政府组织编制》，《国民政府档案》，"国史馆"藏，典藏号 0010421000043，目次 1967—1970。

⑤ 见"陈果夫呈蒋中正请鉴核侍从室第三处 3 年半工作简报及三十一年度检讨报告"，页 16—18。案目：中央军事机关人事（三），《特交档案·军事》，《蒋档》，"国史馆"藏，典藏号 002080102019010。

⑥ 姜超岳：《花谿述往》，黄瀚章编：《花谿结缘三十年》，页 19。

子壮的日记甚至指到了后来侍三处要裁撤时，共有五六百位工作人员，系侍从室3个处里面编制人数最多者。[①] 人数虽多，但素质甚佳。侍二处主任陈布雷即曾盛赞，侍三处人员的国学、词章、公牍、书法在战时重庆政府的各机关里，均属一流之选。[②] 而这些优秀的人才主要是通过3种途径进入侍三处服务：

第一，为平衡文武选任者。陈果夫对于侍三处的人事，首重"文武平衡"。故侍三处的主管职，通常由文人搭配军职出身的人员。例如两位副主任，罗良鉴是陈果夫主苏政时甚为倚重的省府委员，文人出身。[③] 故另一位副主任，刘咏尧及后来接替的萧赞

---

① 王子壮：《王子壮日记》（台北："中央研究院"近代史研究所，2001年），"1945年9月10—11日"条，册10，页295—6。王子壮在日记中指称："委员长侍从室已取消，一、二两处归并国民政府之文官、参军两处。第三处则完全取消。……而第三处系果夫先生所主持，内有同志五六百人，均告失业，于党内同志不满空气，甚嚣尘上，盖有'兔死狗烹'之叹也。"对于王子壮指整个侍三处有五六百人之说，应包含一般的庶务人员，而非单指较为核心的处员。至于王子壮指第三处取消时，五六百人"均告失业"的说法，与事实亦有出入。概侍三处解编时，侍三处人员是有被资遣者，但也有不少人员安排至其他机构。姜超岳即称侍三处结束时，"工作人员或资遣，或分发中央地方之党政机关，咸得其所。值国民政府从事扩编，调府者一、二两处及侍卫各若干，第三处约三十人"。如梅嶙高担任文官处人事室主任，姜氏本人亦调文官处担任秘书一职（见姜超岳：《花谿述往》，黄瀚章编：《花谿结缘三十年》，页24）。事实上，侍从室裁编后，侍一处原职掌并归国民政府参军处新设之军务局及总务局，侍二处原职务则并归文官处政务局。至于侍三处仅存人事调查及登记业务，原先计划同侍二处一同并入文官处政务局（见"侍从室各处室裁撤分别归并文官参军处"，《军委会侍从室组织及人事》，《国民政府档案》，"国史馆"藏，典藏号010011321001，目次337—339）。可是后来文官处以其性质，"实以归并文官处人事室为宜"，决定"扩充人事室组织及职掌"，主办文官处内部人事之外，兼司一般人事之调查登记，让"侍三处此两部份之已有成绩者，得以继续保持"，同时满足蒋征取人事资料之便捷。见文官处："侍二处及三处调查登记部份归并文官处办法"，《文官处组织法令案》，《国民政府档案》，目次554—555。由此可见，王子壮日记中的说法，并非事实。

② 罗时实：《花谿忆语》，页6。

③ 陈果夫：《苏政回忆》，《陈果夫先生全集》，第五册"生活回忆"，页174。

育,都是黄埔军校第一期的毕业生。同样的情形,也出现在各组正、副组长职位的分配上。如侍七组组长濮孟九是文人,副组长侯啸钊(黄埔第一期)、左曙萍(中央陆军军官学校第六期)都是军职出身;侍九组组长梅嶙高是文人,副组长刘兰陔是中央军校第六期的毕业生;而刘兰陔后来转任侍十组副组长,该组组长是文人出身、当过中央政治学校附设蒙藏学校主任的吴铸人;侍十一组组长孙慕迦当过中央军校宣传科科长,搭配的副组长则是文职出身的方少云。对于这样的安排,萧赞育称:"主要目的是在协和党团与文武之间的感情与合作,以谋求今后全面之团结与统一。"①

虽然是平衡文武,但陈果夫选用的军职人员仍有一些脉络可寻。例如两位军职出身的副主任刘咏尧、萧赞育,他们先前都主持过中央军校毕业生调查科(处),工作性质跟侍三处的人事工作有点类似,业务熟悉上手容易。② 另外,陈果夫选中的军职人员大都有一个共同特质,即大都属于比较温和的"儒将"。像刘咏

① 萧赞育:《萧赞育先生访问记录》(台北:"近代中国出版社",1992 年),页 64。其实,在侍从室里讲究人事平衡者,不只有陈果夫,侍二处主任陈布雷也很讲究人事平衡。如原侍二处副主任周佛海叛逃后,所设置的两位副主任,一位是政学系出身、兼任侍四组组长的陈方,另一位初为张厉生,后为张道藩,均是 CC 系要角,由此可见一般。见蒋君章:《布雷先生的风范——"宁静致远,淡泊明志"》,《传记文学》,第 28 卷第 41 期(1976 年 4 月)一文。

② 刘咏尧主持的"中央各军事学校毕业生调查处"胚胎于黄埔同学会,历黄埔同学会整理委员会及中央军校毕业生调查科,于民国二十四年九月奉命扩大范围,改中央各军事学校毕业生调查处,于民国二十四年九月直隶军事委员会,民国二十六年九月改隶训练总监部,旋复改隶军政部。而该处所办理的经常性工作中,包括登记调查、组织(含"按月考查各级组织工作报告并评定成绩等次")、考核、指道等项目,跟侍三处所负责的人事业务很相近。见《中央各军事学校毕业生调查处工作简报》(1939 年8 月编印),《特交档案》,《蒋档》,"国史馆"藏,档号 080102,第 120 卷。

尧、侍七组组长阳锦昱都属于"恂恂儒者"型的军人。[1] 甚至侍三处内有军职背景的人员，有些根本自军校毕业后，就直接在党政部门服务，深染文人习气。[2] 在陈果夫意的挑选下，这也难怪濮孟九指称：

> 讲到花溪同仁，当年都是从有关党政军各机关中慎重遴选而来。其中有文有武，大约各占半数。最难得的，在文人之中，没有冬烘酸腐气，而武人几乎个个都是文质彬彬，恂恂儒雅，文武之间，却配合得井然有序，相处得融洽无间，做到了各得其所，人尽其才。[3]

第二，倚靠人事关系。侍三处人员并非公开招考，所以有无人事关系成为进入侍三处服务的主要管道。包括：

（一）亲朋好友介绍：例如侍十组少校处员方家慧，即侍十一组副组长方少云的亲戚。[4] 侍八组处员陈奋，则是经由在侍三处内服务的好友蒋平君之引荐。[5]

（二）党政要员推荐：侍三处一成立，陈布雷就介绍了原侍二处速纪汪荣章到侍三处担任秘书室上校处员。[6] 侍九组少校处员葛

---

① 左曙萍：《蓬莱岛上忆花谿》，黄瀚章编：《花谿结缘三十年》，页 27。

② 关于侍三处内军职人员的背景，请参阅冯启宏：《陈果夫与侍从室第三处的组建》，页 17—18。

③ 濮孟九：《谿边闲话》，见黄瀚章编：《花谿结缘三十年》，页 9。

④ 见《侍从室人事登记卷：方家慧》，"国史馆"藏，编号 20957。方家慧系 1945 年来台接收的人员之一，1950 年曾出任宜兰县首任官派县长，并担任过台湾地区文献委员会主任委员一职。

⑤ 陈奋：《长官恩情》，《花谿结缘三十年》，页 102。

⑥ 据陈布雷 1939 年 9 月 12 日的日记记载："傍晚，汪速记荣章来谈工作情形，为致书介绍于果夫。"见陈布雷：《陈布雷先生从政日记稿样》（出版地不详：东南商务出版社印行，出版时间不详），《专藏档案》，"国史馆"藏，档号 0160.40/7504.01 - 02。

曾传是亲戚余井塘介绍。[1] 处员张宪，则是与陈果夫、陈立夫亲近的畲凌云所推荐。[2]

（三）师生之谊：在这方面，侍十一组刘泽鸿是组长邓翔海的学生，负责文稿。[3] 另外根据1940年侍三处的职员录，侍三处毕业自中央党务学校、中央政治学校、江苏医政学校的职员非常多，这些人跟陈果夫都算是师生之谊。[4]

（四）旧属：这方面的人数最多。毕竟传统中国官场向有"班底"积习，故"旧属关系"才是进入侍三处最重要的管道。侍三处的主管，大都援引了旧吏僚属进来。举萧赞育、刘咏尧两人为例，他们担任中央军校毕业生调查（科）处（科）处长时的旧属，就有侍七组副组侯萧钊（原调查处第二科科长兼统计股股长）、侍十一组副组长刘兰陔（原调查处考核股中校股股长）及侍十一组上校处员韩城（原调查处贵州通讯处副主任）。[5] 秘书室主任秘书罗时实，也把他担任浙西第四特区专员时的办事处警察队队长赵声扬，一同带进秘书室充当上校专员。[6] 杨锦昱担任侍七组组长时，也提拔他在当湖北省党部书纪长任内之旧属杨泽武进入侍七组服务[7]。不过，

---

[1] 葛曾传系1941年7月进入侍三处，先是担任"学员通信"工作，1949年7月，转任"考核"工作。见《侍从室人事登记卷：葛曾传》，"国史馆"藏，编号20954。

[2] 张宪：《永忆花貂》，《花貂结缘三十年》，页96。

[3] 据刘泽鸿自填的人事资料，其入侍三处是由邓翔海介绍，他跟邓氏系"师生关系"。上述资料见《侍从室人事登记卷：刘泽鸿》，"国史馆"藏，编号24548。

[4] 1940年侍三处职员录，见《侍从室官佐简历册及动态表》，《侍从室档案》，中国第二历史档案馆藏，档号762/874。

[5] 《中央各军事学校毕业生调查处职员简历册》，《特交档案》，《蒋档》，"国史馆"藏，档号080102，第120卷。

[6] 《侍从室人事登记卷：赵声扬》，"国史馆"藏，编号11179。

[7] 杨泽武是杨锦昱当湖北省党部书记长时的民运科长。1942年10月，杨泽武进侍七组，担任人事调查工作。有趣的是，杨泽武相当懂得投桃报李，他在党政班（转下页）

引荐最多旧属进入侍三处的人,还是主任陈果夫。

陈果夫在侍三处的旧属极多,大致可以分为两类。第一类是早年追随他或其弟陈立夫从事党务工作的部属,侍三处内非军职的正、副组长如方少云系前中央党部干事,吴铸人及王镜清两人是地方省党部的重要干部,濮孟九则出身中统,罗时实及姜超岳则是陈立夫任北伐总司令部机要科科长时的秘书,这些人通常也被外界指为是 CC 系。[①] 另一类旧属,则是陈果夫当江苏省主席时的班底,人数最多。以 1940 年职员录为例,当时的秘书室除主任秘书 1 人之外,共编制有 2 位专员、10 位处员、6 位司书及 1 名副官。[②] 扣掉一般的行政人员,主任秘书罗时实是省府秘书长,专员之一万君默则是省府秘书处秘书。[③] 另 10 位处员里,至少有 7 人是陈果夫主苏政时的旧属。[④] 同样的情形,也出现在侍三处其他各组,许多组员也都是前江苏省政府的人员。[⑤] 陈果夫会在侍三处内安置这

（接上页）受训时（25 期）,所缴交的报告书里之“服务机关内优良人才与事实”一项,他的内容是:“本组组长杨锦昱,志宪忠纯公私分明、主官风度”。上述资料见《侍从室人事登记卷:杨泽武》,“国史馆”藏,编号 26262。

① 杨者圣:《国民党教父陈果夫》（成都:四川人民出版社,1996 年）,页 411。

② 《侍从室官佐简历册及动态表》,《侍从室档案》,中国第二历史档案馆藏,档号 762/874。

③ 分见《侍从室人事登记卷:罗时实》,“国史馆”藏,编号 08862;《侍从室人事登记卷:万君默》,“国史馆”藏,编号 11157。

④ 这七位处员包括:邓翔海（江苏省沭阳县长、吴县县长）、余振翰（省府秘书处第三股股长）、程世杰（省府科员）、余容先（省府科员,负责出纳）、周昌言（省府科员）、吕振东（省府科员）、顾耀祖（省民政厅科员）。转引自冯启宏:《陈果夫与侍从室第三处的组建》,页 21 及注 76。

⑤ 冯启宏:《陈果夫与侍从室第三处的组建》,注 77。虽说侍三处人员多为陈果夫旧属,但陈果夫引进的人员之中,也有非旧属,而是学有专精,陈果夫特别邀约加入花谿阵营的,像黄元彬即是。黄元彬,广东台山人,日本帝国大学毕业,系当时知名的自由主义经济学者,与马寅初齐名,有“南黄北马”之称。蒋召集“庐山谈话会”时,（转下页）

么多旧属,导因于这些旧部属在撤退至重庆之初,同陈果夫般未获
得适当安排。故基于人情世故,陈果夫的安排并不为过。只是这
么多自己的人马在侍三处任职,难免引发外界的飞短流长,指该处
是陈果夫及 CC 系的势力范围,进而影响到侍三处人事业务的
推动。

第三,蒋介石的指派。侍三处作为蒋的人事幕僚机构,蒋当然
也指派人员到侍三处任职。例如曹翼远系吴鼎昌在担任贵州省主
席时向蒋荐达的人才,后来蒋令其至侍三处任职。侍一处参事办
公室解编时,部分人员亦受蒋令改派至侍三处服务。[①] 但这些都属
于个别指派,事实上蒋曾集体指派人员到侍三处任职,那就是"中
央训练团党政高级训练班"(以下简称"党政高级班")第一期的毕
业学员。

党政高级班的开办,系蒋有鉴于"抗建大业之艰巨,与高级干
部之缺乏,决于历届党政班毕业同学中,挑选成绩优良,品格纯正,
资历相当者若干人,予以适当时间之研究机会,以加强其主管机关
之能力,补充其领导办事之学识",为国家储备未来栋梁之材而办
理的训练机构。[②] 党政高级班共办理三期,每期约召训百余人。其
中,第一期于 1943 年 1 月 8 日正式开训,当年 7 月 11 日结训,共有
153 名学员毕业。对于这些学员毕业后的任用问题,训练当局至为

(接上页)黄元彬即曾以中山大学教授身份受邀。但他跟陈果夫并无渊源,不过陈果
夫对他虽"尚未识面",却"久已景仰"。故中央设计局成立时,陈果夫介绍黄元彬出
任中央设计局第二组主任。到了 1943 年 12 月,更邀请他加入侍三处担任审核专员
一职。关于黄元彬的资料,见《侍从室人事登记卷:黄元彬》,"国史馆"藏,编号
19969。

① 分见曹翼远:《怀双谿》,《花谿结缘三十年》,页 83;方智:《胜利归甲难忘花谿》,《花谿
结缘三十年》,页 101。

② 《复兴关训练集(上)》,第一篇"总述",页 48。

重视,在训练接近尾声时(5 月 29 日),即制定了"党政高级班第一期毕业学员使用及选派办法"。[①] 该办法明定,无现职的毕业学员"应分别派任职务"。[②] 至于派任何种职务,蒋的意思是将他们派往侍从室任职或留在党政高级班办理班务。是以侍三处特别呈蒋,希望指定若干人选派充侍三处视察委员,借视察机会,增长他们的阅历及见闻。而视察的对象,正是党政班的毕业学员。[③] 蒋遂指派姚雪怀等 12 名无现职的毕业学员至侍三处担任视察委员,首开了集体指派人员至侍三处任职的先例。[④]

一位前侍三处的人员曾自称,侍三处的设置是要为党国考察及选拔人才,而人才是各方面的,故执行此一任务的侍三处本身"就需要具备各种人才,有行政工作经验的,有军事政工经验的,有党务组织经验的,有人事工作经验的,有外交事务经验的,有各种专门特长的",故侍三处实为卧虎藏龙、人才尽荟之地。[⑤] 但是详细检视侍三处成员的背景,其征才管道与当时的政府机关并无多大差

---

① 讨论内容,见《党政高级班第一期毕业学员使用问题讨论会记录》,1943 年 5 月 29 日,《特种档案》,国民党党史馆藏,001/2.2 - 23。

② 见《党政高级班第一期学员使用及选派办法》,《特种档案》,国民党党史馆藏,001/2. 18,毛笔原件。

③ 见《侍三处上蒋委员长报告书:拟派高级班无工作学员姚雪怀等为本处视察》,《特种档案》,国民党党史馆藏,001/2.1 - 12。其呈文如下:"查浙、粤、桂、滇、黔、陕、豫等省党政班毕业学员分布甚广,本处仅于二十九年派员视察一次,历时已久,亟欲复查。拟即派遣该员分途视察,借资考察该员,并得以视察所及增长阅历,实为一举两得之计,所需薪津旅费并由侍从室支给"。

④ 见《侍三处致金德洋等函:奉谕派任视察工作及负责整理国防十年计划》,《特种档案》,国民党党史馆藏,001/2.1 - 1。蒋指派至侍三处担任视察委员的名单如下:姚雪怀、韩梅岑、汪祖华、李钰、高尚忠、张梅谷、邰履均、林荫根、高其冰、蒋元勋、黄哲真、骆力学。

⑤ 程世杰:《回首三十年》,黄瀚章编:《花黎结缘三十年》,页 71。

异,人事关系仍居最重要地位。只是陈果夫长期经营党校,其所属派系在教育文化圈的人脉甚广,欲寻觅优秀人才是要比其他机构来得容易。侍三处人员被陈布雷指为一时之选,关键在此。只是大部分的侍三处人员均与陈果夫关系密切,让国民党内的其他派系鹊所猜忌,进而影响侍三处人事业务的推动。

第二节　侍三处的组织编制

关于人事处设在侍从室内,陈果夫称系考虑到"蒋委员长实负全国党、政、军各部门最高权责,日理万机,所有重要人事,无暇兼顾"。[①]故侍三处成立之初设置调查、登记、考核、分配4组,并配置大量人力(见表5-1)。这4个组依照侍从室第一、二处之组序排

表5-1　侍从室第三处组织人员编制表

组织编制	编制人员数
侍七组（调查）	同少将组长1人、上校副组长1人、同上校处员10人、同中校处员3人、同中校待遇及同少校处员5人、同上尉处员4人、同中少尉书记司书6人
侍八组（登记）	同少将组长1人、同上校副组长1人、同上校处员2人、同中校处员2人、同少校处员7人、同上尉处员办事员3人、同中少尉书记及同准尉司书10人
侍九组（考核）	同少将组长1人、同上校副组长2人、同上校待遇处员2人、同中校处员2人、同少校处员1人、同中少尉书记5人
侍十组（通讯）	同少将组长1人、上校及同上校副组长各1人、同上校处员3人、同中校上校待遇处员5人、同中校处员3人、同少校中校待遇处

---

① 徐咏平:《陈果夫传》,页826。

续表

组织 编制	编制人员数
	员 1 人、同少校处员 3 人、同上尉少校待遇处员 2 人、同上尉书记 1 人、同中尉书记办事员 5 人、同少尉同准尉司书 5 人
侍十一组 (分配)	同少将组长 1 人、同上校副组长 1 人、同上校处员 2 人、同中校处员 2 人、同少校中校待遇处员 1 人、同中尉上尉待遇书记 1 人、同准尉司书 3 人

　　* 本表为 1942 年侍三处之编制。转引自《中央军事机关人事》,《蒋中正"总统"档案》,"特交档案",卷 19,"国史馆"藏。

列,分别为侍七组(调查)、侍八组(登记)、侍九组(考核)、侍十组(分配)。其中侍九组内,另有一个负责与中训团毕业学员通讯事宜的联络小组。此一通讯联络小组在 1941 年 3 月正式扩编成为一个组,称新侍十组(通讯联络),原主管分配的第十组则改为第十一组。[①] 侍三处各组的业务内容及实际运作情形,以下分别叙述。

一、侍七组:主管人事调查工作

　　侍三处处员程世杰曾说,侍三处的设置有两个非常重要的意义,一是对当时在职的党政军各级基干人员,考查其品德能力,是否适才适任;二是预为储备人才,以备抗战胜利建国之需要。[②] 无论是考察干部或选拔人才,都需要对这些人员做人事调查工

---

① 见《侍仁书字第 3600 号:侍三处致侍一、侍二处通知函》,1941 年 3 月 11 日发文,《侍从室档案》,中国第二历史档案馆藏,档号 762/874 - 201。其原文如下:"委座准将第九组内关于党政训练班毕业学员之通信指道部分,划出增设一组名为第十组,原第十组改为第十一组。"

② 程世杰:《回首三十年》,页 71。

作,侍七组就是负责人事调查工作。而且调查的对象非常广泛,包括:

> (一)中央及地方党务、特务、政治工作人员;
>
> (二)各地直属军校、直属党政校毕业生通讯人员;
>
> (三)青年团、童子军各级干部人员;
>
> (四)各军队政治工作人员;
>
> (五)各社团、企业、文化机关及国内外各种学术人才;

横跨党、政、军、特及社会各界人士。① 为了进行此一大规模的人事调查工作,侍七组除大量接收侍从室交际处保存之履历卡片及由国防最高委员会秘书厅第二处移交过来的人事调查报告之外,②还派专人到国民参政会、中央党部、中央军校毕业生调查处、教育部、经济部、资源委员会、侨务委员会、青年团及童子军总部等机关抄录职名录或相关干部名册。更甚者是把原调查统计局保存的中央简任以上干部及秘密社团之调查资料,亦一并收录以备参考。③ 资料如此之多,为了人事调查工作顺利计,侍七组特别找来经验丰富的人任职,其中有中统调查员、保安部情报处处长、警察,甚至有检察官。

　　侍七组首任组长濮孟九,就是出身中统,在中统任职多年。不仅当过中央组织部调查处处长 6 年之久(1930—1936),而且是中

---

① "国民政府军事委员会侍从室第三处组织规程",《国民政府组织编制》,《国民政府档案》,"国史馆"藏,典藏号 0010421000043,目次 1979。

② 见"国防最高委员会秘书长张群致侍三处电",《本处接办国防最高委员会人事调查文书》,《侍从室档案》,中国第二历史档案馆,全宗号 762/67－15。

③ "国民政府军事委员会侍从室人事处工作程序草案",《国民政府组织编制》,《国民政府档案》,典藏号 0010421000043,目次 1957－1959。

央调查统计局改制后首任主任秘书。[①] 该组上校处员高振雄、潘浙也是调查员出身,且都曾在地方主持过特务单位。[②] 处员袁公信则是江苏省保安部情报处处长,他在党政班第七期受训时的考核评语就是"性格冷酷机警",最适合从事"军事或特务工作"。[③] 1941年初进入侍七组服务的处员翁腾环,则是法务系统出身。当过江苏、重庆等地方法院的检察官。[④] 处员吴祖楠(黄埔四期)则是地方警察首长,曾到德国国家警官学校深造。[⑤] 这些经验丰富的人的协助调查工作,对侍七组的业务推动非常有帮助。

侍三处的工作报告显示,侍七组的人事工作进展确实很快。到1942年底时,在中央直属机关行政部门科长以上、军事机关上校以上人员已全部调查完毕,地方则川、黔、滇、粤、桂、湘、豫等十余省调查完毕。调查对象以党政班毕业学员为主,旁及该省荐任以上官员和地方驻军高级长官。专门人才的调查方面,大专院校教授已完成,省市地方中学校长亦开始调查。新闻、警政方面两类的人才,也分头进行访查。此外,蒋交待侍七组调查的人事,例如参政会参政员、水利交通人员、年老公务员、适任妇运工作之女性,

---

① 濮孟九的经历,见《侍从室人事登记卷:濮孟九》,"国史馆"藏,编号00347。

② 高振雄担任过中央组织委员会调查科调查员、天津特别市党部特务室主任、湖北省党部特室主任、中央组织部党务调查科鄂汉区区长、中央调统局代理科科长等职务时,均负责调查工作。而他在出任驻鄂特派绥靖主任公署特务处中校督察及军委会第六部武汉办事处上校股长(1937.12—1938.2)时,则负责情报工作。上述资料见《"总统府"人事登记卷:高振雄》,"国史馆"藏,编号11161。另潘浙历任中央组织部调查科干事、调查专员、驻沪驻鄂调查专员、湖北省党部特务室主任、浙闽赣皖四省肃反专员、中统局专员等职。见《"总统府"人事登记卷:潘浙》,"国史馆"藏,编号00341。

③ 《侍从室人事登记卷:袁公信》,"国史馆"藏,编号:05618。

④ 《侍从室人事登记卷:翁腾环》,"国史馆"藏,编号:11165。

⑤ 《侍从室人事登记卷:吴祖楠》,"国史馆"藏,编号:10595。

以及复查中央各机关部门呈报工作最努力或绩优人员等,侍七组亦照进度分别完成。[①]

　　侍七组人事调查的进度虽快,但质量并不差。调查的内容除姓名、年龄、籍贯、学历等基本资料外,仅有"人"与"事"两项。至于数据源除抄录自中统或军统原有的调查报告内容,尚有视察报告书、机关长官的考核、外界舆评等。另外,受训时的评语、自传、工作报告书等,亦是调查的依据。以时任经济部总务司的窦某为例,侍七组的调查报告称该员:

> "人":资性活泼、为人圆通、善于迎合长官意旨、服务尚知勤恳将事、统驭科属、颇见严密,惟学力较差,行为有时略欠光明,故同事有时不满之意,而四肢特短,与人回殊。

> "事":该员曾任行政院一等科员,军委会第三部同军校组员,现在主管全部文书收发分配缮校保存典守印信,宣达部令管理图书及撰拟不属各科文稿,事涉琐碎,尚能从容处理,惟以与全部各方面有随时接洽关系,故尚未能真正达到圆满无遗地步。[②]

　　值得一谈的是侍七组的人事调查做得非常仔细,有时连枝节末微也不放过。例如国民党"中央党务训练所"结业的张德钟,在履历表上填写是在 1926 年加入国民党,介绍人是陈果夫及曾养甫。至于"家庭状况",他自称:"家世业农本为小康,父母相继见背及家道渐衰。自十五年以还,因迭遭匪患天灾,益形窘困。去秋、今夏后遭水旱奇灾,家庭经济已完全破产。现家人生活与侄辈教

---

① 见"陈果夫呈蒋中正请鉴核侍从室第三处三年半工作简报及三十一年度检讨报告",页 16—18。

② 见《侍从室人事登记卷:窦钰》,"国史馆"藏,编号 10944。

育费等,均已成为迫切问题。"可是经侍七组人员调查却是:"查张德钟1931年1月19日在京市入党,领有宁字4477号党员证书一本。介绍为刘兴熙、徐敏寿等二人。家庭状况有田数十亩,收入支出均有余之(出入相抵)"。① 调查之仔细,由此可见一斑。

以侍三处的业务而言,侍七组的调查工作实为整个人事工作的基础。基本上侍七组调查完毕后,须将调查内容转交给主管考核的侍九组作为考核的依据。考核结束后,则将调查及考核的结果移入侍三处另一个单位,那就是主管登记的侍八组。

二、侍八组:主管登记

在陈果夫草拟的《侍从室人事处工作程序草案》一开头即称:

> 本处设立之目的,在求综核名实,增进人事效率。目前主要工作,宜尽量登庸以求人尽其才,注意调整使才得其用。俟规模粗具,即进而研究人事制度之确立。②

"尽量登庸"大规模登记人才即侍八组负责之业务,举凡"从事党、政、军、学、教育、及公私生产企业卓具成就者,暨民意代表与夫社会各阶层之领导人士,均在登记之列"。③ 甚至"报纸报过之重要人名,均有一登记片。重要事件,即记入登记片中"。不过仍以"党政班毕业学员人数最多"。④ 而如此大费周章地做人事登记,其目的"一方面为集纳人事数据之尾闾,一方面为供应人事数据之源

---

① 关于张德钟的求职履历表,见《陈果夫与各方关于人事介绍暨请求的文书》,见《侍从室档案》,中国第二历史档案馆藏,档号762/1348。

② 见"国民政府军事委员会侍从室人事处工作程序草案",目次1956。

③ 姜超岳:《花谿述往》,见黄瀚章编:《花谿结缘三十年》,页19。

④ 同前注,"侍从室业务考核会议第三处工作报告"。

泉"。① 至于登记的方式，分为"正式登记""临时登记""机关登记"及"补充登记"四类。②

"正式登记"为侍八组全部登记之骨干，所登记的人才系以党政班学员及侍七组调查所得的人物为主。"临时登记"则是因应资历丰富之人物，需随时搜求数据，只能先以简易方法登记之。此项登记谨用簿册记录，而不立卷片分类予补充，比较简略，故名曰"临时登记"。虽名之曰"临时登记"，但却是全国人才总登记之先置工作。"机关登记"则是集体登记性质，先从中央党政军学等机关及各地方党政部门着手，记录该机关之沿革、系统、编制、职掌，及现任职员与工作分配状况等，一为未来机构调整人事之参考，再则辅助个别登记之不足。③ 侍八组对于"机关登记"甚为重视，还特别制定"征集各机关人事材料办法"及"机关登记及机关统计工作计划"等相关办法作为依循。根据上述办法，侍八组除得要求各机关指定职员一人为联络员转送各项人事材料，包括组织法、人事法规、薪资级别及组织人力需求情形，还要求定期检送该机关职员录、人事动态表及荐任以上人员的调查表，④并明定机关登记与机关统计各种人事登记片簿的格式、步骤及期限，以符合检查便利与灵活运用

---

① 见"陈果夫呈蒋中正请鉴核侍从室第三处三年半工作简报及三十一年度检讨报告"，页18。

② 见《登记工作程序与体系提要略说》，《侍从室档案》，中国第二历史档案馆藏，档号762/1603。

③ 见"陈果夫呈蒋中正请鉴核侍从室第三处三年半工作简报及三十一年度检讨报告"，页18。

④ 见"侍三处征集各机关人事材料办法"，1941年1月修正。见《人事管理条例》，《国民政府档案》，"国史馆"藏，档号001012040040，目次1059—1060。

之要求。① 至于"补充登记"，举凡侍三处之视察与调查报告，党政班学员之服务成绩调查、职业异动调查，各机关之考评，军委会人事通报，国防委员会及行政院议事录，名机关人事动态、月报表，各方面各种名册，蒋会见名单，新闻公牍，私人函件等，可资为已登记人（包括正式登记、临时登记）之补充者或更正部分，均随时按其内容之性质，一一补充于各种人事资料之上。此类登记工作非常繁琐，几乎占去侍八组人力的一大半时间。②

　　而为了完成这些登记工作，侍八组还依工作性质，将组内人员概分"立片""立卷"及"分类"三大部门。所谓的"立片"，即制定被登记人的"人事登记片"。"人事登记片"系人事登记数据之综合记录，主要是观察被登记人之纵横动静各方面情形。③ 其格式共有4面。第一面是个人基本数据，包括出生年月日、通讯地址、学历与受训记录、著作、入党日期与介绍人及现职保举人。第二面则是个人经历（含服务机关、职位、任卸职时间原因、主管人员姓名）、参加战役、铨叙奖惩、家庭组织及经济状况及个人兴趣志愿等。第三面全部只有一栏，即调查报告。报告来源有二：（一）服务机关主管的考语；（二）侍三处的视察或调查内容。调查项目包括：德、智、体、群、工作、家庭实况、上级考语、各方印象、特殊资料及调查人意见。第四面则有侍三处的考核、批办、动态记录及备注。其中，备注栏通常会记载该员的自传节要。

---

① 见侍三处侍八组编：《机关登记及机关统计工作计划》，《侍从室档案》，中国第二历史档案馆藏，档号762/69—11。

② 见"陈果夫呈蒋中正请鉴核侍从室第三处三年半工作简报及三十一年度检讨报告"，页18。

③ 侍三处侍八组制："人事登记重要工具分析表解"，见《侍三处人事登记工作及运用程序图解与说明》，《侍从室档案》，中国第二历史档案馆藏，档号762/1603。

　　"立卷",是指"人事登记卷"。"人事登记卷"是重要登记数据之总汇,用来提供侍三处各业务单位研究被登记人时的参考。[①] 几乎所有被登记人的资料,如人事登记片、人事登记补充片、人事调查表等,都搜罗至人事登记卷内。如果该人员系党政班或党政高级班的毕业学员,那么受训时所缴交的书面报告,诸如自传、学员报告书、学员调查表,以及受训时的考核汇记表等,亦被侍八组汇集在"人事登记卷"内。

　　"分类",则是针对将被登记人的资料,都党、政、军、学、实、别 6 类,析其专长,凡 450 余目。将登记数据进行分类的目的,主要是检索便利,运用灵活起见。而其具体办法是制定许多索引片及分类表,包括姓名索引片、籍贯索引片、出身(毕业学校与科系)索引片、职业索引片、专长索引片、特种(妇女或回教徒等之特种人力)索引片、专长分类簿(观察被登记人所具智能之全貌)及新生专长停年记录簿(观察被登记人在萌芽或成长中之智能)等,据以速查相关人才的登记数据,用最快效率提供给需要的部门征选。

　　对于侍八组的人事数据分类与运用方法,曾任侍八组组长姜超岳感到相当自豪,认为是"循科学管理,藉分类卡片之索引,执简御繁,能有得心应手之妙"。在当时并未有计算机信息管理的时代,侍八组以索引片分类管理的方式确实属创见。难怪姜超岳尝言,当年侍八组首创的登记与运用方式在重庆造成轰动,"一时闻风而至观摩者踵相接"。[②]

---

① 侍三处侍八组制:"人事登记重要工具分析表解",见《侍三处人事登记工作及运用程序图解与说明》,《侍从室档案》,中国第二历史档案馆藏,档号 762/1603。
② 姜超岳:《花豁述往》,页 19。

三、侍九组:主管考核

主管人事考核的侍九组,其主要业务共有 6 项:

(一)考核各直属军校毕业生之工作;

(二)考核各直属党政校毕业生之工作;

(三)审核各项人员(指受过训练者)之工作报告;

(四)根据上述考核办理奖惩事项;

(五)收集并审核各主管机关对于所属人员个别批评之表册;

(六)审核调查组送核之各项调查表册。①

其中,前 3 项业务属自动或直接考核,后 2 项则是复核性质。所谓的复核是将侍七组所做的调查报告与相关官长的考语,作一对照审核,以辨别出真实情形。②

党政训练班毕业学员是侍九组自动或直接考核的主要对象,考核的内容有受训成绩、学员通讯报告、学员服务成绩调查表、侍三处视察学员的报告、各方对学员的舆评、直属长官的考核表册以及各通讯小组的成绩等,均由侍九组会同侍十组负责审核。除此之外,侍九组也考核部分中央政校及直属军校毕业生,包括中央政校保举的 3—5 名优秀毕业生,以及中央各军事学校则从现任上校以上的优秀毕业生。审核的结果,侍九组均编制报告提要,并系统性地拟定评语,评定各员等第,分别拟具奖惩呈蒋核准实施。③

---

① “侍从室人事处组织条例草案”:《国民政府组织编制》,《国民政府档案》,典藏号 0010421000043,目次 1950。

② “侍从室业务考核会议第三处工作报告”。

③ “陈果夫呈蒋中正请鉴核侍从室第三处三年半工作简报及三十一年度检讨报告”,页 19。

　　至于复核部分,举凡中央党政军各机关,地方党部省市政府检阅的考绩优良人员,均需经侍九组复核。复核的参考依据,即侍七组的调查报告。经侍九组复核的业务计有"中央党政军各机关工作成绩总检阅最优晋见人员""中央及地方各党政机关年终考绩优良人员之审核""中央党政机关密报副部长次长以下、科长以上优良人员""各省市党部主任委员密保所属优良党工人员""各省政府主席密保优良专员、县长"等多项的审核工作。① 而其审核的依据,即来自侍七组的调查报告。

　　一般说来,侍三处在接到相关单位转来需要复核的人事业务如年终考绩之审核工作时,会先指派侍七组的调查人员,针对被举荐的官员进行人事调查。俟侍七组人员调查结束后,调查内容即先转移至侍九组审核。经审核无误后,侍九组再进一步摘录侍七组的调查内容,分别加具意见,拟定等第。最后将调查考核的结果与原机关的报告,制成一份"考核结果比较表",择要说明其考核之。如果经侍九组审核结果与原机关之意见差异不大,即印证该机关主管有确实地办理人员的考察工作,那么就会呈蒋批谕予以该机关主管嘉勉。相对办理稍欠严格者,则呈蒋谕饬知该主管长官应嗣后切实注意改进。②

　　除了上述直接考核及复核工作,侍九组亦奉上级指示执行规定程序以外的工作,例如到各机关实地考察人事管理实况。另外,侍三处曾奉蒋手令转饬各部队政工人员应考察营长以上主管,其

---

① "陈果夫呈蒋中正请鉴核侍从室第三处三年半工作简报及三十一年度检讨报告",页19—20。

② "陈果夫呈蒋中正请鉴核侍从室第三处三年半工作简报及三十一年度检讨报告",页19。

之相关的考察表册,亦由侍九组进行复核确认。[1] 不过,侍九组最引人注目的工作,莫过于"遴选党政高级班受训人员"一项。

　　党政高级班系蒋为储备国家未来栋梁之材而设置,学员来源系自"历届党政班毕业同学中,挑选成绩优良,品格纯正,资历相当者若干人"。[2] 既然是从党政班学员之中挑出人选,由负责考核党政班毕业学员的侍九组来遴选是最恰当不过。虽说侍九组遴选出来的名单仍需"党政高级班筹备委员会"审核,全体委员认为无异议后始可提名,而且遴选有一定条件的限制,侍九组并没有完全的主导权。不过,党政高级班学员的提名权在侍九组手上仍备受外界瞩目,此部分下章节将做探讨。

四、侍十组:主管通讯联络

　　侍十组主管的通讯联络工作,主要是针对党政训练班学的毕业学员。此业务原由中央训练团"通讯联络处"负责,但侍三处成立后,移交至侍九组附属下的通讯联络小组。1941 年 3 月,此一通讯联络小组正式扩编为侍十组。到了 1944 年,侍十组又因通讯联络事宜"业务日繁",人力"深感莫可揩展"下,再次扩编为"中央训练团党政训练班毕业学员通讯处",但仍归侍三处节制。[3] 侍十组

---

[1] "陈果夫呈蒋中正请鉴核侍从室第三处三年半工作简报及三十一年度检讨报告",页20。

[2] 《复兴关训练集(上)》,第一篇"总述",页48。

[3] 上述内容见侍从室第三处主任陈果夫"书字第八四五〇四字"函件,引自《中央训练团党政毕业班学员军事委员会指员所辖一一八通讯小组(重庆)活动概况、同学录及会议记录》,《全宗号七二三:中央训练团档案》,中国第二历史档案馆藏,档号723(4)/1027—65。另外要说明的是,1945 年 11 月侍三处撤销后,"通讯处"的业务即转由中央组织部接管。组织部并在所属的党员训练处增设一科办理。见林养志:《中国国民党党务发展史料—组织工作(下)》(台北:国民党党史会,1993 年),页539。

的组织编制之不断地扩增,虽跟党政班毕业学员越来越多有关,但另一方面也反映出侍三处对通讯联络工作的重视。

　　原先"党政班毕业学员的通讯联络办法"规定在同一地区或机关服务,若有党政班毕业学员 3 人以上者,应编为通讯小组,学员互推组长 1 人。不足 3 人者,则概为直属通讯员。不管是通讯小组组长、组员,抑或是直属通讯员,每月均须填作"通讯报告表""读书心得"及"研究报告"各一次,于月终一并邮寄侍三处。[①] 一一函覆党政班毕业学员的通讯报告及读书心得,并将学员的建议事项和特殊报告或呈团长核阅,或转送相关主管机关参考采择,并编配党政班新近毕业学员至各通讯小组,进一步督导各小组开会情形,正是侍十组负责的业务。

　　党政班毕业学员每月邮寄给侍十组的"通讯报告表",跟学员入团时所撰写的"工作报告书"性质很像。报告的事项有本人生活与工作概况、当地党务政治军事概况、当地民众抗战情绪及组训概况、小组会议经过情形、对于国内外时事之观感、关于异党活动之事实等项目。只是"当地党务政治军事概况"及"关于异党活动事项"均属军统或中统等特务机关侦搜的重点,而党政班毕业学员的"通讯报告表"亦包含这两项内容,颇有侦搜地方情资的意味。再加上《党政训练班毕业学员通讯报告应行注意事项》规定有"通讯内容如系重大机密事件,应以火漆封口,用保险信寄"的内容,更让侍十组主管的通讯联络工作增添些许神秘色彩。[②]

---

① 见《党政训练班毕业学员联络通讯暂行办法》,引自中央训练团编印:《党政训练班法规辑要》(重庆:中央训练团印行,1942 年),页 201。

② 见《党政训练班毕业学员通讯报告应行注意事项》,中央训练团编印:《党政训练班法规辑要》,页 204。

通讯联络的主旨,除"明了毕业学员返职后之生活及工作状况"之外,还有督促学员继续"研究学术、砥砺进修"的目的。[1] 故"读书与研究,亦为学员通讯的主要工作之一",侍三处并拟定"中央训练团毕业学员必读书籍目录",分发学员按时循序研读,研读完毕后还需写成"读书心得",随通讯报告表送交侍十组。[2] 侍十组人员在接到这些"读书心得"后,甚为认真回复,不但"其有未善,则详为指示,务使思想纯正,见解透彻,渍渐于学养,呈现于事",若有特殊问题还会请"专家解答"。[3] 至于研究部分,指的是"专题研究"。研究的题目,有时由学员自行选定,但大都为侍十组依"随时根据需要"所指定。例如侍三处在 1944 年 8 月曾指定三则专题研究题目,包括"奸徒在国外作不利党国宣传,在国内则宣传盟国将不予我援助,意在挑拨中、英、美间之外交关系,吾人应采何种对策""奸徒利用战时公教人员及青年生活痛苦及外间不明财政金融之困难,挑拨青年及公教人员与政府间之感情,吾人应采如何对策""奸徒对团长作恶意破坏威信之宣传,吾人应用何种方法予以有力之打击"。[4] 另外,在南宁收复后,有鉴于"收复区之整理与复兴,将为战后之第一重要问题",侍十组遂邀集内政部、社会部及司法行政部等相关单位,拟定 20 个如何处理沦陷

---

[1] 《党政训练班毕业学员联络通讯暂行办法》,页 200—201。

[2] 侍三处所公布的必读书目,系按时循序研读,故制定"读书程序表",以每 3 个月为一期公布书目,待学员研读既竟,写成心得送核,再公布下一期书目,"以觇进度"。上述内容见《中央训练委员会函送训练团受训人员调集办法和训练机关的组织、奖惩办法、督道手册》,《中央训练委员会档案》,中国第二历史档案馆藏,档号 223/803 - 21、223/803 - 28。

[3] 见《党政训练班第二年训练实纪》(重庆:中央训练团印行,1940 年),页 216。

[4] 见侍十组:"讯卅三第四七一号"电文,引自《中央训练团党毕业学员简历册及毕业学员通讯组织办法》,《中央训练团档案》,中国第二历史档案馆藏,档号 723/13。

区收复后问题的研究题目,诸如"战后的伪军应如何处理""战后的汉奸应如何处理"等,交给接近沦陷区的专员县长研究,并限时交回侍十组批阅。后来侍十组还把这些研究报告汇编起来,付印成《沦陷区收复后之处理暨其解决办法》一册,定为研究丛书借供研览。①

而从工作的内容来看,相对侍三处其他各组,负责批阅党政毕业班学员"通讯报告表""读书心得""研究报告"的侍十组人员,显然更需要丰富的学养做后盾。特别是侍十组所开出的毕业学员必读书籍目录,有不少是古文典籍诸如《大学》《中庸》《孟子》《礼运大同》《管子》《张江陵评传》《曾文正公全集》《黄梨洲集》《王安石全集》《康济录》《自卫新知》,若没有雄厚的国学根底,要胜任此工作是有困难。再加上侍十组人员"每天平均要答复通讯数十件",而学员提出的问题又包罗万象,使得侍三处 在挑选侍十组成员时,不但要觅"博览群书"之人,还得找"学有所长"的专家。② 故放眼整个侍三处,侍十组人员素质最为整齐,有牛津大学出身的硕士(组长吴铸人)、华北事务专家、外交方面的专才,还有许多国学底子深厚的人员。③ 所以在侍十组人员回复毕业学员的函件中,会看到他们指导学员"读《自卫新知》的心得,尚属简明,惜无甚发挥",故应各置一部"四库简明目录及书目答问之类"书籍于案头"用备寻检",以为"窥探学问途径之一

---

① 见侍从室第三处编辑:《中央训团毕业学员研究丛书第一辑:沦陷区收复后之处理暨其解决办法》(重庆:侍从室第三处印行,1943 年),缩影资料,中央研究院近代史研究所图书馆藏,编号 MC04236。

② 王大任:《花黎片断》,引自黄翰章编:《花黎结缘三十年》,页 42—43。

③ 冯启宏:《陈果夫与侍从室第三处的组建》,页 19—20。

助"；①或提醒学员"读《行的道理》于因果律，颇饶哲学意趣，惟总裁原讲，本自知行遗教演绎而出，虽贵能知，尤重在行，仍希切己体认"，甚至还大声驳斥《姚江学辨》《学蔀通辨》等著作对宋明儒学之误解，以导正学员视听。②

侍十组主导的通讯联络业务，在 1944 年 5 月修正《中央训练团党政训练班毕业学员通讯组织及督导办法》后做了些调整。不仅侍十组正式扩编成"党政训练班毕业学员通讯处"，通讯联络方式亦改成定期与不定期缴交两种方式。其中，一般报告及读书心得需定期缴交，毕业后半年内每月送缴一次，之后 3 个月一次，10 次以上改为半年一次。研究专题报告则采不定期方式实施。另外在通讯小组方面，仿效党、团的做法，将其组织进一步地严密化。做法包括：在通讯小组之上，增设正、副指导员，并举行"指导会议""联席会议""督导委员会"来监督并指导各通讯小组之运作。另外，强化通讯小组组长的领导地位，赋予考核同组学员的权力③。虽然侍三处对外宣称，此次修法的目的是要"藉集体领导之力量，转移社会风气，增进行政效率，发生示范作用"，并对外强调"此项通讯组织纯为一种服务与示范性之自治体，不另外表示意见，亦无机密性"。④ 但是此次的调整，还是引发外界的猜忌，侍三处人事业务推展之不易由此可窥视出一二。

---

① 侍三处：《复四川雷波县长陈德纯函》，见《中央训练团团刊》，第二十二期（1940 年 5 月 13 日），"党政班学员通讯"，页 173。

② 上述内容分见侍三处：《复三民主义青年团中央团部秘书王函生同志函》及《复江西省党部委员匡正字函》，见《中央训练团团刊》，第二十四期（1940 年 9 月 30 日），"党政班学员通讯"，页 334—335。

③ 《中央训练团党政训练班毕业学员通讯组织及督道办法》，见《训练通讯》，第二二八期（1944 年 6 月 20 日），页 1 183—1 186。

④ 《中央训练团党政训练班毕业学员通讯组织及督道办法》，页 1183。

五、侍十一组:主管分配

侍三处大规模地进行人事调查与考核,又不厌其烦地把人事数据登记起来,最终目的不外乎"求人尽其才,使才得其用"。因此,如何分配工作使之适才适所,至为重要。侍十一组所主管的业务,即在于分配工作上。内容则可概略分为三大项:(1) 工作介绍;(2) 呈保;(3) 选储。

"工作介绍",分为主动介绍与被动安排。需主动介绍工作的对象有三,党政训练班毕业学员、中央各军事学校毕业生、中央政治学校毕业生,但并非每人能介绍到工作。首先,党政训练班毕业学生部分,只有机关裁并或员额减削而至失业,或因现职用非所学不感兴趣,环境不适难有绩效者,才会按照其学经历介绍工作。若是见异思迁而希图转任待遇优厚之工作,或因违法渎职及刑事处分者,则一律不予分配工作。至于党政军校及中央政校毕业生,欲请求分配工作者必须"确系有用之才,闲弃草野,或淹滞下僚者"才介绍工作,以免冒滥。而经由侍十一组主动分配工作之人员,"其工作成绩及德业进修如何,钧经函请各该任用机关长官严密教导,确实考核,随时函告侍三处,以资奖惩"。[1] 至于被动者,则是应其他部会机关之要求,介绍适当人选任职。如当时的教育部长陈立夫,即曾致函陈果夫代为物色社会科学人才充任教育部编审。后来侍十一组即提报王平一等 6 人,给教育部参考。[2] 第一战区经济

---

[1] 见"陈果夫呈蒋中正请鉴核侍从室第三处三年半工作简报及三十一年度检讨报告",页 22。

[2] 见"侍仁分字第 608 号:陈果夫函教育部长陈立夫文",1940 年 5 月 20 日,引自《侍三处推荐各机关征选经济、社会、主计、外语翻译等科人员简历考核表册》,《侍从室档案》,中国第二历史档案馆藏,档号 762/72－2。

委员会主委郑震宇,请求侍三处代觅助手数人,侍十一组亦遴选杜希陵等 13 人供其备选。①

所谓"呈保",是指重要职位人选,如参政员、省府委员厅厅长、地方行政督察专员及其他比较高阶的职位,概以项目呈保,由蒋核定,藉昭慎重。"储选"则为预备性质,经就调查及登记材料分项审核,编造名册以备遴选。侍十一组经常性的工作,就是把经过侍三处调查、考核之各项人才,分门别类,编为各种名册,以为推荐介绍之准备。② 据侍三处的工作报告显示,直至 1942 年,侍十一组编造各项人才名册共有 31 种之多。③ 只是跟侍三处内其他各组的业务做比较,侍十一组主管的分配工作业务量实在不多,所以侍十一组组员在整个侍三处的编制上,人数也最少。

综观整个侍三处负责的业务,从调查、考核、登记、到通讯联络、乃至于分配工作,侍三处在性质上虽只是幕僚单位,但它几乎把当时国民政府内所有的人事相关业务都涵盖进去。其职能不仅跟考试院接近,甚至有凌驾于考试院之上的架势。只是侍三处的跟侍一处、侍二处般号称"中央政府的'凤凰池'",掌握实际的人事权力④需要更深入的探讨。

---

① "侍仁分字第 562 号:陈果夫致郑震宇函",见《侍三处推荐各机关征选经济、社会、主计、外语翻译等科人员简历考核表册》,《侍从室档案》,中国第二历史档案馆藏,档号 762/72 - 13。

② "侍从室业务考核会议第三处工作报告"。

③ "陈果夫呈蒋中正请鉴核侍从室第三处三年半工作简报及三十一年度检讨报告",页 22。

④ 张瑞德:《无声的要角——侍从室的幕僚人员》,《近代中国》,第 156 期(2004 年 3 月),页 141—142。

第三节　侍三处人事档案的征集与管理

国民党从广州时期开始，即构思进一步培训党内的高级干部。从一开始的"国民党学术院"及"清党"后中央训练部计划设立的"中央高级党政训练所"，都是以培训高级干部为宗旨。是以当中央训练团办理党政训练班到一个阶段后，蒋即决定再设置一个专责培训高级干部的机构，那就是成立于1943年1月的"党政高级训练班"（以下简称"党政高级班"）。

蒋之决定设立"党政高级班"，主要是有鉴于"抗建大业之艰巨，与高级干部之缺乏，决于历届党政班毕业同学中，挑选成绩优良，品格纯正，资历相当者若干人，予以适当时间之研究机会，以加强其主管机关之能力，补充其领导办事之学识"。[①] 蒋最初构想是在3年内训练党政高级干部1 200人，来肩负抗日建国大任，因此在1942年6月26日电令侍三处主任陈果夫、中央党部秘书长吴铁城、政治部部长陈诚、教育部部长陈立夫、行政院秘书长陈仪、中训团教育长王东原、中央设计局秘书长王世杰（兼军事委员会参事室主任）、中央组织部部长朱家骅、党政工作考核委员会秘书张厉生、中央宣传部部长张道藩、侍从室第二处主任陈布雷、中训会主任委员段锡朋及中央委员罗家伦、梁寒操、甘乃光等15人为党政高级班筹备委员，并以段锡朋为召集人，在中训会内

---

① 《复兴关训练集（上）》，第一篇"总述"，页48。关于蒋决定创办党政高级班的时间，王东原则称是"1942年党政班第十五期结业后，团长为国家选拔人才，嘱办高级班"的。就党政班各期的开办时间来，党政班第十五期的训练时间是在1941年5月至6月，而非1942年，故王东原的说法应是记忆有误。上述内容见王东原：《王东原退思录》（台北：正中书局，1992年），页32。

成立筹备委员会,同时比照党政班开办初期的做法,于中训团内设置班本部。①

党政高级班的班本部编制,一开始设置班主任 1 人,主任秘书 1 人,下设教务、编辑、总务 3 组,另设独立中队负管理之责。另外,讲师、指导员、教官等,为表尊师重道概由团长聘任之。至于班主任一职初由张厉生担任,郑彦棻任主任秘书。但不久张厉生调任行政院秘书长,改由陈仪代理班主任职务。不过,到了 1943 年 4 月,陈仪以事繁无法兼顾为由请辞,班主任一职仍由张厉生复任。党政高级班第二期开学前,班主任又改由王东原兼任。只是党政高级班的命运跟党政班一样,后来也受到中训团组织缩减的影响在 1944 年 8 月 1 日被裁撤,党政高级班改直属于中训团团本部。故党政高级班第三期开训时,所有的行政事务由团本部办公厅负责,教育事务亦由团本部的教育委员会处理。②

党政高级班的班本部,主要负责训练事宜,受训学员的甄选工作则由侍三处主导。按照高级班选调程序,受训学员先由侍三处提出候选名单,分发各主管机关长官加具意见,再经由筹备委员会审核,呈报总裁兼团长同意后,方可入选党政高级班受训。③ 不过,侍三处虽肩负党政高级班学员选训人员的名单,但是并未制定类似党政训练班"三年调训计划"的选训办法,只是粗略地拟定了一个选拔标准。包括:

(1)学历:必须国内外大学或军官以上学校毕业;

---

① 程式、梅嶙高、张式纶:《中央训练团党政高级班成立及办理经过》,引自国父实业计划研究会编:《复兴关怀念集》(台北:国父实业计划研究会印行,1981 年),页 25。

② 《复兴关训练集(上)》,第一篇"总述",页 48—49。

③ 《复兴关训练集(上)》,第一篇"总述",页 75。

（2）简历：文职简任、武职上校以上人员；

（3）年龄：三十二岁以上；

（4）服务年限：超过十年；

（5）服务成绩：最近每年有三次八十分以上；

（6）党政班受训成绩：在八十分以上；

（7）调查考核结果：在品德、才能、学识、工作成绩俱优、体格健全；

（8）其他：人选须配合急要业务等条件；

（9）限制：必须是党政班毕业学员。①

其初步构想是党政高级班第一期在党政班第一期至第十期的毕业学员中选拔，而第二期则在党政班第十一期至第二十期毕业学员中遴选。话虽如此，但是党政班第三期的学员缪培基、汪一鹤两人迟至高级班第二期才被调训过去。② 另外，党政高级班虽规定学员一定要从党政班毕业，不过也有学员来自中训团内其他训练班，如第三期学员马星野及李继渊就分别来自新闻研究班及党政军人事管理训练班。甚至还有部分学员根本没有在中训团参加过任何训练，也被选送到高级班受训。只是这类学员通常都是党政高层推荐的，像蒋介石就保荐从未在党政班受训过的侍从室第一处少将参议的周炜方进入党政高级班第三期受训。③ 党政高级班第二期的查良鉴也是直接调训党政高级班，其推荐者据查氏本人

---

① 程式、梅嶙高、张式纶：《中央训练团党政高级班成立及办理经过》，页25—27。

② 关于缪、汪二人的考核资料，见《中央训练委员会职员录及该会重要工作周报》，《全宗号723：中央训练团档案》，档号732/1，中国第二历史档案馆藏。

③ 上述资料见《党政高级训练班第三期增调学员名册》，1945年2月22日，（会）5.3/255.8，铅印文件，国民党党史馆藏。

探询结果，是陈果夫及段锡朋。①

　　另据周开庆（党政高级班第二期学员）的说法，侍三处对高级班学员的选调，"为求均衡发展起见"，调训名额会"依据全国省市地区人口的大小多少，作适当的分配"。② 参照党政高级班的学员名册，确实有此现象。举高级班第一期为例，受训人员里以江苏籍最多（27 人），湖南籍其次（18 人），这两省算是人口比较多的。至于第二、三期，仍然以江苏籍的学员最多（19 人、18人），浙江籍其次（18 人、12 人），湖南籍第三（14 人、16 人），同样跟该省的人口数成正比。事实上，党政高级班的学员主要选自党政班，党政班的学员原本就以长江中下游省份人员最多，故江苏、浙江及湖南几省人员入选的机会较大，会有此种现象产生，实不足为奇。③

　　无论是党政班毕业学员抑或党政要员推荐的人，他们一旦雀屏入选，中训会就会依据调训名册，分别开明调训人员姓名、职务、报到开学日期及训练期间，函请相关主管机关（非现职人员则免），并径行通知调训人员查照，这一做法跟党政训练班只函电主管机关并不相同。高级班学员调训程序与党政班另一不同处，是入选高级班学员"非确因特殊事故，不得声请请缓"。此外，调训人员在训练期间原任职务，"主管机关应予保留，原支薪金照常发给"的做法，也比党政班调训办法仅规定党政班学员"在受训期内及受训后六个月，非因过失不得借故停职"要

---

① 查良鉴：《念复兴关》，"国父实业计划研究会"编：《复兴关怀念集》，页 193。

② 周开庆：《健庐忆语》（台北：四川文献研究社，1974 年），页 120。

③ 关于党政高级班各期学员的名单，见中央训练团：《中央训练团党政高级班第一二三期毕业学员名册》（重庆：中央训练团印行，1945 年）一书。

优渥得多。①

　　党政高级班自 1943 年 1 月 8 日开办至 1945 年 7 月 23 日结束班务为止,一共开办了 3 期,每期训练时间长达半年(见表 5 - 2)。其中第一期于 1943 年 1 月 8 日正式开学,当年 7 月 11 日训练期满毕业,知名人士如余纪忠、左曙萍、金德洋、莫萱元、郭紫峻、贺楚强、赵普炬、谷凤翔、沈清尘等人都是第一期的毕业学员。由于第一期训练期间,同样由蒋亲自兼任院长,王东原担任主任,主要是召训陆海空军优秀将校及部分研究国防事务的文职高级专门人员的"国防研究院"第一期亦在同一地点施训,文武两大高级干部训练工作同时会合于关上,第一期训练堪称复兴关训练之最盛时期。② 第二期则是 1944 年 1 月 9 日开学,6 月 25 日结业。本期 毕业的学员跟第一期类似,虽涵括党政军各界,但是金融人士较第一期多。而本期毕业的学员中,较为知名的有周开庆、查良鉴、谷春帆、邵毓麟、刘季洪、黄朝琴、薛光前等人。至于第三期原订于 1944 年 9 月 25 日报到,10 月 1 日开学。嗣以中训团旧址在蒋授意下改办特种干部训练(即罗卓英主持之"桂林西南军官训练班"),受限于房舍不足而展期至 1945 年 2 月 26 日始行报到,3 月 4 日开学,预计 9 月中旬毕业。不过,因抗战行将胜利,

---

① 见《中央训练团党政高级训练班调训办法》,1943 年 7 月修订,引自《训练通讯》,第 49、50 期合刊本(1943 年 11 月 1 日),页 8。至于党政高级班及党政班调训办法的差异,引自《复兴关训练集(上)》,第一篇"总述",页 86—91。

② 抗战时期的"国防研究院",仅办一期。其训练时间从 1942 年 12 月 14 日至 1944 年 1 月 30 日,时间长达一年。至于学员,人数仅 43 名,主要是召训陆海空军优秀将校及部分研究国防事务的文职高级专门人员。而学员结业后,大都以驻外武官名义派赴世界各国考察一年,在 1945 年陆续回国,是战时国民党最重要的军事干部训练机构之一。关于重庆国防研究院,见魏汝霖:《重庆国防研究院成立及办理经过》,引自国父实业计划研究会编:《复兴关怀念集》,页 1。

故提前于 7 月 23 日毕业。第三期的学员除选调党政班第二十一至三十一期结优良的学员之外,为了避免挂一漏万之失,还增调了党政班第一至二十期优秀学员,其中像马星野、吴兆棠、萧至诚、邓继禹、张金鉴、杨玉清、屈卓吾等人都毕业于第三期。[①] 而党政高级班第三期毕业未久,日本即宣布投降,在国民党中央忙于沦陷区接收复员及还都事宜情况下,中训团团本部亦决定迁回首都南京,党政高级班的调训工作至此亦告一段落,正式地画下了休止符。

表 5 - 2　中央训练团党政高级班各期开办情况一览表

期别	训练时间	受训人数	学员来源	备注
第一期	1943.1.8 —7.11	153 人	由党政班第一期至第十期毕业学员中选拔300 人,提付筹备委员会审核	原订训练时间为 1 年,后改为9 个月。嗣因受训人员各有重要工作,最后定案为 6 个月
第二期	1944.1.9 —6.25	147 人	由党政第十一期至第二十期结业学员中遴选。另外,奉蒋指示应先顾到各急要部门干部之训练,因此各急要部门二年来考绩最好及任职成绩最佳者,优先录取。故本期学员有多名非党政班毕业学员	此时因张厉生辞职,班主任改由王东原兼任

① 中央训练团:《中央训练团党政高级班第一二三期毕业学员名册》一书。

续表

期别	训练时间	受训人数	学员来源	备注
第三期	1945.3.4—7.23	129人	主要从党政班第二十一期至第三十一期结业优良的学员选拔,此外亦增调党政班第一至第二十期毕业学员受训	第三期原订1944年10月1日开学,后因故展延至次年3月开办

＊上述数据参考自程序、梅嶙高、张式纶:《中央训练团党政高级班成立及办理经过》,国父实业计划研究会编,《复兴关怀念集》,页25—27。

由于训练长达半年时间,党政高级班的训练课程与党政班有些不同,分共同必修与分组专修两种(见表5-3)。共同必修为一般课程,全体学员均须听讲;分组专修则为专业课程,各组学员分别听讲。各组设主任教官一人由政府主管部会首长兼任,负责该组专修课程之讲授与指导事宜。讲授的顺序,按训练阶段的划分,先讲授共同必修课程,接着才讲授分组专修课程。[①] 而从整个课程表来看,党政高级班所安排的讲授科目有下列几项特色:

表5-3　党政高级班讲授课程科目一览表

共同必修课程科目
＊精神训话　＊革命哲学　＊总理遗教　＊总裁言行　＊中国固有哲学＊革命方略　＊中国社会之研究 ＊中国礼俗史　＊军事基本原理　＊理则学　＊党的组织与运作　＊青年团团务与青年组训　＊法律概论 ＊中国法制史　＊各国政党　＊社会政策　＊经济政策　＊机关组织 ＊社会调查　＊中外官制　＊外交礼节　＊社会心理学　＊铨叙制度 ＊实业计划之综合研究整论——实业计划之政治学考察、实业计划之经济学考察、实业计划之技术方面的考察

---

① 中央训练团复兴关训练集编纂委员会编:《复兴关训练集(上)》,第二篇"训练实施",页353—354。

共同必修课程科目
＊现代政治学说及制度——现代各国政治学说、现代各国政治制度、中国现代政治学说及制度
＊现代经济学说及组织——现代各国经济学说、现代各国经济组织、中国现代经济学说及组织
＊科学概论——科学在近代国家组织中的地位、化学及冶金业对近代文化之贡献、物理学对近代文化之贡献、生物学对近代文化之贡献、地质学对近代文化之贡献
＊业务管理——总论、人事管理、文书管理、物品管理、财务管理

民政组	财政组	经济（交通）组	教育组
主任教官:张厉生 ＊省政问题 ＊新县制之检讨与改进 ＊户政问题 ＊地政问题 ＊役政问题 ＊警政问题 ＊民众组训问题 ＊卫生行政问题 ＊战时财政 ＊战时粮政 ＊自治财政 ＊合作事业之研究 ＊教育行政 ＊国民教育问题	主任教官:徐堪 ＊战时财政 ＊财政与金融 ＊战时粮政 ＊关政 ＊盐政 ＊货物税 ＊直接税 ＊专卖 ＊土地税 ＊公债 ＊公库与财政收支系统 ＊自治财政 ＊会计制度 ＊预算制度 ＊币制与银行制度 ＊中央银行概论 ＊四联总处之任务 ＊国际汇兑 ＊战后国际货币金融问题 ＊金融复员 ＊财务行政 ＊新县制之检讨与改进	主任教官:陈豹隐 ＊农林建设 ＊水利建设 ＊工矿建设 ＊交通建设 ＊中国劳工政策及劳工问题 ＊对外贸易问题 ＊合作事业问题 ＊实业计划之综合研究各论 1. 概况 2. 交通建设 3. 港埠建设城市建设 4. 水利建设 5. 农林建设 6. 人口政策与移民问题 7. 民生工业建设问题 8. 工业建设 9. 各部门建设资金之运转与特定国家银行之运用	主任教官:陈立夫 ＊教育思想与教育问题 ＊国防教育问题 ＊教育现况及改革 ＊训育与军训问题 ＊体育与卫生问题 ＊高等教育问题 ＊中等教育问题 ＊国民教育问题 ＊社会教育问题 ＊边疆及侨民问题 ＊战区及特种教育问题 ＊教育行政 ＊新县制之检讨与改进 ＊自治财政 ＊民众组训问题
外交组			
主任教官:王宠惠 ＊中国外交政策 ＊第一次世界大战以来我国参加之国际会议 ＊新县制之检讨与改进			

续表

分组专修课程科目			
民政组	财政组	经济（交通）组	教育组
＊战时财政 ＊教育思想与教育政策	＊地政问题 ＊对外贸易	10. 各部门建设之技术的因素及经济的因素二者间之密切配合及严正考核 ＊地政问题 ＊战时财政 ＊财政与金融 ＊自治财政 ＊战时粮政 ＊战后国际货币金融问题 ＊金融复员	

第一，高级班学员大多数接受过党政班的训练，因此课程的安排"力避与党政训练班教材及大学教本内容重复"，是以普通教材大都省略。而改就与领导相关的科目"作深切之研究，以培养主管事务之能力"；①

第二，高级班成立之初，即明定"训练要旨"须以孙中山的实业计划与国防十年计划为训练中心，尤其是"实业计划"，蒋特别叮咛要加强注意讲解与设计，故课程中与"实业计划"相关的科目甚多，像共同必修课程的"实业计划之综合研究整论"、分组专修课程经济（交通）组的"实业计划之综合研究各论"等科目均是；

第三，蒋除直接指定开设"实业计业"相关课程外，还亲下手谕订定其他课程，例如共同必修课程中的"理则学""科学概论""法律

① 《中央训练团党政训练班高级班教育计划》，引自《训练通讯》，第 26、27 期合刊本（1942 年 11 月 1 日），页 16。

概论""中外官制""铨叙制度""外交礼节"等,都是蒋下令开设者。此外,蒋还亲自为一些科目如"革命哲学""业务管理"手订课程纲要,凡此种种都代表蒋对党政高级班的重视;

第四,党政高级班的训练课程在讲授结束后,还安排二个小时"集体讨论",其主要是"综合各分组讨论之结果,由各担任教官与学员再作共同之讨论,期成为共同之意见与主张,以收统一之实效"。① 此种做法,也和党政班的方式不同。

至于党政高级班的训育措施及管理方式,高级班学员入学后同样需填具"自传"及"报告书"等资料。高级班学员的自传以"三千字为度",撰写要点则和党政班并无多大差异。至于"报告书"的内容主要有 5 点:

(1) 党政班毕业离团后服务经过和感想;

(2) 对现时服务机关主要工作改进意见;

(3) 对本班训练实施之意见;

(4) 自我批评(本人性情、气度、才能、学识、经验及待人处事等,分别提出优劣之点);

(5) 今后对于事业之志愿。②

不过,党政高级班的训育措施与考核跟党政班也有下列 5 点

---

① 见中央训练团复兴关训练集编纂委员会编:《复兴关训练集(上)》,第二篇"训练实施",页 355。

② 自传及"中央训练团党政高级训练班学员报告书"写作要点,见《军事委员会侍从室人事登记资料袋:刘瑶章》,编号 03263,"国史馆"藏。关于"报告书"的格式内容,第三项"对本班训练实施之意见"有点奇怪。盖学员撰写报告书是在开学前一天,因此还未正式施训,此时即要学员提出建议,时间点似乎不对。无怪乎刘瑶章在其"报告书"中写道:"本班训练尚未开始实施,因而无从表示意见。如果勉强就教育实施计划表示意见,我想这意见也未必正确或成熟",所以刘瑶章只好提出个人对训练的"片面希望"来代替。

不同：

第一，强调自觉、自动、自治的精神，故未设训导机构与训导人员。与训导相关的活动，改由主任教官、教务组及队上官长分别负责。党政班第二期毕业，后又奉调党政高级班第二期受训的吴开庆就觉得高级班"生活比较自由"，而且"自习室和寝室，都较为宽敞"；①

第二，训育活动项目除党团活动及各种讨论会外，着重于"研究"，而研究分为读书报告与毕业论文两种；

第三，读书报告须依照团长手令所订之参考书目，至少选择一本圈点精读，并把圈点不同书籍者编为一读书小组，交换心得，并提书面报告交教育组印发；

第四，党政高级班毕业论文其做法是依《实业计划》《国防十年计划》及《中国之命运》等要旨，分订政治建设计划、经济建设计划、文化建设计划、社会建设计划四大类选定题目，经论文审核委员会核定，并指定教官指导，即开始撰著，至结业前一周呈缴。因此其形式比较接近一般定义的"论文"。这和党政班毕业论文的实施方式有很大不同，相对地其对学员成绩影响也较大。②

第五，学员毕业后的考核表内容，也较党政班繁琐。其考核内容分为五大类：

（1）生活方面：由编入的队部长及授课的主任教官考评。

（2）听讲方面：由授课教师负责考核，考核分项有思想、见解、

---

① 周开庆：《健庐忆语》（台北：四川文献研究社，1974年），页120。

② 中央训练团复兴关训练集编纂委员会编：《复兴关训练集（上）》，第二篇"训练实施"，页356。

文字及学养等部分。

（3）讨论方面:根据分组及集体讨论的结果考核。

（4）论文方面:主要是针对学员之毕业论文。

（5）舆评:数据源有侍三处的调查资料、直属长官之考语、学员自评的内容及同期同学的看法。

在考核的项目中,"舆评"系由多人共同评论,难免出现观点回异的现象。像时任湖南第八区行政督察专员、复兴社社员的仇硕夫(高级班第一期),陈果夫的舆评是"言语稍跨,但肯用心观察一切,且能扼要";但陈仪给的评论却是"心粗,欠实在,少条理,少常识"。两人之看法,出现南辕北辙的情形。① 同样的状况也出现在四川省立教育学院教授许公鉴(高级班第一期)身上,陈果夫称此人"对教育热心,能打破现状";可是陈仪却认为该员"思想保守",两者的评论是有出入。②

因为"舆评"会有差异,所以最后根据上述五大项内容所作的"总评"最为重要。举时任陕西省民政厅厅长的张梅谷(高级班第一期)为例,其"舆评":

> 思想保守,负责任,气度中,能力尚强(乙,陈仪评);内刚外柔,不喜与人难堪,不苟且,肯吃亏,作事负责有计划,尚能应付环境(自我批评);心志专一,内刚外柔,态度自然,待人宽厚,处世接物毫不苟且,有应付及经理能力(同期同学程序、仇硕夫、沈清尘等人同评);直率,希望警政(陈果夫评)。

他的总评是:

---

① 《军事委员会侍从室人事登记资料袋:仇硕夫》,编号 00753,"国史馆"藏。

② 《军事委员会侍从室人事登记资料袋:许公鉴》,编号 07505,"国史馆"藏。

仪态平和,意志尚坚定,研习市政,尚有组织管理能力,文字通畅,学识亦可,作事负责,惟才欠开展,行为稍欠谨饬,须加律己工夫。①

蒋命令侍三处积办党政高级班,目的就是为了替国家储备未来"栋梁之材",所以受训学员毕业后的工作分配也备受瞩目。对于党政高级班学员毕业后的任用问题,班本部也相当地重视,早在党政高级班第一期训练接近尾声时(1943年5月29日),即针对上述问题召开讨论会议,先制定了"党政高级班第一期毕业学员使用及选派办法"。② 该办法明定,无现职的毕业学员"应分别派任职务"。③ 其中,姚雪怀、韩梅岑等12名无现职的毕业学员被蒋指派至侍三处担任视察委员。④ 而随着党政高级班第二、三期的开办,国民党还专为高级班学员制定《党政高级班训练班毕业学员统一任用办法》,其主要的规划有两大方向:

第一,派任中央党、政、院、部、会及各省市机关之幕僚长或单位工作主管,幕僚长或单位主管无缺额时,则加派委员、秘书、参事等职主持或协助主持该机关;

---

① 《军事委员会侍从室人事登记资料袋:张梅谷》,编号06528,"国史馆"藏。

② 见《党政高级班第一期毕业学员使用问题讨论会记录》,1943年5月29日,《特种档案》,国民党党史馆藏,001/2.2-23。

③ 见《党政高级班第一期学员使用及选派办法》,《特种档案》,国民党党史馆藏,001/2.18,毛笔原件。

④ 见《侍三处致金德洋等函:奉谕派任视察工作及负责整理国防十年计划》,《特种档案》,国民党党史馆藏,001/2.1-1。蒋指派至侍三处担任视察委员的名单如下:姚雪怀、韩梅岑、汪祖华、李钰、高尚忠、张梅谷、邰履均、林荫根、高其冰、蒋元勋、黄哲真、骆力学。将无现职学员派至侍三处,其实是蒋的意思。后来侍三处秉承蒋意,特拟定报告书《拟派高级班无工作学员姚雪怀等为本处视察》(《特种档案》,国民党党史馆藏,001/2.1-12)一文与蒋,蒋遂同意指派上述12人至侍三处任职。

　　第二，派充各国营事业机关主管或副主管，无缺额时则加派副主管一席主持该机关之设计考核工作并负责建立其人事制度。①

　　无论是派任行政机关幕僚长抑或国营事业主管，党政高级班学员毕业后前途似不可限量，"从此官运亨通，青云直上"②。这让主导党政高级班受训人员遴选工作的侍三处受到外界侧目，甚至引发其他势力的掣肘。会有这种情况产生，跟陈果夫个人的派系背景有绝对关系。

　　长久以来，陈果夫一直被指为国民党 CC 系的领袖。而自国民党"清党"之后，CC 系利用中央政治学校及各地方的干部训练机构培植自己势力的传言也一直甚嚣尘上，所以由陈果夫主持的侍三处主导人事工作并负责遴选党政高级班的受训人员，引发了党内其他派系的疑虑。罗时实即指称侍三处在国民党中常会提出党政高级班第一期受训学员候选名单时，就看到列席国民党中常会的几位委员，"露出一种仇视兼带讥讽状态"。侍三处事后尝试要化解误会，"特分访双方有力人士"，以每月聚餐方式增加"接触机会，沟通意见"。③ 但是从朱家骅档案里可看到，当时出任中央组织部部长的朱家骅在接到侍三处呈送的党政高级班第二期"学员简历册"后，他直接用毛笔在学员名字下方分别注记"西"（即 CC 系）、"黄、军、青"（黄埔系和青年团）、"孔"（孔祥熙）、"政"（政学系）、"段"（段锡朋）、"地、无"（意指为顾及省籍分布所调训的地方人士或无派系背景者）及"高"（疑为高层直接指名调训）及"留"（应为具

---

① 《党政高级训练班毕业学员统一任用管理办法草案》，转引自《特 001 档案—中央训练团卷》，(特)001/2.1，国民党党史馆藏。

② 洪永叔：《中训团党政班和党政高级班受训记实》，《文史资料存稿选编·军事机构(下)》，页 790—791。

③ 罗时实：《花黯忆语》，页 7。

留学背景者)等代号,并自行估算扣掉"地、无"背景的 51 人不计外,"西"所占人数最多(共 40 人)的举措来看,似乎疑虑未消。[1]无怪乎党政高级班第一期学员毕业前夕,传出蒋有意指定一省或若干省份地区为党政高级班学员任职的示范区消息时,政学系的张群会出面劝阻,希望蒋"慎重使用为要"。[2]

　　同样的情形,也出现在制定《党政高级班毕业学员统一任用管理办法》时。原先中训团提出的《党政高级班毕业学员统一任用管理办法草案》,要设一个党政高级班毕业学员的"督导委员会",并建议蒋就侍二、侍三处主任,中央党部秘书长,训练委员会主任委员,党政工作考核委员会秘书长,考试、行政两院副院长及秘书长,中训团教育长,党政高级班主任等 11 人中,"指定五人组织督导委员会"(草案第二条)。草案中还把各主管长官对于各毕业学员之考绩结果,其复核权也转到该"督导委员会"手中(草案第七条)。另外,蒋对各学员工作上的指示,也改由"督导委员会"直接以密令方式行之。另外,草案第六条也规定学员对于蒋"有所陈述或建议时,亦得随时密呈委员会核转"(草案第六条)。针对此种意图削减侍三处在党政高级班影响力的建议,侍三处的反应很激烈,直接在草案上批文,上述权力均"应由本处秉承委座办理"。[3] 从各派系在党政高级班彼此的倾轧情形来看,侍三处要推动人事业务确实不容易,这也不禁让人怀疑由侍三处负责的党政班毕业学员督导工作之成效了。

---

① 《中央训练团党政训练班(一):教职学员名册》,《朱家骅档案》,编号 123‐(1)。

② 沈沛霖(清尘)口述,沈建中整理:《耆年忆往》(南京:江苏文史资料编辑部,1997 年),页 190。

③ 《党政高级训练班毕业学员统一任用管理办法草案》,《特种档案》,国民党党史馆藏,001/2.1。

第四节　侍三处人才数据库的实际运用与影响

《陈果夫传》作者徐咏平在总结陈果夫主政下的侍三处的人事工作时指出，侍三处共有5大成绩：

（一）树立全国人事调查、登记、考核之基础；

（二）策进人事制度之建立；

（三）运用与党政训练班通讯之联系，使上下沟通，精诚团结；

（四）翊辅领袖，担任人事参谋业务，选拔人才，加强管制，督导干部，建立示范作用；

（五）协助铨叙部致力于人事制度之树立，人事机构之设置，人事管理人员之训练、培养与人事管理技术之改进。[1]

确实，侍三处对抗战时期国民党的人事业务帮助不小。我们举侍三处复核的"中央行政机关二十九年度所报工作最努力人员""军事委员委会所属各部院会厅所二十九年成绩或功绩特优人员报告表"及"中央党部及行政院各部会密报副部长以下、科长以上成绩最优人员名单"等事项为例，侍七组及侍九组的核实工作做的非常认真。原本"中央行政机关二十九年度所报工作最努力人员"共核报76人，但经侍七组调查后，仅47人可列为甲等，23人列为乙等，有6人列为丙等。[2]"军事委员委会所属各部院会厅所二十九年成绩或功绩特优人员报告表"之特优人员有65人，侍七组的

---

① 徐咏平：《陈果夫传》，页830。

② 上述资料参阅自"中央行政机关二十九年度工作最努力人员考核比较清册"，案目：中央政府人事（二），《特交档案·政治》，《蒋档》，"国史馆"藏，典藏号002080101009003。

调查结果 47 人可列为甲等,17 人只能列为乙等,1 人列为丙等。^①
"中央党部密报成绩最优人员"有 10 人,侍七组调查后,2 人列为甲
等,7 人列为乙等,1 人列为丙等。至于"行政院各部会密报成绩最
优人员",原核报共有 87 人成绩最优,但侍七组调查结果,仅 39 人
有资格列为甲等,41 人只能列为乙等,7 人列为丙等。^② 而且调查
内容与原单位考评,差别非常大。像侨务委员会所举报工作最努
力人员之一的王某,原单位考评系"努力工作成效斐然",^③但侍三
处调查结果却是:

> (该员)贪鄙自私,头脑冬烘,能力平凡,工作尚能遵守办
> 公时间。惟思想落伍,故其办理案件、编拟工作非属陈旧,即
> 涉空泛,且喜捏造事实夸大工作,致往往不能适应环境,无法
> 进行。例为所拟廿九年度管理处工作计划,核其内容与廿八
> 年度计划相同,而廿八年度工作计划又与廿七年度无异,不过
> 将题目变换颠倒而已,此事曾经行政院加以指斥。又如廿九
> 年度工作报告,所谓维持华侨既得地位,鼓励华侨捐款救国等
> 等,其实均未办理。查卷可知综其工作,除办理例行公事外,
> 实无何种成就及贡献,更非同级中最优者。查其被保原因,闻
> 以该员在该会为一挑拨离间份子,平时常将各同事动态妄捏
> 事实,向长官报告。该会廿八年迁乡后,该员每星期报告之私
> 函至少四封(同事名之为情报司长,均耻不与言),长官喜其阿

---

① "侍从室呈蒋中正军委会所属各部院会厅所二十九年成绩或功绩特优人员报告表",
　案目:中央军事机关人事(二),《特交档案·军事》,《蒋档》,"国史馆"藏,典藏号
　002080102018008。
② "陈果夫呈蒋中正中央党部及行政院所属部会最优人员",案目:中央政府人事(二),
　《特交档案·政治》,《蒋档》,"国史馆"藏,典藏号002080101009005。
③ "中央行政机关二十九年度工作最努力人员考核比较清册"。

诔顺旨,因之视为心腹,逐年提升,并保为最优人员。①

另外,连续两年被司法行政部提报为工作成绩最优人员、最努力人员的某朱姓司长,原单位的评语甚佳,推崇朱某"才具开展,督率有方,悉心擘划,不辞劳怨"。如此一位"对所属业务之进展随时督促进行,莫不悉心筹划"的绩优人员,在侍七组的调查报告里却是:

> 人:好钻营,善逢迎,喜冶游,性粗鲁,卑鄙龌龊,无所不为,大为人所不齿。与居正之女婿朱干青,义子朱子规结为羽党,总揽司法院下财政大权,颇有齐国三子之势,时人讽之居氏统治司法界下之"三朱"。即寓"三猪"之意也。学识平庸,一无所长,惟凭借势力,独断独行,魄力颇大。该部部长谢冠生颇器重之。
>
> 事:曾任司法行政部办事员,司法院秘书,系谢冠生之僚属,嗣谢氏长司法行政部时,即随任现职,主总务司事务,为便于行使职权计复兼庶务科科长之职,独揽财政大权,关于操守问题,议者纷纷,民二十九年因与谢氏同类关系,得举为特优人员,当时全部哗然,颇为不满,以其才浅德薄而论,似不足以为人表率。②

同样情形,亦出现在侨务委员会的陈姓科长身上。此位"能力甚强、操守亦佳",性格"清勤敏慎""谨慎有条",而连年被侨委会举报为工作最努力、考绩最优人员的陈姓科长,经侍七组调查后发现该员:

---

① 《侍从室人事登记卷》,"国史馆"藏,编号14578。
② 《侍从室人事登记卷》,"国史馆"藏,编号01880。

　　品格贪污，行动活泼，学识浅薄，较之同级职员，实在中等以下。其贪污事实，为该会二十八年建盖房子及凿防空洞渠揩油约二千元，该员原系会计员，该会报告销积数年未办主管迭次饬办仍无结果。二九年秋，会计员令委刘岩仑充任，陈调任科员，而刘因前出纳会计非其经手，不肯负责办报销，主官有其难言之隐，仍命陈办理报销并为提升一级，陈则要求加夜工（现已加三个月每人月另贴四十五元）。综陈之工作毫无成绩可言，更非同级中之最优者，查其被保原因，以该员系该会陈委员长树人公子陈絮与之同学，由絮与介绍在该会工作。二九年春，事务科长李竹间去职，另派陈英材充任，英材为陈委员长之亲侄，原为委任八级升为科长，云礼以位本在英材之上，愤而辞职异并以报销有问题相要挟，主官无法，仍提升云礼为委任一级科员负责专办以前报销，此中情弊，不实而喻。①

　　上述调查报告，跟原机关的考评根本南辕北辙，对人事的综核名实确实有不错的效果。

　　不仅侍七、侍九两组工作发挥效果，其他各组亦不遑多让。像主管登记的侍八组，他们在任命之初，以些许人力于"既非素习，又乏成规"的情形下，以"制一表，创一法，一名之拟，一字之差，必反复切磨而后定"的态度，能于"不数年而成体系，具规模"，为国家搜集众多的人事资料。② 另据由侍十组扩编的"通讯督导处"之统计，至 1944 年 7 月 31 日为止，"共收到毕业学员的通讯文件达 73 425

① 《侍从室人事登记卷》，"国史馆"藏，编号 17388。
② 姜超岳：《花谿述往》，见黄瀚章编：《花谿结缘三十年》，页 25—26。

件",该组工作份量十分吃重。① 此外,由侍三处解编后,移交给国民党中央组织部的业务清册显示,移交的业务文卷共 3 463 册,其中工作分配案就有 3 367 件之多,由此可见主管人事分配的侍十一组亦克尽职责。②

侍三处人员如此积极努力从人事工作,但可惜的是他们的建议有时不被当局接受。我们举侍七组为例,他们的人事调查报告揭发了许多不为人知的面目,但这些负面数据对当事人的升迁似乎影响不会太大。当时四川粮食储运局局长康宝志,即是最好证明。康宝志,字心之,系四川巨绅,美丰银行所有人康心如之弟。应当时粮食部部长徐堪之邀,出任四川粮食储运局局长一职,徐堪并以其"擘划周详,处理适当,并将原有经营商业完全辞去,专心从公,尤为难得",提报康宝志为 1941 年度粮食部成绩最优人员之一。③ 但是侍七组的调查报告却指康氏:

> 为四川巨绅心如、心远之兄弟,尤为重庆市闻人,交游广阔,乃当时陪都金融之巨子经营平民商业等银行,有操纵物价支配金融之势力,兼任参议员等多职与张伯苓等有戚谊,与四川军人及卢作孚、何北衡、刘航琛等有联络,粮食部成立徐堪以现职盖借以拉拢,现又派兼该部参事,可以左右一切至该局组织扩大开支浩繁,冗员亦多,对粮政虽有助力,然实为一商

---

① 通讯督道处:"五年来办理党政班毕业学员通讯督道考核工作之经过及业务检讨",《中央训练团党政训练班(二):公函杂件》,《朱家骅档案》,"中央研究院"近代史研究所档案馆藏。编号 124 -(1)

② 《军事委员会侍从室第三处业务移交清册》,《国民政府档案》,"国史馆"藏,典藏号 001032000013。

③ "陈果夫呈蒋中正中央党部及行政院所属部会最优人员",案目:中央政府人事(二),《特交档案·政治》,《蒋档》,"国史馆"藏,典藏号 002080101009005。

人市侩也。①

根据侍七组的调查内容，侍九组遂以"未脱商人气习，才德均不足道"为由，改评为"丙等"。但是此一负面评价并未影响到康宝志，康氏在1944年仍经粮食部呈报，奉颁五等景星勋章。抗战胜利后，粮食部更以康员"悉心筹划，勤力以赴，卒使粮食供应无缺，粮价亦较稳定"，"调变之功，殊有足多"的名义，呈报中央进一步授予四等景星勋章。② 不只康宝志如此，前述在侍七组的调查报告里，评价甚低的司法行政部朱姓司长、侨委会陈姓科长及王姓科长，也并未受到影响，官运仍一路亨通。"卑鄙龌龊，无所不为，大为人所不齿"的朱某，在1944年高升为监狱司司长，并于抗战结束后，也获颁五等景星勋章。另外，"品格贪污"的陈某，则在1942年因"兼办城乡各事有条不紊，办事勤谨"，获得晋级。至于"品性贪鄙自私，头脑冬烘"的侨委会王某，也升任移民科科长。③ 由此显见，侍七、侍九组考核调查的结果似乎仅供参考而已，有时对当事人仕途升迁影响不大。

主管人事分配的侍十一组，也有类似情形发生。前面曾提及，自1939年7月至1945年9月底，侍三处共有3 367件工作分配案，亦即侍十一组替3 367人分配工作。不过根据资料，侍十一组所谓之工作"分配"，充其量只能算是"推荐"。因为至1942年底，呈请分配工作者有92人。但经侍十一组考核后，"认为无须调派工作者计294人，其余608人，经分别为之介绍后，有结果者仅118

---

① 《侍从室人事登记卷：康宝志》，"国史馆"藏，编号25142。
② 《民国三十四年国庆授勋案》，《国民政府档案》，"国史馆"藏，典藏号001035111055。
③ 分见《侍从室人事登记卷》，"国史馆"藏，编号25142、01880、17388。

人"。① 以此比例来推算,经由侍十一组分配到工作的人数,可能未达 500 人,而且职位大都不高。因此,侍十一组的功能并未完全地发挥出来。

不只工作的分配未尽理想,连侍三处向蒋"呈保"的高阶人员,蒋也未必照单全收,包括蒋自己在侍三处成立之初,要陈果夫多注意"可任秘书长及民政厅厅长之人选"亦是如此。② 以 1944 年祝绍周受命出任陕西省主席为例,当时侍三处风闻陕西省政府改组,亦提出适任省府委员的党政高级班毕业学员刘锡五、贡沛诚等 15 人名单,供蒋参考。但事后获得蒋青睐而获选者,只有杨尔瑛、李崇年、王友直 3 人而已。其中,王友直及李崇年两人本来就是祝绍周口袋中的人选,非全然是侍三处的推荐。③ 不仅如此,蒋对陈果夫呈保的高级干部人选也不太买账,甚至不假辞色斥责。像陈果夫曾推荐货币学专家、担任侍三处审核专员的黄元彬,出任中央银行副总裁,就遭到蒋严厉的责骂,斥责陈果夫"不知份量,滥保人员,不负责任"。面对蒋的严厉责骂,陈果夫回函辩称,他跟黄元彬原本不认识,"因三处处理人事考核,察知其才能品学,乃邀来三处任审核室主任专员"。而且"黄为国内货币学之权威,其发表关于财政金融之论文为中外识者所争传",其学识背景实乃央行副总裁之适合人选。故他推荐黄氏是"经审慎考虑,负责荐举,何敢消涉幸滥上累",但最终仍不为蒋接受。④ 侍三

① "陈果夫呈蒋中正请鉴核侍从室第三处三年半工作简报及三十一年度检讨报告",页 22。

② 《陈果夫先生日记摘录》,"1939 年 5 月 31 日"条,见徐咏平:《陈果夫传》,页 886。

③ 《祝绍周等呈报陕西省府改组事宜并拟省委人选案》,案目:中央政府人事(三),《特交档案·政治》,《蒋档》,"国史馆"藏,典藏号 002080101010004。

④ 《陈果夫上蒋中正函》,《蒋中正"总统"文物·特交档案》,"一般资料·书翰",档号 0802200,第 621 卷,目次 43,时间不详,毛笔原件。

处虽号称是蒋的最高人事幕僚机构，但在人事的建议权上未具有相对的地位。

　　推荐人事未获蒋青睐，侍三处在"推动全国人事行政"上，成效也不如预期。"推动全国人事行政"本来就是陈果夫筹设侍三处重要的工作项目，是以陈果夫在草拟"侍从室人事处组织条例草案"时，"为求集思广益起见，得设人事会议，研究人事制度及关于人事之评判计划设置"，将国防最高委员会秘书长、国民党秘书长、中央组织部部长、中央宣传部部长及侍一处主任、侍二处主任、参事室主任、教育部部长、政治部部长、青年团组织处处长、社会部部长、铨叙厅厅长、中央各军事学校毕业生调查处处长、中央政校毕业生指导部主任，横跨党、团、军、政各主管人事的部门首长延揽成为会议成员，①并指此一全国性人事会议的召开为侍三处工作程序的首要工作，以资重视。② 因此，在陈果夫初拟的人事处组织办法中，即有"人事会议组织规程"。这个办法明定，人事会议由侍三处主任召集各机关主管讨论人事相关事项，诸如人事处重要章则、荐举各种人才评定优劣、研究培养人才之方法、人事制度之改善、听取人事处之工作报告、听取有关人事之重要调查报告及委员长交议事项等，会议每月举行一次。③ 只是如此详尽的草案，遍查相关档案及资料，此一全国性的人事会议似乎不曾召开。虽说侍三处的成立刺激到考试院，因而有第二次全国人事行政会议的召开。④ 但是

---

① "侍从室人事处组织条例草案"。
② "国民政府军事委员会侍从室人事处工作程序草案"。
③ "人事会议规程"：《国民政府组织编制》，《国民政府档案》，典藏号0010421000043，目次1952—1955。
④ 考试院会在5年后才召开第二次全国人事行政会议（1940年3月），不可否认是受到侍三处刺激。戴传贤在写给考试院同仁的信中说："从前中央无意建立人事行政，考试院得以太平保持至今，半为无争无竞，无何种利害冲突。今中央已用 （转下页）

在这场会议全部出席人数共67人,侍三处的代表仅有1位,不能视为侍三处推动全国人事行政的绩效。①

更甚者是,侍三处为推进全国人事行政所制定的办法,相关单位的配合度也不高。以侍八组的“征集各机关人事材料办法”为例,该办法中要求各机关每月应检送荐任科长以上人员的人事动态及人员调查表。② 但许多机关根本罔视此一规定,或不符格式或延迟检送,甚至并无下文。侍三处即曾向代为执行“征集各机关人事材料办法”的国民政府文官处抱怨,各机关造送之材料,“多与规定不符”。③ 侍三处会有这种怨言,并非无的放矢,因为连文官处自己也多次未按规定缴交。在一份致文官处的文电里,侍三处称:

> 本处前以编造中央及地方各机关荐任科长以上人员动静态

(接上页)全力发动考铨行政,若仍旧是过去十年间之保守政策,既不足以应政治之要求,而独自孤行己志,亦复难望得中央地方一切机关之分工合作,行之有效。……因此故贤深觉在最近期间,有仿照前例,召集考铨会议之必要,惟刻下交通困难,经费不易,可先召集一中央各机关之人事行政会议”。见戴传贤:《致本院钮副院长暨同人书》,1939年12月2日发,转引自考试院考铨丛书指道委员会:《戴季陶先生与考铨制度》(台北:正中书局,1984年),页367—368。

① 对于此次人事行政会议的召开,侍三处人员常自诩是他们增加了考试院的活力,因而有第二次大规模全国人事行政会议的召开(见罗时实:《花谿忆语》,页5)。这种说法,其实有点牵强。盖此次会议全部出席人数共有67人,但侍三处的代表只有1人,并不特别突出。反而从考试院公布的“中央人事行政会议规程”第一条开宗明义指该会议之召开,系“考试院为建立及推行属于本院职掌之人事行政制度”,特别强调“本院职掌之人事行政制度”一事来看,让人觉得考试院在相隔五年后,才召开第二次的全国人事行政会议,是向侍三处宣示主权,它才是真正管理政府人事行政的总枢所在。见“中央人事行政会议规程”:《人事管理条例(一)》,《国民政府档案》,“国史馆”藏,典藏号001012040038,目次793—795。

② 见“侍三处征集各机关人事材料办法”。

③ “侍三处致国民政府文官处信函(名称为作者自取)”,见《人事管理条例(三)》,《国民政府档案》,“国史馆”藏,典藏号001012040040,目次1058。

表册,经拟订人事材料征集办法函请贵处查照办理在案。惟查每月人事动态表未准按期造送(计缺一至四月份),兹以急需参考,相应函达即希查照,惠予办理。以后仍盼按月填送,并于次月五日前寄出为荷。①

虽说文官处在接到来函后,立即补上该份人事动态表。但过了几个月后,文官处又故态复萌,未上缴八、九、十月份的人事动态表,让侍三处不得不又以蒋"亟待参考"为由,再一次发函催促文官处尽快补上人事动态表。②

此等不太配合的情形,也出现在国民党中央组织部身上,其敷衍的事项,则是侍九组针对党政训练班毕业学员的考核业务。对于党政毕业班学员的考核项目中,有一项是直属长官的考核。但是对于这部分,中央组织部的配合也不好。侍三处在 1943 年 5 月曾发函(核字第 31371 号代电)中央组织部,请其协助将中训团党政班毕业学员在该部服务的宫怀素等 56 人之服务情形做"切实考核",并依"服务成绩调查表式详细填注寄处"。但是直到该年底,"为时已久,仍尚未见复"。逼得侍三处又得搬出蒋委员长的名号,以"此案亟需汇呈委座核阅"为由,要求组织部"于电到一星期内填齐寄发",最后组织部只好在一个星期内以急就章方式的填写考核表,是故组织部的考语甚为简单,不脱思想纯正忠诚、品行端正整饰、性情刚直沉静、气度和蔼大方、服务认真谨勤、才能胜任干练、

---

① "侍仁查字第 6361 号"文电,1941 年 5 月,《国民政府在职人员异动调查统计(一)》,《国民政府档案》,"国史馆"藏,典藏号 001030000019,目次 2230。

② "侍仁查字第 18816 号"文电,1941 年 11 月。《国民政府在职人员异动调查统计(一)》,目次 2259。

学识丰富充实、体格健全等语,几乎大同小异,有点敷衍了事。①

　　国民政府文官处及中央组织部,堪称是党政部门主管人事行政业务的枢纽,理应跟侍三处密切配合。但是从他们配合态度来看,侍三处要建立完善的人事制度并不容易,成效也大打折扣不如预期,个中原因实有检讨之必要。

　　造成侍三处人事工作成效不彰的原因,不外乎下列 4 点:(一) 陈果夫的派系色彩;(二) 蒋的用人策略;(三) 战争时期要推动人事工作本属不易;(四) 定位为人事幕僚机构,各单位配合不力。

　　首先,就陈果夫的派系色彩部分,他个人 CC 系领袖的身份,对侍三处推动人事业务当然不利,毕竟长期以来 CC 系一直受国民党内其他派系的攻击。姑且不论早年 CC 系与政学系、黄埔系间的对立,抗战时期他们跟朱家骅系的冲突在朱氏出任组织部长后更是白热化。一个最明显列证是朱家骅系的王季高派任陕西省党部书记长,因遭到 CC 的反对,居然需要胡宗南派兵维护下才得以就任,即可说明彼此倾轧的严重情形。② 无怪乎徐永昌在某次会议上,探知江西省党部某主委之攻讦监委孙镜亚,原系导因于陈、朱两系的斗争,不禁在日记上写道:“党内无派之言又如何能说耶,今日竟日开会感慨良多”。③ 如此的严重冲突,在 1938 年 1 月陈立夫转任教育部部长后,CC 系势力转进教育系统,而陈果夫又在 1939 年出掌

---

① 《中央训练团党政训练班(一):宫怀素等五十六名毕业学员服务成绩调查表》,见《朱家骅档案》,123 -(4),“中央研究院”近代史研究所档案馆。因这份人事考核表是一个星期内急就章方式的填写出来,故其考语甚为简单,不脱思想纯正忠诚、品行端正整饰、性情刚直沉静、气度和蔼大方、服务认真谨勤、才能胜任干练、学识丰富充实、体格健全等语,几乎大同小异。

② 黄宇人:《我的小故事》(香港:吴兴记书报社发行,1982 年),上册,页 276。

③ 徐永昌:《徐永昌日记》(台北:“中央研究院”近代史研究所,1991 年),第七册,页 316。原文系 1944 年 5 月 23 日日记内容。

侍三处,掌握全国人事调查、登记、考核、分配工作,更加引发国民党内各派系的侧目与不安。① 罗时实曾指出,他最初曾劝阻陈果夫不宜接任人事处的筹备工作,因为"张治中和他接近的少数人却把我们看作斗争对象",而"人事处是替统帅作选拔人才业务幕僚,大家望着眼红",此时"不能打开眼睛,再跳火坑"。② 虽然陈果夫后来延揽了刘咏尧、萧赞育、侯鼐钊、左曙萍等黄埔出身的军职人员进入侍三处任职,以平衡文武,进而表明自己用人不分派系。只是这种善意,其他派系似乎并不领情,仍以或明或暗的方式抵制。一个最明显的例证,侍三处的人事调查工作,虽承办人员一再宣称他们只调查一个人的长处,做正面的调查,从不涉及各个人的阴私,更不吹毛求疵去调查一个人的短处。③ 但是 1944 年夏天,在讨论通讯处草拟的通讯督导办法时,政学系的王世杰及黄埔系的张治中就当着蒋的面质疑:"通讯处就是一个变相的特务机关。"④国民党各派系对陈果夫的 CC 系色彩充满疑虑,要他们跟侍三处积极合作非常困难。

再者,蒋的用人策略,也影响到侍三处的成效。蒋的统治喜采"多元竞轨"策略,包括用人。亦即蒋在人事问题上,征询管道并非只有侍三处一个单位而已,纵使是蒋要陈果夫多注意的省级干部人选亦是如此。像王东原担任湖北省主席时,当时省教育厅厅长出缺,遗缺拟由艾伟、钱云阶、郑逸侠、罗刚四人之中择一人,请蒋定夺。蒋即把此一人事案,分别转交教育部及侍三处议定,而非侍

---

① 何廉即指称,自陈立夫担任教育部长后,"各省教育厅厅长大都与 CC 有关"。见何廉原著,朱佑慈等译,《何廉回忆录》(北京:中国文史出版社,1988 年),页 208。

② 罗时实:《花谿忆语》,页 1。

③ 左曙萍:《蓬莱岛上忆花谿》,页 28。

④ 王大任:《花谿片断》,黄瀚章编:《花谿结缘三十年》,页 28。

三处一个单位而已。① 另外,前述蒋在接到祝绍周提报的省府委员
名单后,即嘱陈布雷分别询问陕西出身的监察院院长于右任及侍
三处。② 事实上,就人事问题的征询上,陈布雷的地位更甚于陈果
夫。毕竟就侍从室的组织划分,侍二处负责党、政事务的幕僚工
作,故所有党政方面的公文呈件均须先汇整给侍二处主任陈布雷,
由陈布雷拟妥意见后再送蒋核示,党政方面的人事问题也不例外。
故侍三处欲向蒋推荐党政人事,名单是先送至陈布雷处,再由陈布
雷呈蒋核阅。故陕西省政府改组,就是由陈布雷征询省府委员人
选。同样地,其他的重大人事案,居间折冲协调的人也不是陈果
夫,而是陈布雷。如 1942 年底,蒋欲把张公权调离交通部,转任中
央银行副总裁,即由陈布雷负责咨询事宜。最后陈布雷把张公权
个人不愿担任中央银行副总裁,且"意甚坚决"的态度回报给蒋知
道。另外,如果官员要求调整职务或辞职时,也会先向陈布雷表达
并呈蒋同意。例如卢作孚,"因肺病增剧,常患失眠,在健康上甚受
影响",特到侍二处找陈布雷晤谈,"谓病体实难支持工作,非乞退
休养不可",故盼陈布雷转达,能获蒋同意。陈布雷以为,"查卢君

---

① "侍三处为湖北省政府教育厅人选事致蒋介石呈稿",1944 年 9 月 11 日至 25 日,转
引自孔庆泰编:《国民党政府政治制度档案史料选》(合肥:安徽教育出版社,1994
年),上册,页 552—554。另外,蒋有时亦会征询当地全绅。蒋于 1941 年亦曾请另一
陕西出身的《大公报》主笔张季鸾,推荐适任的陕西籍的行政人才。见"张炽章函蒋
中正遵举雷宝华等陕西行政人才",案目:中央政府人事(二),《特交档案·政治》,
《蒋档》,典藏号 002080101009002。

② 《祝绍周等呈报陕西省政府改组事宜并拟省委人选案》。根据这份档案内容,对于祝绍
周提出的人选名单,陈布雷即分别征询于右任及侍三处。像政务人员部分,陈布雷
征询的结果是:"宋菊坞:于先生谓其年龄已高(75 岁),无是无非,不免旧时官僚习
气,似无足取。第三处调查称其道德文学为一般陕人所敬佩,但现在领道参议会,可
不必加入省府";"茹欲立:于先生谓其人有清望而甚拘执,即予延揽,亦必不肯就。
第三处意见相同,谓不如聘为省府顾问"等相关内容。

之扶病及非乞退不可之情形，前日岳军先生在辰时及昨日公权先先来谈，均有谈及，自系实情"，呈蒋做最后决定。更甚者是，如有职务出缺，也是由陈布雷提议接任人选，而非陈果夫。举中央党部副秘书长一职出缺，陈布雷即指潘公展"既任常委，似不便再任"。至于何人接替，陈布雷建议蒋三个人选择一，包括：余井塘（对内工作甚仔细，现任教部次长。可另引物色一人当不难）、王陆一（近两年竭力韬晦自爱，渐趋朴实，或亦可备选）、梁寒操（才干学识见能均极可取，若每月分出政治部方面半天时间，以助铁城先生，似亦相宜）。[①] 显然侍三处虽号称是蒋的最高人事幕僚机构，但仅是征询人事的管道之一，陈果夫在人事建议权上，重要性甚至不如陈布雷。

蒋的另一个用人策略，亦影响到侍三处的工作绩效。盖因蒋受曾国藩"广收、慎用、勤教、严绳"的用人 8 字诀影响，故干部训练常采"广收"方针进行。亦即蒋的干部训练，大都不是因职务任用需要而开办，而是先大量调集人员施训后，再将受训成绩数据送交有关单位"存记"起来，待以后有职缺时再用。蒋谓"要寓考核人才，提拔人才于训练之中"，即是这个道理。但此种用人策略，对分配结训人员工作的侍三处来说，是一个沉重的负担。毕竟"僧多粥少"要替众多受训学员安排适才适所的职务有实际困难，纵使有职位空缺，在条件限制下，亦会出现学员"意愿不高，无从介绍"的窘境。例如 1942 年中央宣传部请侍三处代觅计政人才，侍三处的回函即是"查计政人员，大抵皆有相当工作，一时无

[①] 上述内容见"陈布雷报告铨叙部及党职等重要人事案"，案目：中央政府人事（二），《特交档案·政治》，《蒋档》，典藏号 002080101009007。分见 1942 年 12 月 3 日、1942 年 12 月 4 日报告。

从遴介"。① 另外,军事委员会外事局应英国驻印度大使馆之请,"代为物色精通日文之译员",薪资甚优渥。外事局亦转请侍三处介绍适任人选,但侍三处调查后发现"所登记谙习日文之人才,现均有相当职务,不愿改就译员",最后结果仍是"一时无从遴介"②。侍十一组分配工作之成效不彰,与蒋的"广收"训练方针脱不了关系。

第三,战时人事行政工作之推动甚难。虽说国民政府定都南京后即成立考试院建立人事行政制度,但早先"因建国之时期,所历尚浅,而连年内忧外患,迭起交侵,一切建设,每多阻滞",不仅考选工作"犹有待于充分发期",铨叙工作之实施"亦未普遍",各党政机关分别建立了一套属于自身的人事系统。而"抗战军兴,时处非常,平时法令自难一体适用于全国各地,尤以公务员之任用,必须赋予首长相当之弹性",是以单时国民政府特别制定《非常时期公务员任用补充办法》,让各机关拟任人员未尽符合任用法所定之任用资格时,"可依其所具学历及经历,凡与拟任职务相当者,即可由铨叙部审定准予试用",更加重了国民政府内的人事行政各成体系的发展。③ 侍三处欲整理使之齐一化,有相当程度的困难。

第四,定位为人事幕僚机构,各单位配合不力。原本根据《国民政府组织法》规定,考试院铨叙部掌理全国公务员之铨叙及各机

---

① "配字第 39605 号:侍三处回中宣部函":《侍三处处推荐各机关征送经济、社会、主计、外语翻译等科人员简历考核表册》,《侍从室档案》,中国第二历史档案馆藏,全宗号 762/45 - 47。

② "配字第 36970 号:侍三处回外事局函":《侍三处处推荐各机关征送经济、社会、主计、外语翻译等科人员简历考核表册》,全宗号 762/63。

③ 见"国史馆"公职志编纂委员会:《中华民国史公职志(初稿)》(台北:"国史馆"印行,1990 年),页 303。

关人事机构之管理事项,亦即铨叙部才是中央最高的人事管理机关。[1] 故《陈果夫传》一书记述,在侍三处筹备期间,曾引起考试院方面的许多揣测,为尊重考试院方面的意见,陈果夫有两个重大决定:一是不主张称人事处;二是只做幕僚工作,是设于侍从室的一个人事参谋单位,不是一个独立机关,不对外行文。[2] 既然定位为人事参谋单位,非法定的人事管理机关,要相关单位全力配合并不容易。再加上蒋在 1940 年发起行政革新运动,提倡"行政三联制",在中央增设了"中央设计局"及"党政工作考核委员会"。其中,"党政工作考核委员员"考核的项目里,亦有"人事"一项,相对地也增加了下级单位人事业务部门的负担,更不利于侍三处人事幕僚工作的推动。[3] 前述文官处及中央组织部等政府单位,对侍三处依"征集各机关人事材料办法"要求填写的人事调查表格,常有拖延情形发生的原因即在于此。为解决上述困扰,时任行政院秘书长的张厉生与政务处处长蒋廷黻甚至于 1943 年 6 月联名上签呈予蒋,要求减并各种报告表册种类。最后蒋接受他们的意见,决定"人事表报原于一般铨叙性质者,自应由铨叙部主管,凡该部可供查阅之数据,不必重复查填"。[4] 可见下级单位对人事业务之重迭,确实有捉襟见肘之感。

　　不仅在一般的人事行政业务方面各部门的配合不甚积极,侍

---

[1] "国史馆"公职志编纂委员会:《中华民国史公职志(初稿)》,页 79。

[2] 徐咏平:《陈果夫传》,页 628。

[3] 对于党政工作考核委员会的宗旨,蒋指称应以考核各机关之"工作"为中心,至对于"经费"与"人事"两项。见蒋中正:《党政考核之责任与工作要旨》,秦孝仪主编:《先"总统"蒋公思想言论总集》(台北:国民党党史会,1984 年),卷十八,页 43—44,1941 年 3 月 15 日讲。

[4] "侍从室第三处陈减并报告表册":《行政效率提升(一)》,《国民政府档案》,"国史馆"藏,典藏号 00104002001,目次 1566—1568。

三处对党政班毕业学员的督导工作,亦显得欲振乏力。特别是学员的通讯连络工作更是明显,有些学员毕业后根本未按规定与侍三处做定期的通讯连络。中宣部人事室在 1942 年 11 月曾来文请侍三处介绍计政人员,侍十一组接文后,即从中训团结训学员中,遴选出程烈等相关计政人员 14 人,再转侍十组调查这些学员"现职及最近曾否通讯"情形回报。但侍十组调查的结果,大都是"久未通讯",即已窥探出端倪。侍三处在 1944 年 5 月修正《中央训练团党政训练班毕业学员通讯组织及督导办法》时,加入奖惩规定,对于通讯成绩优等者,给予团长召见、升级加薪、选入党政高级班受训等奖励,成绩劣等的学员则需面临警告、通知服务机关予以降级罚薪、甚至以开除党政毕业学员之学籍,以后不得担任党政机关之职务等严厉处分相要挟的原因,即是要改善党政班学员对通讯联络工作的冷漠态度。[1] 只是此一修正办法,对毕业学员升降级抑或加减薪,乃至于永不得担任党政机关之职务等奖惩,还是得依铨叙机关之规定进行。侍三处以幕僚机构的身份,推动人事行政工作的窘态,至此完全暴露出来。侍三处效能之不彰,已是无法避免的了。

抗战时期侍从室里,侍三处阵容最为庞大,不仅组别最多,编制内的人员也最多。对于陈果夫及侍三处的影响力,有谓:"三处主任陈果夫先生,深获委员长蒋公之倚重,凡涉人事,悉归研处,甚至包括全朝野军事人才之罗致与选拔。"[2]王子壮在日记中,亦曾指陈果夫主持下的侍三处,"是凡全国之用人均可保荐",甚至"各部

---

[1] 《中央训练团党政训练班毕业学员通讯组织及督道办法》。
[2] 斯颂熙:《花谿忆笔》,黄瀚章编:《花谿结缘三十年》,页 92。

以下人选莫不问计于侍从室第三处"。① 但是逐一检视侍三处各组的工作成效,发现侍三处虽号称"全国之用人均可保荐",但是只是推荐而已,完全没有主导权,地位及效能似不如侍一处及侍二处来得重要。当然不容否认侍三处的成立,对国民政府人事制度的建立有贡献,跟考试院也产生了竞合作用,因而有了第二次全国人事行政会议的召开。而侍七组的人事调查工作,确实也发挥了综核名实的效果,让国民政府领导人看到部分官员的不同面貌。另外,侍八组主管的登记工作,更替国民政府建立了一个档案数量极为惊人的人事数据库。1945 年 10 月,侍从室因应战时体制的结束而裁撤,原侍三处的业务大都一并裁撤,唯独人事调查及登记两部分,在略减员额之下,并入国民政府文官处人事组,不无肯定这两个单位工作表现之用意。只是侍三处投注这么多的人力,积极进行人事行政工作,无论是主管人事调查、考核的侍七、侍九组,抑或是总司登记的侍八组,乃至于负责与党政班毕业学员通讯联络及安排工作的侍十、侍十一组,无不为策进建国所需之人事制度而努力,但最后成效却不如预期。毕竟国家人事制度之建立,非一朝一夕可成,而侍三处并非法定之人事管理机关,以幕僚单位之身插手人事行政工作,要其他单位积极配合甚有困难,要高唱树立健全之人事制度更属侈言,导致最终功败垂成,殊为可惜。

---

① 王子壮:《王子壮日记》,第 10 册,页 497—8。

第六章　余论

在亚洲,甚至其他任何地方,都不会像重庆的国民政府一样,为"美国通"(Americanists)所完全渗透。也没有一个政府,或许越南共和国(the Republic of South Vietnam)政府除外,曾被美国的观念、协助和建议所彻底摧毁。……蒋介石的财政部部长孔祥熙是欧柏林(Oberlin)和耶鲁毕业的;他的外交部部长[王宠惠]是 1904 年(按:应为 1905 年)耶鲁毕业的;他的教育部部长[陈立夫]是匹兹堡毕业的;立法院院长孙科博士拥有哥伦比亚和加州大学的学位;宣传部部长(按:应为副部长)[董显光]是密苏里新闻系毕业的;中央银行总裁后来成为行政院院长的宋子文,则是 1915 年哈佛毕业的。政府官员中,自美国大学毕业者的名单太长了,以至于无法计算,从卫生署到盐务署到贸易委员会都是。驻外使节更是绝大多数都是出身常春藤(Ivy League)的,驻美大使[胡适]是康奈尔和哥伦比亚毕业的;驻英大使[郭泰祺]是宾州大学的毕业生;驻法大使顾维钧则不仅有哥伦比亚的 3 个学位而且还曾编过校刊,如今他并以他的儿子在哈佛校刊《深红》(Crimson)任职为傲。我的哈佛学位在这里甚至比在波士顿还要管用。后来,我组织了一个中国哈佛俱乐部(Harvard Club of China),会员在重庆蒋介石政府高官中所占比例,甚至高于哈佛俱乐部在甘乃迪(John F. Kennedy)时期华府高官中所占比例。①

以上是战时美国驻华记者白修德(Theodore H. White, 1915—1986)晚年在他的回忆录中,对战时重庆官场所做的讥讽性描述。他和《时代》(Time)杂志记者贾安娜(Annalee Jacoby, 1916—2002)所合写的《中国暴风雨》(Thunder Out of China)虽曾遭媒体大亨鲁斯(Henry R. Luce, 1898—1967)打压,但是第一刷仍大卖超过50万册。② 白修德虽然并非出身望族,但是自大学时代起即和肯尼迪家族相识,1961年曾出版《总统的塑造1960》(The Making of the President 1960)一书,叙述并分析1960年甘乃迪(John F. Kennedy)击败竞争对手尼克松(Richard Nixon)赢得美国总统大选的经过。此书出版后曾获普立兹奖(Pullitzer Prize)并长踞美国畅销书排行榜逾20周,总销售量逾400万册,③因此他对哈佛校友在中、美两国政界势力所做比较,应属可信。

一

1931年12月,蒋介石第二次下野时,总结其失败的原因为"无干部、无组织、无情报",才会"限于内外夹攻之境,此皆无人之所致

① Theodore H. White, *In Search of History: A Personal Adventure* (New York: Harper & Rowe, 1978), p. 73.

② Paul French, *Through the Looking Glass: China's Foreign Journalists from Opium Wars to Mao* (Hong Kong: Hong Kong University Press, 2009), p. 230.

③ John E. Miller, "The Making of Theodore H. White's *The Making of the President 1960*," *Presidential Studies* 29:2 (June 1999), p. 389.

也。"①于是他除了加强情报机构,成立力行社、三青团等核心组织,并在党国体制内设立国防设计委员会、南昌行营调查设计委员会、侍从室、参事室等由他直接掌控的智囊机构,拥有大量的学者专家为其擘画献策,何以仍会遭到白修德的耻笑? 即使是蒋介石自己到了1945年8月7日,翻阅往日日记,仍要感叹十余年来基本组织和核心干部依旧空虚如故:

> 　　二十二年三、四月之间日记,犹注重于整理基本组织,选定基本干部为急务,及基本部队、基本地区、基本组织与核心干部为革命之基石,而今时逾十二年犹依然故我,空虚如故,安得其不败亡耶。②

国民党自北伐以后,即逐渐组织松懈,革命精神涣散,无法担任"发动机"的角色,连陈布雷也说"目前的党,是发牢骚的集团,既无权又无能",③

因此,国民党自北伐后开始将注意力放到干部的问题上,期待建立军容壮盛的干部队伍及人才智库,作为重建国民党的核心力量,而蒋的首要步骤就是进行大规模的干部训练工作。至于蒋采用的方法,即为他个人最熟稔的军官训练团模式。

国民党自广州时期开始的干部训工作,历经南京时期的发展,到1930年代蒋全面掌握国民党大权后,训练体系不仅全面走向"中央化""一元化",到了庐山训练时期训练对象从基层民众运动工作人员更扩及至全国中级以上党政干部,而且训练机构也由规

---

① 蒋介石:《日记》,1931年12月24日。

② 蒋介石:《日记》,1945年8月7日。

③ 唐纵:《在蒋介石身边八年:侍从室高级幕僚唐纵日记》(以下简称《日记》)(北京:群众出版社,1991年),1945年4月8日。

模较小的"讲习所"变成动辄召训数千人以上、大型集中的、短期性质的"干部训练团"。在训练对象从基层民众运动工作人员更扩及至全国中级以上党政干部。更重要的是随着蒋在党内领袖地位的确立,蒋氏个人鲜明的训练风格跃居为国民党干部训练的新主流。庐山训练时期训练机构"军事训练团化"、生活采军事化管理方式、训练课程以注入式演讲或训话为主轴、训练内容带有浓厚儒家色彩强调道德及通才教育等即是。在庐山训练的基础上,随着中日战争的全面爆发,国民党内的干部训练在蒋介石在南岳军事会议上提出"训练重于作战"的口号下,进入了一个新的阶段,此即以中央训练团为首的重庆复兴关训练时期。

对于识人与用人,蒋深受清末中兴名臣曾国藩之影响。曾氏尝言:"国家兴衰,首在人才,得人则兴,失人则亡。"故曾氏坚信:"办事不外用人,用人必先知人。"而得到人才的方式,在曾国藩看来"不外四事,曰广收、慎用、勤教、严绳"(《冰鉴》,卷上),其首要之务在于"收之欲其广"。故蒋主导的中央训练团,不仅集训人数超过以往,共开办了十余个训练班,规模也最为庞大。其中,党政训练班无疑抗战时期中央训练团是最重要的训练单位,蒋甚至把党政训练班视为"是整个的党和党员个人,起死回生,复兴革命,最后一次的机会","我们抗战建国的成败,和国家民族的兴亡,以及党和党员个人的荣辱生死,都要看这次训练能否发生成效"来决定。[1]是故蒋异常重视党政训练班的训练工作,不仅在党政训练班训练期间,每个星期都要到团里来好几次,或主持集会或召集学员做个

---

[1] 蒋介石:《党政训练班创办之意义与党政人员当前的急务》,收于秦孝仪编:《"总统"蒋公思想言论总集》(台北:中国国民党中央委员会党史委员会,1984年),第16卷,页112。

别谈话,蒋还把自己对于干部训练的理念与风格灌入训练上,使党政训练班成为不折不扣的"蒋介石学校"。

蒋如此大费周章地把全国党政部集中到中央训练团受训,但他的训练却如同粗茶淡饭般是一个很普通、很寻常的东西,蒋总结为"做人的道理"。[①] 事实上,自黄埔训练开始,"做人的道理"就一直出现在蒋对干部的训词中,只是其内容不断地产生变化。黄埔训练时期,蒋指的"做人的根本道理",就是"革命的意义"。[②],即应彻底觉悟"生活的目的,是增进我全体人类之生;生命的意义,是创造其将来继续之生命"。[③] 到了北伐统一后,蒋又在南京中央军官学校要求学员在建立人生伟业之前,一定"先要明白人生观和做人的道理"。蒋这时所讲的"做人的道理",又转为"对于日常的衣食住行要特别注意,要打破以前的不好习惯。要牺牲,要自重,要自立,自强"。[④] 但是到了庐山训练,蒋正式把三民主义的四维八德精神说成是"做人的根本道理"。中央训练团开办后,蒋进一步把做人的道理与军事化教育全面地联结起来,不仅要求学员行动要标准化,精神要一致与统一,更要注重小动作与基本工作。亦即军事化的管理方式洗涤党政干部颓靡的意志,坚定革命的意志,使其共同一致,接受蒋的领导并服从他的命令。蒋介石军人治国的特色与思想,至此完全彰显出来。

蒋大费周章地把数万名党政干部调到中央训练团党政训练班

---

① 王世杰讲:《党政班教务实施计划之说明》,《中央训练团团刊》,第 8 期(1940 年),页 58。

② 蒋介石:《军校的使命与革命的人生》,《"总统"蒋公思想言论总集》,第 10 卷,页 1—8。

③ 蒋介石:《军校的使命与革命的人生》,《"总统"蒋公思想言论总集》,第 10 卷,页 1—8。

④ 蒋介石:《无形的战争与有形的战争》,《"总统"蒋公思想言论总集》,第 10 卷,页 307—308。

受训,却要求学员入团后,"当自己是一个小学生,是一个入营的新兵,一切要从做人做事的基本事件上来培养一种新的思想,新的行动,新的生活和新的习惯",①大谈做人的根本的道理,虽维持蒋个人一贯的训练风格,但也突显国民党在意识形态上的不足。对于国民党的意识形态,早有论者指出孙中山"以俄为师"效法俄国共产党的做法来改组国民党,但是他只学了半套,学习共产党的外在组织形体,却忽略了共产党的内在灵魂,即意识形态。亦即孙中山所言解救中国"必赖乎有主义、有组织、有训练的政治团体",但他只注意到了"组织"与"训练"却忽视了足以影响"组织"与"训练"这两者成败的关键:"主义"——即意识形态一项。因为意识形态才是共产党组织特别有力量的关键,塞尔兹尼克(Philip Selznick)即称:"意识形态需要组织才能转化为权力,而组织也需要意识形态才能有效能。"②列宁自己也说:

> 无产阶级在争取政权的斗争中,除了组织,没有别的武器。……它所以能成为而且必然成为不可战胜的力量,就是因为它根据马克思主义原则形成的思想一致是用组织的物质统一来巩固的,这个组织把千百万劳动者团结成一支工人阶级的大军。③

故列宁强调:"没有革命的理论,就不会有革命的行动。"④孙中

---

① 蒋介石:《党政训练的要旨》,页170—171。

② Philip Selznick, *The Organizational Weapon*(New York: Arno Press, 1979), pp. 39 - 55。

③ 中共中央马克思、恩格斯、列宁、斯大林著作编译局编译:《列宁全集》(北京:人民出版社,1986 年),第一卷,页 183。

④ 中共中央马克思、恩格斯、列宁、斯大林著作编译局编译:《列宁全集》,第八卷,页415。

山常把"宣传主义"作为革命成功的重要手段,但他忽略了主义作为一种意识形态,不仅可以作为对外宣传的工具,而且也是对内建构政党组织的利器。① 而孙氏建构的三民主义是什么呢? 胡适就曾说:

> 三民主义算不上是什么主义,只是一个"大杂烩"罢了。孙先生思想不细密,又在忙于革命,只是为了给革命作号召,东抄一点西抄一点而已,那里谈得是什么主义。……国民党内有思想的人,一定承认我的话——三民主义是杂乱无章的东西!②

如此杂乱无章、松散不堪的三民主义,后来在戴季陶的导引下,三民主义开始儒家化,到了蒋介石崛起后,更大肆地把固有的伦理道德与三民主义完全绾合在一起,声称"做人的道理"就是传统儒家"四维八德"思想,唯有实践四维完成八德,才能实现三民主义,全面把三民主义的核心内容转化成道德说教,一种内省功夫之后,更让三民主义这个国民党高举的政治意识形态,规训国民党组织及众多党员集体行动的效能逐步丧失。诚如一位政治学者所言:

> 意识型态是指引集体行动的政治理论,而不是指引个人修养的道德哲学。意识型态的核心内容是"道德性的'政治理想'",但不能"以'个人道德'为理想"。提升一个意识型态的政治理想之道德性是对的,因为可以增进其号召力。但是直接把个人道德修养当成意识型态的理想是错的。党员的个人

---

① 石佳音:《中国国民党的意识型态与组织特质》(台北:台大政治所博士论文,2007 年,未刊本),页 22。

② 陈世宏等编:《雷震案史料汇编:雷震狱中手稿》(台北:"国史馆",2002 年),页 384。

道德修养可能因对意识型态的认同而提升，但前者不能当成意识型态的目标。[1]

同样地，蒋以个人道德修养当作党内干部训练的主轴，也注定了训练工作的成效并不乐观。毕竟干部结训后回到工作岗位，即便无礼无义，无耻无廉，只要不违反党纪，是没有任何制裁力量的。训练机构及负责训练的人再怎么努力，最后也是徒劳无功。

我们举中央训练团对党政训练班学员的考察工作为例，学员在团受训期间需要接受严格的"考核"，毕业后还要接受"督导"。"督导"又分"联络通讯"（经常性）与"巡回督导"（临时性）两种，每个部分中训团都非常战战兢兢地完成使命。像党政班第五期才开始施行的巡回督导工作，规划极为严谨，不仅划分督导区域，更指定中训团指导员及训育干事中选派两人担任督导委员，侍三处得再选派一人以示慎重，且督导的时间还规定自出发起至回团止共两个月。此外，为了督导工作有一标准可依循，中训团还制定了《党政训练班督导准则》。《督导准则》把督导内容分为一般的督导及特殊的督导。一般的督导针对学员个人的行为思想做考察，包括精神是否具有自觉自动自治的精神，从言行上证明是否真正成为三民主义的信徒，是否胜任现职或能力已超越，和日常生活行为是否符合新生活运动的标准，等等。[2] 巡回督导人员督导时，中训团更叮咛他们要特别注意5点：

---

[1] 石佳音：《中国国民党的意识型态与组织特质》，页47。

[2] 《党政班督道准则》，收于中央训练团编：《党政训练班法规辑要》（重庆：编者印行，1942年），页209。

（1）学员服务实况有否符合中训团之各项训示；

（2）协助学员解决工作上之困难；

（3）听取并转达党员对于党政设施之意见；

（4）物色并鼓励具有特殊工作成绩之学员；

（5）纠正学员工作上之错误。①

　　最后督导的结果，中训团还制定了"督导报告表"要督导人员据实填写回报。② 根据现存于"国史馆"的《党政班在川服务学员考核简册》的内容来看，虽然巡回督导的结果大多与受训时的考核大致符合，③但也有不少翻案的例子。像党政班第二期学员古守县党部书记长谢国钟受训成绩不佳，仅得丙等，被评为"见解平常，学识亦不甚佳，且处事草率迟钝"。但是巡回督导的评语却变成"聪明活泼，世故颇深，处事有计划亦有魄力"。同样的情形发生在党政班第二期学员乐至县党部书记长陈最清身上，他受训的评语是"学识浅薄，思想幼稚，做事不切实有避难就易取巧之嫌"。但视察后却变成"忠实干练，工作颇有成绩"。④ 另外，党政班第四

---

① 督道区的划分，主要是依据学员人数的分布。举四川为例，全川划分 5 区包括：重庆市区、重庆中心区、成都中心区、万县中心区、宜宾中心区等。关于党政班巡回办法，请参阅《党政训练班在川服务学员巡回督道办法》，《中央训练团团刊》，第 5 期（1940 年 1 月 15 日），页 31—32。

② 中央训练团：《党政训练班第一年训练实纪》（重庆：中央训练团，1940 年），页 208。

③ 例如时任四川省县市整理处副处长的郑献征在党政班第二期受训时的评语是"为人精细聪敏直道敢言，对行政有心得，对主义有深切认识"，考评得乙等。巡回督道后的视察结果为"才识优良，治事勤敏，有为有守，成绩斐然，洵称上选"。另外，党政班第四期毕业学员赵炯（锦阳县党部书记长）受训时的评语"思想简单，学能平庸，性情懦弱而呆板，做事亦嫌草率"，成绩甚差，仅得丙等。巡视回来的结果仍是"思想迟钝，能力薄弱，自大懒散，生活无规律，为事泄沓，难期领道党务"。见《侍仁字第 1930 号报告：党政班在川服务学员考核简册》。

④ 《侍仁字第 1930 号报告：党政班在川服务学员考核简册》。

期毕业学员四川省南部县教育视导主任胡选民,毕业时的评语是"精神平常,思想平凡,学识平庸,能力平常,语言达意,品性懦弱,习惯敷衍",但后来视察的结果却是"热忱服务,尤富正义,克尽厥职,拟函本人嘉勉",考核结果天壤之别,可见巡回督导人员确实极为仔细。① 而侍三处得到巡回督导的报告后,连同毕业学员的通讯报告内容先送侍七组进行调查。侍七组调查完毕后,再将调查内容转交给主管考核的侍九组,作为考核的依据。而侍九组考核完毕后,则会将调查及考核的结果,全部移入主管登记的侍八组建档。② 最后再由侍九组编制报告提要,并拟成有系统评语,评定各员等第,分别拟具奖惩办法,呈蒋核准实施。③ 换言之,从训练、考核到登记、建档,战时国民党确实已具备完整的运行机制,并建立了颇具规模的全国人才数据库。可惜的是国民党"以俄为师"只学了半套,空有列宁式政党的外壳,却缺乏一个强而有力的意识形态来整合成员,组织欲达严密程度并非易事。是以蒋的干部训练常功败垂成,并非干部训练机关工作不力,而是缺乏一个强而力的意识形态来规训成员所造成。

政治意识形态的薄弱造成蒋训练干部的成效不彰,国民党内派系的掣肘更阻碍负责人事任用工作的侍三处成效。提到国民党内的派系纷争,许多国民党研究学者咸认为"国民党从 1920 年代以来党内派系纷争,不仅严重影响近代中国国家建构的进程,也埋

① 《侍从室人事登记卷:胡选民》,"国史馆"藏,编号:01565。
② 冯启宏:《花黥论英雄:侍从室第三处的人事工作析探》,《"中央研究院"近代史集刊》,第 57 期(台北:1997 年 9 月),页 134。
③ 见"陈果夫呈蒋中正请鉴核侍从室第三处三年半工作简报及三十一年度检讨报告",页 19。案目:中央军事机关人事(三),《特交档案·军事》,《蒋档》,"国史馆"藏,典藏号 002080102019010。

下它日后国民党丧失政权乃至于彻底失败的种子"①。特别在抗战时期,国民党各派系不仅没有一致对外,争斗与冲突更形白热化。而风暴的中心,就是国民党内由陈果夫及陈立夫两兄最大的派系CC系。陈果夫就曾抱怨全面抗战爆发后,因长沙是"他幼年求学之地",故逃难之初"举家赴湘,乃居长数月"。没想到当时之湘主席张治中,竟视他"为榻旁鼾睡者,托人婉劝他徙"。②甚至陈果夫部属罗时实公开点名"张治中和他接近的少数人",在战事爆发后把他们"看作斗争对象"。③另外,朱家骅人马与CC系的关系更是到了势如水火的地步。一个最明显的例证,是当时属朱家骅系的王季高派任陕西省党部书记长,因遭到CC的反对,居然要在胡宗南派兵维护下才得以就任,即可说明彼此倾轧的严重情形。④陈果夫甚至向蒋洋洋洒洒指控朱家骅的数大罪状,包括朱氏执掌组织清除组织部旧人的举措,根本针对CC系而来,可能"另有组织,且以排拒果等或隐瞒果等其为要事也"。更甚者是,"从衣着漂亮选人,不次之拔又太多,同志做下层工作努力者愈无出路,考核无效,训练毫无,有之不过攻评他人之训练"等。⑤陈果夫兄弟领导的CC

---

① 王克文:《金以林〈国民党高层的派系政治:蒋介石"最高领袖"地位是如何确立的〉书评》,《"中央研究院"近代史研究所集刊》,第78期(2012年12月),页187—191。

② 陈果夫:《苏政回忆》,《陈果夫先生全集》(台北:"近代中国出版社",1991年),第五册"生活回忆",页103。

③ 罗时实:《花谿忆语》,黄瀚章编:《花谿结缘三十年》(台北:自印,1969年),页1。

④ 黄宇人:《我的小故事》(香港:吴兴记书报社发行,1982年2月),上册,页276。无怪乎徐永昌在某次会议上,探知江西省党部某主委之攻评监委孙镜亚,原系道因于陈、朱两系的斗争,不禁在日记上写道:"党内无派之言又如何能说耶,今日竟日开会感慨良多。"见徐永昌:《徐永昌日记》(台北:"中央研究院"近代史研究所,1991年12月),第七册,页316。原文系1944年5月23日日记内容。

⑤ 《陈果夫上蒋中正函》,《蒋中正"总统"文物・特交档案》,"一般资料・书翰",档号0802200,第621卷,目次50,1942年6月12日,毛笔原件。

系一直身在风暴的核心,纵使侍三处人员如何以战战兢兢、宵衣旰食的态度负责党政班学员的登记及考核工作及国民党人事制度与的建立,只是陈果夫的派系色彩终究成为侍三处推展人事业务的包袱,蒋意图建立国民党内人才库的构想,最终也成为一种奢望。

二

国民意识形态的松散,规训力量的不量,导致国民党干部训练工作的成效不彰,国民党内各派系的掣肘又让蒋建立国民党内人才库的意图功败垂成,终让蒋不得不放弃在党内培植人才的做法,而把目光放在国民党组织之外,尝试建立属于自己的智囊机构。在蒋介石的智囊机构中,最早引进大批学者专家者,应为国防设计委员会。国防设计委员会隶属于参谋本部(后隶属军事委员会),执掌为拟制全国国防的具体方案,规划以国防为中心的建设事业,委员长由蒋介石自兼。首批 40 位委员绝大部分均为钱昌照所推荐,多为未曾于国民政府任职,但是在社会上具有崇高声望的学者、专家和企业家,有些甚至是对国民政府持批评态度者。该会的调查设计工作,影响较大者包括参与 1935—1936 年法币改革规划和制定的一项三年计划。国民政府自成立后,各财经部会均曾制定多种计划,如建设委员会的《十年实业计划》、实业部的《实业四年计划》、全国经济委员会的《三年发展规划》,但是这些计划最后均成为纸上谈兵,无一能够付诸实施,唯一的例外即为资源委员会制定的《三年计划》,其原因在于该计划系经过长期的调查和研究后才制定,具有较大的可行性,且获得蒋介石的全力支持和德国工业界的参与,获得了启动的资金和技术的保证。至全面抗战爆发,全部计划受到莫大影响,新建的厂矿或内迁或停顿,损失虽大,不过整个基础尚未破坏。由于八年全面抗战以及随之而来的国共内战，国民政府自此再也没有机会支持如此庞大的工业发展计划。但是资委会的《三年计划》确实留下了一些珍贵的遗产，无论在战时及战后经济，甚至 1950 年代台湾地区工业化的过程中，均可见到资委会的影响。在人才的汲取、培育与运用方面，国防设计委员会任用了大批的知名学者、专家和企业家，不仅加强了蒋介石与学术界的联系，扩大了国民政府统治的基础，所培育的人才也对日后海峡两岸的工业化和经济发展产生深远的影响。

和国防设计委员会同一年成立的南昌行营党政军调查设计委员会，也是由蒋介石直接掌控的一个调查和设计机构，两者的区别在于前者为针对日本，后者则为针对中共。行营设计会由于一开始即笼罩在派系竞争的氛围下，用人时自然无法做到审择人选，所聘委员虽然也是以学者、专家为主，但是社会声望则远逊于国防设计会。

行营设计会所设计的活动或措施，有一些（例如新生活运动和中国文化学会）确实曾付诸实行，对于协助"政治剿共"和"文化剿共"也发生了一定的作用，不过如以此一机构原订"改进各省的党务、政治、军事以尽早完成'剿匪'及'匪区''收复'以后一切应有的建设工作"的目标加以衡量，[①]此一机构的效能，似乎未尽理想，第五次"围剿"期间的重要党政措施，也未必全出自此一机构的建议或设计。检讨其功能未能充分发挥的原因，主要是由于此一机构为派系竞争下的产物，是政学系为了抵制 CC 系的活动而倡设，杨永泰、熊式辉等人对此机构自然即不会十分重视。此外，行营设计会的职权含混不清，人员冗滥不精，均影响其效能。

行营设计会虽然未达到预期的目标，不过蒋介石也从此次失

---

① 蒋介石：《革命成败的机势和建设工作的方法（1933 年 11 月 14 日）》，收于秦孝仪编：《"总统"蒋公思想言论总集》，第 11 卷，页 602。

败的经验中吸取到了教训。1935 年 2 月,南昌行营结束,行营的侍从高级参谋室改组为军事委员会委员长侍从室。蒋介石在改组时,将侍从室的第五(研究)组定位为政策设计部门,不负责实行执行,并精简人事。

侍从室为蒋介石最重要的智囊机构。在党政政策研究方面,侍从室对后世影响最大的成果,即为 1945 年国民党六全大会政纲的研拟。侍从室汇整党内各派立场各异的政策意见,整合为大多数人均能接受的政纲,将国民党的经济政策,由倾向统制经济(计划经济)转型为计划自由经济,并且尝试建立社会安全体系,对于日后台湾地区的经济发展与社会福利建设,产生深远的影响。在外交方面,侍从室第五组和国防设计委员会在战前为蒋介石最重要的咨询机构。1938 年蒋介石在陈布雷的建议下设立参事室,1941 年蒋又命陈布雷和王宠惠在国防最高委员会内设置国际问题讨论会,专门研究战后国际问题。此二机构出现后,侍从室在外交决策过程中所扮演的角色即大为缩减,无法与其在党政决策上的重要性相比,不过仍积极介入中日秘密外交、韩国独立运动等活动,并出席重要国际会议,协助蒋介石进行"元首外交"。国民政府的决策机构众多,包括行政院、国民党中常会、国防最高委员会等,各自均参与部分的决策制定,而侍从室在其中往往扮演最后"把关者"的角色。例如在战前"五五宪草"审查的过程中,贯彻蒋介石的意旨,将内阁制的宪草法案转换为大权集中于总统的宪法草案;又如在年度政府预算案的审查过程中,协助蒋执行最后把关的工作。

侍从室和学界的联系,主要包括邀请学者为蒋介石草拟书告,参与法案、政策的研拟,或执行政策性的研究。侍从室并曾成立艺文研究会,赞助数十种报纸及刊物,并出版《艺文丛书》;协助著名学者马浮创办复性书院,萧一山从事清史研究,建立"民族革命史观";又协助哲学界恢复中国哲学会,不仅扩大知识分子的参与,也强化了国民政府政权的合法性。也有少数学者接受蒋介石个人的委托,协助办理元首外交,杭立武即为一例。杭立武,伦敦大学博士,曾任考试院编纂,中央大学政治系主任,国民参政会参政员,中英文化协会秘书长。① 1940 年 7 月,英国与日本在东京签定协议,封闭滇缅公路运输 3 个月,使得中国对外国际路线完全断绝,影响抗战甚大。② 蒋介石除致电丘吉尔,为中英双方利益计,从速恢复滇缅运输路线外,③另派杭立武以其私人特使的身份赴英,面见丘吉尔,谈判重开滇缅路。丘吉尔表示封闭滇缅路仅为拖延之计,3个月之后一定重开滇缅路。杭立武得此承诺后返回重庆,10 月英国果然重开滇缅路。④ 蒋、邱来往函电均由侍从室负责办理,避免了一般行政体系公文层转耗时的弊病。

侍从室和新闻界的联系,除指导官方媒体外,主要为扶植《大公报》。扶植在野大报的政策,一直延续至战后台湾,甚至民进党执政后也予以仿效。

战前至抗战中期,侍从室和民间学界及新闻界的联系尚称顺利,在五五宪草审议过程中,侍从室运用学者和媒体的力量,成功地将原倾向于内阁制的宪草调整为倾向于集权制,充分贯彻蒋介石的意志,即为一例。至抗战后期,由于孔家弊案未能迅速处理,

---

① 徐友春编:《民国人物大辞典》(石家庄:河北人民出版社,1991 年),页 481。

② 蒋永敬:《抗战史论》(台北:东大图书公司,1995 年),页 69—70;Peter Lowe, *Great Britain and the Origins of the Pacific War: A Study of British Policy in East Asia, 1937 - 1941* (Oxford: Clarendon Press, 1977), chapter V.

③ 《蒋介石致邱吉尔电(1940 年 7 月 28 日)》,《蒋中正"总统"文物》,典藏号 002 - 020300 - 00039 - 036。

④ 王萍访问,官曼莉纪录:《杭立武先生访问纪录》(台北:"中央研究院"近代史研究所,1990 年),页 19—20。

在媒体大肆宣传下,国民政府贪腐形象深植人心,侍从室及宣传官员要想扭转此一负面形象,已非易事,遑论掌握舆论,学界也无人愿意为国民政府辩护。战后此种情势依然持续,直至政权易帜。

第四,为党国考察、选拔及考核人才。1939年成立的侍三处,主管全国重要人事业务,负责为党国考察、选拔及考察人才。该处花费了大量的人力,对全国各类人才进行调查,建立起人事档案,不过这些辛苦建立起来的档案数据,仅在人事考核及遴选中央训练团党政高级班学员上,发挥若干作用,各重要人事任命案在决定过程中,均甚少先请侍三处提供意见;在工作分配上,成效也十分有限。主要原因在于各单位每多存有门户之见,如有职位出缺,大多自行补充,而不愿报请侍三处推荐,加以蒋介石用人来源多元,并不局限于侍从室此一管道。

三

蒋介石的智囊机构和明清时期的幕府相较,最大的特色即为任用大批的学者。这批从政的学者大致上均清廉自持且具有使命感,厌恶传统的官僚习气。学者从政后,虽然也会对现实妥协(如朱家骅的"献九鼎"致敬,①或是如王世杰在审查保障人身自由法令

---

① 1943年,中美、中英签订平等新约,废除两国在华治外法权,被视为在废除不平等条约上的重大成就。国民党组织部直属的工矿党部和学校党部为颂扬蒋介石的功绩,乃有献鼎致敬之议,获朱家骅同意,并邀古史专家顾颉刚撰写鼎铭。此事最后因蒋介石拒受九鼎而使得献鼎一事被取消,但仍在大后方社会造成了颇大的风波。详见:邓野:《向蒋介石铸献九鼎的流产与非议》,《近代史研究》,2009年第2期;耿密:《抗战时期大后方"献鼎"事件述论》,《中国国家博物馆馆刊》,2014年第10期;Lillian Lan-ying Tseng, "Monumentality and Transnationality: The Fascination 　（转下页）

时为蒋介石护航)，或是基于小团体的利益而排斥异己(情节轻微者如翁文灏于经济部长任内优先录用留学法、比学生，①王世杰于参事室主任任内排斥晏阳初，情节严重者如朱家骅任组织部部长时大量洗清 CC 系人马)，但是不可否认的他们较具使命感和反省能力(例如王世杰和蒋廷黻均曾为政权易帜表示惭愧无地；②又如钱穆的院士之路遭"胡适派"学者阻挠，二十年后终获平反。③)，因此仍有别于一般官僚。

(接上页)with Gigantic *Ding* Bronze Vessels in Modern China," in Gabriele Genge and Angela Stercken eds. , *Art History and Fetishism Abroad*: *Global Shiftings in Media and Method* (Bielefeld: Verlag, 2014), pp. 289 - 302.

① 关德懋：《翁文灏其人其事》，《传记文学》，第 36 卷第 4 期。

② 1959 年 12 月王世杰在美"出席"联合国大会，晤见宋子文。宋坚约王餐叙，王婉辞，认为"余常常觉得我辈在政府任负责工作二、三十年之人，应该惭愧无地，无颜在外国作寓公。"显示王对宋在美做寓公的行为不满。参阅王世杰：《日记》，1959 年 12 月 10 日；汤晏：《蒋廷黻与蒋介石》，页 331。

③ 1947 年，中央研究院举行第一届院士选举，钱穆即未获提名，获选院士出身中研院者占 26%，引发院内一些学者的讨论，如向达即撰文指出，"本院的所长、大部分的专任研究员几乎都是当然院士……令人有诸子出于王官之感。"夏鼐则建议为避嫌起见，日后的选举"如果遇到有同等成绩的学者，优先推选院外者，以表示礼貌(courtesy)。"胡适虽然一向瞧不起钱穆，但是在院长任内仍曾一度提名钱，不过仅获得一票，"胡适派"学者对钱穆的成见，由此可见一斑。1968 年 7 月，"中央研究院"举行第七届院士选举，6 月徐复观发表《写给"中央研究院"王院长世杰的一封公开信》，指责"中央研究院"自成立以来，即反对谈思想、谈价值，而只能谈事实，凡是从事实去道出思想、价值，或是以思想、价值去评判事实的，都是不科学的，都在排斥之列。主其事者"不仅在学问上没有任何成就，并且因帮口意识而淹没了学术良心。不惜歪曲国家最高学术机关所应有的正常发展方向，及所应保持的水准，玩弄国外寄信投票选举院士的丑恶魔术，以巩固自己帮口的地盘，争取自己帮口的利益，使学术界成为不毛之地。"文末提出一些具体的要求：(1) 学术不能避免派系之争，但"中央研究院"不能落入一派一系之手，要求有一个向纯学术开放的"中央研究院"。彻底改变院士的选举方法，被提名的院士，应先向社会刊布其被提名的著作，先经过社会的考验。(2)"中央研究院"应该成立中国思想史研究所，以苏醒中国文化的 (转下页)

　　除了清廉和具有使命感,较无传统的官僚习气,这批从政学者,大致上尚具有以下共同的特征:第一,认为社会上各层面的问题,均可用科学的方式解决,也均应由专家来做决策;重视以科学调查作为决策的基础。不仅是科学家出身的翁文灏重视调查研究,即使是研究历史出身的中央大学校长罗家伦,也认为政治要上轨道,非"科学化"不可;统治张本的技术,则全靠数理为基础。① 1936 年蒋介石任命翁文灏为行政院秘书长,中国科学社发行的《科学》杂志特刊登专文祝贺,认为"民国以来,科学家实行执掌中枢要职者,此为嚆失",期望翁文灏能应用科学方法,严密政治机构,务求达到政治"科学化"的地步。同时出任行政院政务处处长的蒋廷黻,谈到施政方针,也说要"竭力作事,而不作官,并本科学训练精神,处理政务"。② 第二,讲求实际和客观中立,不注重意识形态和道德(如胡适所说的"多谈问题少谈主义")。第三,重视技术进步和生产力的提升,较不关心所得分配(分配正义)的问题(蒋廷黻可说是少数的例外)。③ 在外在条件方

(接上页)灵魂。使孔、孟、程、朱、陆、王,能与"北京人""上洞老人"同样地在自己国家的最高学术研究中分占一席之地。凡在这一方面有研究成绩的,都应当加以罗致。或许是由于这封公开信的关系,7 月下旬钱穆终获"中央研究院"的认可,当选为院士。参阅向达:《祝南北两学术会议》,《中建》,第 1 卷第 6 期(1948 年),页 3;夏鼐:《中央研究院第一届院士的分析》,《观察》,第 5 卷第 14 期(1948 年),页 5;徐复观:《写给中央研究院王院长世杰先生的一封公开信》,收于:徐复观:《徐复观文录(三)》(台北:环宇出版社,1971 年),页 189—201;"中央研究院"八十年院史编纂委员会主编:《追求卓越:"中央研究院"八十年》,卷 1,页 104;翟志成:《钱穆的院士之路》,《"中央研究院"近代史研究所集刊》,第 103 期(2019 年 3 月),页 91—126。

① 罗家伦:《发刊词》,《计政学报》,第 1 卷第 1 期(1933 年),页 7。

② 道咸:《迎民国二十五年》,《科学》,第 20 卷第 1 期(1936 年),页 1—2。

③ 这些特征大致上接近帕特南(Robert Putnam)对于技术官僚(technocrats)所做界定。参阅:Robert Putnam, "Elite Transformation in Advanced Industrial Societies," *Comparative Political Studies* 10(1977), pp. 385–387.

面,这批学者大多为留学海外,任职于国内著名学术机构的第一流青壮学者。他们不仅拥有欧美名校学位,具有专业地位,并且也具有一定的社会影响力,许多经常为报刊撰写文章或社评,甚至本身即为刊物的主编或编辑。蒋介石能够召集一批学者专家,安置于其智囊机构,为其献策擘画,甚至利用他自己的机要费长期资助一些研究传统历史与文化的学者,如马浮、冯友兰、萧一山、贺麟等,显示他对儒学及学人的重视。

　　事实证明,蒋介石的这些智囊机构,虽非各种政策制定的主要场所,不过确曾提供建议,协助蒋介石做出决策,并能贯彻蒋的意旨,对各种政策、法案、法令及重要文件把关,对蒋的贡献甚大。此外,这些智囊机构或具机密性质,外界对其运作情况未必明了,不过所任用的大批学者专家,单就名单上所展示的坚强阵容,即可对蒋个人及党国在知识分子间的形象,产生不少加分的效果。难怪吴兆洪(曾由国防设计委员会筹备处科员一直做到资源委员会副主任委员)即认为国防设计委员会所发挥的养仕功能极佳:"蒋介石懂得这笔买卖是头等便宜的,一个月花上 10 万元,就可以收买一大批名流学者。"[1]蒋介石 1930 年时,尚被《大公报》社评指为"不学无术,以偏私之道治军,且行贪婪之政",[2]至西安事变时已成为全民拥戴的领袖,1944 年,孔家弊案爆发,重创蒋介石及国民政府形象。抗战胜利后,接着即是国共内战,国军节节败退,使得原已严重的通货膨胀有如雪上加霜,"战火只是使全国中的局部受害;物价飞涨,人人活不了,全国受害,人人反政府"。[3] 虽然如此,这批

---

① 吴兆洪:《我所知道的资源委员会》,收于《回忆国民党政府资源委员会》(北京:中国文史出版社,1988 年),页 68。

② 《领袖人才与国家命运》,《大公报》(天津),1930 年 6 月 21 日,第 2 版。

③ 宁恩承:《百年回首》(沈阳:东北大学出版社,1999 年),页 286。

从政的学者,也有一些缺点。白修德在他晚年所写的回忆录中,即曾指出这些具有留洋背景的国民政府高官,最明显的缺点即为不接地气,对本土的认识不足:

> 我花了一年多的时间,才发现"国民"政府(the"national" government)的高官,虽然说的一口漂亮的英语,但是和他自己同胞的距离,居然是如此的遥远。①

白修德认为这些人每天生活、做梦或是彼此之间交谈,用的都是英语,但是蒋介石却是既不能讲英语也不能看英文,他所用的美国通(Americanists)只是用来装点政府的门面,根本无法发挥真正的作用。②

笔者认为白修德对国民政府内从政学人的批评,颇有以偏概全之嫌。事实上,这些人并非全为装点门面之用,有些确实受到重用。如果把他们放在对的位置,有些人也确能发挥他们的专长。更重要的是,蒋介石的英文虽然既不能说也不能看,但是他和当时大多数的中国人一样,均迷信专家政治。

四

蒋介石的智囊机构中,国防设计委员会和行营设计委员会主要的工作均为调查与设计,本来即为学者所擅长;侍从室和参事室主要的工作除了设计规划,尚包括"把关"——由个性谨小慎微的陈布雷和具有法学专长的王世杰长期为蒋介石在公文和法规上把关,也极为妥当。不过从政学人一旦离开规划设计或幕僚机构,进入一般行政体系,他们的表现未必优异。一般来说,学者从政,在

---

① White, *In Search of History*, p. 73.

② White, *In Search of History*, p. 73—74.

文教、外交或是与其所学相关的领域，较易有突出的表现，[1]但是在其他的领域，则未必优于一般的官僚，主要原因在于历练的不足和政治手腕的不足。1940 年代，国民政府教育当局即发现留学生归国后立予高位的不当：

> 此辈留学生虽在国外大学研究院毕业，已获得理学博士或同等资格，倘在国外，不过仅能充任技术机关助手或大学院助教。若欲升任主任教授，或任独立负责之工程师，则尚需费二十年左右之努力，几经甄别乃可。而在中国，则因人才缺乏之故，一获有博士学位后，立即充任主任教授或总工程师之类矣。[2]

上段资料说的虽然是科技背景的留学生，其实学人从政，不论其专业为何，均有类似的问题，翁文灏即是一个典型的例子。翁文灏和钱昌照所长期主持的资源委员会，由于获得蒋介石的信任，得以拥有一套不同于一般行政机关的人事管理制度，因此表现优异，但是翁后来担任经济部长，似乎即超过其自身的能力，只知发展工业，对于物价问题束手无策。[3] 翁文灏的部属何廉即曾说翁："擅长于

---

[1] 国民政府曾启用一些非职业外交官代替传统的职业外交官，如以刘文岛为驻意大使、程天放为驻德大使、张乃燕为驻比公使、张歆生为罗马尼亚大使等，其表现未必即佳，甚至闹了不少笑话，最后还是不得不重用传统的职业外交官，如顾维钧即以此因缘，由法调英，由英调美。参阅恽逸群：《三十年见闻杂记》（南京：金陵书画社，1983 年，页 102。）

[2] 《向盟国借用专门人才及派遣留学生方案》，教育部档案，中国第二历史档案馆藏，原文未见，转引自王奇生：《中国留学生的历史轨迹》，页 183。

[3] 1940 年底，大后方爆发"平价大案"，章元善等国民政府高官被捕，何廉遭免职，蒋介石对经济部的业务职掌进行了调整。他将经济部主管的粮食业务完全划出，在行政院内另设粮食局，改派著名企业家、民生公司总经理卢作孚出任局长；将经济部所主管的花纱布业务改由棉业钜子穆藕初掌管，由穆出任花纱布管制局局长，（转下页）

书面工作。他能设计很好的工作方案,但是没有胆量和愿望来注意这些方案是否会贯彻实行。"①萧铮在主管国防最高委员会经济专门委员会期间,与翁接触甚多"深知其无能",认为他对战时经济"既无认识,又乏决心",②国民党六中全会前后,翁文灏和孔祥熙一起成为"革新派"攻击的首要目标,孔的罪名为贪污,翁的罪名则为无能。蒋介石由于书生气息重,杨永泰曾当面说他"恶而不能去",他自己也曾在日记中承认有此毛病。③ 蒋在面对舆论对翁的抨击下,仍任其为行政院副院长兼经济部部长。1947 年冬,连一向看好翁文灏的胡适,都建议蒋不要任命翁为行政院院长,④不料由于派系因素,院长人选难产,蒋最后仍任翁为院长。⑤

翁文灏一贯坚持国营重工业的原则,认为战后应实施计划经济,蒋介石则认为战后应推广民营,以扩大建设规模,因此两度要翁文灏和陈立夫召集重工业会议,试图借 CC 系之力牵制翁,翁则始终不愿他人插手战后以国营事业为主的经济建设计划,蒋虽不

(接上页)将经济部直辖之平价购销处的业务和权限大加缩小,使之形同虚设。1941年 6 月,又将粮食局改为粮食部,由孔祥熙的亲信徐堪任部长,经济部主管的花纱布业务,也改由财政部接管。翁文灏虽获蒋介石留任,但受此打击,自此对有关经济管制及物价管制方面的业务,不愿也不敢再去染指,而专心经营资源委员会的企业。参阅:董赞尧:《孔祥熙与经济部改组的内幕》,收于寿充一编:《孔祥熙其人其事》(北京:中国文史出版社,1987 年),页 289—290。

① 何廉:《何廉回忆录》,页 180。

② 萧铮:《土地改革五十年:萧铮回忆录》,页 252。

③ 蒋介石:《日记》,1932 年 5 月 24 日。

④ 江勇振:《国师策士》,页 573。

⑤ 翁文灏出任行政院院长的经过,可参阅张皓:《翁文灏出任行政院长与国民党派系之争》,《首都师范大学学报》(社会科学版),2007 年第 1 期;贺江枫:《蒋介石、陈立夫与1948 年行宪组阁的困局》,《史林》,2014 年第 3 期。

满,但也无可奈何,①只得将其架空。1948 年 9 月,社会部部长谷正纲即曾对陈克文表示,行政院院长名义上是翁文灏,事实上是蒋介石,翁只是秘书长而已;副院长名义上是张厉生,但是事实上是王世杰和陈布雷。② 曾任职经济部的白瑜,即认为翁在经济部部长任内,"奉公勤勉,洁身廉正,确实难得;然于大计方针欠宏硕,显非相才"③,翁的重要幕僚关德懋也说翁"仅仅是一个兢兢业业,清廉自守的好行政官,绝不是高瞻远瞩,老谋深算的政治家。他对于胜利前后的国内动乱局势,认识不够彻底"④,应付 CC 系所掌控的立法院又全无党的基础,⑤最后悲惨地下台,理有必然。政治学者董霖更直指翁"不是行政长才,更无经验肆应变局。国民政府在大陆时代用人不当,尤其不能因事择人,亦为失败的原因之一。"⑥

翁文灏在从政前,为知名的地质学家,主持地质调查所,成绩卓越,1932 年被任命为教育部部长,科学界均引为盛事,不料被当代学者称为"中国地质学之父"的北大地质学教授葛拉伯(Amadeus William Grabau,1870—1946),却公开反对,他说:"做教育部部长的人才,中国也还有几位,而做地质调查所所长的人才,却只有一个,他便是达克托文灏翁!"⑦不幸被葛拉伯言中,翁文

① 刘素芬:《技术官僚的形成:以国民政府资源委员会为例》,稿本。

② 陈克文:《日记》,1948 年 9 月 19 日。

③ 白瑜:《翁文灏、王云五与金圆券》,《传记文学》,第 37 卷第 2 期,页 93—94。

④ 关德懋:《翁文灏其人其事》,《传记文学》,第 36 卷第 4 其,页 78。

⑤ 1947 年张群任行政院院长时,拟任李璜为经济部部长,消息一出即接获陈立夫推荐整整 100 人的信函,请其安插于经济部,CC 系在立法院声势之大,由此可见一斑。参阅:李璜:《学钝室回忆录(增订本)》(香港:明报月刊社,1982 年),页 639。

⑥ 董霖:《六十载从政讲学》,页 211。

⑦ 衡哲:《人才与政治》,《独立评论》,1932 年第 29 期,页 7。有关葛拉伯在华事迹,可参阅 Allan Mazur, "Amadeus Grabau in China, 1920 - 1946," *Carbonates and Evaporities* 21(2006), pp. 51 - 93.

灏的从政,于政事无补,对学问则大有损失!

　　首任参事室主任朱家骅,在卸任后历任国民党中央党部秘书长、组织部部长、教育部部长、中央研究院代理院长、行政院副院长等职,其担任公职时间之长,为国民政府从政学人中所罕见。不过朱家骅晚年曾自称从政 30 余年,做过各种性质的工作,"均超过我之能力,以致毫无所成,真正对不起自己和国家耳",[1]若说对国家社会有些许贡献,仍在学术教育方面。[2]

　　朱家骅所谓的一生从事行政工作"毫无所成",固然是自谦之词,不过其部属也指出朱在所主持的每一行政机构,均有若干建树,但是所任党职,则由于人事关系复杂,周旋其间,不仅开创不易,反而惹来许多是非。例如战时担任组织部部长,推动党务整顿,即无成效。不仅未能解决派系对林立、中下层党部空虚、党员重量不重质等痼疾,甚至自己也被指为派系领袖(朱早年政治立场接近 CC 系,后来自成一系,被称为"朱家骅派")。[3] 由于整顿失败,导致战后出现党内的"革新"运动,更加引发政坛的动荡并丧失民心。即使朱家骅本人,也觉得十分挫折。战前朱家骅任教育部部长时,曾劝小他 3 岁的沈刚伯(时任中央大学教授)从政,沈笑答以"先生自己尽可做诸葛孔明,但幸勿拖我下水,我是幼无大志的人,至多只想学学王通罢了。"至抗战后期,朱在和沈的一次谈话中,则感慨地说:"我这个诸葛亮是失败定了,你这文中子到底做得成绩如何呢?"沈愕然问以何出此言,朱表示,过去总以为中国的贫弱和文化的衰弱,都是由于政治不上轨道,但是如果能革新政治,

---

① 胡颂平编:《胡适之先生年谱长编初稿》,第 7 册,页 2 610。

② 黄丽安:《朱家骅学术理想及其实践》,页 526。

③ 白瑜:《怀念从政学人朱家骅与王世杰》,《传记文学》,第 40 卷第 1 期,页 114。刘大禹:《朱家骅与战时国民党的党务整顿》,《民国档案》,2013 年第 1 期。

则一切问题自将迎刃而解，当时年少气盛，把天下事看得很容易，满以为上行下效，真能像草上加风，只要努力硬干，定可百废俱兴，等到打倒强敌，自可全国太平。这种信念历久弥坚，所以一向认为读书人不应该完全不过问政治。沈刚伯看朱家骅词色沮丧，就拉他去小饮。酒酣，朱又自谓幼时喜欢读书，很想研究科学，现在干久了政治，已是欲罢不能极想回头读书，却是为时已晚![1] 因此学人从政还是在学术文教领域较易有所表现。如同钱昌照在战前为蒋介石引介了大批的学人，朱家骅自 1930 年代后期开始，为蒋联系并接济了大量的知识分子，中央研究院更是靠他良好的党政关系，得以维持学术独立。"嗅不到一点党味儿!"[2]至今仍存在有"朱家骅馆"纪念他的贡献。[3]

在许多职务上均接朱职的王世杰，也是学人从政的著名案例，王世杰在 38 岁时出任武汉大学校长，4 年时间将该校办成一所名校。由于办学表现优异，获任教育部长。在 4 年多的任期内，政绩包括整顿办学不善的学校（公私立专科以上学校经部令停止招生或立即结束者，达 10 余所），教育经费独立，能够做到教育经费从不拖欠，教授生活安定，可说是民国成立以来所未有。[4] 在改革过程中，最感棘手的，乃是党内元老——有欲假借学校以扶植个人政治势力者，有提倡复古以攻击现时教育者。王世杰自认耗费在对

---

① 沈刚伯：《追记骝先生言行二三事》，收于大陆杂志社编：《朱家骅先生逝世纪念册》（台北：治丧委员会，1963 年），页 259—260。

② 杨希枚：《致编者函（二）》，收于大陆杂志社编：《朱家骅先生逝世纪念册》，页 476。

③ 朱家骅对"中央研究院"的贡献，可参阅"中央研究院"八十年院史编纂委员会主编：《追求卓越："中央研究院"八十年》，第 1 卷，页 58—83；黄丽安：《朱家骅学术理想及其实践》，第 3—6 章。

④ 金以林：《近代中国大学研究（1895—1949）》（北京：中央文献出版社，2000 年），第 3 章。

抗此两种倾向上的精力极多，甚至在政府五院院长中即得罪了 4
位。[①] 从长远来看，由于王世杰笃信科学，导致他排斥宗教团体办
学，反对设立中医学校，也对日后国民政府的教育政策产生深远的
影响。

王世杰除了长期担任参事室主任及国民参政会秘书长，更历
任国民党宣传部部长、国民党中央设计局秘书长、外交部部长、"总
统府"秘书长、"中央研究院"院长等职。和小他两岁的朱家骅大体
上合作无间，[②]同有建树。王世杰除在外交事务上因签订中苏友好
同盟条约而引起风波外，参事室和中央设计局的业务属于规划性
质，较不易有突出的表现，但也不易出错。在宣传上，王世杰两度
出任宣传部长，表现得较他人为出色。在其任内未曾停一报或封
一报，[③]拉铁摩尔(Owen Lattimore)说他能以开明的词汇将国民
政府的保守政策予以合理化，[④]白修德(Theodore H. White)则称
赞他的开明作风赢得了美国人的信任和中国人的尊敬，不过也指
出虽然在王世杰的影响下，言论尺度放宽了，不过仍有其局限
性——报纸仍然不能报道前线的战况、"共区"的发展、与苏俄的关
系，或是新疆的动乱。[⑤] 国民党统治集团退踞台湾后，王世杰担任
"总统府"秘书长，1953 年于"两航欠款"案中被蒋介石指为"蒙混舞

---

① 王世杰：《日记》，1938 年 1 月 1 日。

② 也有一些史料显示朱家骅和王世杰的关系并非一直和睦，如 1941 年 3 月 9 日陈布雷
日记："骝先对雪艇颇不谅解，彼二人感情本恶，余亦无法弥解之。"同年 3 月 13 日王
世杰日记："予深觉骝先兼任［'中央研究院'］院长究不相宜。"

③ 王世杰：《日记》，1942 年 12 月 7 日。

④ Owen Lattimore, *China Memoirs*：*Chiang Kai-shek and the War Against Japan*
(Tokyo：University of Tokyo Press, 1990)，p. 118.

⑤ Theodore H. White and Annalee Jacob, *Thunder Out of China* (New York：
William Sloane Associates, Inc., 1946)，p. 273.

弊",责任重大,而遭免职。① 至 1958 年陈诚任"行政院院长"时,出任"政务委员";1962 年,任"中央研究院"院长兼"行政院"长期发展科学委员会主任委员,至 1970 年,80 岁时辞职。② 王世杰曾向雷震表示,他一生经历中,只有北大教书、武大办学及参政会秘书长是自愿做的,其他工作都是被人强迫的。③ 晚年与人闲谈时,最乐于道及的,不是从政的回忆,而是关于北大、武大、故宫博物院和"中央研究院"的事情,在其所留遗嘱中,希望墓碑上仅刻写"前国立武汉大学校长王雪艇之墓",显示他所深深眷恋的,仍是大学校园,其他的全是烟云。④

蒋介石战前在经济建设上最器重的两位学者,在工业方面是翁文灏,在农业方面则为何廉。何廉在从政前为南开经济学院的院长,在经济学界的地位甚高,和马寅初并称"南何北马",1936 年在翁文灏的推荐下加入国民政府,历任行政院政务处处长、农本局总经理兼农产调整委员会主任、经济部次长、中央设计局副秘书长等职。不料任途波折频仍,不是卷入派系之争即是得罪巨室,尤其是 1940 年卷入轰动一时的"平价大案",不仅遭免职处分,农本局也被裁撤。⑤ 事后被安置于参事室担任参事,一年多之后东山再起任中央设计局副秘书长(秘书长为熊式辉),负责战后经济重建方

---

① 蒋介石:《日记》,1953 年 11 月 13、17 日。关于"两航案"中蒋介石处置经过,可参阅吕芳上编:《蒋介石先生年谱长编》,第 10 册,页 267—273。

② "中央研究院"八十年院史编纂委员会主编:《追求卓越:"中央研究院"八十年》,第 1 卷,页 112—151。

③ 傅正主编:《雷震全集》(台北:桂冠图书出版社,1989 年),第 35 册,页 202。

④ 夏道平:《夫子春秋在典型——敬挽雪公老师》,收于董鼐编:《学府纪闻:国立武汉大学》(台北:南京出版有限公司,1981 年),页 214—215。

⑤ 傅亮:《抗战时期的"平价大案"始末:以农本局改组为中心》,《江苏社会科学》,2015 年第 2 期。

案。此一方案虽获通过，但是并未施行。何廉的从政生涯可谓得不偿失，他自己也说在政府任职的那几年"完全是浪费"，[①]晚年回归学术本业，在美任教，1962年获选为"中央研究院"院士，至1975年逝世美国。

和何廉同时被翁文灏推荐进入行政院的蒋廷黻，则有个典型湖南人的骡子脾气，个性固执欠圆融，他的一位老友曾说"就性情、习惯与作风而言，对于涉足宦途——任何政体中之宦途，廷黻或不太适宜"。[②] 不过由于蒋介石欣赏蒋廷黻对外交确有研究与见地，[③]蒋廷黻自1935年任行政院政务处处长，从此即在未回到学术界，历任驻苏大使、行政院代理秘书长、行政院中国善后救济总署署长、驻联合国代表兼安理会代表、"驻美代表"兼"驻联合国代表"等职。早年担任行政院政务处处长时，人际关系即已不佳，担任"驻苏代表""联合国代表"及"驻美代表"，均能不辱使命，表现优异，不过和何廉一样，只要主持正式的行政机构，即无法胜任。1946年蒋廷黻出任行政院中国善后救济总署（简称"行总"）署长。行总乃国民政府为配合联合国善后救济总署（the United Nations Relief and Rehabilitation Administration，简称 UNRRA）而设立的机构，在各省市均有分署，组织庞大，所掌握并分配的物资极多，署长为部长级官员。由于业务繁杂，蒋廷黻穷于应付，以致大量善后物资被贪污、浪费（救济总署由于自奉不薄，被媒体批评为"救己总署"），最后在"行政院院长"宋子文的压力下被迫辞职，辞职后一年

---

① 何廉：《何廉回忆录》，页219。

② 浦薛凤：《十年永别忆廷黻》，《音容宛在》，页109。

③ 蒋介石：《日记》，1933年8月23日。

行总即爆发舞弊案,蒋廷黻也遭到监察院的弹劾。[1] 此一事件与何廉农本局遭裁撤事件相同,均为战时学者主政的丑闻。好在蒋廷黻从此学到了教训。1947 年他等到他所痛恨的宋子文去职后,才又回到政府,自此在外交界当外交官,[2]不仅是如鱼得水,而且更重要的是较为适任。

正如本章在一开始所引述陈布雷的话,自南京国民政府成立后,国民党即"既无权又无能",因此国民政府内政的败坏,除蒋介石及孔宋家族外,这批深获蒋介石重用的从政学人,也应负相当的责任。1948 年 12 月,蒋廷黻任联合国常任代表在巴黎开会,得知共产党已包围北平,蒋介石派专机接胡适等著名学者南下,曾于 12 月 16 日写了一封长信给胡适,信中表示:"目前国民党的危机,即可意识到我们这一代过去的努力失败了,也即是你、我,以及我们这一批所有《独立评论》社的朋友们都失败了。"[3]等于替所有的从政学者承认错误,不过已经晚了。

---

[1] 陈红民、傅敏主编:《美国哈佛大学哈佛燕京图书馆藏蒋廷黻资料》(桂林:广西师范大学出版社,2015 年),页 1—18;王春龙:《抗战胜利后"行总"及其分署贪腐问题述论》,《历史教学问题》,2019 年第 4 期。近年学界对于蒋廷黻与战后行总的一个正面评价,可参阅:Rana Mitter, "State-Building after Disaster: Jiang Tingfu and the Reconstraction of Post-World War II China, 1943 – 1949," *Comparative Studies in Society and History* 16:1(2019), pp. 176 – 206.

[2] 蒋廷黻自己曾在日记中分析,离开行总后蒋介石可能给他一个职位,但是没有实权,也可能任命他一个有实权的职位,但是他人(如 CC 系)会干扰:"我快要五十一岁了,还有十年至十五年的政治生命。如果转入外交界,能成为某方面的专家,生活得很写意,有机会发表演讲,而且名字会成为头条新闻。如重执教鞭,我可能成为一个杰出的学者,对公众事务有影响力,但没有实权。对我的余年这也许是一个较为安全的办法。"参阅蒋廷黻:《日记》,1946 年 9 月 16 日。原文未见,转引自汤晏:《蒋廷黻与蒋介石》,页 286。

[3] 蒋廷黻日记 1948 年 12 月 16 日,转引自汤晏:《蒋廷黻与蒋介石》,页 33。

学者从政，或有特异政绩，不过究属少数例外，有功业抱负的学人，虽然不妨舍身于实际政治以利天下，但需与本人所学者有关，否则于政事未必有益，在学术上则为绝大损失。且由学入仕易，由仕复入学难，学人一入官场，易于学术隔绝，致使半生精力等于浪费。

五

根据浦薛凤（1900—1997）的观察，抗战前后从政的学者，由于教育背景和思想习惯因素，其抱负，行径和遭遇各方面，和一般以做官为职业者相较，均有所不同。在抱负上，总觉得其所以出仕乃是人求我而非我求人，而其出仕目的固在做事而不在做官。因此既无患得患失之心，更有可进可退之志；故总愿改进革新，不甘敷衍塞责，在行径上，不事逢迎，不谋私利，破除情面，奉公守法，而且往往直言无隐，据理力争。因此自不能与掌权者左右的核心分子发生密切关系，遂如无源之水或无根之木，孤立无援。在遭遇上，不免引起忌怨谗谤与掣肘排挤，而各界不肖之徒常因所求不遂，利用其各种地位与机会，或则造谣中伤，或竟施诸行动，结果则黑白混淆，是非颠倒，致使整个社会不明真相。此则所谓宦海风波，从古为然，迄今不减。① 浦薛凤，江苏常熟人，北京清华学校毕业，美国翰墨林大学（Hamline University）博士，曾任清华大学政治系教授兼系主任，北京大学教授，国防最高委员会参事，行政院副秘书长，台湾省政府秘书长，台湾政治大学教务长兼政治研究所所长，"教育部"政务次长，美国桥港大学（Bridgeport University）卓越教

---

① 浦薛凤：《记何廉兄生平——治学从政树立风范》，《音容宛在》，页116—117。

授，纽约圣若望大学(St. John's University)教授，①为从政经验丰富的政治学者，对学者从政优缺点的观察，大致说来，十分深入，不过也有一些值得商榷之处。

第一，浦薛凤认为学者从政"往往直言无隐，据理力争"，自然"不能与掌权者左右的核心分子发生密切关系"，最后往往导致孤立无缘而失效。此一说法固然有其根据，如政治学者董霖战前曾当面建议蒋介石，训政时期以党治国，当由忠实党员担任重要责任。蒋避不正面答复，仅谓："我蒋某尽瘁党国数十年，方至今日地位，董同志你尚年轻，不当性急。"董答以此乃国家大事，非关个人得失。蒋闻而不怿，立即宣称用人行政领袖自有权衡，他人不得干涉。一场谈话即在不愉快的气氛中结束。董从此心灰意冷，不愿再做无谓直言。② 又如侍从室出身的徐道邻，担任行政院政务处处长时，正值抗战胜利，乃劝蒋介石于此一大好时机功成身退，不料被蒋降调为江苏省政府秘书长。③ 但是本书对于蒋介石几个智囊机构的研究，则发现事实上是主其事者均为"掌权者左右的核心分子"，由于害怕丧失与"掌权者"的"密切关系"，以至于往往无法"直言无隐，据理力争"，最后才导致"掌权者"因孤立无缘而失效。

1956 年 10 月 31 日，为蒋介石 70 岁生日，蒋特别指示台湾地区各刊物不要登载歌功颂德的祝寿文，希望各界踊跃建言，供当局参考。侍从室出身的东海大学中文系主任徐复观特别撰写《我所了解的蒋"总统"的一面》一文，刊登于《自由中国》杂志的《祝寿专号》。徐复观在文中检讨国民党失去大陆的原因，指出蒋介石所应

① 刘国铭编：《中国国民党百年人物全书》，页 1 803。
② 董霖：《六十载从政讲学》(台北：商务印书馆，1991 年)，页 115—116。
③ 居亦侨：《跟随蒋介石十二年》，页 204—206。关于徐道邻在侍从室时期的活动，可参阅：张瑞德：《无声的要角：蒋介石的侍从室与战时中国》，页 267—269、303—304。

负的责任乃是他领导上的错误，而形成这种错误的来源，部分是来自蒋个人的性格——蒋的意志坚强，他的成功乃事靠着此种坚强的意志，但是他的失败也是因为这种坚强的意志。蒋受言纳谏的政治艺术拙劣，造成大家不敢建言，即使是他最亲近的幕僚也是如此。徐复观对此有以下深刻的观察：

> 蒋公所愿听的话，和各种实际情况，中间不断发生距离；蒋公左右最伟大的幕僚，只能以很辛苦的方法，在此种距离中作点弥缝工作，有如陈布雷和王雪艇[世杰]两位先生之所为，但谁也不能作彻底而有系统的贡献。至于一般聪明才智之士，则只能竭尽其聪明才智，作"台词"的准备，以便必要时在蒋公面前背诵舞台上的台词。而台词的最大要点，便在防止不致因刺激感情而碰上钉子。所以这种台词，只对蒋公的感情负责，而不敢对客观问题负责，并常常增加与客观问题的距离。于是有机会得到亲近蒋公的人，既不敢伸张自己的个性，也不敢面对客观的问题，只是经过若干岁月后把自己磨练得像圆光光的弹子，出去负国家各种重要责任；内有奥援，外无顾忌，花头百出，实绩毫无，便是此一新官僚系统及新官僚风气的特色。①

---

① 徐复观：《我所了解的蒋"总统"的一面》，收于萧欣义编：《儒家政治思想与民主自由人权》(台北：学生书局，1988年)，页309。此文刊出后，《中央日报》曾刊出《共产主义破产之后》的社论予以驳斥，徐复观也于香港《华侨日报》发表《悲愤的抗议》答复。参阅《共产主义破产之后》，《中央日报》，1957年2月7日，第2版；徐复观：《悲愤的抗议》，收于：徐复观：《学术与政治之间(乙集)》，页195—199。《自由中国》《祝寿专号》对战后台湾青年的影响尚待研究。根据学者李筱峰的回忆，他就读高中一年级时，读了此专号后，大受震撼，从此改变了他的人生。参阅傅纪钢：《史学者李筱峰对蔡政府失望中有期望》，《新新闻》，第1611期，(2018年1月)

徐复观在文中直接点名侍三处主任陈布雷（侍从室实际上的负责人）和参事室主任王世杰这两位"蒋公左右最伟大的幕僚"，在蒋旁边仅能替他踩踩刹车，做点"弥缝工作"，但是未能"作彻底而有系统的贡献"，可谓一针见血之论。1942年5月，蒋介石曾在日记中反省期处世之道或有进步，主要是得益于每日读《宋元学案》，而陈布雷"规劝善谏，亦大有补吾之过也。"①不过陈布雷的规劝善谏，仍有其局限性，如侍从室成员对于孔祥熙和宋子文的作风，始终印象不佳，因此刻意与此二人保持距离，以维持侍从室的自主性，1941年底中央信托局运输处经理林世良被控勾结商家代运3 000万元自仰光赴昆明，图利1 000万元以上，案发后舆论大哗，但林与孔家关系密切，孔极力为其缓颊，导致军法执行总监部仅判处其无期徒刑。此案至侍从室后，各组组长均认为执法不公，乃附签蒋陈明，最后蒋接纳了侍从室的意见，批示林世良应处死刑，不许缓刑。

1945年3月，国民参政会参政员陈赓雅（中共地下党员）、傅斯年等，接到民众对中央银行美金公债弊案的检举数据，陈乃将数据汇整制成提案，拟于1945年7月参政会开会时提出，请政府彻查。依照国民参政会的议事规则，提出题案需有5位以上参政员的联署，陈于是联络了傅斯年、顾颉刚等参政员，共同草拟了要求政府查办美金公债舞弊案的议案。不料在联络的过程中，为参政会主席团主席、国民党中宣部部长王世杰知悉，即加以劝阻。王表示此案如提出，恐被人借为口实，攻击政府，影响抗战前途，使仇者快意，亲者痛心。同时提案内容若与事实有所出入，恐对提案人、联署人及参政会的信誉均会有损。因此，建议将提案撤销，另行设法

---

① 蒋介石：《日记》，1942年5月23日。

处理。陈赓雅则坚持此案证据确凿，请不必代为顾虑。不久，侍从
室主任陈布雷又以新闻界前辈身份，前往劝说，他表示陈赓雅对相
关资料的搜集，可为煞费苦心，于大会提出自然甚具价值，不过一
旦经大会讨论，公诸社会，恐使美、英、苏等友邦，更认为中国是一
个贪污舞弊的国家，因而不再支持中国抗战，如此一来，其影响将
不堪设想。基此理由，拟请将提案改为书面检举。由主席团负责
人交主席（蒋介石）认真查办，较为妥当。陈认为此项提案如不以
公开方式提出，可能即会石沉大海，乃采傅斯年建议，由傅于行政
院院长张群在参政会做工作报告时，提出质询。此项质询最后虽
然也轰动大会，但是原稿于会前已为侍从室人员取走，说是蒋介石
要亲自审阅，所以大会秘书处无从补印文件，加上新闻检查封锁，
案情不得公布，致使社会大众无从了解质询的详细内容。侍从室
虽能适时将民间声音反映给蒋，不过蒋由于顾及宋美龄，心中对孔
虽痛恨至极，但仍迟迟不愿对孔做积极处置，加上媒体的大肆宣
传，国民政府的贪腐形象普及国外，直至政权崩溃。而陈布雷和王
世杰这两位"蒋公左右最伟大的幕僚"，将忠蒋视为爱国，将领袖利
益置于党国利益之上，未能对蒋忠言直谏，也难卸其责。①

六

　　蒋介石的智囊机构未能忠言直谏，蒋介石也不能虚心接受他
人意见，固然均属事实，不过重要的是蒋介石的这些智囊机构在没
有内忧外患的安定环境下（如全面抗战前 10 年），尚可发挥各自专
长，规划各种建国方案，并逐步付诸施行，至于对付中共，则远远不
是这批智囊所能胜任的。例如战前国防设计委员会所参与规划的

---

① 张瑞德：《无声的要角》，页 328—335。

法币改革,由于国民政府财政健全,加上获得英、美等国的支持,因此得以成功推行。不过随着全面抗战的爆发以及随之而来的国共内战,军费消耗巨大,拖垮了财政,1946 年军费开支即约占国民政府总预算的 60%,至 1948 年甚至占到总预算的 68.5%,[1]造成了恶性的通货膨胀,军事力量也日益下降。而中共则有一套通俗化的革命大众主义的解释体系,对于民众极具吸引力,又以严密高效的组织体系,精巧的群众动员方式,建立了一个举国一致的战争动员体系,因此得以拥有取之不尽用之不竭的人力和粮草资源,干部没有私产,部队不用发工资,不仅能够弥补战场的消耗,而且能够快速成长。1947—1948 年的新式整军运动,更使得战斗意志和纪律均大为强化。

更有进者,蒋介石及其智囊虽然均主张渐进式的改革、反对中共的阶级斗争和暴力革命,但是对中共的发展及优点,并无深刻的体认,加上 1934 年江西"剿共"的"成功",使得国民政府的领导阶层多视中共为太平天国之类的"乌合之众"。不过中共的人数虽少,但也有其优势,经过八年的生聚教训,实力已非昔日可比,显著的进展包括:

第一,在党政体制方面。中共的党政体制,管控的幅度较国民党为宽广,深入基层的能力也较国民党为强。尤其值得注意的是:(1) 中共党政体制的底层系建立于群众动员的基础之上,并且中共通过阶级斗争不断更新和改造底层的动员。其底层成员来自贫苦的农民阶层,政治参与较为积极,因此国家机器在基层运作起来较为顺利。(2) 中共的党政体制由于系党一元化领导(以党领政、以党领军、

---

[1] Chang Kai-ngau, *The Inflationary Spiral*: *The Experience in China*, *1939－1950* (New York: John Wiley & Sons, 1958), p. 156.

以党领群众组织），内部整合较国民党成功，尤其自 1942 年整风运动后，所呈现出来的团结一致，令人印象深刻。[1] 和国民党意识形态缺乏吸引力，党外有党，党内有派，党国体制松散，重上层轻下层，越至基层控制力越弱，党政军呈现出多头马车，"总体战"只是口号的局面大异其趣。

第二，在"统一战线"方面。中共做到了团结一切可以团结的对象，包括工人、农民、中产阶级、学术界、地方实力派等。国共内战期间又联合"民主党派"，对抗国民党。国民党则于战前及抗战期间设置了一些智囊机构和国民参政会，吸纳了一批学者专家和社会贤达，虽然扩大了参与也提升了国民政府的形象，但是根据徐复观的说法："只不过是多请了几桌客人。世界上断无客人除了饮食谈笑以外，还想过问主人财产所有权之理。"[2]中共遂利用国民党的此一弱点，加强对国民党的攻势。1939 年，蒋介石将学者出身的朱家骅调国民党的组织部部长，而将 CC 系的陈立夫调充教育部部长，试图使朱吸引一批学者入国民党，而陈则派一批国民党干部至学术界，不料朱吸收入党的学者有限，而陈派到各大学的党干，则引起学界的普遍不满，更让中共捡到了免费的枪支。1944 年，陈、朱二人又换了一次班，形成党内和学校中两派人马的许多斗争场面，[3]加上国民党自定都南京后，即只重上层，不重基层群众，甚至蒋所重用的党内干部"均不能向群众发言"[4]，又实行"特务政治"，

① 陈永发：《中共共产革命七十年》（台北：联经出版公司，1998 年），页 880—881。
② 徐复观：《三十年来中国的文化思想问题》，《学术与政治之间（乙集）》（台中："中央书局"，1957 年），页 149。徐复观此文原作于 1956 年 6 月。
③ 徐复观：《三十年来中国的文化思想问题》，页 149—150。
④ 周德伟：《落笔惊风雨：我的一生与国民党的点滴》（台北：远流出版公司，2011 年），页 323。

将社会各阶层均推到与自己对立的一方。一个社会基础急剧扩大，一个统治基础急剧缩小，双方的基础在很短的时间内即出现逆转。

　　蒋介石的智囊机构除了不敢忠言直谏，在运作时也产生了一些负面的影响。

　　第一，破坏正常体制运作。在党机器方面，中常会、中政会名义上为最高决策机关，不过早在战前其功能即已丧失殆尽，党应有的储才和养士功能。也被蒋介石的智囊机构所取代。又如国防最高委员会，原为统一党政军的指挥而设置，为战时以党领政的总枢纽，并代行中政会职权，地位重要。不过蒋介石身为该会主席，却甚少出席会议，直至 1944 年 3 月以后，出席次数才明显的增加。[①]使得会议原本应有的功能降低，其重要性反而不如蒋在官邸所主持的官邸会谈、党政干部会谈、参事会谈等。[②]中央监察委员会秘书长王子壮即曾对此提出批评："国防最高委员会系应战时需要，处理一切军政问题者，亦因总裁虽任该会委员长，亦不常出席之故，致党政诸大问题，切决之于会议之外，实为目前之大问题。总裁责任繁重，绝不能对各方面之问题作周密之考虑，遂形成近日少数人上签呈之政治，负责讨论大计之中枢机构形同虚设矣。"[③]

[①] 根据学者刘维开的统计，国防最高委员会 1939 年共举行常务会议 22 次，蒋介石亲自主持 6 次；1940 年举行 27 次，蒋亲自主持 3 次；1941 年举行 25 次，蒋亲自主持 2 次；1942 年举行 25 次，蒋亲自主持 4 次；1943 年举行 27 次，蒋亲自主持 2 次；1944 年举行 25 次，蒋亲自举行 16 次；1945 年举行 29 次，蒋亲自举行 12 次；1946 年举行 22 次，蒋亲自举行 8 次，另外亲自主持一次谈话会；1947 年举行 18 次，蒋亲自主持 9 次。参阅刘维开：《国防最高委员会的组织与运作》，《台湾政治大学历史学报》，第 21 期（2004 年 5 月），页 143。

[②] 刘维开：《国防最高委员会的组织与运作》，页 146。

[③] 王子壮：《王子壮日记》（台北："中央研究院"近代史研究所，2001 年），第 9 册，页 204。

笔者则以为王子壮的批评，有倒果为因之嫌。其实并非如王所说，是由于蒋不出席会议才导致"党政诸大问题，切决之于会议之外""负责讨论大计之中枢机构形同虚设"，反而是获蒋器重（含侍从室）的"少数人上签呈之政治"，导致"党政诸大问题，切决之于会议之外"，所以蒋才不出席会议。再者，对蒋来说，前述的中央执行会议和国防最高委员会的常务会议，不是大而无当，缺乏效率，仅具仪式功能，即是会议成员中有许多是不得不纳入的"老朽"分子，这批人只知空谈误国或是争权索利，根本无助于解决问题。

因此，只要蒋介石一旦充分掌握党政军大权，自然倾向于依赖他主动召集的官邸会谈、党政干部会谈、参事会谈，参加人员精简，效率高，且真正能帮他解决问题。至于国防最高委员会，秘书长王宠惠平日多处理蒋手谕交办事项，一般业务主要由副秘书长陈布雷（侍二处主任兼）负责，蒋可随时掌握状况，自然无需经常出席常务会议。何廉认为蒋"办起事来首先靠人和个人的接触以及关系等等，而不是靠制度"，[1]事实上，蒋介石办事并非完全不靠制度，而是要看制度是否能为他用。

第二，造成下属的疏离感和效率低落。

蒋介石左右真正获得重用的人，既然大多取自个人智囊机构而非正式的党政体系，也不重视分层负责，自然造成下属的疏离感，从而事倍功半，效率低下。陈克文对此即曾有深刻的观察：

> 从蒋委员长起，国民党许多领袖都犯这个毛病，他们用人都喜欢把一切的工作人员变成自己的直接部队，直接指挥，直接监督，直接考核，全违背了分层负责，权限分明的组织道理。他们只管整天责备人，整天嚷效率低落，以他们的作法，真是

---

① 何廉：《何廉回忆录》，页 117。

缘木求鱼,永远得不到问题的解决的。①

更有进者,国民党虽然是执政党,但是党务机构在高阶人才进用上的重要性却远比不上蒋介石的个人智囊机构。智囊机构内的学者专家,表现优异者甚至立可出任政府要职,自然引起了党内人才的不平。如国民党所办《中央周刊》社社长刘光炎,即曾于"革新运动"时发表《国民党这一代没有人才吗?》一文,大发牢骚:

> 最近有一种不知从何而来的观念,即是:假定"党内无人"。大家都以为党内不会有出类拔萃的才士。对于党员,并不加以重视。一个同样学力的学者,假使他是国民党员,上级对他的看法,就好像差些。反之,如果他是没有国民党籍的,上级对他的看法,便特别不同。党内并不是没有优秀的政论家,但是因为他一离开党的立场说话,批评批评时政,大家便觉得此人有风骨,特别与以重视,或加以拉拢。一个本来中无所有的人,只要这样一来,便立刻若登龙门,身价十倍。②

刘光炎甚至直接抨击蒋介石用人的狭隘:

> 政治社会乃至其他方面当前的现象,一切都集中在少数几个人身上,这几位先生,忙得喘不过气,一兼再兼,无休息,无寒暑,无尽无止地连续下去,似乎没有机会给新进者一个间隙来表现我们的身手。改组也罢,新创也罢,换来换去,只见这几位先生。③

---

① 陈克文:《日记》,1944 年 2 月 25 日。

② 刘光炎:《国民党这一代没有人才吗?》,《革新周刊》,第 1 卷第 9 期(1946 年 9 月),页 2。

③ 刘光炎:《国民党这一代没有人才吗?》,页 3。

蒋介石确实甚少从国民党中取才或是通过国民党来取才。二陈仅在蒋谋求掌权的初期拥有较大的影响力，但是一旦蒋大权在握，二陈的影响力即大为下降，根据吴国桢晚年的回忆，"CC在'政府'中的影响几乎为零，只有'教育部'差不多一直由CC系的人来掌握。"①其原因或许是如王子壮所做的观察——蒋介石虽然肯定二陈具有"组织天才，而不欲其有过分之发展。"②1945年4月国民党召开六大前夕，蒋介石曾手谕组织部部长陈立夫和教育部部长朱家骅，于各大学教授中保举最优秀党员，每校二至三人。③　笔者认为蒋介石的此项举动，应是想要调查一批CC系和朱家骅系均认可的优秀学者备用。陈、朱二人于是汇整了一张包括43所大学共98位学者的名单呈蒋。根据晚近学者的研究，名单上的学者大多为大学校长、院长或最著名的学者，其中黎锦熙、陈寅恪、孟宪承、杨端六、何杰、冯友兰、戴修瓒、邓植仪8位曾于1942年8月被遴选为教育部首批部聘教授，冯友兰、华罗庚、竺可桢、萨本栋、陈寅恪、李宗恩、张孝骞7位则于1948年4月当选为中央研究院的首届院士。④　这98位"最优秀教授党员"，虽然大多年富力强，不过似乎也并未获蒋的重用。

　　蒋介石既然不重视党，甚少从国民党中取才或是通过国民党来取才，自然使得有志于政治工作的优秀学者也不重视党。学者认为只要能够结交蒋介石或其他上层人物，不入党仍可作官，⑤而

---

① 吴国桢著，吴修桓译：《从上海市长到台湾省主席：吴国桢口述回忆》，页244。

② 王子壮：《日记》，第10册，页186，1945年5月30日。

③ 《事略稿本》，第60册，页238—239。

④ 沈卫威：《民国教授的三大荣誉——部聘教授、最优秀教授党员、院士》，《民国研究》
　　第25期(2014年春季号)。

⑤ 王子壮即曾于其日记中有以下的观察："党原为人事之领道，故党如健全，（转下页）

且还可以对外维持其清誉，所以许多人即使做了官也不愿入国民
党；即便入了国民党，也不愿公开承认（如张忠绂即曾在其回忆录
中指蒋廷黻 1950 年代在海外自谓其非国民党员，事实上蒋不仅是
国民党员，而且是国民党内许多小组织的成员）；[1]对于党务工作，
更是唯恐避之不及。如战时负责西南联大党、团工作的历史学者
姚从吾，在写给中央组织部部长朱家骅的信中，即表示该校教授：
"大抵学有专长，各有独见，均愿与政府及党国中枢要人私人发生
关系，以言党务，则均事规避，故党务工作推行实难。"[2]

　　第三，助长学而优则仕的风气。晚清科举废除后，知识分子即
有逐步边缘化的趋势，国共两党兴起后，蒋介石的智囊机构自民间
吸纳了大批学者，并成为许多重要职位的取才之所，助长了学而优
则仕的社会风气。学者一旦怀才不遇，仕途不顺，往往转向中共政
营。例如清华大学政治系的张奚若和钱端升，原均为国民党的支
持者，1936 年尚以哲学系教授张申府于课堂上宣扬马克思主义为
由，发动反对其续聘案，[3]但是看到系上同事浦薛凤、王化成和陈之

　　（接上页）必有合理之人事制度，现在之一凭个人好恶之升迁降调，至不合理，以故形
　　成党以组织部长为中心之现象，思攫党中地位者亦必以此位为觊觎之目标，是党之
　　用人权系于一人之过也。同时中、下级辛苦多年而有成绩之干部，因不得升迁而抑
　　郁特甚，是党中最大之损失也。"参阅王子壮：《日记》，1944 年 3 月 31 日。

①　张忠绂：《迷惘集》，页 144。

②　《姚从吾致朱家骅函（1942 年 2 月 10 日）》。转引自王奇生：《革命与反革命》，页 244。
　　有关战时国民党在大学校园中的发展，除王著外另可参阅王晴佳：《学潮与教授：抗
　　战前后政治与学术互动的一个考察》，《历史研究》，2005 年第 4 期；Hu Kuo-Tai,
　　"The Struggle Between the Kuomintang and the Chinese Communist Party on the
　　Campus During the War of Resistance, 1937 - 1945," *The China Quarterly* 118
　　(June 1989), pp. 300 - 323。

③　萧公权：《问学谏往录》，页 110；Vera Schwarcz, Time for Telling Truth is Running
　　Out: Conversation with Zhang Shenfu (New York: Yale University Press, 1992)。

迈先后从政，心生不满，政治立场遂转为左倾。① 另一方面，学术机构也缺乏独立性格，"中央研究院"甚至有对弃学从政 20 余年，其间无学术著作的学者授予院士荣衔的例子，对于谨守岗位学者的士气打击甚大，因此"学者倘由从政而复执教，则往往遭受白眼，一若已曾失节然者"，②自然也就不足为奇。

另一方面，西方科学于近代输入中国后，取得宗教般的崇高地位。清末时期，政府由于因应新兴情势的需求，开始重视专业人才，给予外务、邮传、度支等部官员特别优厚的待遇，并以考试方式录用留学生为文官，民国以后，北京国民政府又为"技术官"建立特殊的升迁及薪俸制度，对于文官系统专业化所做的努力，实为中国历史上前所未有之事。③ 北洋时期虽已常有留学生进入内阁为官，但是国民政府任命大量大学教授担任要职，乃是蒋介石 1930 年代初期受到美国总统罗斯福（Franklin D. Roosevelts）的影响所致。蒋介石实行专家政治，虽然较当时常见的军人干政和北洋旧官僚充斥现象为进步，在内政和外交上也多有贡献，但是蒋介石过于迷信专家政治，往往在未经充分磨炼的情况下即赋予重任，对于不适任者也常未能及时撤换，也造成了不少祸害。

① 萧公权：《问学谏往录》，页 110。
② 浦薛凤：《悼念蒋兄廷黻》，收于《音容宛在》（台北：商务印书馆，1984 年），页 106。
③ 张瑞德：《中国近代铁路管理的研究——政治层面的分析(1876—1937)》，页 222。

征引书目

一、档案

"国史馆"藏

《保障人民身体自由办法》,《国民政府档案》,典藏号 001 - 100010 - 0007。

《本星期上午十一时,请张彝鼎专门委员远东局面与外交人员训练及边疆问题,讲时请各委员同往》,《蒋中正"总统"文物》,档号筹笔/统一时期/07913。

《参事室呈蒋介石开罗会议上中国应提出问题草案》(1943 年 11 月),《蒋中正"总统"文物》,典藏号 002 - 020300 - 00023 - 017。

《参事室呈蒋介石与华莱士谈话以中苏关系、国际安全性群组织、中共问题为主(1944 年 6 月 16 日)》,《蒋中正"总统"文物》,典藏号 002 - 020300 - 00038 - 007。

《参事室主任王世杰呈军事委员会委员长蒋介石关于晏阳初在美讲演情形与中国新闻社工作状况及拟加派人员出国宣传应予注意各点》(1944 年 8 月 7 日),《国民政府档案》,典藏号 001 - 141231 - 00001 - 003。

《参事室主任王世杰呈军事委员会委员长蒋介石为呈改进我国移民地位方案》(1943 年 10 月 23 日),《国民政府档案》,典藏号 001 - 067010 - 00001 - 001。

《参事室主任王世杰呈军事委员会委员长蒋介石为呈关于希特勒德国及其同伙赔偿损害问题之意见》(1944 年 2 月 14 日),《国民政府档案》,典藏号 001 - 067400 - 00001 - 006。

《陈布雷报告铨叙部及党职等重要人事案》,《特交档案·政治》,《蒋中正"总统"文物》,典藏号 002080101009007。

《陈布雷呈蒋中正驻美大使馆来电八月份读者文摘内鲍尔温发表对中国过奢之希冀一文》(1943 年 7 月 26 日),《蒋中正"总统"文物》,典藏号 002 - 080106 - 00036 - 007。

陈诚:《庐山暑期训练团实记道言》(1937 年 7 月 4 日),《陈诚文物档案》,典藏号 008 - 010703 - 00018 - 001。

《陈果夫呈蒋中正请鉴核侍从室第三处三年半工作简报及三十一年度检讨报告》,《特交档案·军事》,《蒋中正"总统"文物》,典藏号 002080102019010。

《陈果夫呈蒋中正中央党部及行政院所属部会最优人员》,《蒋中正"总统"文物》,典藏号 002080101009005。

《陈果夫上蒋中正函》(1942 年 6 月 12 日),《蒋中正"总统"文物》,档号 0802200。

《陈果夫上蒋中正函》,《蒋中正"总统"文物》,档号 0802200。

《陈果夫致蒋函》(1948 年 3 月 5 日),《蒋中正"总统"文物》,档号 080200。

《陈果夫致蒋函》,《蒋中正"总统"文物》,档号 080200。

《呈军事委员会委员长蒋介石为呈报经济部平价购销处吴闻天业务报告及审核报告》(1940 年 12 月 20 日),《国民政府档案》,典藏号 001 - 110010 - 00014 - 001。

《党务过去弊端》(1938 年 4 月 5 日),《蒋中正"总统"文物》,《筹笔》,"抗战时期"。

《范锐呈恢复城钲两厂计划书》(1938 年 2 月 10 日),《资源委员会档案》,典藏号 003 - 010301 - 1447。

《复性书院二十八年下半年度经常费支出概算书》,《复性书院章程、经费、人事等(一)》,《教育部档案》,典藏号 019 - 030509 - 0022。

《顾维钧电蒋中正此次我派访英团似可不限于参政员,能包括他界专家则对英各方联络更易,此间政府议院殊多流言对我不利故访问团首席宜遴派资望深经验富者充之》(1943 年 7 月 6 日),《蒋中正"总统"文物》,典藏号 002 - 090103 - 00013 - 137。

《国民政府军事委员会参事室呈关于国际局势之外交报告》,《蒋中正"总统"文物》,典藏号 002 - 080103 - 00045 - 012。

"国民政府军事委员会侍从室第三处组织规程",《国民政府组织编制》,《国民政府档案》,典藏号 001 - 042100 - 0043。

"国民政府军事委员会侍从室人事处编制草案",《国民政府组织编制》,《国民政府档案》,典藏号 001 - 042100 - 0043

"国民政府军事委员会侍从室人事处工作程序草案",《国民政府组织编制》,《国民政府档案》,典藏号 001 - 042100 - 0043。

《汗血社社长刘百川呈军事委员会委员长蒋介石为拟编中正丛书请题序又西安半月记可否收于丛书》(1937 年 6 月 9 日),《国民政府档案》,典藏号 001 - 011248 - 00001 - 004。

《蒋介石 1940 年有关设计考核计划研究等之手令登记簿》,《蒋中正"总统"文物》,典藏号 002 - 080200 - 00561 - 002。

《蒋介石电陈诚关于庐山暑期训练团西北陕甘各省干部应多令加入训练》(1937 年 5 月 16 日),《陈诚文物档案》,档号 008 - 010202 - 00078 - 019。

《蒋介石电陈立夫推荐各省市优秀党委来行营任秘书名单履历先电告》(1933 年 6 月 1 日),《蒋中正"总统"文物》,档号筹笔/统一时期/06405。

《蒋介石电钱昌照国防设计委员会应与中央政校交通同济等大学切实合作》(1933 年 8 月 24 日),《蒋中正"总统"文物》,档号筹笔/统一时期/06861。

《蒋介石电钱昌照林蔚关于现在交通与铁道各部及各市之员警人数经费调查与沿海各县政治团队与教育等事请与翁文灏负责整理(1933 年 8 月 24 日)》,《蒋中正"总统"文物》,典藏号 002 - 090102 - 0004 - 151。

《蒋介石电钱昌照聘丁文江杨端六任处长职并以特任职薪俸遇》(1933 年

7月7日)《蒋中正"总统"文物》,档号筹笔/统一时期/16620。

《蒋介石电钱昌照请翁文灏等代聘丁文江杨端六主持行营设计审核两处》(1933年7月6日),《蒋中正总统档案》,档号筹笔/统一时期/16610。

《蒋介石电熊式辉令设计会或汉儒代撰历史典故解释礼义廉耻》(1934年3月28日)《蒋中正"总统"文物》,档号筹笔/统一时期/08139。

《蒋介石电熊式辉行营拟设政治设计委员会研究办法延揽教育经济人》(1933年6月21日),《蒋中正"总统"文物》,档号筹笔/统一时期/06497。

《蒋介石电邀晏阳初带得力者来和商议农村合作社及改良农村办法》(1932年10月26日),《蒋中正"总统"文物》,典藏号002-010200-00072-069。

《蒋介石电朱家骅请萧一山准备出洋事并预算经费》(1932年6月25日),《蒋中正"总统"文物》,典藏号002-010200-00068-023。

《蒋介石分电何应钦钱昌照国防委员会名称已改及各委员不得如张其昀在外演讲夸张招摇(1935年3月22日)》,《蒋中正"总统"文物》,典藏号002-080200-00216-013。

《蒋介石指示行营设计委员会组织架构拟具政治计划及专门人才聘任》,《蒋中正"总统"文物》,档号筹笔/统一时期/08172。

《蒋介石致邱吉尔电》(1940年7月28日),《蒋中正"总统"文物》,典藏号002-020300-00039-036。

《蒋介石致俞鸿钧手谕》(1957年12月25日),《蒋中正"总统"文物》,典藏号002-010400-00028-048。

《蒋中正电陈诚师以上政治部主任未受党政班训练者9月前应召训毕》(1939年6月28日),《蒋中正"总统"文物》,档号筹笔/抗战时期。

《蒋中正电陈果夫各省党部代表尚希留南京镇江间另谋扩大组织盼速解决》(1934年2月14日),《蒋中正"总统"文物》,档号筹笔/统一时期/07778。

《蒋中正电熊式辉行营宣传加紧组织嘱刘百川、萧淑宇负责》(1933年9月14日),《蒋中正"总统"文物》,典藏号002-010-200-00093-073。

《蒋中正电徐永昌候补武官回国学员译员须于党政训练班受训》,1939年

9 月 4 日,《筹笔》,"抗战时期",《蒋中正"总统"文物》。

《蒋中正电杨永泰开设计委员会研究经济文化币制关税等问题》,《蒋中正"总统"文物》,档号筹笔/训政时期/08171。

《蒋中正电朱家骅请转告萧一山何日来赣及讲述清代史尤须注重开国制度与清代外交档案及朱家骅复电蒋中正下月初萧一山将来赣》(1934 年 5 月 22 日),《蒋中正"总统"文物》,典藏号 002 - 080200 - 00165 - 118。

《蒋中正电朱家骅询萧一山何日来赣讲述清代史》(1934 年 5 月 21 日),《蒋中正"总统"文物》,典藏号 002 - 010200 - 00114 - 023。

《蒋中正致陈布雷电》(1942 年 6 月 20 日),《蒋中正"总统"文物》,典藏号 002 - 010300 - 00049 - 015。

《军事委员会参事室主任王世杰呈军事委员会委员长蒋介石为呈复关于改革军事审判制度审核意见请裁核及烟毒罪审判问题办理》(1943 年 4 月 12 日),《国民政府档案》,典藏号 001 - 058900 - 00017 - 006。

《军事委员会参事室主任王世杰呈委员长蒋中正关于外交部使领人员训练大纲研究意见》(1942 年 3 月 26 日),《国民政府档案》,典藏号 001 - 060000 - 00004 - 002。

《军事委员会参事室主任王世杰呈委员长蒋中正为呈送稳定战时经济建议书》(1942 年 11 月 5 日),《国民政府档案》,典藏号 001 - 110010 - 00015 - 008。

《军事委员会参事室主任王世杰电军委会委员长侍从室第二处主任陈布雷关于驻美大使人选意见三点请察裁》(1940 年 5 月 3 日),《国民政府档案》,典藏号 001 - 061120 - 00001 - 003。

《军事委员会侍从室第三处业务移交清册》,《国民政府档案》,典藏号 001032000013。

《军事委员会侍从室人事登记资料袋:仇硕夫》,"国史馆"藏,编号 00753。

《军事委员会侍从室人事登记资料袋:刘瑶章》,"国史馆"藏,编号 03263。

《军事委员会侍从室人事登记资料袋:许公镳》,"国史馆"藏,编号 07505。

《军事委员会侍从室人事登记资料袋:张梅谷》,"国史馆"藏,编号 06528。

《军委会参事室呈蒋中正敌人对我法币之新进攻及我应有之对策的经济报告》，《蒋中正"总统"文物》，典藏号 002 - 080103 - 00041 - 005。

《李煜瀛电蒋介石可否由国防设计委员会补助发明秘密无线电话电报之沈宜甲》（1934 年 5 月 8 日），《蒋中正"总统"文物》，典藏号 002 - 080200 - 00163 - 129。

《刘百川等电蒋介石拟于五月出发国内各地及日本调查文化事业时间约三月请准拨给必要旅费等文电》，《蒋中正"总统"文物》，典藏号 002 - 080200 - 00434 - 245。

《刘百川函杨永泰转呈蒋中正请拨款派遣各地调查文化事业俾拟民族文化建设方案及蒋中正复电应统筹再办》（1934 年 11 月 23 日），《蒋中正"总统"文物》，典藏号 002 - 080200 - 00194 - 023。

《庐山暑期训练团办法大纲》（1935 年 5 月 16 日），《国民政府档案》，典藏号 014 - 0022.01/1118 - 1128。

《庐山暑期训练团各期受训人员籍贯统计表》（1937 年 8 月 7 日），《陈诚文物档案》，典藏号 008 - 010703 - 00010 - 018。

《庐山暑期训练团组织纲要》（1937 年 5 月 24 日），《陈诚文物档案》，典藏号 008 - 010703 - 00010 - 005。

《民国三十四年国庆授勋案》，《国民政府档案》，典藏号 001035111055。

《钱昌照等电蒋介石已嘱沈宜甲早日回国服务另请转告李煜瀛国防设计委员会似不需津贴无线电机发明费等文电日报表等四则（1934 年 5 月 11 日）》，《蒋中正"总统"文物》，典藏号 002 - 080200 - 00435 - 078。

《钱昌照电蒋中正教厅人选正与翁文灏推敲中及教科书编制由杨振声担任国文历史张其昀担任地理》（1932 年 11 月 28 日），《蒋中正"总统"文物》，典藏号 002 - 080200 - 00064 - 001。

《钱昌照电蒋中正明日顾翊群乘船西上将于十八日抵南昌谒见》（1934 年 4 月 15 日），《蒋中正"总统"文物》，典藏号 002 - 080200 - 00160 - 081。

《钱昌照电蒋中正全国经济委员会派顾季高赴欧考察税币制如有暇当嘱其赴赣晋谒》（1934 年 4 月 9 日），《蒋中正"总统"文物》，典藏号 002 - 080200 -

00159 - 073。

《人事管理条例》,《国民政府档案》,典藏号 001 - 012040 - 00040。

"人事会议规程",《国民政府组织编制》,《国民政府档案》,典藏号 0010421000043。

"侍从室呈蒋中正军委会所属各部院会厅所二十九年成绩或功绩特优人员报告表",案目:中央军事机关人事(二),《特交档案·军事》,《蒋中正"总统"文物》,典藏号 002080102018008。

"侍从室第三处陈减并报告表册",《行政效率提升(一)》,《国民政府档案》,典藏号 00104002001。

"侍从室各处室裁撤分别归并文官参军处",《军委会侍从室组织及人事》,《国民政府档案》,典藏号 001011321001。

"侍从室人事处组织条例草案",《国民政府组织编制》,《国民政府档案》,典藏号 0010421000043。

《侍从室人事登记卷:窦钰》,"国史馆"藏,编号 10944。

《侍从室人事登记卷:方家慧》,"国史馆"藏,编号 20957。

《侍从室人事登记卷:葛曾传》,"国史馆"藏,编号 20954。

《侍从室人事登记卷》,"国史馆"藏,编号 01880。

《侍从室人事登记卷》,"国史馆"藏,编号 14578。

《侍从室人事登记卷》,"国史馆"藏,编号 17388。

《侍从室人事登记卷》,"国史馆"藏,编号 25142、01880、17388。

《侍从室人事登记卷:胡选民》,"国史馆"藏,编号 01565。

《侍从室人事登记卷:黄元彬》,"国史馆"藏,编号 19969。

《侍从室人事登记卷:康宝志》,"国史馆"藏,编号 25142。

《侍从室人事登记卷:刘泽鸿》,"国史馆"藏,编号 24548。

《侍从室人事登记卷:罗时实》,"国史馆"藏,编号 08862。

《侍从室人事登记卷:濮孟九》,"国史馆"藏,编号 00347。

《侍从室人事登记卷:万君默》,"国史馆"藏,编号 11157。

《侍从室人事登记卷:翁腾环》,"国史馆"藏,编号 11165。

《侍从室人事登记卷：吴祖楠》，"国史馆"藏，编号 10595。

《侍从室人事登记卷：杨泽武》，"国史馆"藏，编号 26262。

《侍从室人事登记卷：袁公信》，"国史馆"藏，编号 05618。

《侍从室人事登记卷：赵声扬》，"国史馆"藏，编号 11179。

《侍从室人事登记卷资料袋：沈清尘》，编号 07267，"国史馆"藏。

"侍二处及三处调查登记部份归并文官处办法"，《文官处组织法令案》，《国民政府档案》，目次 554－555。

"侍仁查字第 18816 号"文电，1941 年 11 月。《国民政府在职人员异动调查统计（一）》，目次 2259。

"侍仁查字第 6361 号"文电，1941 年 5 月，《国民政府在职人员异动调查统计（一）》，《国民政府档案》，典藏号 001030000019。

"侍三处致国民政府文官处信函"，《人事管理条例（三）》，《国民政府档案》，典藏号 001012040040。

《宋子文电蒋中正据克利浦斯称钱端升分函邱吉尔与英重要阁员论中国政局其中多有谤词及以其访问团员似不适宜》（1943 年 7 月 29 日），《蒋中正"总统"文物》，典藏号 002－080106－00057－019。

《王世杰呈蒋中正关于中法军事合作问题节略》（1939 年 4 月 4 日），《蒋中正"总统"文物》，典藏号 002－080106－00074－005。

《王世杰电陈布雷转蒋介石日方制造伪中央组织参事室条陈德义未公然承认华北、南京或中央伪组织前中国应力持忍耐态度等三点情形》（1938 年 12 月 3 日），《蒋中正"总统"文物》，典藏号 002－090103－0011－218。

《王世杰致蒋介石函》（1940 年 5 月 3 日），《国民政府档案》，典藏号 001－061120－0001。

《张炽章函蒋中正遵举雷宝华等陕西行政人才》，《蒋中正"总统"文物》，典藏号 002080101009002。

《张忠绂呈日苏停战后政府对此应采取之外交方策及步骤说帖》，《蒋中正"总统"文物》，典藏号 002－080106－0002－003。

《中央各军事学校毕业生调查处工作简报》（1939 年 8 月），《蒋中正"总统"文物》,档号 080102。

《中央各军事学校毕业生调查处职员简历册》,《蒋中正"总统"文物》,典藏号 002 - 080102 - 120。

"中央人事行政会议规程",《人事管理条例(一)》,《国民政府档案》,典藏号 001012040038。

"中央行政机关二十九年度工作最努力人员考核比较清册",《蒋中正"总统"文物》,典藏号 002080101009003。

《周鲠生呈蒋介石德苏开战原因与美国对苏俄实力的评估及此战争对英美日等国的影响》(1941 年 7 月 12 日),《蒋中正"总统"文物》,典藏号 002 - 080107 - 00003 - 007。

《朱家骅呈蒋介石据萧一山函称其于欧洲发现大批外人所记清史与秘密结社手抄本及德义国势日强我目前宜休养生息等》(1932 年 12 月 25 日),《蒋中正"总统"文物》,典藏号 002 - 080200 - 00066 - 044。

《朱家骅电蒋中正三日晨萧一山乘轮赴赣晋谒》,《蒋中正"总统"文物》,典藏号 002 - 080200 - 00167 - 060。

《朱家骅电蒋中正申报登载交通当局否认进行东北通邮谈判新闻已交中央通信社发表更正》(1934 年 5 月 29 日),《蒋中正"总统"文物》,典藏号 002 - 080200 - 00166 - 114。

《祝绍周等呈报陕西省府改组事宜并拟省委人选案》,《蒋中正"总统"文物》,典藏号 002 - 080101010 - 004。

《总统府人事登记卷:高振雄》,"国史馆"藏,编号 11161。

《总统府人事登记卷:潘浙》,"国史馆"藏,编号 00341。

《总统府人事资料袋:莫萱元》,"国史馆"藏,编号 00236。

《总统府人事资料袋:濮孟九》,"国史馆"藏,编号 00347。

国民党党史馆藏

安徽省地方行政干部训练团编:《安徽训练概况》,档号一般 497.2/22。

陈希豪等:《全国党员一律施以军事训练案》,档号会 3.1/18.6 - 7。

《党政高级班第一期毕业学员使用问题讨论会记录》(1943 年 5 月 29 日),特种档案,档号 001/2.2－23。

《党政高级班第一期学员使用及选派办法》,特种档案,档号 001/2.18。

《党政高级训练班毕业学员统一任用管理办法草案》,特 001 档案——中央训练团卷,档号特 001/2.1。

《党政高级训练班第三期增调学员名册》(1945 年 2 月 22 日),档号会 5.3/255.8。

"国民党党立商民运动讲习所章程"(1925 年 7 月 26 日),《第一届中常会第 98 次会议记录》,《中国国民党第一届中央执行委员会常会会议录》第五册,馆藏号会 1.3/2.5。

"国民党党立宣传员养成所章程",《国民党一届中常会第 93 次会议记录》,《中国国民党第一届中央执行委员会常会会议录》,第五册,档号会 1.3/2.5。

国民党四届中执会:《改进中央党部组织案》,档号会 4.1/5.19。

《蒋总裁批吴秘书长铁城签党务改革方案实施办法呈》,档号会 6.3/53.12。

《军事委员会主席团上中执会呈》(1927 年 4 月 8 日),档号汉 3450。

《军事委员会主席团上中执会呈》(1927 年 4 月 9 日),档号汉 3750.1。

《刘百川上中央党部呈(1927 年 2 月 25 日)》,档号汉 17286.1。

《拟派高级班无工作学员姚雪怀等为本处视察》,特种档案,档号 001/2.1－12。

《农民运动讲习所报告》(1925 年),五部档,11322 号。

潘公展等:《全国党员须受军事训练案》,《国民党三届一次全体大会提案(1929 年 3 月 21 日)》,档号会 3.1/18.6－7。

《侍仁字第 1930 号报告:党政班在川服务学员考核简册》。

《侍三处上蒋委员长报告书:拟派高级班无工作学员姚雪怀等为本处视察》,特种档案,档号 001/2.1－12。

《侍三处致金德洋等函:奉谕派任视察工作及负责整理国防十年计划》,特种档案,档号 001/2.1－1。

《西北干部训练团改隶中央训练委员会并改定名称请领印信》(1940 年 12 月 26 日),档号会 5.3/167.6。

《县各级干部人员训练大纲》(1939 年 11 月 16 日),档号会 5.3/135.8。

《修正中央训练委员会训练团组织条例》(1939 年 9 月 27 日),档号会 5.3/131.8。

中训会 1939 年 11 月 1 日(制),"全国现有机关一览表",《国民党五届六次全会中央训练委员会工作报告》,档号会 5.2/45.4。

《中训会工作报告提要》(1939 年 11 月至 1940 年 6 月),档号会 5.2/52.5。

《中央妇女部致国民政府函》(1925 年 7 月 15 日),《五部档》,党号 13795。

《中央训练团党政训练班第二年训练实纪》,档号 497/3－2。

《中央训练团党政训练班第三年训练实纪》,档号 497/3－3。

《中央训练团党政训练班第四年训练实纪》,档号 497/3－4。

《中央训练团党政训练班第一年训练实纪》,档号 497/3－1。

《中央训练委员会训练团分团训练实施计划纲要》(1939 年 8 月 7 日),档号会 5.3/130.13。

《中央训练委员会组织条例草案》,档号会 5.2/21.15.1。

《中央执行委员会致中央妇女部函》(1927 年 6 月 16 日),五部档,档号 13792。

《朱部长对于组织工作之指示》,1942 年 10 月 1 日中央组织部第 50 次业务会议指示条。

《朱部长对于组织工作之指示》,1943 年 3 月 25 日中央组织部第 6 次业务会议指示条。

中国第二历史档案馆藏

《安徽省党部训练部部长曹明焕即呈中央训练部函》,国民党中央训练部档案,档号 722/734。

《陈布雷致王芸生函》(1943 年 5 月 11 日),朱家骅档案,档号 301 - 01 - 23 - 718。

《陈果夫与各方关于人事介绍暨请求的文书》,侍从室档案,档号 762/1348。

"陈果夫致郑震宇函"(侍仁分字第 562 号),《本处推荐各机关征送经济、社会、主计、外语翻译等科人员简历考核表册》,侍从室档案,档号 762/72 - 13。

《登记工作程序与体系提要略说》,侍从室档案,档号 762/1603。

《复性书院募集刻书基金启(附捐册)》,铅印本,1934 年,收于:《市政评论社及其他社团补助费》,重庆市政府档案,全宗号 0053,目录号 19,卷号 3096。

《关于考选工作的报告(1935 年)》,《考试院总报告书》,档号 5/470。

《关于中央训练团重庆分团第一分队学员小组讨论考核表》,中央训练委员会档案,档号 223/162。

"国防最高委员会秘书长张群致侍三处电",《本处接办国防最高委员会人事调查文书》,侍从室档案,全宗号 762/67 - 15。

《国民党中央执行委员会秘书处函》,国民党中央训练部档案,档号 722/347。

"洪兰友:介绍丁国忠同志参加下期受训函",《人事介绍与学员请示函(一)》,朱家骅档案。

"黄季陆:介绍闵次元同志参加受训函",《人事介绍与学员请示函(一)》,朱家骅档案。

江西省档案馆藏

《江西省地方行政干部训练团法规丛编目次》,档号 J043/19/3493。

《蒋介石就访英团人选事致军事委员会参事王主任函》(1943 年 7 月 10 日),参事室档案,档号 761/121。

《军事委员会参事室经办要案录存》,军事委员会档案,档号 761/20。

《军委会参事室经办要案录存》,参事室档案,档号 761/20。

《军委会公费股代蒋介石拨发各方面津贴》,侍从室档案,档号 762/1201。

《考试院工作报告(1940 年)》,考试院档案,档号 37/516。

《庐山暑期训练团筹备委员会催报各省造送受训人员名册》,国民党中央执行委员会训练委员会档案,中国第二历史档案馆藏,档号 223/837

"蒙和霸图尔来函",《人事介绍与学员请示函(一)》,朱家骅档案,档号 124 - 2。

"配字第 36970 号:侍三处回外事局函",《侍三处处推荐各机关征送经济、社会、主计、外语翻译等科人员简历考核表册》,侍从室档案,档号 762/63。

"配字第 39605 号:侍三处回中宣部函",《侍三处处推荐各机关征送经济、社会、主计、外语翻译等科人员简历考核表册》,侍从室档案,档号 762/45 - 47。

《人事调查会议录》,参事室档案,全宗号 761/261。

《侍从室官佐简历册及动态表》,侍从室档案,档号 762/874。

《侍仁书字第 3600 号:侍三处致侍一、侍二处通知函》,侍从室档案,档号 762/874 - 201。

侍三处侍八组编:《机关登记及机关统计工作计划》,侍从室档案,档号 762/69 - 11。

侍三处侍八组制:"人事登记重要工具分析表解",《侍三处人事登记工作及运用程序图解与说明》,侍从室档案,档号 762/1603。

《侍三处推荐各机关征选经济、社会、主计、外语翻译等科人员简历考核表册》,侍从室档案,档号 762/72 - 2。

侍十组:"讯卅三第四七一号",《中央训练团党毕业学员简历册及毕业学员通讯组织办法》,中央训练团档案,档号 723/13。

《陶希圣对蒋介石关于孔子正统思想问题之手谕的理解致陈布雷函及蒋界时在孔学会上的演讲稿》,侍从室档案,档号 762/1610。

通讯督道处:"五年来办理党政班毕业学员通讯督道考核工作之经过及业务检讨",《中央训练团党政训练班(二):公函杂件》,朱家骅档案,编号 124 -(1)。

张仓荣:《中训会委内政部视察宁青二省训练事宜(训34字第1607号文电)》,国民党中央执行委员会训练委员会档,档号223/137。

张富崴:《安徽省地方行政干部训练团视察报告书》,国民党中央执行委员会训练委员会档,档号223/61。

张富崴:《报告赴宁夏视察经过情形》,国民党中央执行委员会训练委员会档,档号223/61。

《中央训练部第117次部务会议记录》(1929年5月11日),国民党中央训练部档案,档号722/2266。

《中央训练部第211次部务会议记录》(1930年12月17日),国民党中央训练部档案,档号722/2270。

《中央训练部第236次部务会议记录》(1931年7月24日),国民党中央训练部档案,档号722/2271。

中央训练团党政毕业班学员军事委员会指员所辖一一八通讯小组《(重庆)活动概况、同学录及会议记录》,中央训练团档案,档号723(4)/1027-65。

《中央训练团党政训练班第十六、二十九期学员章廷俊、周宗俊之毕业证书和日记》,中央训练团档案,档号723(4)/1058。

《中央训练团党政训练班学员毕业论文及受训心得(四)》,中央训练团档案,档号723/93。

《中央训练团党政训练班学员考核表及笔记簿》,中央训练团档案,档号723/14。

《中央训练团党政训练班(一):宫怀素等五十六名毕业学员服务成绩调查表》,朱家骅档案,编号123-(4)。

《中央训练团党政训练班(一):教职学员名册》,朱家骅档案,编号123-(1)。

《中央训练团党政训练班一至三十一期学员分析统计表》,中央训练团档案,档号723(1)/86。

《中央训练团新疆分团呈报1943年全年调训计划》,国民党中央执行委员会训练委员会档,档号223/322。

《中央训练团新疆分团呈报组织大纲、组织编制表》，国民党中央执行委员会训练委员会档，档号 223/320。

《中央训练委员会函送训练团受训人员调集办法和训练机关的组织、奖惩办法、督道手册》，中央训练委员会档案，档号 223/803－21、223/803－28。

《中央训练委员会职员录及该会重要工作周报》，中央训练团档案，档号 732/1。

重庆市档案馆藏

《朱家骅致萧一山函》（1943 年 5 月 14 日），朱家骅档案，档号 301－01－23－718。

二、史料

白瑜：《怀念从政学人朱家骅与王世杰》，《传记文学》，第 40 卷第 1 期，1982 年。

白瑜：《翁文灏、王云五与金圆券的后遗症》，《传记文学》，第 37 卷第 2 期，1980 年。

百川：《本社月刊四周年纪念感词》，汗血月刊社编，《新县政研究》，上海：汗血书店，1936 年。

百川：《学大胆的硬干者希特勒》，《汗血周刊》，第 6 卷第 11 期，1936 年 3 月。

阪口直树：《十五年战争时期的中国文学——国民党系文化潮流的视角》，东京：研文出版，1996 年。

包天笑：《阿斗小传》，《汗血周刊》，第 5 卷第 22 期，1935 年。

包天笑：《阿斗小传》，《汗血周刊》，第 6 卷第 9 期，1936 年。

《北平教授宣言劝学生避免牺牲不废学业希望政府对纠纷合理处理》，《大公报》（上海），1947 年。

本会资料室：《边疆学会会务报道》，《中国边疆》，第 3 卷第 9 期，1947 年。

《本团简史》，《中央训练团团刊》，创刊号，1939 年 12 月 12 日。

毕豔：左文《"左联"时期国民党文艺期刊浅探》，《中国文学研究》，2006年第1期。

编者：《陶希圣先生会谈记》，《政论半月刊》，第1卷第6期，1938年。

《驳沈从文的禁书问题（下）》，《社会新闻》，第6卷第28期，1934年。

《部聘教授人选公布杨树达等二十七名》，《大公报》（桂林），1942年8月27日第二版。

蔡渊絜：《抗战前国民党之中国本位的文化建设运动》，台湾师范大学历史研究所，未刊博士论文，1991年。

蔡仲德编：《冯友兰先生年谱初编》，郑州：河南人民出版社，2001年。

曹伯一：《江西苏维埃之建立及其崩溃（1931—1934）》，台北：台湾政治大学东亚研究所，1969年。

曹聚仁：《"人才内阁"》，《社会日报》（上海），1935年12月16日第1版。

曹维忠：《南京国民政府中央官僚构成之研究（1927—1937）》，上海师范大学，未刊硕士伦文，2016年。

曹翼远：《怀双谿》，黄瀚章编：《花谿结缘三十年》，台北：编者自印，1969年。

查良鑑：《念复兴关》，国父实业计划研究会编：《复兴关怀念集》，台北：编者印行，1981年。

昌文彬：《1940年成都"抢米"由民变转化为政治事件的考察》，《西南民族大学学报》，2005年第10期。

陈必觃：《建立中央训练团新疆分团的经过见闻》，中国人民政治协商会议全国委员会文史资料委员会编：《文史资料存稿选编》，北京：中国文史出版社，2002年。

陈布雷：《陈布雷回忆录》，台北：传记文学出版社，1967年。

陈布雷：《陈布雷先生从政日记稿样》，台北：东南印务出版社，未注出版年。

《陈布雷为何廉任参事室参事致王世杰函》（1941年2月9日），收于：陈谦平编：《翁文灏与抗战档案史料丛编》，下册。

《陈布雷为农本局改组事复翁文灏函》(1941 年 2 月 16 日),收于:陈谦平编:《翁文灏与抗战档案史料丛编》,下册。

陈诚:《陈诚先生日记》,台北:"国史馆",2015 年。

陈诚:《党务人员对于训练工作应有的认识》,《训练通讯》,第 1 卷 3 期,1939 年 8 月 15 日。

陈诚:《手谕停办暑期第三期训练(1937 年 7 月 31 日)》,《陈诚先生书信集:与蒋中正先生往来函电(上)》,台北:"国史馆",2007 年。

陈存恭等访问:《陶希圣先生口述访问纪录》,台北:国防部史政编译局,1994 年。

陈存恭、潘光哲访问,潘光哲纪录:《刘象山先生访问纪录》,台北:"中央研究院"近代史研究所,1998 年。

陈东原:《中国之养士制度的教育》,《安徽教育》,第 3 卷第 3 期,1933 年。

陈奋:《长官恩情》,黄瀚章编:《花鬻结缘三十年》,台北:编者自印,1969 年。

陈公博:《苦笑录:陈公博回忆录(1925—1936)》,香港:香港大学亚洲研究中心,1979 年。

陈果夫:《机关组织论》,《陈果夫先生全集》,第 2 册。

陈果夫:《建军史之一页》,《陈果夫先生全集》,第 5 册。

陈果夫:《迷信的心理》,《陈果夫先生全集》,第 10 册。

陈果夫:《清党以后部务交接与十七年本党的统一》,《陈果夫先生全集》,第 5 册。

陈果夫:《十五年至十七年间从事党务工作的回忆》,《陈果夫先生全集》,第 5 册。

陈果夫:《苏政回忆》,《陈果夫先生全集》,第 5 册。

陈果夫:《序(一)》,收于国民政府军事委员会委员长侍从室第三处(编),《沦陷区收复后之重要问题暨其解决办法》,重庆:编者印行,1945 年。

陈果夫:《学生应利用假期考察社会》,《陈果夫先生全集》,第 1 册,台北:"近代中国出版社",1991 年。

陈翰笙:《四个时代的我》,北京:中国文史出版社,1988 年。

陈翰珍:《南山仰止永哀思》,收于萧一山先生文集编辑委员会编,《萧一山先生文集》,台北:经世书局,1979 年。

陈红民、傅敏主编:《美国哈佛大学哈佛燕京图书馆藏蒋廷黻资料》,桂林:广西师范大学出版社,2015 年。

陈红民:《蒋介石与"弹劾俞鸿钧案"的处置》,收于吕芳上(编),《蒋中正日记与民国史研究》,台北:世界大同出版有限公司,2011 年。

陈红民、吴萍:《从"技术官僚"到"职业官僚"——翁文灏从政之路与蒋介石关系探微(1932—1949)》,《清华大学学报》(哲学社会科学版),2023 年第 2 期。

陈纪滢:《萧一山先生周年祭》,收于萧一山先生文集编辑委员会(编),《萧一山先生文集》,台北:经世书局,1979 年。

陈建守:《燕京大学与现代中国史学发展(1919—1952)》,台北:师大历史系,2009 年。

陈景拴:《文公直先生生平考》,《萍乡学院学报》,2018 年 10 月。

陈克文著,陈方正编辑:《陈克文日记》,台北:"中央研究院"近代史研究所,2012 年。

陈立文:《宋子文与战时外交》,台北:"国史馆",1991 年。

陈默:《米荒、米潮二重奏:1940 年成都的粮食危机》,《抗日战争研究》,2019 年第 2 期。

陈宁生、张光宇:《蒋介石的战争机器——黄埔系的战歌与哀歌》,台北:伟博文化出版社,1985 年。

陈其泰:《范文澜的学术交往》,《淮阳师范学院学报》,2001 年第 1 期。

陈其泰:《现代史学对史表的成功运用:以萧一山〈清代通史〉为例》,《人文杂志》,2013 年第 11 期。

陈谦平编:《翁文灏与抗战档案史料丛编》,北京:社会科学文献出版社,2017 年。

陈润成:《张荫麟先生传略》,收于陈润成、李欣荣编:《张荫麟全集》,北京:

清华大学出版社,2013 年。

陈三井:《抗战前后国民政府的知识份子政策》,《中华军史学会会刊》,第
6 期,2001 年。

陈世宏等编:《雷震案史料丛编:雷震狱中手稿》,台北:"国史馆",
2002 年。

陈天锡编:《戴季陶先生文存》,第 1 册,台北:中央文物供应社,1959 年。

陈天锡编:《戴季陶先生文存续编》,台北:国民党党史会,1967 年。

陈婷:《抗战语境下〈经世〉系列报刊的研究》,山东大学,未刊博士论文,
2020 年。

陈雁:《抗日战争时期中国外交制度研究》,上海:复旦大学出版社,
2002 年。

陈贻琛:《国民党新生活运动拾零》,《江西文史资料选辑》,第 12 辑,
1983 年。

陈永发:《中共共产革命七十年》,台北:联经出版公司,1998 年。

陈佑慎:《持驳壳枪的传教者:邓演达与国民革命军政工制度》,台北:时英
出版社,2009 年。

陈肇英:《八十自述》,台北:陈雄夫先生八十华诞庆祝筹备委员会,
1967 年。

陈哲三:《洪中(1882—1961)》,收于刘绍唐(主编),《民国人物小传》,台
北:传记文学出版社,1975 年,第 5 册。

陈之迈:《蒋廷黻其人其事》,《传记文学》,第 7 卷第 6 期,1965 年。

陈自:《"剿匪"运动中的文化界应有的努力》,《上海市教育局线电播音员
演讲集》,第 9 期,1933 年。

程世刚:《觉悟社全家福》,《党史博览》,2008 年第 3 期。

程世杰:《回首三十年》,黄瀚章编:《花谿结缘三十年》,台北:编者自印,
1969 年。

程式、梅嶙高、张式纶:《中央训练团党政高级班成立及办理经过》,国父实
业计划研究会编:《复兴关怀念集》,台北:国父实业计划研究会印行,1981 年。

程天放:《我所亲炙的陈果夫先生》,陈果夫先生百年诞辰纪念集筹备会编:《陈果夫先生百年诞辰纪念集》,台北:"近代中国出版社",1991年。

程孝刚:《三民主义计划经济》,出版地点不详,1941年。

程应镠:《我们的西北》,《汗血周刊》,第2卷第7期,1934年。

程应镠:《我们的西北(续)》,《汗血周刊》,第2卷第8期,1934年。

程玉凤、程玉凰编:《资源委员会档案史料初编》,上册,台北:"国史馆",1984年。

池田孝著,林国材译:《一九三○~三四年中国文学的动向》,《华北月刊》,第3卷第1期,1935年2月。

《出席太平洋学会我代表团聘定专家多人阵容整齐颜惠庆博士任团长》,《大公报》(香港),1939年10月5日第3版。

初予编:《受训心声录》,重庆:人文书店,1943年。

崔明忠:《中国国民党中央政治学校研究》,政治大学历史研究所,未刊硕士论文,1997年。

《大公报》(香港),1941年2月11日第3版

《大公报》(香港),1941年2月18日第3版。

《戴季陶君关于粤军重要之谈话》,《民国日报》(上海),1925年8月30日。

戴玄之:《萧一山》,收于秦孝仪编:《中华民国名人传》,第1册,台北:"近代中国出版社",1984年。

《党政班督道准则》,收于中央训练团编:《党政训练班法规辑要》,重庆:编者印行,1942年。

《党政训练班班务会议规则》,中央训练团编:《党政训练班法规辑要》,重庆:中央训练团,1942年。

《党政训练班毕业学员联络通讯暂行办法》,中央训练团编:《党政训练班法规辑要》,重庆:中央训练团,1942年。

《党政训练班毕业学员通讯报告应行注意事项》,中央训练团编:《党政训练班法规辑要》,重庆:中央训练团,1942年。

《党政训练班个别谈话实施办法》，中央训练团编：《党政训练班法规辑要》，重庆：中央训练团，1942 年。

《党政训练班工作讨论会实施办法》，中央训练团编：《党政训练班法规辑要》，重庆：中央训练团，1942 年。

《党政训练班工作讨论会总结论编制办法》，中央训练团编：《党政训练班法规辑要》，重庆：中央训练团，1942 年。

《党政训练班每期受训人员调训办法》，中央训练团编：《党政训练班法规辑要》，重庆：中央训练团，1942 年。

《党政训练班小组讨论总结论编制办法》，中央训练团编：《党政训练班法规辑要》，重庆：中央训练团，1942 年。

《党政训练班训练大纲》，中央训练团编：《党政训练班法规辑要》，重庆：中央训练团，1942 年。

《党政训练班在川服务学员巡回督道办法》，《中央训练团团刊》，第 5 期，1940 年 1 月 15 日。

《党政训练班座谈会实施办法》，中央训练团编：《党政训练班法规辑要》，重庆：中央训练团，1942 年。

道听：《蒋介石经筵讲官》，《晶报》，1932 年 10 月 18 日。

道咸：《迎民国二十五年》，《科学》，第 20 卷第 1 期，1936 年。

邓文仪：《冒险犯难记》，台北：学生书局，1973 年。

邓文仪：《新生活运动纲要（初稿）》，收于新生活运动促进会编：《民国二十三年新生活运动总报告》，南昌：编者印行，1935 年。

邓野：《向蒋介石铸献九鼎的流产与非议》，《近代史研究》，2009 年第 2 期。

邓元忠：《国民党核心组织真相》，台北：联经，2000 年。

《第一至第六届农讲所概况》，广东农民运动讲习所旧址纪念馆编：《广州农民运动讲习所资料选编》，北京：新华书店，1987 年。

丁兆东：《中国访英团述评》，《抗日战争研究》，第 1 期，2008 年。

《东南日报》（上海），1948 年 12 月 24 日。

董霖：《六十载从政讲学》，台北：商务印书馆，1991年。

董蔚翘：《陕西石油探采之沿革及经过》，《陕西文献》，第49期，1982年4月。

董赞尧：《孔祥熙与经济部改组的内幕》，收于寿充一编：《孔祥熙其人其事》，北京：中国文史出版社，1987年。

段瑞聪：《蒋介石と新生活运动》，东京：庆应义塾大学出版会，2006年。

范苑声：《民生主义经济政策之理论体系》，重庆：正中书局，1940年。

方觉慧、祝世康：《民生主义经济制度之研究》，出版地点、出版者不详，1941年。

方勇：《蒋介石与战时经济研究》，杭州：浙江大学出版社，2013年。

方智：《胜利归甲难忘花豁》，黄瀚章编：《花豁结缘三十年》，台北：编者自印，1969年。

冯兵：《西安事变后蒋介石对其形象的重塑——〈西安半月记〉再研究》，《厦门大学学报》（哲学社会科学版），2016年第6期。

冯国定：《回忆萧一山先生》，收于《中华文史资料文库》，第16册。

冯启宏：《陈果夫与侍从室第三处的组建》，《"国史馆"学术集刊》，第10期，2006年12月。

冯启宏：《从讲习所到研究院：国民党的干部训练（1923～1952）》，高雄：丽文文化出版社，2013年。

冯启宏：《法西斯主义与三〇年代中国政治》，台北：台湾政治大学历史系，1998年。

冯启宏：《花豁论英雄：侍从室第三处的人事工作析探》，《"中央研究院"近代史集刊》，第57期，1997年9月。

冯启宏：《抗战时期中国国民党的干部训练：以中央训练团为中心的探讨（1938—1945）》，政治大学历史研究所，未刊博士论文，2004年。

冯启宏：《战国策派之研究》，高雄：复文书局，2000年。

冯友兰：《三松堂自序》，北京：三联书店，1984年。

《复性书院筹募基金》，《中央日报》，1947年3月25日。

傅伯言主编:《中国国民党江西省地方组织志》,北京:团结出版社,2006 年。

傅纪钢:《史学者李筱峰对蔡政府失望中有期望》,《新新闻》,第 1611 期,2018 年 1 月。

傅亮:《抗战时期的"平价大案"始末:以农本局改组为中心》,《江苏社会科学》,2015 年第 1 期。

傅斯年:《历史语言研究所工作之旨趣》,《"中央研究院"历史语言研究所集刊》,第 1 本第 1 分,1928 年 10 月。

傅正主编:《雷震全集》,第 35 册,台北:桂冠,1989 年。

干国勋:《三民主义力行社与民族复兴运动》,台北:干苓苓,1986 年。

高红霞:《民国银行家的生活样态与人际网路——以浙江兴业银行徐新六为例》,《学术月刊》,2016 年 2 月。

戈林著,吴光译:《德意志的复兴》,上海:汗血书店,1936 年。

歌丁:《王世杰与外交部》,《中国新闻》,第 1 卷第 9 期,1947 年。

耿密:《抗战时期大后方"献鼎"事件述论》,《中国国家博物馆馆刊》,2014 年第 10 期。

龚晓:《马一浮主持复性书院始末》,《乐山师范学院学报》,第 22 卷第 2 期,2007 年 2 月。

《共产主义破产之后》,《中央日报》,1957 年 2 月 7 日第 2 版。

顾潮:《顾颉刚年谱》,北京:中国社会科学出版社,1993 年。

顾颉刚:《复刊词》,《中国边疆》,第 3 期第 9 期,1947 年。

顾颉刚:《顾颉刚日记》,台北:联经出版公司,2007 年。

顾颉刚:《史苑周刊发刊词》,《益世报》,上海,1946 年 9 月 16 日。

顾维钧著,中国社会科学院近代史研究所译:《顾维钧回忆录》,北京:中华书局,1983 年。

顾翊群:《记三十年代美国提高白银运动与中国货币史中之一篇文献》,收于台湾政治大学出版委员会编:《台湾政治大学四十周年校庆纪念学术论文集》,台北:编者印行,1967 年。

顾友谷:《生物史观探源》,《燕山大学学报》(哲学社会科学版),2011年第3期。

关德懋:《翁文灏其人其事》,《传记文学》,第36卷第4期,1980年4月。

关志钢:《新生活运动研究》,深圳:海天出版社,1999年。

郭恒钰著,李逵六译:《共产国际与中国革命,1924至1927》,北京:三联书店,1985年。

郭廷以口述,陈存恭记录:《郭廷以先生访问记录》,台北:中研院近代史研究所,1987年。

郭绪印主编:《国民党派系斗争史》,上册,台北:桂冠图书,1993年。

《国大纪程:压轴好戏的上演》,《申报》,1948年4月23日第1版。

国防部史政编译局编:《国民革命建军史——第二部:安内攘外》,台北:编者印行,1993年。

国防部史政编译局编:《俞大维先生年谱资料初编》,第1册,台北:编者印行,1996年。

《国防设计委员会存废问题》,《西京日报》,1933年8月22日。

国防设计委员会调查处:《句容县地形图》,南京:编者印行,1933年。

《国防最高委员会第122次常务会议纪录(1943年10月25日)》,《国防最高委员会常务会议纪录》,台北:"近代中国出版社",1995年,第5册。

台湾政治大学校史编纂委员会:《台湾政治大学校史稿》,台北:台湾政治大学,1989年。

台湾政治大学校史编纂委员会:《台湾政治大学校史史料丛编》,第1辑,台北:台湾政治大学,1973年。

国民党五届中执会:《改进党务并调整党政关系案》,国民党党史会编:《中国国民党临时全国代表大会史料专辑》,上册,台北:"近代中国出版社",1991年。

国民党五届中执会:《五中全会中执会常务委员会党务报告》,引自林养志编,《中国国民党党务发展史料——中央常务委员会党务报告》,台北:国民党党史会,1995年。

《国民党之文化政策批判》,《社会新闻》,第 4 卷第 13 期,1933 年。

国民党中执会党史委员会编:《民国 23 年中国国民党年鉴》,南京:国民党党史委员会,1935 年。

《国民政府训令第 338 号》(1933 年 7 月 14 日),《国民政府公报》,第 1184 号(1933 年),训令。

《国民政府党化教育之意义及其方案》,《教育杂志》,第 19 卷第 8 期,1927 年 8 月。

《国民政府公报》,第 1510 号(1934 年 8 月 10 日)。

《国民政府公报》,第 1529 号(1934 年 9 月 3 日)。

《国民政府公报》,渝字第 847 号(1945 年 9 月 4 日)。

"国史馆"公职志编纂委员会编,《中华民国史公职志(初稿)》,台北:"国史馆",1990 年。

《汗血社翻译的〈蒋介石伟大〉出版　校正原书错误全书二百余页》,《申报》,1937 年 4 月 22 日第 13 版。

汗血社译:《蒋介石伟大》,《汗血周刊》,第 8 卷第 7 期,1937 年 2 月 20 日。

《汗血月周刊征求〈"文化剿匪"研究专号文稿启事〉》,《汗血周刊》,第 20 期,1933 年 11 月。

何方昱:《"科学时代的人文主义":〈思想与时代〉月刊(1941—1948)研究》,上海:上海书店出版社,2008 年。

何方昱:《知识、人脉与时局:张其昀学术生涯的政治转型》,《近代史研究》,2016 年第 4 期。

何联奎:《庐山暑期训练实记道言》(1939 年 6 月 15 日),《训练通讯》,第 1 卷 1 期,1939 年。

何廉原著,朱佑慈等译:《何廉回忆录》,北京:中国文史出版社,1988 年。

何瑞瑶:《风云人物小志》(原名《复兴关下人物小志》),南京:宇宙风社发行,1945 年。

何义信:《论干部考核问题》,《干训》,3 卷 6 期,1942 年。

何卓恩、李周峰:《实处与窄处:民族复兴运动时论中的新生活运动》,《安徽史学》,2015 年第 2 期。

《贺昌群(藏云)生平及著述年表》,收于贺昌群:《贺昌群文集》,第 3 卷,北京:商务印书馆,2003 年。

贺江枫:《蒋介石、陈立夫与 1948 年行宪组阁的困局》,《史林》,2014 年第3 期。

衡哲:《人才与政治》,《独立评论》,第 29 期,1932 年 12 月。

洪葭管编:《中央银行史料(1928.11—1949.5)》,北京:中国金融出版社,2005 年。

洪永叔:《中训团党政班和党政高级班受训记实》,《文史资料存稿选编·军事机构(下)》。

胡佛:《政党、利益团体与监察院》,收于傅启学等:《中华民国监察院之研究》,台北:台湾大学法学院政治系,1967 年。

胡国台:《抗战时期教育部沦陷区招致工作》,《中华军史学会会刊》,第 6期(2001 年 8 月)。

胡汉民:《胡汉民自传》,罗家伦编,《革命文献》,第 3 辑,台北:中央文物供应社,1953 年。

胡颂平编:《胡适之先生年谱长编初稿》,台北:联经出版公司,1984 年。

胡颂平编:《朱家骅年谱》,台北:传记文学出版社,1969 年。

胡有瑞:"萧赞育发言",《"陈布雷先生百年诞辰"口述历史座谈会纪实》,《近代中国》,第 74 期,1989 年 12 月。

黄秉忠:《文艺与文艺政策》,《建国青年》,第 2 卷第 5 期,1946 年。

黄道炫:《1937 年庐山训练》,《抗日战争研究》,2011 年第 1 期。

黄豪:《论地方行政干部训练》,《训练月刊》,第 3 卷第 3 期,重庆:1941 年9 月 1 日。

黄杰:《中央军官训练团工作纪要》,台北:"国防部"史政编译局,1984 年。

黄敬斋:《国民党 CC 系的干社》,《文史资料选辑》,第 6 辑,1986 年 7 月。

黄俊杰编:《沈宗瀚先生年谱》,台北:台湾大学出版中心,2016 年。

黄克武:《顾孟余的清高:中国近代史的另一种不可能》,香港:香港中文大学出版社,2020 年。

黄克武:《顾孟余的政治生涯:从挺汪、拥蒋到支持第三势力》,《"国史馆"馆刊》,第 46 期,2015 年 12 月。

黄克武:《蒋介石与贺麟》,《"中央研究院"近代史研究所集刊》,第 67 期,2010 年 3 月。

黄丽安:《朱家骅学术理想及其实践》,北京:社会科学文献出版社,2018 年。

黄敏兰:《学术救国:知识份子历史观与中国政治》,郑州:河南人民出版社,1995 年。

黄仁宇:《从大历史的角度读蒋介石日记》,台北:时报文化,1994 年。

黄如祖:《中央训练团受训观感》,收于:中央训练团复兴关训练集编纂委员会编,《复兴关训练集(下)》,重庆:中央训练团,1944 年。

黄绍纮:《五十回忆》,台北:岳麓书社,1999 年。

黄兴涛:《抗战前后"民族英雄"问题的讨论与"汉奸"、"华奸"之辨:以现代中华民族观念的影响为视角》,《人文杂志》,2017 年 8 月。

黄旭初:《干部政策》。桂林:文化供应社,1940 年。

黄雪垠:《政府史视野下抗战时期国统区粮食危机原因再探析——以四川省为中心的考察》,《江西社会科学》,2015 年第 5 期。

黄宇人:《我的小故事》,上册,香港:吴兴记书报社发行,1982 年 2 月。

黄自进、潘光哲编:《蒋中正总统五记:爱记》,台北:"国史馆",2011 年。

黄自进主编:《蒋中正先生留日学习实录》,台北:中正文教基金会,2001 年。

吉见崇:《中国司法の政治史(1928—1949)》,东京:东京大学出版会,2020 年。

《计划方案》,《中央训练部部务丛刊第一集》,南京:中央训练部,1928 年。

贾钦涵:《"纸币兑现"与 1935 年法币改革决策》,《中国社会经济史研究》,2016 年第 2 期。

江沛:《战国策派思潮研究》,天津:天津人民出版社,2000 年。

江勇振:《国师策士 1932—1962》,台北:联经出版公司,2018 年。

江勇振:《蒋廷黻:从史学家到联合国席次保卫战的外交官》,台北:联经出版公司,2021 年。

江勇振:《舍我其谁:胡适》,台北:联经出版公司,2018 年。

姜超岳:《花谿述往》,收于黄翰章编:《花谿结缘三十年》,台北:作者印行,1969 年。

蒋宝麟:《民国时期中央大学的学术与政治(1927—1948)》,南京:南京大学出版社,2016 年。

蒋宝麟:《"史学南派":民国时期中央大学历史学科的学术认同与"学术分际"》,《史学史研究》,2014 年第 2 期。

《蒋介石传本市直隶书局经售》,《大公报》,1937 年 4 月 9 日第 13 版。

蒋介石:《党政考核之责任与工作要旨》,收于秦孝仪主编:《先总统蒋公思想言论总集》,卷 18。

蒋介石:《党政人员自修研究与工作要项》,收于秦孝仪主编:《先总统蒋公思想言论总集》,卷 16。

蒋介石:《党政训练班创办之意义与党政人员当前的急务》,收于秦孝仪主编:《先总统蒋公思想言论总集》,卷 16。

蒋介石:《党政训练的要旨》,收于秦孝仪主编:《先总统蒋公思想言论总集》,卷 19。

蒋介石:《对党团合并的指示》,收于秦孝仪主编:《先总统蒋公思想言论总集》,卷 22。

蒋介石:《对党团命并的指示》,收于秦孝仪主编:《先总统蒋公思想言论总集》,卷 22。

蒋介石:《对中训团历届毕业学员之训示》,收于秦孝仪主编:《先总统蒋公思想言论总集》,卷 20。

蒋介石:《革命成败的机势和建设工作的方法》,收于秦孝仪主编:《先总统蒋公思想言论总集》,卷 11。

蒋介石:《革命成败的机势和建设工作的方法》,收于秦孝仪主编:《先总统蒋公思想言论总集》，卷 11。

蒋介石：《革命成败的机势和建设工作的方法》，收于秦孝仪主编：《先总统蒋公思想言论总集》，卷 14。

蒋介石：《革命的心法——诚》，收于秦孝仪主编：《先总统蒋公思想言论总集》，卷 11。

蒋介石：《革新党务巩固党基》，收于秦孝仪主编：《先总统蒋公思想言论总集》，卷 15。

蒋介石：《"坚持最后五分钟"是一切成功之要诀》，收于秦孝仪主编：《先总统蒋公思想言论总集》，卷 10。

蒋介石：《建国训练的要点与实际的目标》，收于秦孝仪主编：《先总统蒋公思想言论总集》，卷 14。

蒋介石：《今后改进政治之途径》，收于秦孝仪主编：《先总统蒋公思想言论总集》，卷 14。

蒋介石：《救国教育》，收于秦孝仪主编：《先总统蒋公思想言论总集》，卷 14。

蒋介石：《军事化的要义与方法》，收于秦孝仪主编：《先总统蒋公思想言论总集》，卷 7，台北：国民党党史会，1984 年。

蒋介石：《军事教育的要（五）》，收于秦孝仪主编：《先总统蒋公思想言论总集》，卷 12。

蒋介石：《军事训练基本常识——军事训练的要领》，收于秦孝仪主编：《先总统蒋公思想言论总集》，卷 16。

蒋介石：《军事训练基本动作的意义与效用》，收于秦孝仪主编：《先总统蒋公思想言论总集》，卷 16。

蒋介石：《军校的使命与革命的人生》，收于秦孝仪主编：《先总统蒋公思想言论总集》，卷 10。

蒋介石：《刻苦耐劳与慷慨牺牲之必要》，收于秦孝仪主编：《先总统蒋公思想言论总集》，卷 10。

蒋介石：《临时全国代表大会开幕词》，收于秦孝仪主编：《先总统蒋公思想言论总集》,卷 15。

蒋介石:《庐山军官团训练的目的与方针》,收于秦孝仪主编:《先总统蒋公思想言论总集》,卷 12。

蒋介石:《民族战争取胜的要诀》,收于秦孝仪主编:《先总统蒋公思想言论总集》,卷 12。

蒋介石:《培植新政治人才与建设新中国》,收于秦孝仪主编:《先总统蒋公思想言论总集》,卷 10。

蒋介石:《认识时代——"何谓科学的群众时代"》,收于秦孝仪主编:《先总统蒋公思想言论总集》,卷 16。

蒋介石:《日记》,1919 年—1958 年。

蒋介石:《三民主义要旨与三民主义教育之重要》,收于秦孝仪主编:《先总统蒋公思想言论总集》,卷 10。

蒋介石:《实践与组织》,收于贾嵩庆:《蒋总统革命思想》,台北:黎明书局,1974 年。

蒋介石:《说军纪》,收于秦孝仪主编:《先总统蒋公思想言论总集》,卷 10。

蒋介石:《无形的战争与有形的战争》,收于秦孝仪主编:《先总统蒋公思想言论总集》,卷 10。

蒋介石:《现代公务员之要件》,收于秦孝仪主编:《先总统蒋公思想言论总集》,卷 14。

蒋介石:《现代军人须知》,收于秦孝仪主编:《先总统蒋公思想言论总集》,卷 11。

蒋介石:《现代行政人员须知》,收于秦孝仪主编:《先总统蒋公思想言论总集》,卷 12。

蒋介石:《新生活运动的意义和目的》,收于秦孝仪主编:《先总统蒋公思想言论总集》,卷 12。

蒋介石:《新生活运动发凡》,收于秦孝仪主编:《先总统蒋公思想言论总集》,卷 12。

蒋介石:《新生活运动之要义》,收于秦孝仪主编:《先总统蒋公思想言论总集》,卷 12。

蒋介石:《新生活运动之真义》,收于秦孝仪主编:《先总统蒋公思想言论总集》,卷 14。

蒋介石:《训练的目的与训练实施纲要》,收于秦孝仪主编:《先总统蒋公思想言论总集》,卷 16。

蒋介石:《训练军队与本身修养之道》,收于秦孝仪主编:《先总统蒋公思想言论总集》,卷 11。

蒋介石:《训练军队与修养本身之道》,收于秦孝仪主编:《先总统蒋公思想言论总集》,卷 11。

蒋介石:《训练士兵的基本方法》,收于秦孝仪主编:《先总统蒋公思想言论总集》,卷 10。

蒋介石:《业务实习要点》,收于国民党中央委员会第四组编:《总裁对训练工作训示辑要》,台北:国民党中央委员会第四组印行,1955 年。

蒋介石:《以必死之心操必胜之权》,收于秦孝仪主编:《先总统蒋公思想言论总集》,卷 10。

蒋介石:《以整齐严肃的治军精神治政》,收于秦孝仪主编:《先总统蒋公思想言论总集》,卷 10。

蒋介石:《知识青年从军运动与本党革命前途成败的关系》,收于秦孝仪主编:《先总统蒋公思想言论总集》,卷 20。

蒋介石:《中国的立国精神》,收于秦孝仪主编:《先总统蒋公思想言论总集》,卷 10。

蒋介石:《重申创办党政训练班的宗旨及其意义》,收于秦孝仪主编:《先总统蒋公思想言论总集》,卷 19。

蒋京访问、纪录:《滕杰先生访问纪录》,台北:"近代中国出版社",1993 年。

蒋君章:《布雷先生的风范——"宁静致远,淡泊明志"》,《传记文学》,第 28 卷 41 期,1976 年 4 月。

蒋廷黻:《参加国难会议的回顾》,《独立评论》,第 1 期,1932 年 5 月。

《蒋委员长创设复性书院》,《中央日报》,1939 年 3 月 2 日第 2 版。

《蒋委员长致熊式辉主席、陈诚处长、甘乃光处长指示增调豫、鄂、皖、赣、闽、川六省县政人员参加庐山暑期训练电》(1935 年 4 月 15 日),引自秦孝仪编:《中华民国重要史料初编——对日抗战时期绪编》,台北:国民党党史会,1981 年。

蒋永敬:《抗战史论》,台北:东大图书公司,1995 年。

《蒋中正总统档案——事略稿本》,第 1—60 册,台北:"国史馆",2004—2011 年。

《奖励宣道从军人员首批受奖名单发表》,《大公报》(桂林),1944 年 2 月 6 日。

《"剿匪"紧张中川省努力新运 刘湘召职员训话宣布规约 成立新生活团服用国货会》,《申报》,1934 年 6 月 30 日第 11 版。

今西龙:《序》,收于萧一山:《清代通史》,台北:商务印书馆,1967 年。

金安平:《从批判的武器到武器的批判:二十世纪期半期中国知识份子与政党政治》,哈尔滨:黑龙江人民出版社,2000 年。

金伟胜:《郁达夫三题》,《郭沫若学刊》,2017 年第 2 期。

金以林:《近代中国大学研究(1895—1949)》,北京:中央文献出版社,2000 年。

金毓黻:《静晤室日记》,沈阳:辽沈书社,1993 年。

金毓黻:《论学生运动之新趋向——送国立东北大学志愿远征军之印度》,《大公报》(桂林),1943 年 12 月 11 日。

久保亨:《关于民国时期工业生产总值的几个问题》,《历史研究》,2001 年第 5 期。

居亦侨:《跟随蒋介石十二年》,长沙:湖南人民出版社,1988 年。

鞠百川:《铲除普罗文艺的办法》,《汗血周刊》,第 2 卷第 1 期,1934 年 1 月 1 日。

军事委员会:《抚恤法规(附事例)》,重庆:军事委员会,1940 年。

康泽:《康泽自述及其下场》,台北:传记文学出版社,1998 年。

康泽:《康泽自述(五)》,《传记文学》,第 68 卷第 1 期,1996 年 1 月。

考试院考铨丛书指道委员会:《戴季陶先生与考铨制度》,台北:正中书局,1984 年。

克劳塞维茨(Carl von Clausewitz)著,陶希圣、杜衡译:《克劳塞维茨战争原理》,重庆:南方印书馆,1945 年。

孔庆泰编:《国民党政府政治制度档案史料选》,上册,合肥:安徽教育出版社,1994 年。

雷震:《雷震回忆录——"我的母亲"续篇》,台北:七十年代杂志社,1978 年。

雷震:《雷震回忆录之新党运动白皮书》,台北:远流出版公司,2003 年。

黎东方:《追怀一山先生》,收于萧一山先生文集编辑委员会编:《萧一山先生文集》,台北:经世书局,1979 年。

李朝津:《联合国的创建》,收于吕芳上主编:《中国抗日战争史新编》,台北:"国史馆",2015 年。

李国祁:《孙中山与蒋中正先生用人风格的比较探讨》,收于国民建党革命一百周年学术讨论集编辑委员会编:《国父建党革命一百周年学术讨论集》,台北:"近代中国出版社",1995 年。

李海生、张敏:《民国两兄弟陈果夫与陈立夫》,上海:上海人民出版社,2000 年 9 月。

李璜:《学钝室回忆录(增订本)》,香港:明报月刊社,1982 年。

李蕉、夏清:《"统一"之辨:西安事变前后国共两党的舆论交锋》,《人文杂志》,2017 年第 6 期。

李俊杰:《国民党中央设计局与设计制度的初创》,《重庆大学学报》,2023 年第 2 期。

李丽:《职业经济人与社会关系网——以浙江兴业银行为中心》,《史林》,2013 年 5 月。

李锐、陈曦:《"文字有灵,国魂可唤":抗战时期民族英雄文本与抗战精神动员》,《抗战史料研究》,2016 年第 1 期。

李欣荣:《温和的左翼:抗战时期史家张荫麟的论政与参政》,《暨南学报》(哲学社会科学版),2016年第4期。

李新华:《曾国藩的教育思想研究》,台南师范学院,未刊硕士论文,2002年。

李学通:《近代中国工程专业人才统计与计量分析——以〈中国工程人名录〉为核心的考察》,《中国科技史杂志》,2018年第2期。

李学通:《抗战前中国矿冶人才的统计与计量分析——以〈全国专门人才调查报告·矿冶〉为核心》,《自然科学史研究》,2017年第2期。

李学通:《书生从政——翁文灏》,兰州:兰州大学出版社,1996年。

李宗仁:《李宗仁回忆录》(台北重印本),出版年月不详。

李缵铮:《红纸廊回忆录》,台北:台湾政治大学校会,1972年。

《立院审查表决经过》,《申报》,1948年5月25日第1版。

梁启超:《序言》,收于萧一山:《清代通史》,台北:商务印书馆,1967年。

廖赴生:《干部任用上的几个实际问题》,《干训》,第3卷第6期,1942年。

廖利明、刘楠楠著,吴威选辑:《顾翊群关于经济问题与钱昌照来往函一组(上)》,《民国档案》,2017年第1期。

廖文硕:《迈向亚洲大国》,收于吕芳上主编:《中国抗战史新编:对外关系》,台北:"国史馆",2015年。

列宁:《怎么办》,北京:人民出版社,1972年。

林丽生、杨立德编:《国立西南联合大学史料》,第6卷,昆明:云南教育出版社,1998年。

林玲玲:《廖仲恺与广东革命政府(1911—1925)》,台北:国民党党史会,1995年。

林同济:《请自悔始!》,《大公报》(重庆),1943年4月18日第2版。

林桶法:《一九四九年中共接管北平经纬》,收于《一九四九年:中国的关键年代研讨会论文集》,台北:"国史馆",2000年。

林桶法:《战后中国的变局:以国民党为中心的探讨》,台北:商务印书馆,2003年。

林养志:《中国国民党党务发展史料——组织工作(下)》,台北:国民党党史会,1993年。

林英:《联大八年》,《大公报》(上海),1946年11月26日第7版。

林志宏:《蒋廷黻、罗家伦、郭廷以:建立"科学的中国近代史"及其诠释》,《思与言》,第42卷第4期,2004年12月。

林志宏:《战时中国学界的"文化保守"思潮(1941—1948)——以〈思想与时代〉为中心》,中央大学历史研究所,未刊硕士论文,1997年。

《领袖人才与国家命运》,《大公报》(天津),1930年6月21日,第2版。

刘百川:《本社月刊四周年纪念感词》,《汗血周刊》,第8卷第13期,1937年3月。

刘百川编:《蒋委员长西安蒙难记》,上海:汗血书店,1937年。

刘百川:《建立党国最高重心与统一救国》,《文化建设月刊》,第3卷第5期,1937年2月。

刘百川:《"文化剿匪"的重任》,《汗血周刊》,第2卷第1期,1934年。

刘百川:《序》,收于戈林著,吴光译:《德意志的复兴》,上海:汗血书店,1936年。

刘百川:《译校〈蒋介石伟大〉道言》,《汗血周刊》,第8卷第17期,1937年4月24日。

刘百川:《增补订正蒋委员长西安蒙难记》(第九版),上海:汗血书店,1937年3月20日。

刘超:《民国知识界的转向:从国难会议到庐山谈话会——兼论平津学人群的议政、参政与从政》,《兰州学刊》,2018年第1期。

刘传旸:《抗战初期学人从政:从王世杰与参事室谈起》,未刊会议论文,2017年。

刘传旸:《王世杰与中国外交——学人从政个案研究》,中国文化大学,未刊博士论文,2006年。

刘大钧:《中国工业调查报告》,南京:中国经济统计研究所,1937年。

刘大禹:《论蒋介石与战时行政三联制》,《史学月刊》,2019年第5期。

刘大禹:《战时国民政府行政机构改革(1937～1945)》,北京:社会科学文献出版社,2020年。

刘大禹:《朱家骅与战时国民党的党务整顿》,《民国档案》,2013年第1期。

刘光炎:《国民党这一代没有人才吗?》,《革新周刊》,第1卷第9期,1946年9月。

刘国铭主编:《中国国民党百年人物全书》,北京:团结出版社,2005年。

刘瀚:《文化教育—周》,《汗血》,第8卷第5期,1937年1月。

刘惠璇:《抗战时期大后方大学训育问题之研究》,台湾师范大学历史系,未刊博士论文,1997年。

刘健青:《国民党内法西斯运动的泛起与蒋介石独裁统治的建立》,《南开学报》,1983年第5期。

刘健群:《蒋先生蒙难归来以后》,《大公报》(上海),1936年12月31日。

刘健群:《蒋先生蒙难归来以后》,《大公报》(上海),1937年1月1日。

刘健群:《银河忆往》,台北:传记文学出版社,1966年。

刘素芬:《技术官僚的形成:以国民政府资源委员会为例》,稿本。

刘万春:《国民党庐山陆军军官训练团纪略》,《文史资料选辑》,第138辑,2000年。

刘维开编:《中国国民党职名录》,台北:中国国民党中央委员会党史委员会,1994年。

刘维开:《国防最高委员会的组织与运作》,《台湾政治大学历史学报》,第21期,2004年5月。

刘维开:《蒋中正"西安半月记"之研究》,《台湾政治大学历史学报》,第20期,2000年。

刘先云口述,陈进金记录:《刘先云先生访谈录》,台北:"国史馆",1995年。

刘瑶章:《国民党中训会与中训团的来龙去脉》,《文史资料选辑》,第74辑,1981年。

刘瑶章：《如何统一训练》，《训练通讯》，第 5 期，1940 年 3 月。

刘晔：《知识份子与中国革命：近代中国国家建设研究》，天津：天津人民出版社，2004 年。

刘永生：《宪政与训政的博弈：国难会议研究》，《贵阳学院学报》（社会科学版），2009 年第 4 期。

刘永祥：《萧一山与"新史学"》，《淮阴师范学院学报》（哲学社会科学版），2014 年第 5 期。

刘又铭：《马浮生平与成学历程考述》，《中华学苑》，第 31 期，1985 年 6 月。

刘增人等：《中国现代文学期刊史论》，北京：新华出版社，2005 年。

刘钟颐：《打倒左倾的人道立场》，《汗血周刊》，第 2 卷第 9 期，1933 年。

刘钟颐：《德意志复兴之路》，《汗血周刊》，第 2 卷第 14 期，1933 年。

刘钟颐：《汗血的代价》，《汗血周刊》，第 3 卷第 25 期，1934 年。

流金：《"一二·九"回忆》，《民主周刊》，第 1 卷第 1 期，1944 年。

楼亦文：《受训有感》，中央训练团复兴关训练集编纂委员会（编），《复兴关训练集（下）》。

鲁卫东：《民国中央官僚的群体结构与社会关系（1912—1949）》，北京：中国社会科学出版社，2017 年。

吕芳上：《从学生运动到运动学生》，台北："中央研究院"近代史研究所，1994 年。

吕芳上：《革命之再起——中国国民党改组前对新思潮的回应》，台北："中央研究院"近代史研究所，1989 年。

吕芳上：《蒋介石的领道风格》，收于吕芳上编：《论民国时期领道精英》，香港：商务印书馆，2009 年。

吕芳上主编：《蒋介石先生年谱长编》，台北："国史馆"，2014—2015 年。

罗敦伟：《五十年回忆录》，台北：中国文化供应社，1952 年。

罗尔纲：《湘军新志》，上海：上海书局，1996 年。

罗家伦：《本校的诞生与成长》，收于政大四十年特刊编辑委员会编：《政大四十年》,台北:台湾政治大学,1967年。

罗家伦:《发刊词》,《计政学报》,第1卷第1期,1933年。

罗君强:《细说汪伪(上)》,《传记文学》,第62卷第1期,1993年1月。

罗时实:《花谿忆语》,黄瀚章编:《花谿结缘三十年》,台北:编者印行,1969年。

马光裕:《陈翰笙谈〈现代评论〉周刊》,《中国现代文学丛刊》,1990年第2期。

马军:《舞厅·市政:上海百年娱乐生活的一页》,上海:上海辞书出版社,2010年。

马五:《政海人物面面观》,香港:风屋书店,1986年。

马勇:《蒋廷黻:学术史上的失踪者》,《中国文化》,2016年第2期。

马运娟:《徐新六与浙江兴业银行》,浙江大学,未刊硕士论文,2015年。

毛思诚编:《民国十五年以前之蒋介石先生》,重庆:编者自印,1936年。

茅盾:《一九三四年的文化"围剿"和"反围剿"》,《茅盾回忆录》,华文出版社,2013年。

缪凤林:《评傅斯年君东北史纲卷首》,《大公报》,1933年6月12日。

莫如俭:《中国留美学生政治意见测验统计》,《观察》,第4卷第20期,1948年7月。

南昌市地方志编纂委员会编:《南昌市志》,第6卷,北京:方志出版社,1997年。

宁恩承:《百年回首》,沈阳:东北大学出版社,1999年。

潘光哲:《孙中山与中国现代性:"专家政治"与"民主实践"的思想张力》,《台湾东亚文明研究学刊》,第16卷第1期,2019年。

潘惠祥:《在政治与学术之间:钱端升思想研究(1900—1949)》,台北:花木兰出版社,2015年。

庞镜塘:《CC系反对杨永泰的一幕》,收于中国人民政治协商会议全国委员会文史资料委员会编:《文史资料存稿选编(政府·政党)》,北京:中国文史出版社,2002年。

彭象贤:《回忆南京政训研究班》,收于全国政协文史资料委员会编:《文史资料存稿选编·军事机构(上)》,北京:中国文史出版社,2002 年。

平野正:《中国民主同盟の研究》,东京:研文出版,1983 年。

濮孟九:《谿边闲话》,黄瀚章编:《花谿结缘三十年》,台北:编者自印,1969 年。

浦薛凤:《悼念蒋兄廷黻》,《音容宛在》,台北:台湾商务印书馆,1984 年。

浦薛凤:《记何廉兄生平——治学从政树立风范》,《音容宛在》,台北:台湾商务印书馆,1984 年。

浦薛凤:《十年永别忆廷黻》,《音容宛在》,台北:台湾商务印书馆,1984 年。

浦薛凤:《太虚空里一游尘:八年抗战生涯随笔》,台北:商务印书馆,1979 年。

《七届太平洋学会今日在美开幕讨论题目侧重中日问题》,《大公报》(重庆),1939 年 11 月 22 日。

戚如高、周媛:《资源委员会的〈三年计划〉及其实施》,《民国档案》,1996 年第 2 期。

齐思和:《现代中国史学评论掌故派与社会学派》,《大中》,第 1 卷第 1 期,1946 年。

齐锡生:《从舞台边缘走向中央:美国在中国抗战初期外交视野中的转变(1937—1941)》,台北:联经出版公司,2017 年。

齐锡生:《分崩离析的阵营:抗战中的国民政府(1937—1945)》,台北:联经,2023 年。

千家驹:《年来国内出版之经济学重要书籍述评》,《大公报》(天津),1935 年 1 月 17 日第 11 版。

钱昌照:《两年半创办重工业之经过及感想》,《新经济半月刊》,第 2 卷第 1 期,1939 年 6 月。

钱昌照:《钱昌照回忆录》,北京:中国文史出版社,1998 年。

乔森编:《朱自清全集》,南京:江苏教育出版社,1998 年。

秦孝仪(编)：《总统蒋公大事长编初稿》，台北：未注出版时间，页16。

清华大学校史稿编写组编：《清华大学校史稿》，北京：中华书局，1981年。

裘畛：《轨迹寻痕录》，台北：嵊讯杂志社，1993年。

曲直生：《平庸集》，台北：商务印书馆，1968年。

屈卓吾：《中训团新疆分团的情况》，《文史资料存稿选编·军事机构(下)》，北京：2002年。

《全国各训练机关训练纲要》，《训练通讯》，第1卷第4期，1939年。

泉清：《中国文化对于政治的贡献》，《新经济半月刊》，第3卷第2期，1940年。

人山：《王世杰——稳健的外交家》，《天下》，第1期，1947年。

任美锷：《学贯史地、博学勤奋、谆谆教道、万世师表——追念张晓峯师》，收于：中国文化大学张其昀先生百年诞辰纪念文集委员会编，《张其昀先生百年诞辰纪念文集》，台北："中国文化大学"，2000年。

任育德(编)：《黄郛日记(1931—1932)》，香港：开源书局，2019年。

《日人近著蒋委员长传记叙述我国领袖之伟大，已由汗血社译成中文》，《申报》，1937年2月27日。

阮啸仙文集编辑组：《阮啸仙文集》，广州：广东人民出版社，1984年。

阮毅成：《民国二十七年武汉半年日记(上)》，《传记文学》，第43卷第2期，1983年。

《三人竞选副总统吴奇伟代李宗仁活动》，《大公报》，1948年2月8日第1版。

中、日文论著

《三组院士题名》，《大公报》(上海)，1947年10月18日第8版。

桑兵：《抗战时期国民党策划的学人办报》，收于李金铨编：《文人论政：知识份子与报刊》，桂林：广西师范大学出版社，2008年。

桑兵：《抗战时期国民党对北平文教界的组织活动》，《中国文化》，第24期，2007年。

《山东省政府公报》,第 19 期,1946 年。

商金林编:《叶圣陶年谱长编》,北京:人民教育出版社,2004 年。

上海图书馆编:《中国近代现代丛书目录》,上海:编者印行,1979 年。

尚均:《痛剿无形的赤匪》,《汗血周刊》,第卷第 1 期,1934 年 1 月。

邵铭煌:《暂别南京:西安事变后蒋中正先生之进退出处》,《近代中国》,第 160 期,2005 年 3 月。

申晓云:《留学归国人才与国防设计委员会的创设》,《近代史研究》,1996 年第 3 期。

深町英夫:《身体を躾ける政治:中国国民党の新生活运动》,东京:岩波书店,2013 年。

沈从文:《禁书问题》,《国闻周报》,第 11 卷第 9 期,1934 年。

沈刚伯:《追记骝先生言行二三事》,收于大陆杂志社编:《朱家骅先生逝世纪念册》,台北:治丧委员会,1963 年。

沈沛霖口述,沈建中整理:《耆年忆往》,南京:江苏文史资料编辑部,1997 年。

沈松侨:《学衡派与五四时期的反新文化运动》,台北:台湾大学文学院,1984 年。

沈松侨:《振大汉之天声:民族英雄系谱与晚清的民族想像》,《"中央研究院"近代史研究所集刊》,第 33 期,1990 年 6 月。

沈卫威:《民国教授的三大荣誉——部聘教授、最优秀教授党员、院士》,《民国研究》第 25 期,2014 年春季号。

沈卫威:《现代学术评审制度的建立》,《长江学术》,2018 年第 3 期。

沈卫威:《学衡派谱系:历史与叙事》,南昌:江西教育出版社,2007 年。

沈卫威:《自由守望:胡适派文人引论》,南京:南京大学出版社,2009 年。

沈云龙访问,贾廷诗等记录:《万耀煌先生访问记录》,台北:"中央研究院"近代史研究所,1993 年。

沈宗瀚:《中年自述》,台北:正中书局,1957 年。

施宣岑、赵铭忠主编:《中国第二历史档案馆简明指南》,北京:档案出版社,1987年。

石佳音:《中国国民党的意识型态与组织特质》,台大政治所未刊博士论文,2007年。

石萌(茅盾):《"民族主义文艺"的现形》,《文学道报》,第1卷第4期,1931年9月。

石丸藤太:《蒋介石》,东京:春秋社,1937年。

时事问题研究社编:《西安事变史料》,出版地不详:编者印行,1936年。

史成雷:《军事委员会委员长南昌行营政治"剿共"研究》,南京大学,未刊硕士论文,2013年。

侍从室第三处编:《中央训团毕业学员研究丛书第一辑:沦陷区收复后之处理暨其解决办法》,重庆:侍从室第三处印行,1943年。

《侍从室第三处订定高考财政金融人员在中政校训练期间通讯办法》,《中央训练团团刊》,第35期,1940年。

侍三处:《复江西省党部委员匡正宇函》,《中央训练团团刊》,第24期,1940年。

侍三处:《复三民主义青年团中央团部秘书王函生同志函》,《中央训练团团刊》,第24期,1940年。

侍三处:《复四川雷波县长陈德纯函》,《中央训练团团刊》,第22期,1940年5月13日。

《视察广西省各级地方行政干部训练机关报告书》(1941年6月),《训练通讯》,第1卷第6期,1941年。

水羽信史:《抗战时期的自由主义:以王赣愚为中心》,《学术研究》,2010年第3期。

思扬:《南京通讯》,第1卷第4期,1931年9月。

斯颂熙:《花谿忆笔》,黄瀚章编:《花谿结缘三十年》,台北:编者自印,1969年。

宋广波编:《丁文江年谱》,哈尔滨:黑龙江教育出版社,2009年。

宋雪:《〈经典常谈〉的战时写作与学人知识的互动》,《扬州大学学报》(人文社会科学版），2018 年第 6 期。

宋祖良、范进编：《会通集：贺麟生平与学术》，北京：三联书局，1993 年。

孙彩霞：《新旧政学系》，北京：华夏文化出版社，1997 年。

孙大权：《中国经济学的成长：中国经济学社研究（1923—1953）》，上海：三联书店，2006 年。

孙震：《八十年国事川事见闻录》，高雄：四川同乡会，1985 年。

孙拯：《资源委员会经过述略》，《资源委员会月刊》，第 1 卷第 1 期，1939 年。

孙中山：《党员应协同军队来奋斗》（1923 年 12 月 9 日在广州大本营对党员演讲），《国父全集》，第 2 册，台北：中央文物供应社，1957 年。

孙中山：《致陈新政及南洋同志书》（1914 年 6 月 15 日），《孙中山全集》，卷 3，北京：中华书局，1981 年。

孙中山：《中国国民党第一次全国代表大会宣言》，《国父全集》，第 1 册，台北：中央文物供应社，1957 年。

汤宴：《蒋廷黻与蒋介石》，台北：大块文化，2017 年。

唐纵：《在蒋介石身边八年：侍从室高级幕僚唐纵日记》，北京：群众出版社，1991 年。

陶涤亚：《历史不容留白：谈谈艺文研究会——并谈汪精卫、周佛海、陶希圣之间的错综关系》，《传记文学》，第 73 卷第 1 期，1998 年 7 月。

陶泰来、陶晋生：《陶希圣年表》，台北：联经出版公司，2017 年。

陶希圣（辑译）：《拿破仑兵法语录》，重庆：南方印书馆，1945 年。

陶希圣：《记陈布雷先生》，《传记文学》，第 4 卷第 5 期，1964 年 5 月；第 4 卷第 6 期，1964 年 6 月。

陶希圣：《中国政治思想史》，重庆：南方印书馆，1942—1944 年。

陶英惠：《王世杰与两航案真相——王雪艇先生百年诞辰纪念》，《传记文学》，卷 56 第 4 期。

田园：《萧一山对清代民生与民俗的研究及意义》，《淮阴师范学院学报》（哲学社会科学版），2011 年第 4 期。

田园：《萧一山评价清代人物》，《史学评论与史学史学刊》，2010 年第 10 期。

田园：《萧一山研究的学术史回顾与展望》，《中国史研究动态》，2010 年第 5 期。

铁木正夫著，李振声译：《郁达夫：悲剧性的时代作家》，南宁：广西教育出版社，2000 年。

《统一救国宣言》，《汗血》，第 8 卷第 4 期，1937 年 1 月。

万国鼎等：《江苏省武进南通田赋调查报告》，南京：参谋本部国防设计委员会，1934 年。

万丽鹃编注，潘光哲校阅：《万山不许一溪奔：胡适雷震来往书信选集》，台北：“中央研究院”近代史研究所，2001 年。

万亦吾：《王世杰：蒋介石的智囊》，《湖北文史资料》，第 29 辑，1987 年。

《汪精卫招待学术专家》，《申报》，1932 年 7 月 10 日第 3 版。

《汪精卫致胡适函》（1933 年 3 月 31 日），中国社会科学院近代史研究所中华民国史研究室编，《胡适来往书信选》，北京：中华书局，1979 年，中册。

汪日章：《我在侍从室的点滴生活》，《浙江文史资料选辑》，辑 16，1980 年 6 月。

汪正晟：《中央政治学校公共行政教育的困境与出路》，《“中央研究院”近代史研究所集刊》，第 102 期，2018 年 12 月。

王成斌等编：《民国高级将领列传》，第 3 集，北京：解放军出版社，1989 年。

王春龙：《抗战胜利后“行总”及其分署贪腐问题述论》，《历史教学问题》，2019 年第 4 期。

王大任：《花谿片断》，黄瀚章编：《花谿结缘三十年》，台北：编者自印，1969 年。

王东原：《党政班管理方针及其实施》，《中央训练团团刊》，第 11 期，1940 年。

王东原：《党政班军事训练实施计划之说明》，《中央训练团团刊》，第 9 期，

1940 年。

王东原:《党政班训练主旨及其意义》,《中央训练团团刊》,第 47 期,1940 年。

王东原:《浮生简述》,台北:传记文学出版社,1987 年。

王东原:《干部训练问题》,《训练的理论与实施》,重庆:青年出版社印行,1942 年。

王东原:《王东原退思录》,台北:正中书局,1992 年。

王汎森:《傅斯年:中国近代历史与政治中的个体生命》,北京:三联书店,2012 年。

王汎森:《中国近代思想与学术的系谱》,台北:联经出版公司,2003 年。

王赣愚:《再论养士与政治》,《今日评论》,第 3 卷第 15 期,1940 年。

王洸:《我的公教写作生活》,台北:商务印书馆,1977 年。

王洸:《我与航运》,台北:商务印书馆,1968 年。

王建朗:《战时外交》,北京:社会科学文献出版社,2020 年。

王克文:《金以林,〈国民党高层的派系政治:蒋介石"最高领袖"地位是如何确立的〉书评》,《"中央研究院"近代史研究所集刊》,第 78 期,2012 年 12 月。

王良卿:《三民主义青年团与中国国民党关系研究(1938～1949)》,台北:"近代中国出版社",1998 年。

王梦非:《海派与京派的末日》,《汗血周刊》,第 2 卷第 13 期,1934 年。

王梦非:《献给新生活俱乐部》,《汗血周刊》,第 2 卷第 18 期,1934 年。

王萍访问,官曼莉记录:《杭立武先生访问记录》,台北:"中央研究院"近代史研究所,1990 年。

王奇生:《党员、党权与党争:1924～1949 年中国国民党的组织形态》,上海:上海书店出版社,2003 年。

王奇生:《革命与反革命》,北京:社会科学文献出版社,2010 年。

王奇生:《蒋介石的阅读史》,《中国图书评论》,2001 年第 4 期。

王奇生:《中国留学生的历史轨迹》,武汉:湖北教育出版社,1992 年。

王晴佳:《学潮与教授:抗战前后政治与学术互动的一个考察》,《历史研究》,2005 年第 4 期。

王世杰:《党政班教务实施计划之说明》,《中央训练团团刊》,第 8 期,1940 年。

王世杰著,林美莉编辑:《王世杰日记》,台北:"中央研究院"近代史研究所,2012 年。

王卫民编校:《吴梅全集(日记卷上)》,石家庄:河北人民,2002 年。

王卫星:《国防设计委员会活动评述》,《学海》,1994 年第 5 期。

王文山:《蒋介石评传序》,《经世》第 1 卷第 7 期,1937 年。

王无为:《文化运动之障碍物——学阀》,《新人》,第 1 卷第 4 期,1920 年。

王锡荣:《潮起潮落:左联分期及其发展轨迹》,《现代中文学刊》,2016 年第 1 期。

王锡荣:《〈汗血〉与"文化剿匪":文化"剿匪"口号探源》,《鲁迅研究月刊》,1990 年第 5 期。

王业键:《中国近代货币与银行的演进(1644—1937)》,台北:"中央研究院"经济研究所,1981 年。

王永太:《凤鸣华冈:张其昀传》,杭州:浙江大学出版社,2006 年。

王又庸:《关于"新政学系"及其主要人物》,收于《中华文史资料文库》,卷 8,北京:中国文史出版社,1996 年。

王又庸:《杨永泰与熊式辉》,《传记文学》,第 64 卷第 2 期,1994 年 3 月。

王芸生:《1926 至 1949 的旧大公报》,《文史资料选辑》,第 27 辑,1962 年 8 月。

王芸生:《我们还需要加点劲!》,《大公报》(重庆),1943 年 3 月 29 日第 2 版。

王振兴:《由认同到唾弃:1927—1951 年顾颉刚对待国民党政权的政治心态变化研究》,《德州学院学报》,第 32 卷第 5 期,2016 年。

王正华:《南京国民政府的中央政制(1927—1937)》,政治大学历史研究所,未刊博士论文,1997 年。

王志信:《前尘往事忆述》,台北:山东文献杂志社,1999 年 8 月。

王子壮:《王子壮日记》,台北:"中央研究院"近代史研究所,2001 年。

望尘生:《顾孟馀之锦囊》,《社会日报》,1931 年 5 月 27 日。

魏汝霖:《重庆国防研究院成立及办理经过》,国父实业计划研究会编:《复兴关怀念集》,页 1。

魏尚武:《中央军校政训研究班与复兴社》,收于中国人民政治协商会议全国委员会文史资料委员会编:《文史资料存稿选编(军事机构下)》。

温波:《重建合法性:南昌市新生活运动研究(1934—1935)》,北京:学苑出版社,2006 年。

文渊:《复兴中华民族与新生活运动》,《黑白半月刊》,第 1 卷第 10 期,1934 年。

闻黎明:《第三种力量与抗战时期的中国政治》,上海:上海书店,1997 年。

闻黎明:《抗战风云中的国立西南联合大学》,台北:秀威出版社,2010 年。

翁文灏:《中国工程人名录序》,收于资源委员会编:《中国工程人名录(第一回)》,长沙:商务印书馆,1941 年。

巫宝三:《中国粮食对外贸易——其地位趋势及变迁之原因(1912—1931)》,南京:参谋本部国防设计委员会,1934 年。

吴光译:《德意志的复兴》,上海:汗血书店,1936 年。

吴国桢著,吴修桓译:《从上海市长到台湾省主席:吴国桢口述回忆》,上海:上海人民出版社,1999 年。

吴景平:《蒋介石与 1935 年法币政策的决策与实施》,《江海学刊》,2011年第 2 期。

吴俊升:《教育与训练》,《中央训练团团刊》,第 90 期,1941 年 9 月 1 日。

吴世汉译:《石丸藤太之蒋介石传》,《经世》,第 1 卷第 3 期,1937 年 2 月15 日。

吴相湘:《晏阳初传》,台北:时报,1981 年。

吴怡萍:《抗战时期中国国民党的文艺政策及其运作》,台北:台湾政治大学历史系,2012 年。

吴兆洪：《我所知道的资源委员会》，收于《回忆国民党政府资源委员会》，北京：中国文史出版社，1988年。

吴兆棠：《性格类型与能力——党政训练班第二十四期第一次测验讲评》，《中央训练团团刊》，第169期，1943年3月13日。

吴兆棠：《训练原理与实施》，台北：中国交通建设学会，1953年。

吴铸人：《花溪六年》，黄瀚章编，《花谿结缘三十年》，台北：编者自印，1969年。

伍杰编：《中国期刊大词典》，北京：北京大学出版社，2000年。

西南财经大学马克思主义经济学研究院、西南财经大学经济学院编：《陈豹隐全集》，第1册，成都：西南财经大学出版社，2013年。

夏道平：《夫子春秋在典型——敬挽雪公老师》，收于董霦编：《学府纪闻：国立武汉大学》，台北：南京出版有限公司，1981年。

夏鼐：《"中央研究院"第一届院士的分析》，《观察》，第5卷第14期，1948年。

夏一粟：《南昌文化界概况》，《汗血周刊》，第3卷第19期，1934年。

向达：《祝南北两学术会议》，《中建》，第1卷第6期，1948年。

项德颐：《蒋介石在大陆的最后一个侍卫官往事漫忆》，《档案春秋》，2005年第1期。

萧楚女：《社会主义概要讲义大纲》，《广州农民运动讲习所文献资料》，广州：毛泽东同志主办农民运动讲习所旧址纪念馆，1983年。

萧楚女：《中国民族革命运动史讲授大纲》，《广州农民运动讲习所资料选编》，北京：人民出版社，1987年。

萧公权：《问学谏往录》，台北：传记文学出版社，1972年。

萧李居：《战时中国保障人身自由法令的制定》，收于吕芳上主编：《战时政治与外交》，台北："国史馆"，2015年。

萧一山：《爱恨悔的辩证道理》，《大公报》（重庆），1943年5月10日第2版。

萧一山：《悼张荫麟君》，收于萧一山：《非宇馆文存》，第10卷，贵阳：交通书局,1944 年。

萧一山:《复蒋先生书(1935 年 4 月)》,收于萧一山:《非宇馆文存》,第 9 卷,贵阳:交通书局,1944 年。

萧一山:《近代秘密社会史料》,收于萧一山:《非宇馆文存》,第 5 卷,贵阳:交通书局,1944 年。

萧一山:《论文化改造运动》,收于萧一山先生文集编辑委员会编:《萧一山先生文集》,台北:经世书局,1979 年。

萧一山:《民族之路》,成都:黄埔出版社,1940 年。

萧一山:《清史大纲》,重庆:经世学社,1944 年。

萧一山:《壬辰初度偶成(五十岁)》,收于萧一山先生文集编辑委员会编:《萧一山先生文集》,台北:经世书局,1979 年。

萧一山:《上蒋委员长书(1937 年 12 月)》,收于萧一山:《非宇馆文存》,第 9 卷,贵阳:交通书局,1944 年。

《萧一山先生生平大事记》,收于萧一山先生文集编辑委员会编:《萧一山先生生文集》,台北:经世书局,1979 年。

萧一山:《永怀哲人蒋公》,收于萧一山先生文集编辑委员会编:《萧一山先生文集》,台北:经世书局,1979 年。

萧一山:《杂感》,收于萧一山先生文集编辑委员会编:《萧一山先生文集》,台北:经世书局,1979 年。

萧一山:《致蒋先生书(1934 年 2 月)》,收于萧一山:《非宇馆文存》,第 9 卷,贵阳:交通书局,1944 年。

萧一山:《致李宗仁函(1949 年 12 月 2 日)》,收于萧一山先生文集编辑委员会编:《萧一山先生文集》,台北:经世书局,1979 年。

萧一山:《自序》,收于萧一山:《非宇馆文存》,第 1 卷,贵阳:文通书局,1944 年。

萧一山:《自由与平等》,收于萧一山:《非宇馆文存》,第 1 卷,贵阳:交通书局,1944 年。

萧一山:《总统蒋公之待人处事的原则》,收于萧一山先生文集编辑委员会编:《萧一山先生文集》,台北:经世书局,1979 年。

萧赞育:《萧赞育先生访问记录》,台北:"近代中国出版社",1992 年。

萧铮:《土地改革五十年:萧铮回忆录》,台北:中国地政研究所,1980 年。

萧作霖:《"复兴社"述略》,收于庞镜塘等编:《蒋家天下陈家党:CC 和复兴社》,香港:中原出版社,1989 年。

谢国兴:《一九四〇年代中国农政机构之专技人员》,收于"中央研究院"近代史研究所编:《抗战建国史研讨会论文集》,台北:"中央研究院"近代史研究所,1985 年。

谢国兴:《中国现代化的区域研究:安徽省(1860—1937)》,台北:"中央研究院"近代史研究所,1991 年。

谢泳:《西南联大与中国现代知识份子》,长沙:湖南文艺出版社,1998 年。

新生活运动促进总会编:《民国二十三年新生活运动总报告》,南昌:编者印行,1935 年。

熊复光:《马浮先生与复性书院》,《传记文学》,第 24 卷第 3 期,1974 年 3 月。

熊十力:《十力语要》,台北:广文书局,1985 年。

熊式辉:《海桑集——熊式辉回忆录》,香港:明镜出版社,2008 年。

熊丸口述,陈三井访问:《熊丸先生访问记录》,台北:"中央研究院"近代史研究所,1998 年。

徐保达:《王世杰与民国政治》,政治大学历史系,未刊硕士论文,2002 年。

徐复观:《悲愤的抗议》,收于徐复观:《学术与政治之间(乙集)》,台中:中央书局,1957 年。

徐复观:《三十年来中国的文化思想问题》,收于徐复观:《学术与政治之间(乙集)》,台中:中央书局,1957 年。

徐复观:《我所了解的蒋总统的一面》,收于萧欣义编:《儒家政治思想与民主自由人权》,台北:学生书局,1988 年。

徐复观:《写给"中央研究院"王院长世杰先生的一封公开信》,收于徐复观,《徐复观文录(三)》,台北:环宇出版社,1971 年。

徐怀云:《对三峡大坝起源史的回忆》,《中国三峡建设》,1995 年第 5 期。

徐堪:《自述》,收于徐可亭先生文存编印委员会编:《徐可亭先生文存》,台北:编者印行,1970 年。

徐永昌:《徐永昌日记》,第 7 册,台北:"中央研究院"近代史研究所,1991 年。

徐咏平:《陈果夫传》,台北:正中书局,1978 年。

徐咏平:《老师·长官·同学》,台北:商务印书馆,1980 年。

徐友春编:《民国人物大辞典》,石家庄:河北人民出版社,1991 年。

许纪霖:《大时代中的知识人(增行本)》,北京:中华书局,2012 年。

许小青:《政局与学府——从东南大学到中央大学(1919—1937)》,北京,中国社会科学出版社,2007 年。

许育铭:《汪兆铭与国民政府——1931 至 1936 年对日问题下的政治变动》,台北:"国史馆",1999 年。

絮因:《评颓废派文学——以今日的颓废文学为对象》,《汗血周刊》,第 2 期,1933 年。

薛毅:《国民政府资源委员会研究》,北京:中国社会科学文献出版社,2005 年。

薛毅:《民国时期首次科学勘测长江三峡略论》,《武汉大学学报》(人文科学版),2006 年第 4 期。

《学生从军运动各地风起云涌请求登记者达万余人》,《大公报》,1943 年 12 月 24 日。

《训育工作要领》,中央训练团编:《党政训练班法规辑要》,重庆:编者印行,1942 年。

岩井英一:《蓝衣社二関スル调查》,东京:外务省调查部,1937 年。

燕树棠:《平教会与定县》,《独立评论》,第 74 期,1933 年 10 月。

杨翠华:《中基会对科学的赞助》,台北:"中央研究院"近代史研究所,1991 年。

杨东:《疯狂的谣言:西安事变期间的谣言及其变数》,《党史研究与教学》,

2017 年第 5 期。

杨九珍:《沈从文的作风》,《汗血周刊》,第 3 卷第 17 期,1934 年 10 月。

杨瑞:《北京大学法科的缘起与流变》,《近代史研究》,2015 年第 3 期。

杨天石:《蒋氏秘档与蒋介石真相》,北京:社会科学文献出版社,2002 年。

杨希枚:《致编者函(二)》,收于大陆杂志社编,《朱家骅先生逝世纪念册》,台北:朱家骅先生治丧委员会,1963 年。

杨雨青:《抗战时期美国对华"文化外交":美国国务院中美文化关系项目初探》,《抗日战争研究》,2001 年第 4 期。

杨玉清:《我所知道的陈布雷》,中国人民政治协商会议全国委员会文史资料研究委员会编:《文史资料选辑》,第 81 辑,北京:文史资料出版社,1982 年。

杨者圣:《国民党教父陈果夫》,成都:四川人民出版社,1996 年。

杨仲揆:《刚毅木讷的学者革命家——丁惟汾传》,台北:"近代中国出版社",1983 年。

姚辛:《左联史》,北京:光明日报出版社,2005 年。

姚子和:《关于国民党中央训练团》,中国人民政治协商会议全国委员会文史资料研究委员会编:《文史资料存稿选编·军事机构(下)》,北京:中国文史出版社,2002 年。

姚子和:《关于国民党中央训练团》,文闻(编),《国民党中央训练团与军事干部训练团》,北京:中国文史出版社,2010 年。

叶宁:《"囤积居奇"与"日食之需":抗战前期成都粮食投机治理中的制度缺失》,《民国研究》,2018 年春季号。

叶宁:《四川省物价平准处与抗战时期四川的米价平准》,《西南民族大学学报》,2014 年第 4 期。

叶浅予:《叶浅予自传:细数沧桑记流年》,北京:社会科学出版社,2006 年。

叶青:《共产党问题之解决》,台北:帕米尔书局,1983 年。

《一个读者的来信——报告上海汗血书店的重要启事》,《青年军人》,第 3 卷第 5 期,1935 年。

尹冰彦:《李宗仁出主北平行营的前前后后》,中国人民政治协商会议北京委员会文史资料研究委员会编:《北京文史资料选编》,第 18 辑,北京:北京出版社,1983 年。

尹中嵩:《先总统蒋公对人才的重视与培育》,《中华文化复兴月刊》,第 20 卷第 6 期,台北:1987 年。

詠霓:《建设与计划》,《独立评论》,第 5 期,1932 年 6 月。

有心:《计划经济与统制经济》,《东方杂志》,第 29 卷第 5 期,1932 年 11 月。

余汉谋:《余汉谋访问记录》,"中央研究院"近代史研究所,《口述历史——第七期》,台北:"中央研究院"近代史研究所,1996 年。

余协中:《悼一山兄》,收于萧一山先生文集编辑委员会编:《萧一山先生文集》,台北,经世书局,1979 年。

余英时:《中国知识分子的边缘化》,收于余英时:《中国文化与现代变迁》,台北:三民书局,1995 年。

俞旦初:《爱国主义与中国近代史学》,北京:中国社会科学出版社,1996 年。

俞国华口述,王骏记录:《财经巨擘——俞国华生涯行脚》,台北:商智文化,1999 年。

虞云国编:《程应镠事迹诗文编年》,收于程应镠:《程应镠史学文存》,上海:上海人民出版社,2010 年。

郁达夫著,百宁译:《敬告日本朝野人士》,《汗血周刊》,第 9 卷第 2 期,1937 年。

喻本伐、熊贤君:《中国教育史》,台北:师大书苑,1995 年。

鸢如:《从学者外交研究到将领策动会议》,《民治评论》,第 1 卷第 7 期,1932 年。

袁黄:《了凡四训》,台北:幼庐文化出版社,1965 年。

袁守成:《金陵问学记——五十年前的政大学生》,《中外杂志》,第 32 卷第 1 期,1982 年 7 月号。

云国:《程应镠的史学研究》,《历史教学问题》,2004 年第 3 期。

云南大学、云南省档案馆编:《云南大学史料丛书·校长信函卷》,昆明:云南大学出版社,2013 年。

恽逸群:《三十年见闻杂记》,南京:金陵书画社,1983 年。

恽震:《电力电工专家恽震自述(一)》,《中国科技史料》,第 21 卷第 3 期,2000 年。

恽震:《关于三峡水力第一次勘测报告的经过说明》,《中国水利》,1987 年3 月。

曾国藩:《冰鉴》,台北:捷幼出版社,2003 年。

曾国藩:《家书》,《曾国藩全集》,卷 8,北京:中华书局,2018 年。

曾国藩:《书劄》,《曾国藩全集》,卷 2,北京:中华书局,2018 年。

翟志成:《冯友兰学思前传(1895—1949)》,台北:"中央研究院"近代史研究所,2007 年。

翟志成:《钱穆的院士之路》,《"中央研究院"近代史研究所集刊》,第 103期,2019 年 3 月。

张北根:《国难会议综述》,《历史档案》,1999 年第 4 期。

张存武访问,李郁青记录:《张希哲先生访问纪录》,台北:"中央研究院"近代史研究所,2000 年。

张光华:《孤独的学术彗星:民国学术史视野中的萧一山》,《邯郸学院学报》,2012 年第 1 期。

张光华:《萧一山的历史观散论》,《阜阳师范学院学报》(社会科学版),2010 年第 5 期。

张光华:《萧一山的学术渊源阐释》,《河北科技学院学报》(社会科学版),2015 年第 2 期。

张光华:《萧一山史学著作的文风》,《史学史研究》,2013 年第 2 期。

张光华:《萧一山与〈清史大纲〉》,《许昌学院学报》,2011 年第 1 期。

张光华:《学人问政——萧一山的政治学理论与实践》,《阜阳师范学院学报》(社会科学版),2009 年第 1 期。

张光华:《"因革原理"与"经纶大法":萧一山民族革命史观评析》,《新疆大学学报》(哲学人文社会科学版),2012年第5期。

张光华:《重义理不如废考据:萧一山的文献学成就与学术特色》,《唐山学院学报》,2014年第1期。

张含清:《十年来之江西干部训练》,《赣政十年》,南昌:江西省地方行政干部训练团,1941年。

张皓:《翁文灏出任行政院长与国民党派系之争》,《首都师范大学学报》(社会科学版),2007年第1期。

张金鉴:《明诚七十自述》,台北:中国行政学会,1972年。

张凯:《李宗仁的政治路线》,《内幕新闻》,第3期,1948年。

张克令:《徐新六的人际网路》,上海师范大学,未刊硕士论文,2014年。

张厉生:《党务实施上之问题》,重庆:中央训练团,1939年。

张连红:《国民政府战时外交决策机制初探》,《近代史研究》,1997年第2期。

张令澳:《蒋介石侍从室见闻》,上海:中国人民政治协商会议上海市虹口区委员会文史资料委员会,1994年。

张朋园、沈怀玉编:《国民政府职官年表》,第1册,台北:"中央研究院"近代史研究所,1987年。

张其昀:《本国地理》,上海:商务印书馆,1932年。

张瑞德:《近代中国铁路事业管理的研究—政治层面的分析(1876—1937)》,台北:"中央研究院"近代史研究所,1991年。

张瑞德:《无声的要角:蒋介石的侍从室与战时中国》,台北:商务印书馆,2017年。

张瑞德:《无声的要角——侍从室的幕僚人员》,《近代中国》,第156期,2004年。

张瑞德:《运筹帷幄:党政军调查设计委员会与南昌行营的政策制定(1933—1935)》,收于《走向近代》编辑小组编:《走向近代:国史发展与区域动向》,台北:东华书局,2004年。

张式纶:《陕西省训团开学典礼训词》(1941 年 9 月发表),张式纶口述,陈存恭访问:《张式纶先生访问记录》,台北:"中研院"近史所,1986 年。

张维缜:《萨凡奇与中美合作开发三峡——以萨凡奇与资源委员会的交往为中心》,《贵州社会科学》,2006 年第 3 期。

张希哲:《记抗战时期中央设计局的人与事》,《传记文学》,第 27 卷第 4 期,1975 年。

张希哲口述,张存武访问:《张希哲先生访问记录》,台北:"中央研究院"近代史研究所,2000 年。

张宪:《永忆花谿》,黄瀚章编:《花谿结缘三十年》,台北:编者自印,1969 年。

张心一等:《试办句容县人口农业总调查报告》,南京:参谋本部国防设计委员会,1934 年。

张煦本:《受训的艰苦历程》,中央训练团新闻研究班在台同学联谊会编:《从沙坪坝到浮图关——中央训练团新闻研究班在台同学回忆录》,台北:编者印行,1979 年 8 月。

张彝鼎:《鉴秋忆往录》,未注出版时地。

张荫麟:《高小历史教科书初稿征评》,收于陈润成、李欣荣编:《张荫麟全集》,上册。

张荫麟:《自序二》,收于陈润成、李欣荣编:《张荫麟全集》,上册。

张荫麟:《自序一》,收于陈润成、李欣荣编:《张荫麟全集》,北京:清华大学出版社,2013 年,上册。

张玉法:《民国历任元首的性格特质(1912—1988)》,收于吕芳上编:《论民国时期领道精英》,香港:商务印书馆,2009 年。

张治中:《对当前国事之检讨与建议》,收于张治中:《张治中回忆录》,北京:文史资料出版社,1985 年。

张智玮:《蒋中正国家建构的型范:战前江西之经验(1930—37)》,政治大学,未刊博士论文,2014 年。

张忠绂:《迷惘集》,香港:吴兴记,1968 年。

《张忠绂致胡适函(1938 年 8 月 24 日)》,收于中国社会科学院近代史研究所中华民国史研究室编,《胡适来往书信选》,中册,北京:中华书局,1983 年。

章斗航:《受训心得与感想》,中央训练团复兴关训练集编纂委员会(编),《复兴关训练集(下)》,出版者、出版地不详,1944 年。

章清:《胡适派学人群与现代中国自由主义》,上海:上海古籍出版社,2004 年。

《章士钊赴京》,《大公报》(天津),1931 年 10 月 19 日第 3 版。

赵澍:《CC 的扩张行动》,收于《蒋家天下陈家党》,香港:中原出版社,1989 年。

赵洋:《抗战时期民族英雄的书写与建构(1931—1945)》,华中师范大学,未刊硕士论文,2018 年。

《振武学校教学及训育科目》,《振武学堂沿革志:明治三十九年九月调查》,东京:日本东洋文库藏。

《正中出版〈蒋介石评传〉》,《大公报》,1937 年 4 月 9 日第 13 版。

郑会欣:《蒋介石与民国学人关系的嬗变》,《二十一世纪双月刊》,2020 年 2 月号。

郑建生:《动员农民:广东农民运动之研究(1922—1927)》,台湾师范大学历史研究所,未刊硕士论文,1992 年。

《郑天挺先生学行录》,北京:中华书局,2009 年。

郑友揆、程麟荪、张传洪:《旧中国的资源委员会(1932—1949):史实与评价》,上海:上海社会科学院出版社,1991 年。

郑友揆:《高尚的品德,开阔的胸襟——忆陶孟和先生的业绩》,《工商经济史料丛刊》,第 3 辑,1984 年 4 月。

中共中央马克思、恩格斯、列宁、史达林著作编译局编译:《列宁全集》,北京:人民出版社,1986 年。

中国第二历史档案馆编:《国立"中央研究院"评议会第二届历次年会记录》,《民国档案》,2018 年第 3 期。

中国第二历史档案馆编：《国民党政府政治制度档案史料选编》，合肥：安徽人民出版社，1994年。

中国第二历史档案馆编：《蒋介石为促进派员出国宣传事与王世杰来往函电》，《民国档案》，2009年第3期。

中国第二历史档案馆编：《抗战初期军委会参事室参事周鲠生拟〈外交方略〉》，《民国档案》，2010年第3期。

中国第二历史档案馆编：《中华民国史档案资料丛编》第5辑第1编，财经（四），南京：江苏古籍出版社，1994年。

《中国国民党省党务训练所组织通则》(1928年5月)，中央训练部编：《中央训练部部务丛刊第一集》。

《中国国民党省党务训练所组织通则》，中央训练部编：《中央训练部部务丛刊第一集》，南京：编者印行，1928年。

《中国国民党中央党务学校招考学生简章》，《新闻报》，1928年5月2日第18版。

《中国国民党中央高级党政训练所章程》(1928年7月)，《中央训练部部务丛刊第一集》，南京：编者印行，1928年。

中国国民党中央委员会党史委员编：《国防最高委员会常务会议记录》，第6册，台北："近代中国出版社"，1996年。

中国国民党中央执行委员会训练委员会编：《七年来之训练工作》，重庆：编者印行，1945年。

中国社会科学院近代史研究所中华民国史组编：《胡适任驻美大使期间往来电稿》，北京：中华书局，1978年。

《中国文化学会缘起》，《中国革命》，第2卷第25期，1934年。

《中国文化学会》，庄文亚编：《全国文化机关一览》，台北：中国出版社，重印本，1973年。

《中国新生活团简章》，《扫荡旬刊》，第38期，(1934年3月)。

中国哲学会官方网页：http://www.cap.twmail.net/

中训团教育委员会编：《中央训练团党政训练班第28期教育实施计划》，

重庆:中训团教育委员会,1943年。

中训团教育委员会编:《中央训练团党政训练班第30期教育实施计划》,重庆:中训团教育委员会,1944年。

《中研院发起举行全国学术会议设纪念讲座纪念蔡孑民氏》,《大公报》(香港),1941年3月17日第3版。

《中研院评议会开会院士选举结果揭晓姜立夫等八十一人当选》,《大公报》(上海),1948年3月28日,第8版。

《中央史学教授一去一来》,《中央日报》,1934年4月11日第4版。

《中央文化事业会通过表彰民族英雄》,《大公报》(天津),1937年6月5日第4版。

《中央行政——庐山军官训练团》,江西省文献委员会编,《庐山续志稿》第3卷,台北:成文书局,1975年。

中央训练部编:《中央训练部部务丛刊第三集——扩大部务会议专号》,南京:编者印行,1930年。

《中央训练部自成立至七月份工作报告》,《中央训练部部务丛刊第一集》。

中央训练团编:《党政训练班第二年训练实纪》,重庆:中央训练团,1941年。

中央训练团编:《党政训练班第三年训练实纪》,重庆:中央训练团,1942年。

中央训练团编:《党政训练班第一年训练实纪》,重庆:中央训练团,1940年。

中央训练团编:《中央训练团党政高级班第一二三期毕业学员名册》,重庆:中央训练团,1945年。

中央训练团编:《中央训练团职员录》,重庆:中央训练团,1944年。

中央训练团党政班编:《中央训练团党政训练班第四期小组会议讨论总结论》,重庆:中训团党政班编印,出版年月日不详。

《中央训练团党政高级训练班调训办法》,1943年7月修订,《训练通讯》,第49、50期合刊本,1943年。

《中央训练团党政训练班毕业学员通讯组织及督道办法》,《训练通讯》,第228期,1944年。

《中央训练团党政训练班高级班教育计划》,《训练通讯》,第26、27期合刊本,1942年。

中央训练团党政训练班教育委员会编纂组:《党政训练班第一年训练实纪》,重庆:中央训练团印行,1940年。

中央训练团复兴关训练集编纂委员会:第一篇"总述",《复兴关训练集——训练纪实(上)》。重庆:中央训练团复兴关训练集编纂委员会,1944年。

中央训练团复兴关训练集编纂委员会:《复兴关训练集——训练纪实(上)》,重庆:中央训练团复兴关训练集编纂委员会,1944年。

《中央训练团团刊》,第18期,1940年4月15日。

《中央训练团学员考核实施办法》,中央训练团编:《党政训练班法规辑要》,重庆:中央训练团,1942年。

中央训练委员会编:《各地训练机关法规辑评(1939年至1942年)》,重庆:中训会印行,1942年。

中央训练委员会编:《中央训练委员会训练团分团训练实施计划纲要》,重庆:编者印行,1939年。

《中央训练委员会考核各训练机关办法》(1939年5月公布),《训练通讯》,第1卷第6期,1939年。

《中央训练委员会审查各训练机关教材办法》,安徽省地方行政干部训练团编:《安徽训练概况》,出版地不详,1945年。

《中央训练委员会视道规则》(1939年8月15日修正),《训练通讯》,第1卷第6期。

《中央训练委员会统一各地训练机关办法》,1939年9月21日国民党五届第130次常会通过,《训练通讯》,第1卷第4期,1939年。

《中央训练委员会训练团党政训练班各期受训学员调集办法》,《训练通讯》,第1卷第4期,1939年。

《中央训练委员会训练团组织条例》,《训练通讯》,第1卷第1期(1939年)。

"中央研究院"八十年院史编纂委员会编:《追求卓越:"中央研究院"八十年》,第1册,台北:"中央研究院",2008年。

《中央执行委员会训练委员会组织条例》,1943年4月9日修正,《训练通讯》,第38期,1943年。

钟起煌编:《江西通史》,南昌:江西人民出版社,2008,第11册。

仲肇湘:《陈果夫先生素描随笔》,收于陈果夫先生百年诞辰纪念筹备会编:《陈果夫先生百年诞辰纪念集》,台北:中国国民党中央委员会党史委员会,1991年。

周斌:《西安事变后的"统一救国运动"初探》,《军事历史研究》,2015年第6期。

周德伟:《落笔惊风雨:我的一生与国民党的点滴》,台北:远流出版公司,2011年。

《周鲠生致胡适函(1945年9月2日)》,收于中国社会科学院近代史研究所中华民国史研究室编:《胡适来往书信选》,下册,北京:社会科学文献出版社,2013年。

周开庆:《健庐忆语》,台北:四川文献研究社,1974年。

周美华(编):《国民政府军政组织史料——军事委员会(一)》,台北:"国史馆",1996年。

周世辅:《周世辅回忆录》,台北:东大图书公司,1993年。

周应龙:《先总统主持重要训练的几个时期》,《中华文化复兴月刊》,卷20第2期,台北:1986年。

周雨:《大公报史(1902—1949)》,南京:江苏古籍出版社,1993年。

朱浤源:《中国现代化的区域研究:广西省(1860—1937)》,台北:"中央研究院"近代史研究所,1995年。

朱庆梅:《国民党三大出版社的新文学出版(1930—1937)研究》,暨南大学,未刊硕士论文,2017年。

朱蓉蓉:《国际宣传处与战时民间外交》,《社会科学战线》,2012年第1期。

朱维铮：《马一浮在一九三九：叶圣陶所见复性书院创业史》，收于吴光主编：《马一浮思想新探：纪念马一浮先生诞辰 125 周年国际学术研讨会论文集》，上海：上海古籍出版社，2010 年。

朱荫贵：《近代中国：金融与证券研究》，上海：上海人民出版社，2012 年。

《朱应鹏氏的民族主义文学谈》，《文艺新闻》，第 2 期，1931 年 3 月。

竹内实：《现在中国への视角—黄埔军官学校のこと》，《思想月刊》，1975 年 5 月号，东京：思想月刊出版社，1977 年 5 月。

竹内实：《现在中国への视角—黄埔军官学校のこと》，《思想月刊》，1975 年 6 月号，东京：思想月刊出版社，1977 年 6 月。

竺可桢：《竺可桢日记》，北京：人民出版社，1984—1990 年。

《驻中国工程师学会年会》，《大公报》（天津），1932 年 8 月 22 日第 2 版。

卓遵宏、姜良芹、刘文宾、刘慧宇：《南京国民政府十年经济建设》，南京：南京大学出版社，2015 年。

卓遵宏：《中国近代货币改革史（1887—1937）》，台北："国史馆"，1986 年。

资源委员会编：《资源委员会沿革（1947）》，收于陈真编：《中国近代工业史资料》，第 3 辑，北京：三联书店，1961 年。

邹鲁：《中国国民党史略》，台北：台湾商务印书馆，1951 年。

左君：《顾孟余创立新教育系之动机》，《福尔摩斯》（上海），1933 年 6 月 16 日第 1 版。

左曙萍：《蓬莱岛上忆花谿》，黄瀚章编：《花谿结缘三十年》，台北：编者自印，1969 年。

左玉河：《中国哲学会成立缘由及其首次年会》，《北京科技大学学报》（社会科学版），第 18 卷第 3 期，2002 年。

四、英文资料

Baldwin, Hanson W. "Too Much Wishful Thinking about China." *Reader's Digest* XLIII,（August 1943）.

Barnes, James J. and Patience P. Barnes. *Hitler's Mein Kampt in*

Britain and America. Cambridge: Cambridge University Press,1980.

Barnes, James J. and Patience P. Barnes. *James Vincent Murphy*: *Translator and Interpreter of Fascist Europe*, 1880—1946. Lanham: University Press of America, 1987.

Barnett, A. Doak. *China on the Eve of Communist Takeover*. New York: Praeger,1963.

Barr, F. Stringfellow. "Italy—1928 Model. " *Virginia Quarterly Review* 4:4(Oct. 1, 1928).

Bian, Morris L. *The Making of the State Interprise System in Modern China*: *the Dynamics of Institutional Change*. Cambridge, Mass. : Harvard University Press, 2005.

Bieler, Stacey. *"Patriots" or "Traitors"? A History of American-Educated Chinese Students*. Armork, N. Y. : M. E. Sharpe, 2004.

Byrnes, Gorey. *Fixing Landscape*: *A Techno-Poetic History of China's Three Gorges*. New York: Columbia University Press, 2018.

Cameron, Meribeth E. "Outstanding Recent Books on the Far East. " *The Far Eastern Quarterly* 4:4 (August 1945).

Cao, Zhengwen. "Chinese Gallant Fiction. " in Wu Dingbo and D. Patrick Murphy, eds. *Handbook of Chinese Popular Culture*. Westport, Conn. : Greenwood Press, 1994.

Chang, Kai-ngau. *The Inflationary Spiral*: *The Experience in China*, 1939—1950. New York: John Wiley& Sons, 1958.

Cheng, Linsun. *Banking in Modern China*: *Entrepreneurs*, *Professional Managers*, *and the Development of Chinese Banks*, *1897—1937*. New York: Cambridge University Press, 2003.

Ch'i, Hsi-sheng. *Nationalist China at War*: *Military Defeats and Political Collapse*, *1937—1945*. Ann Arbor: University of Michigan Press, 1982.

Chiang, Yung-chen. *Social Engineering and Social Sciences in China*, *1919—1949*. Cambridge: Cambridge University Press, 2001.

Ch'ien, Tuan-sheng. *The Government and Politics of China*. Cambridge, Mass.: Harvard University Press, 1961.

Chung, Dooeum. *Elitist Fascism: Cheng Kaiskek's Blueshirts in* 1930s *China*. Burlington, VT: Ashgate, 2000.

Clinton, Maggie. *Revolutionary Nativism: Fascism and Culture in China*, *1925—1937*. Durham and London: Duke University Press, 2017.

Coble, Parks M. *The Collapse of Nationalist China: How Chiang Kaishek Lost China's Civil War*. Cambridge: Cambridge University Press, 2023.

Craft, Stephen G. *V. K. Welington Koo and the Emergence of Modern China*. Lexington: University Press of Kentucky, 2004.

Delzell, Charles F. "Benito Mussolini: A Guide to the Biographical Literature." *Journal of Modern History* 35:4 (December 1963).

Dikotter, Frank. *How to be a Dictator: The Cult of Personality in the Twentieth Century*. London: Bloomsbury Publishing, 2019.

Eastman, Lloyd E. *The Abortive Revoltion: China Under Nationalist Rule*, *1927—1937*. Cambridge, Mass.: Harvard University Press, 1974.

———. *Seeds of Destruction: Nationalist China in War and Revolution*, *1937—1949*. Stanford, Calif.: Stanford University Press, 1984.

Fairbank, John King. *Chinabound: A Fifty Year Memoir*. New York: Harper, 1982.

Field, Andrew David. *Shanghai's Dancing World: Cabaret Culture and Urban Politics*, *1919—1954*. Hong Kong: the Chinese University Press, 2010.

FitzGerald, Carolyn. *Fragmented Modernisms: Chinese Wartime Literature*, *Art*, *and Film*, *1937—1949*. Leiden: Brill, 2013.

Fong, H. D. *Industrial Capital in China*. Tientsin: Nankai Institute of

Economics, Nankai University, 1936.

French, Paul. *Through the Looking Glass: China's Foreign Journalists from Opium Wars to Mao.* Hong Kong: Hong Kong University Press, 2009.

Fung, Edmund S. K. *In Search of Chinese Democracy: Civil Opposition in Nationalist China, 1929—1949.* Cambridge: Cambridge University Press, 2000.

Gingerich, Owen. "The Copernican Quinquecentennial and Its Predecessors: Historical Insights and National Agendas." *Osiris* 14(1999).

Godley, Michael R. "Politics from History: Lei Haizong and the *Zhanguoce* Clique." *Papers on Far Eastern History* 40(1989).

Good, Carter V. eds. *Dictionary of Education.* N. Y.: McGraw-Hill, 1973.

Goring, Hermann. *German Reborn.* London: E. Mathews & Marrot, 1934.

Greene, J. Megan. *Building a Nation at War: Transnational Knowledge Networks and the Development of China during and after World War II.* Cambridge, Mass.: Harvard University Asia Center, 2022.

Gregor, A. James. *A Place in the Sun: Marxism and Fascism in China's Long Revolution.* Boulder, CO: Westview, 2000.

Hart, Henry. ed. *American Writers' Congress.* London: Martin Lawrence, Ltd. 1935.

Hayford, Charles W. *To the People: James Yen and Village China.* N. Y.: Columbia University Press, 1990.

Ho, Frank L. *The Reminiscences of Ho Lien.* New York: Chinese Oral History Project, East Asian Institute, Columbia University, c1975.

Hu, Kuo-tai. "The Struggle Between the Kuomintang and the Chinese Communist Party on the Campus During the War of Resistance, 1937—1945." *The China Quarterly* 118 (June 1989).

Israel, John. *Lianda: a Chinese University in War and Revolution*. Stanford: Stanford University Press,1998.

Israel, John and Donald Klein. *Rebels and Bureaucrats: China's December 9ers*. Berkeley: University of California Press,1976.

Jacobs, J. Bruce. "A Preliminary Model of Particularistic Ties in Chinese Political Alliances: Kan-ch'ing and Kuan-hsi in a Rural Taiwanese Township." *China Quarterly* 78(1979).

Johnson, Chalmers. "An Intellectual Weed in the Socialist Garden: The Case of Ch'ien Tuan-sheng." *The China Quarterly*. 6 (June 1961).

Kinkley, Jeffrey C. *The Odyssey of Shen Congwen*. Stanford: Stanford University Press, 1987.

Kinzley, Judd C. *Natural Resources and the New Frontier: Coustructing Modern China's Bordlands*. Chicago: University of Chicago Press, 2018.

Kirby, William C. *Germany and Republican China*. Stanford: Stanford University Press, 1984.

——. "Continuity and Change in Modern China: Economic Planning on the Mainland and on Taiwan, 1943—58." *Australian Journal of Chinese Affairs*. 24 (July 1990).

——. "The Chinese War Economy." in James C. Hsiung and Steven I. Levine, eds. *China's Bitter Victory: The War with Japan, 1937—1945*. Armonk, New York: M. E. Sharpe, Inc. 1992.

——. "Engineering China: Birth of the Developmental State, 1928—1937." in Wen-hsin Yeh, ed. *Becoming Chinese: Passages to Modernity and Beyond*. Berkeley: University of California Press, 2000.

Kwan, Man Bun. *Patriot's Game: Yongli Chemical Industries, 1917—1953*. Leiden: Brill, 2017.

Lattimore, Owen. *China Memoirs: Chiang Kai-shek and the War*

Against Japan. Tokyo: University of Tokyo Press, 1990.

League of Left Wing Writers. "Greetings to the Congress of American Writers." *China Today* 1 (June 1935).

Leith-Ross, Frederick. *Money Talks: Fifty Years of International Finance.* London: Hutchinson& Co. 1968.

Li, Huaiyin. *Reinventing Modern China: Imagination and Authenticity in Chinese Historical Writing.* Honolulu: University of Hawai'i Press, 2013.

Lin, Xiaoging Diana. *Peking University: Chinese Scholarship and Intellectuals, 1898—1937.* Albany: State University of New York Press, 2005.

Lin, Yutang. *A History of the Press and Public Opinion in China.* Chicago: the University of Chicago Press, 1936.

Liu, F. F. *A Military History of Modern, 1924—1949.* Princeton: Princeton University Press, 1955.

Lowe, Peter. *Great Britain and the Origins of the Pacific War: A Study of British Policy in East Asia, 1937—1941.* Oxford: Clarendon Press, 1977.

Martin, Brian G. "The Dilemma of A Civilian Politican in Time of War: Zhou Fohai and the First Stage of the Sino-Japanese War, July-December 1937." *Twentieth-Century China* 39:2, (May 2014).

Mazur, Allan. "Amadeus Grabau in China, 1920—1946." *Carbonates and Evaporities* 21, (2006).

McDonnell, Erin Metz. *Patchwork Leviathan: Pockets of Bureaucratic Effectiveness in Developing States.* Princeton: Princeton University Press, 2020.

Meyskens, Covell F. "Building A Dam for China in the Three Gorges Region, 1919—1971." in Filippo Menga and Erik Swyngedouw, eds, *Water,*

Technology and the Nation-State. New York: Routledge, 2018.

——. "Dreaming of a Three Gorges Dam amid the Troubles of Republican China." *Journal of Modern Chinese History* 15:2(2021).

Miller, John E. "The Making of Theodore H. White's *The Making of the President* 1960." *Presidential Studies* 29:2 (June 1999).

Mitter, Rana. "State-Building after Disaster: Jiang Tingfu and the Reconstraction of Post-World War II China, 1943—1949." *Comparative Studies in Society and History* 16:1(2019).

Murphy, James Vincent. *Adolf Hitler: The Drama of His Career*. London: Chapman & Hall, 1934.

Murphy, James 著,怀瑾译:《希特勒成功史》,《汗血周刊》,第 3 卷 19 期, 1934 年 11 月。

Owen, Nicholas. "The Cripps Mission of 1942: A Reinterpretation." *The Journal of Imperial and Commonwealth History* 30:1(2002).

Pepper, Suzanne. *Civil War in China: The Political Struggle, 1945—1949*. Lanham: Rowmon & Littlefield, 1999.

Pietz, David Allen. *Engineering the State: the Huai River and Reconstruction in Nationalist China, 1927—1937*. New York: Routledge, 2002.

Putnam, Robert. "Elite Transformation in Advanced Industrial Societies." *Comparative Political Studies*. 10(1977).

Schwarcz, Vera. *Time for Telling Truth is Running Out: Conversation with Zhang Shenfu*. New York: Yale University Press, 1992.

Selznick, Philip. *The Organizational Weapon*. New York: Arno Press, 1979.

Shen, Grace. *Unearthing the Nation Modern Geology and Nationalism in Republican China*. Chicago: University of Chicago Press, 2014,

Shih, Shu-mei. *The Lure of the Modern: Writing Modernism in*

Semicolonial China, *1917—1937*. Berkeley: University of California Press, 2001.

Shiroyama, Tomoko. *China During the Great Depression: Market, State, and the World Economy*, *1929—1937*. Cambridge, Mass.: Harvard University Press, 2008.

Snow, Edgar. "The Way of the Chinese Censor." *Current History* 42:2 (July 1935).

So, Wai-chor. *The Kuomintang Left in the National Revolution*, *1924—1931*. Hong Kong: Oxford University Press, 1991.

Strauss, Julia C. "Xingzheng Sanlianzhi and Xunlian: Modes of Government of Administration during the Sino-Japanese War."《中华军史学会会刊》,第 3 期(1997 年 12 月)。

——. *Strong Institution in Weak Polities: State Building in Republican China*, *1927—1940*. Oxford: Claredon Press, 1998.

Tien, Hung-mao. *Government and Politics in Kuomintang China 1927—1937*. Stanford: Stanford University Press, 1972.

Tilt, Bryan. *Dams and Development in China: The Moral Economy of Water and Power*. N. Y.: Columbia University Press, 2015.

Trescott, Paul B. "H. D. Fong and the Study of Chinese Economic Development." *History of Political Economy* 34:4(Winter 2002).

——. *Jingji Xue: The History of the Introduction of Western Economic Ideas into China*, *1850—1950*. Hong Kong: Chinese University Press, 2007.

Tseng, Lillian Lan-ying. "Monumentality and Transnationality: The Fascination with Gigantic *Ding* Bronze Vessels in Modern China." in *Art History and Fetishism Abroad: Global Shiftings in Media and Methods*, ed. Gabriele Genge and Angela Stercken. Bielefeld, Germany: transcript Verlag; New York: Columbia University Press, 2014.

United State Military Intelligence Reports, *China*: *1911—1941*, Reel 6, No. 8867, July 6 1934.

van de Ven, Hans. "New States of War: Communist and Nationalist Warfare and State Building (1928—1934). " in Hans van de Ven, ed. *Warfare in Chinese History*. Leiden: Brill, 2000.

Wakeman, Frederic. *Spymaster*: *Dai Li and the Chinese Secret Service*. Berkeley: University of California Press, 2003.

Wang, Chen-cheng. "Intellectuals and the One-Party State in Nationalist China: The Cast of the Central Politics School (1927—1947). " *Modern Asian Studies*. 48:6 (November 2014).

——. *The Central Politics School and Local Governance in Nationalist China*: *Toward a Statecraft beyond Science*. Lanham: Lexington Books, 2023.

Wei, William. *Counterrevolution in China*: *The Nationalists in Jiangxi during the Soviet Period*. Ann Arbor: University of Michigan Press, 1985.

Weston, Timothy B. *The Power of Position*: *Beijing University*, *Intellectuals*, *and Chinese Political Culture*, *1898—1929*. Berkeley: University of California Press, 2004.

White, Theodore H. *In Search of History*: *A Personal Adventure*. New York: Harper & Rowe, 1978.

White, Theodore H. and Annalee Jacob. *Thunder Out of China*. New York: William Sloane Associates, Inc. 1946.

Wong, Wang-chi. *Politics and Literature in Shanghai*: *The Chinese League of Left-Wing Writers*, *1930—36*. Manchester and New York: Manchester University Press, 1991.

Wu, Shellen. *Empires of Coal*: *Fueling China's Entry into the Modern World Order*, *1860—1920*. Stanford: Stanford University Press, 2015.

Ye, Wangbei. "National Heroes and National Identity Education: A

Comparison of Mainland China and Hong Kong's Textbooks. " in Joseph Zajda, Tayana Tsylina-Spady, et al. eds. *Globalization and Historiography of National Leaders: Symbolic Representations in School Textbooks*. Berlin: Springer, 2017.

Yeh, Wen-hsin. *The Alienated Academy: Culture and Politics in Republican China , 1919—1937*. Cambridge, Mass. : Council on East Asian Studies, Harvard University, 1990.

Yen, Y. C. James. "Will Postwar China Be Democratic: The Heritage of 4,000 Years Indicates that the Answer Will Be Yes. " *Life* 17 (July 10, 1944).

Zanasi, Margherita. *Saving the Nation: Economic Modernity in Republican China*. Chicago: University of Chicago Press, 2006.

Zarrow, Peter. *Educating China: Knowledge , Society , and Textbooks in a Moderning World , 1902—1937*. Cambridge: Cambridge University Press, 2015.

Zha, Wen. *Individual Choice and State-Led Mobilization in China: Self-Patriots*. Berlin: Springer, 2015.

人名索引

后　记

　　本书系由张瑞德和冯启宏二人合撰，其中第二、三两章系由张瑞德负责撰写，第四、五两章系由冯启宏负责撰写，第一、六两章则为两人共同撰写。第四章第二、三节主要系取材自张瑞德所著《运筹帷幄：党政军调查设计委员会与南昌行营的政策制定》一文与《无声的要角：蒋介石的侍从室与战时中国》一书，第四、五章系取材自冯启宏所著《从讲习所到研究所：蒋介石与国民党的干部训练（1924—1953）》、冯启宏在刊物上发表《蒋介石的干部训练观析探》《陈果夫与侍从室第三处的组建》及《花溪论英雄：侍从室第三处的人事工作析探》等论文，并增添新资料写作而成，特此注明。